RAJPAL

Dictionary of Economic Terms

English-Hindi

Hindi-English

Editor

Barbara Kolm

rajpal

With the kind support of :

Hayek Institut

BMF BUNDESMINISTERIUM FÜR FINANZEN

bmvit

Friedrich Naumann STIFTUNG FÜR DIE FREIHEIT

1912-2012
100 Years of Excellence in Publishing
rajpal

₹ 450

ISBN : 978-93-5064-275-7

First Edition : 2014

Reprint : 2015

RAJPAL DICTIONARY OF ECONOMIC TERMS

edited by Barbara Kolm

Printed at G.H. Prints (P) Ltd., Delhi

RAJPAL & SONS

1590, Madarsa Road, Kashmere Gate, Delhi-110006
Phone : 011-23869812, 23865483, Fax : 011-23867791
website : www.rajpalpublishing.com
e-mail : sales@rajpalpublishing.com

"I know that this *Rajpal Dictionary of Economic Terms* is going to be very helpful for students, teachers, researchers, journalists and for bureaucrats."

–Dr. A.K. Walia
(Ex. Minister of Finance, Govt. of NCT, Delhi)

''आज आवश्यक है कि छात्रों, अध्यापकों, शोधार्थियों व पेशेवर लोगों के साथ ही साथ आम नागरिक भी स्वयं की भाषा में आर्थिक शब्दावलियों से भलीभांति परिचित हों। ऐसे शब्दकोश की आवश्यकता लंबे समय से महसूस की जा रही थी। उम्मीद है कि यह शब्दकोश हिन्दी भाषा को समृद्ध बनाने और लोगों के आर्थिक ज्ञान को बढ़ाने वाला साबित होगा।''

श्रवण गर्ग
(प्रधान संपादक, नई दुनिया)

''आर्थिक विषयों व तकनीकी आर्थिक शब्दावली के अर्थ-आशय पर हिन्दी में समझाना खासा चुनौतीपूर्ण पर बहुत ज़रूरी काम है। आर्थिक विषयों पर एक सुचिंतित बहस हिन्दी में आम तौर पर नहीं हो पाती, या पाठकों की रुचि जागृत नहीं कर पाती। इसका कारण हिन्दी में आर्थिक विषयों से जुड़े मसलों पर रुचिकर सामग्रियों व प्रामाणिक शब्दकोशों का अभाव है। आशा है कि यह शब्दकोश तमाम आर्थिक विषयों पर प्रामाणिक और रुचिकर संवाद स्थापित करने में सक्षम साबित होगा।''

डा. आलोक पुराणिक
एसोसियेट प्रोफेसर,
(डिपार्टमेंट ऑफ कॉमर्स, दिल्ली विश्वविद्यालय)

राजपाल

अर्थशास्त्र शब्दकोश

अंग्रेज़ी-हिन्दी

हिन्दी-अंग्रेज़ी

संपादक

बारबरा कोल्म

राजपाल

Language and Education as the Foundation of Economic Success

Diversity of languages is not a diversity of sounds and characters, but a variety of the philosophies of life. (Humboldt, Wilhelm von on the comparative study of language in relation to the different periods of language development in *Prussian Academy of Sciences* (ed.) 1903 et seq Vol 4, p 27)

According to Wilhelm von Humboldt, founder of the modern university idea and comparative linguistics, the understanding of language and words is the precondition of human thought. Humboldt considers education the satisfaction of uneasiness as well as a strengthening of one's identity, which enriches the individual by its ideals and uniqueness; focusing on the pursuit of humanity true to classical conviction.

Skills acquired by education not only provide competitive advantages and improved prospects for the future, but also add economic value to the society. Education thus is the key to a brighter future!

Knowledge creates understanding - understanding establishes clarity - clarity leads to success

Knowledge and understanding make a successful society. Understanding basic concepts such as supply and demand, money and trade, productivity and efficiency, ownership and investment is an essential precondition to successfully carry on business and to avoid misunderstandings due to different interpretations. Economics shows that "social justice" may be unjust, "fair competition" leading to a lack of fairness, and that price controls can destroy the necessary information needed for the proper functioning of the economy.

For a better understanding of economics - technical terms, abbreviations and Anglicism

Jargons, technical terms and abbreviations have become a part of our daily lives. Much more than that these terms have found their way into our economic thinking and acting. Technical terms such as derivatives, dumping, copyright, portfolio, PPP (public private partnership) or NPO (Non Profit organization) represent only a small excerpt from a long list of terms, which is used in everyday business.

After the first edition of the "Dictionary of Economic Terms"- the bilingual reference book (German/English, English/German) that translates and explains these basic economic terms and expressions in a simple manner, nine more versions were published. These versions were a combination of English or German as the main language with the following languages respectively: Bosnian, Chinese, Italian, Croatian, Montenegrin, Serbian, Slovenian and Spanish. The "Dictionary of Economic Terms" contains terminology and basic knowledge of economic issues which are relevant and can be used in school, college, work and everyday life. This way, the users acquire a comprehensive tool for understanding economic abbreviations.

From time to time, this dictionary will be supplemented and edited in order to remain an actual and useful economic tool.

The Austrian Economics Center presents the first edition of the "Dictionary of Economic Terms" in the language combination of English/Hindi, Hindi/English.

My special thanks goes to our knowledge partner 'Centre for Civil Society' for the successful completion of this Hindi version of the project.

I also offer my sincere thanks to Snigdha Diwedi, Sanjay Kumar Shah and Avinash Chandra who have provided the impetus for the Hindi translation and have set the first steps towards.

Along with the printed version, the "Dictionary of Economic Terms" is available as an app for the Apple iPhone platforms, Google Android, Blackberry and Red Bull MOBILE. These apps are available also in Romanian and soon in Greek and Turkish too.

The current version is based on the work of Ruta Vainiene,

which was extended by the Austrian Economics Center in the past years. This is how it became a collective opus: Reviewers of well-known public policy organisations and universities have had their share, too.

We are grateful for the scientific contribution of Joshua Hunter and Nicole Kurokawa, academics at the Pepperdine University. Edited and revised by Dr. Wayne Brough, Ms. Taisa Bullard, Dr. Warren Mäntel, Ms. Beverly Danielson, Dr. Angela Hawken, Dr. Daniel Mitchell and Dr. Richard Rahn. Translated by Mag. Christian Ditz and Dr. Julia Leopold, as well as the team of the Austrian Economic Centers.

The dictionary project would not have been possible without donations. We would like to express our gratitude to the following institutions and individuals for their generous financial support: Friedrich Naumann Foundation, India, Mr. Frank Sands Sr., Mondi Europe & International, The Krieble Foundation, The James Deering Danielson Foundation, The Freedom Foundation, The Garvey Kansas Foundation, The Institute for Global Economic Growth Mr. Gerry Ohrstrom, Ms. Beverly Danielson, Sandra and Fred Young and Todd and Pamela Cole.

Dr. James Wilburn, Dean, and Jon Kemp, Co-Dean of the School of Public Policy at the Pepperdine University were very helpful and supportive during the planning of the substantial work of the young graduates. Matt Kibbe, president of the Freedom Works Foundation has also contributed in providing the additional necessary human and financial resources for a successful completion of the project.

I wish all the readers an utmost personal benefit from the use of the Dictionary!

–Barbara Kolm
Director, Austrian Economics Center

आर्थिक सफलता की नींव के तौर पर भाषा और शिक्षा

भाषाई विविधता, ध्वनि और लिपि की विविधता ही नहीं है बल्कि जीवन दर्शन की बहुरूपता भी है।

(विभिन्न अवधियों में भाषाई विकास के संबंध में तुलनात्मक भाषाई अध्ययन; हमबोल्ड्ट, विल्हेल्म वॉनः प्रूसियन एकेडमी ऑफ साईंसेज, 1903, भाग 4, पृष्ठ 27)

आधुनिक विश्वविद्यालयी विचार और तुलनात्मक भाषा विज्ञान के संस्थापक विल्हेल्म वॉन हमबोल्ड्ट के अनुसार, इंसान की समझदारी के लिए भाषा और शब्दों की समझ पूर्व शर्त है। हमबोल्ड्ट शिक्षा को जिज्ञासा के समाधान के साथ-साथ एक व्यक्ति की पहचान को सुदृढ़ करने वाले कारक के तौर पर भी देखते हैं। यह व्यक्ति का मानवता से संबंधित धारणा की उत्कृष्टता पर ध्यान केंद्रित करते हुए उसके आदर्श और विशिष्टता से समृद्ध करती है।

शिक्षा द्वारा प्राप्त कौशल न केवल प्रतिस्पर्धी लाभ और भविष्य के लिए बेहतर संभावनाएं उपलब्ध कराता है, बल्कि समाज में आर्थिक मूल्यों का भी संवर्धन करता है। अतः शिक्षा सुनहरे भविष्य की कुंजी है!

ज्ञान, समझ पैदा करता है–समझ, सुस्पष्टता प्रदान करती है–सुस्पष्टता सफलता की ओर ले जाती है

ज्ञान और समझ एक सफल समाज का निर्माण करते हैं। मांग और आपूर्ति, धन और व्यापार, उत्पादकता और दक्षता, स्वामित्व और निवेश आदि जैसी बुनियादी अवधारणाओं की आधारभूत समझ व्यवसाय के सफल संचालन और समझ की विभिन्नता पर आधारित गलतफहमियों से बचने की एक पूर्व शर्त है। अर्थशास्त्र दर्शाता है कि 'सामाजिक न्याय' अन्यायपूर्ण हो सकता है, 'स्वस्थ प्रतिस्पर्धा' में निष्पक्षता की कमी हो सकती है और मूल्यों पर नियंत्रण से अर्थव्यवस्था के सुचारू संचालन के लिए आवश्यक सूचनाएं बर्बाद हो सकती हैं।

अर्थशास्त्र की बेहतर समझ के लिए–तकनीकिगत परिभाषाएं, संक्षिप्तीकरण और अंग्रेज़ी कहावतें/मुहावरे

शब्दजाल, तकनीकिगत परिभाषाएं और संक्षिप्तीकरण आज के जीवन का हिस्सा बन चुके हैं। इसके अतिरिक्त ये परिभाषाएं हमारी आर्थिक सोच और व्यवहार में भी शामिल हो चुकी हैं। तकीनीकिगत परिभाषाएं जैसे व्युत्पत्ति, (बाजार) पाटना, प्रतिलिप्याधिकार, निवेश सूची, पीपीपी (सार्वजनिक-निजी भागीदारी) या एनपीओ (गैर लाभकारी संस्था) आदि तो परिभाषाओं की इस लंबी सूची में से महज कुछ बानगी भर ही हैं जो दिन प्रतिदिन के व्यवसाय में प्रयुक्त होते हैं।

'आर्थिक परिभाषाओं का शब्दकोश' के पहले संस्करण के बाद आधारभूत आर्थिक परिभाषाओं का अनुवाद और सरल तरीके से व्याख्या करने वाली द्विभाषी संदर्भ पुस्तिका (जर्मन/इंग्लिश, इंग्लिश/जर्मन) के आठ संस्करण प्रकाशित हुए। इन संस्करणों की मुख्य भाषा अंग्रेज़ी या जर्मन थी तथा दूसरी भाषा क्रमशः बोसनियन, चीनी, इटैलियन, क्रोएशियन, मोंटेनेग्रिन, सर्बियन, स्लोवेनियन और स्पैनिश में से एक का संयोजन थी। 'आर्थिक परिभाषाओं का शब्दकोश' आर्थिक मुद्दों से संबंधित आधारभूत परिभाषाओं और प्रचलित शब्दों का संग्रह है जिसका प्रयोग स्कूलों में, कॉलेजों में, कार्य स्थल पर और दिन प्रतिदिन के जीवन में किया जा सकता है। इस तरह प्रयोगकर्ता को आर्थिक शब्दावलियों के संक्षिप्त रूप को समझने का व्यापक उपकरण प्राप्त हो जाता है।

यथार्थ व उपयोगी उपकरण बनाए रखने के लिए समय-समय पर इस शब्दकोश में नए शब्दों को शामिल करने व संशोधन करने का कार्य किया जाएगा।

द ऑस्ट्रियन इकोनॉमिक्स सेंटर ने अंग्रेज़ी/हिंदी व हिंदी/अंग्रेज़ी भाषा के संयोजन वाले 'आर्थिक परिभाषाओं का शब्दकोश' का पहला संस्करण प्रस्तुत किया है।

शब्दकोश के हिंदी संस्करण के लिए प्रोत्साहित करने और इस ओर पहला कदम बढ़ाने के लिए स्निग्धा द्विवेदी, संजय कुमार शाह और अविनाश चंद्र को मेरा विशेष धन्यवाद।

शब्दकोश के हिंदी संस्करण में ज्ञान आधारित योगदान के लिए नॉलेज पार्टनर 'सेंटर फॉर सिविल सोसायटी' (सीसीएस), नई दिल्ली का विशेष आभार।

'आर्थिक परिभाषाओं का शब्दकोश' मुद्रित संस्करण के साथ ही साथ ऐप्प के रूप में ऐप्पल आइफोन प्लेटफार्म, गूगल एंड्रायड, ब्लैकबेरी व रेडबुल मोबाइल पर भी उपलब्ध है। ये ऐप्प रोमानियन भाषा में भी उपलब्ध है और जल्द ही ग्रीक और तुर्की में भी उपलब्ध होगा।

वर्तमान संस्करण रूटा वैनियन के कार्यों पर आधारित है जो पूर्व के वर्षों में ऑस्ट्रियन इकोनॉमिक सेंटर द्वारा विस्तारित किया जाता था। लोकनीतियों के लिए कार्यरत प्रसिद्ध संगठनों और विश्वविद्यालयों के समीक्षकों का भी इसमें योगदान होने

के कारण यह शब्दकोश सामूहिक रचना बन जाती है।

वैज्ञानिक योगदान प्रदान करने के लिए हम पिपरडिन विश्वविद्यालय के शिक्षाविदों जोशुआ हंटर और निकोल कुरोकावा के आभारी है। हम संपादन और संशोधन कार्य के लिए डा. वेन ब्रो, सुश्री तायसा बुलार्ड, डा. वारेन मांतेल, सुश्री बेवरले डैनियलसन, डा. एंजेला हॉकेन, डा. डैनियल मिशेल व डा. रिचर्ड राह्न के आभारी हैं। हम अनुवाद कार्य के लिए मैग क्रिश्चियन डिट्ज व डा. जुलिया लियोपोल्ड और ऑस्ट्रियन इकोनॉमिक सेंटर की पूरी टीम के भी आभारी हैं।

शब्दकोश प्रकाशन की परियोजना आर्थिक योगदान के बिना संभव नहीं हुई होती। उदारतापूर्वक वित्तीय सहायता प्रदान करने के लिए हम संस्थानों और व्यक्तियों क्रमशः फ्रैडरिक न्यूमैन फाउंडेशन, इंडिया, मिस्टर फ्रैंक सैंड्स सीनियर, मोंडी यूरोप एंड इंटरनेशनल, द क्रेबल फाउंडेशन, द जेम्स डीयरिंग डेनियलसन फाउंडेशन, द फ्रीडम फाउंडेशन, द गारवे कांसास फाउंडेशन, द इंस्टिट्यूट फॉर ग्लोबल इकोनॉमिक ग्रोथ, मिस्टर गैरी ओहश्राम, मिस बेवरले डेनियलसन, सांद्रा एंड फ्रेड यंग व पामेला कोल आदि के भी आभारी हैं।

युवा स्नातकों के शब्दकोश प्रकाशन की योजना और क्रियान्वयन के दौरान पिपरडिन विश्वविद्यालय के स्कूल ऑफ पब्लिक पॉलिसी के डीन डा. जेम्स विल्बर्न, को-डीन जोन केम्प काफी सहायक और मददगार रहे। परियोजना के सफल समापन के लिए आवश्यक अतिरिक्त मानवीय व आर्थिक संसाधनों को उपलब्ध कराने में फ्रीडम वर्क्स फाउंडेशन के अध्यक्ष मैट किब्बे भी अत्यंत सहायक रहे।

इस शब्दकोश से पाठक अधिकतम व्यक्तिगत लाभ प्राप्त करें, यही मेरी कामना है।

—डा. बारबरा कोल्म

निदेशक, ऑस्ट्रियन इकोनॉमिक्स सेंटर

Rajpal

Dictionary of Economic Terms

English-Hindi

A

Abduction *(ऐबडक्शन)* : तार्किक रूप से विचार करने का एक तरीका। इसमें सभी उपलब्ध सूचनाओं, तथ्यों और सिद्धांतों के आधार पर किसी निष्कर्ष का अनुमान लगाया जाता है। यह न ही निगमनात्मक है और न ही अनुभव-सापेक्ष है। इसे पहली बार 1865 में चार्ल्स सैंडर्स पियर्स (1839-1914) ने परिभाषित किया था।

Ability-to-Pay-Principle *(भुगतान की क्षमता सिद्धांत)* : इस विचार के मुताबिक, व्यक्ति की आय बढ़ने के साथ कर भी बढ़ना चाहिए। भुगतान की क्षमता सिद्धांत के मुताबिक कर में वृद्धि की जाती है। देखिये लाभ सिद्धांत

Ab invito *[Lat.]* *(एब इनवाइटो)* : अनिवार्य रूप से

Absolute Advantage *(निरपेक्ष लाभ)* : किसी वस्तु या सेवा का अपने प्रतिस्पर्धी की तुलना में कम उत्पादन लागत (कच्चा माल, मज़दूरी और पूंजी) में निर्माण करना निरपेक्ष लाभ कहलाता है।

Absolute Price *(निरपेक्ष मूल्य)* : कीमत जो पूर्णांकों में व्यक्त की जाए। मसलन, एक किलोग्राम ब्रेड की कीमत एक यूरो। देखिये सापेक्ष मूल्य

Acceptance *(अनुमोदन, इकरार, स्वीकृति)* : करार के लिए भुगतान स्वीकार करना। सौदे की अवधि खत्म होने पर उसके निपटान को लेकर गारंटी के रूप में लगाई जाने वाली वित्तीय संस्थान की सील।

Accounting *(लेखांकन)* : मौद्रिक रूप में व्यापार के विभिन्न लेन-देन को व्यवस्थित तरीके से रिकॉर्ड करने की प्रक्रिया को लेखांकन कहते हैं। यह टैक्स मामलों में, कंपनियों

A

की तुलना व निर्णय लेने में महत्त्वपूर्ण जानकारी मुहैया कराता है। बाज़ार में शेयरधारकों और इच्छुक पार्टियों के भी यह बहुत काम आता है।

Accounting Standards *(लेखांकन मानक)* : संपत्ति का मूल्यांकन, पूंजी और कर्ज़ का विनियमन करने वाले नियम। यह आय और खर्च को रिकॉर्ड करने के साथ इसकी पहचान भी करते हैं। लेखांकन मानक स्थानीय, राष्ट्रीय और अंतरराष्ट्रीय हो सकते हैं। क्षेत्राधिकार पर निर्भर रहते हुए ये निजी या सरकारी संस्थाओं का नियमन कर सकते हैं। देखिये अधिकृत पूंजी, अंतरराष्ट्रीय लेखा मानक (आईएएस)

Accounts Payable *(लेखा देय)* : वेतन और पूंजीगत माल समेत कंपनी को मिली सेवाओं और वस्तुओं के प्रति उसकी देनदारी को लेखा देय कहते हैं। यह सौदे की शर्तों के अधीन होता है। देखिये लेखा प्राप्य

Accounts Receivable *(लेखा प्राप्य)* : बेचे गए उत्पाद और दी गई सेवाओं के लिए कंपनी की लेनदारी। देखिये लेखा देय, कर्ज़दार, ऋणी

Accruals Accounting *(संग्रहण लेखांकन)* : लेखांकन की वह विधि, जिसमें सौदा होते ही लेनदारी या देनदारी दर्ज की जाती है, न कि धन के वास्तविक भुगतान के समय। देखिये नकदी सिद्धांत

Acid-Test Ratio *(एसिड-टेस्ट अनुपात)* : नकद, प्राप्य और तरल शेयरों की तुलना में मौजूदा देनदारी का अनुपात एसिड-टेस्ट अनुपात कहलाता है। यह कंपनी की तरलता का संकेतक है। कंपनी चाहती है कि यह एक के मुकाबले एक अनुपात से कम न हो। इसका मतलब यह हुआ कि कंपनी अपनी मौजूदा देनदारी बिना किसी संपत्ति को बेचे पूरी कर लेगी। इस संकेतक का इस्तेमाल कंपनी की वित्तीय स्थिति का आकलन करने के लिए किया जाता है।

Acquis Communautaire *[Fr.] (एकीकृत समुदाय, यूरोपीय संघ एकीकृत, एक्कुइस कम्युनितेयर)* : यूरोपीय संघ का एक कानून और इसके कार्यान्वयन का तरीका। इसमें समुदाय के सभी नियम, कानूनों, फैसलों, सहमतियों को शामिल किया जाता है, जिसके आधार पर समुदाय का गठन हुआ है और चाहे वह संविधान में लिखे हों या नहीं लिखे हों। आम तौर पर इस शब्द का दूसरी भाषाओं में अनुवाद नहीं किया जाता है। इसे संक्षेप में सिर्फ एक्कुइस भी कहा जा सकता है।

Acquisition *(अधिग्रहण)* : कंपनियों के विलय का तरीका, जहां एक या एक से अधिक कंपनियां किसी दूसरी कंपनी में मिल जाती हैं। जिस कंपनी में विलय होता है वह बाद में अधिग्रहीत कंपनी या कंपनियों के सभी अधिकारों और ज़िम्मेदारियों को ले लेती है। देखिये विलय

A

Actuary *(बीमांकिक, ऐक्चवेरी)* : आकस्मिक घटनाओं के वित्तीय निहितार्थ या आशय का अनुमान लगाने वाले पेशेवरों को ऐक्चवेरी कहते हैं। ऐक्चवेरी के पास बीमा और अन्य वित्तीय सेवाओं के रूप (प्रकार) को समझने की क्षमता होनी चाहिए। संपत्ति से जुड़े जोखिम और सांख्यिकीय मंडलों से जुड़ी जानकारी भी उसके पास होनी चाहिए। बीमा के संदर्भ में इन कुशलताओं का इस्तेमाल अक्सर प्रीमियम के निर्धारण, तकनीकी प्रावधान व पूंजी स्तर पर होता है।

Actuary Calculation *(बीमांकिक गणना)* : भविष्य में बीमा भुगतान या किसी खास घटना की संभावना का पूर्वानुमान लगाने के लिए सांख्यिकीय मंडलों के प्रयोग को बीमांकिक गणना कहते हैं।

Actuary's Report *(बीमांकिक की रिपोर्ट)* : कंपनी के प्रीमियमों या तकनीकी प्रावधानों आदि पर बीमांकिक द्वारा दी गई लिखित जानकारी को बीमांकिक की रिपोर्ट कहते हैं।

ADB (Asian Development Bank) *(एशियाई विकास बैंक [एडीबी])* : एशियाई विकास बैंक बहुपक्षीय वित्तीय संस्थान है। इसका स्वामित्व 64 देशों के पास है। इनमें 46 एशियाई और 18 दुनिया के दूसरे हिस्सों से हैं। एडीबी का मकसद एशिया-प्रशांत क्षेत्र में गरीबी को कम करना है। लोगों के कल्याण और जीवन-स्तर में सुधार लाना है। एडीबी विकासशील सदस्य देशों को कर्ज़ व इक्विटी निवेश मुहैया कराता है। साथ ही, तकनीकी सहायता व विशेषज्ञता भी प्रदान करता है। निवेश को बढ़ावा देने के साथ निवेश में सुविधा देता है। यही नहीं, यह सदस्य देशों में विकासात्मक नीतियां और योजनाएं बनाने में भी मदद करता है। इसकी परियोजनाओं में निम्न बातों को प्राथमिकता दी जाती है : आर्थिक विकास, मानवीय विकास, लिंग-संबंधी मामले, बेहतर शासन, पर्यावरण सुरक्षा, निजी क्षेत्र का विकास व क्षेत्रीय सहायता। एडीबी का गठन 1965 में हुआ था। इसका मुख्यालय फिलीपींस के मनीला में है। दुनिया-भर में इसके 26 कार्यालय हैं। सभी सदस्य देश इसमें शेयरधारक हैं। हालांकि अमेरिका और जापान की इसमें बराबर की और सबसे ज़्यादा हिस्सेदारी है। हर सदस्य देश इसके बोर्ड ऑफ गवर्नर्स में अपना एक प्रतिनिधि भेजता है, जिसकी साल में एक बार बैठक होती है। बोर्ड ऑफ गवर्नर्स के सदस्य 12 सदस्यीय निदेशक मंडल को चुनते हैं। इसके रोज़मर्रा के काम कार्यकारी बोर्ड द्वारा किए जाते हैं।

Adjustable Life Insurance *(समायोज्य जीवन बीमा)* : ऐसा बीमा जो बीमाधारक को बीमा की योजना बदलने, प्रत्यक्ष राशि को बढ़ाने या घटाने और सुरक्षा अवधि को कम या ज़्यादा करने का विकल्प दे।

Adjustment Bureau *(समन्वय ब्यूरो)* : ऐसा संगठन जो नुकसान निपटान सेवाएं मुहैया कराने के लिए बीमाकर्ता के साथ करार करता है।

A

Admiralty *(नौसेना संबंधी विषय के प्रबंधकर्ताओं की मंडली, नौ-अधिकरण)* : समुद्री कानून से जुड़ा हुआ। गहरे समुद्र या नाव खेने लायक जल से संबंधित।

Ad valorem *[Lat.] (मूल्य के अनुसार, ऐड वेलोरम)* : कीमत या मूल्य के अनुसार। वस्तु या सेवा के मूल्य के अनुपात के हिसाब से करों या छूटों के लिए की जाने वाली गणना को ऐड वेलोरम कहा जाता है। यह पद या शब्द आमतौर पर करों के संदर्भ में इस्तेमाल किया जाता है। देखिये विशिष्ट कर

Advance Payment *(अग्रिम भुगतान)* : करार में अनुबंधित राशि के मुताबिक पूरी या आंशिक राशि का पूर्व भुगतान।

Adverse Selection *(प्रतिकूल चयन)* : कम जोखिम वालों की तुलना में अधिक जोखिम वाले बीमाकृत व्यक्ति की बीमा को चलाने या लेने की प्रवृत्ति।

Advertising *(विज्ञापन, प्रचार)* : उत्पाद या निर्माता कम्पनी की कुछ ऐसी विशेषताओं का प्रचार करना, जिससे उपभोक्ता उसे खरीदने के लिए प्रोत्साहित हों। विज्ञापन के तीन प्रमुख उद्देश्य होते हैं : उपभोक्ताओं को नए उत्पाद, उसकी विशेषताओं और उसे खरीदने की शर्तों के बारे में जानकारी देना, किसी उत्पाद को लेकर उपभोक्ताओं की धारणा को बदलना और उपभोक्ताओं को यह विश्वास दिलाना कि नए उत्पाद को खरीदना उनके लिए हितकर होगा। विज्ञापन के लिए दृश्य, श्रव्य या लिखित माध्यम का उपयोग किया जा सकता है।

Affiliated Company *(संबद्ध कंपनी)* : कंपनी, जिसमें किसी दूसरी कंपनी के हित जुड़े हों।

Affiliated Persons *(संबद्ध व्यक्ति)* : कंपनी में हिस्सेदारी रखने व प्रबंधकीय निकायों में भागीदारी निभाने वाली वास्तविक या कानूनी संस्था अथवा शेयरधारकों या प्रबंधकीय निकायों के परिवार के सदस्य। संबद्ध व्यक्ति को आमतौर पर कानून द्वारा परिभाषित किया जाता है। उनके आपसी लेन-देन पर बारीकी से नज़र रखी जाती है ताकि किसी तरह की गड़बड़ी, खासतौर से कर देयता को घटाने संबंधी गतिविधि, रोकी जा सके।

African Development Bank Group *(अफ्रीकी विकास बैंक समूह[एएफडीबी])* : अफ्रीका के 53 सदस्य देशों व उत्तर और दक्षिण अमेरिका, यूरोप और एशिया के 24 संबद्ध देशों के समर्थन वाला बहुराष्ट्रीय बैंक समूह। यह तीन संस्थाओं से बना है : अफ्रीकी विकास बैंक(एडीबी), अफ्रीकी विकास फंड और नाइजीरिया ट्रस्ट फंड। अफ्रीकी विकास बैंक बहुपक्षीय क्षेत्रीय बैंक है, जो अपने क्षेत्रीय सदस्य देशों के आर्थिक व सामाजिक विकास को बढ़ावा देता है। अफ्रीकी विकास फंड का मुख्य उद्देश्य गरीबी को घटाने के साथ उन सदस्य देशों को रियायती दरों पर धन उपलब्ध कराना है जो बैंक से सामान्य

शर्तों पर कर्ज़ नहीं ले सकते। ए.डी.बी. के गरीब सदस्य देशों की सहायता के लिए नाइजीरिया ट्रस्ट फंड का गठन हुआ था। एएफडीबी का गठन 1964 में हुआ था। इसका मुख्यालय अबिदजान, कोट डी आईवॉयर में है।

African Union *(अफ्रीकी संघ [एयू])* : यह अफ्रीका के सामाजिक-आर्थिक एकीकरण को प्रोत्साहित करने के लिए अफ्रीका का मुख्य संगठन है। इसका मुख्य उद्देश्य पूरे अफ्रीका में शांति, स्थायित्व और सुरक्षा को बहाल करने के साथ सरकारों और सामाजिक समुदायों के बीच विभिन्न स्तरों पर साझेदारी निभाना है। मानवाधिकार, लोकतंत्र और सतत विकास एयू के अति महत्त्वपूर्ण लक्ष्य हैं। यूरोपीय संघ की तर्ज़ पर इसकी सामान्य मुद्रा और बाज़ार तैयार करने की भी योजना है। एकीकृत सुरक्षा बल और औपचारिक राज्य बनाने की भी तैयारी है। अफ्रीकी संघ का गठन वर्ष 2002 में इसके पूर्ववर्तियों 'द ऑर्गेनाइज़ेशन ऑफ अफ्रीकन यूनिटी एंड द अफ्रीकन इकोनॉमिक कम्युनिटी' से हुआ। इसका मुख्यालय इथोपिया के ऐडिस अबाबा में है। मोरक्को को छोड़कर महाद्वीप के सभी 53 देश इसके सदस्य हैं। इसकी आम सभा में सभी सदस्य देशों के प्रमुख शामिल हैं जिसका नेतृत्व कार्यकारी निकाय और सचिवालय द्वारा किया जाता है। अफ्रीकी लोगों के लिए नीतियों का समन्वय और लक्ष्यों का निर्माण अफ्रीकी संघ का महत्त्वपूर्ण एजेंडा है। हालांकि भ्रष्टाचार के कारण एयू को अपने लक्ष्य हासिल करने में अधिक सफलता नहीं मिली है।

Agent *(बिचौलिया, एजेंट या प्रतिनिधि)* : 1. किसी व्यक्ति या संस्था की ओर से उसके हित में काम करने वाला मध्यस्थ। एजेंसी की काम करने की सीमाएं हो सकती हैं जो कानून द्वारा निर्धारित किए गए नियमों पर निर्भर करती हों। एजेंट उससे अधिक अधिकारों का इस्तेमाल नहीं कर सकता है जितने उसे क्लाइंट या किसी व्यक्ति या संस्था से मिलते हैं जो उसे मध्यस्थ के रूप में रखती है। क्लाइंट एजेंट से विश्वास पर काम कराता है। लिहाज़ा, एजेंट की यह ज़िम्मेदारी बनती है कि वह क्लाइंट के हित में काम करे। 2. संपत्ति और आपदा बीमा मामले में बीमा के करार को तैयार, बदलाव और समाप्त करने के लिए बीमाकर्ता कंपनी द्वारा अधिकृत किया गया व्यक्ति। यह अधिकार क्षेत्र में रहते हुए करार पर सुझाव देने का भी काम कर सकता है। जीवन बीमा के संबंध में बिक्री और सेवा प्रतिनिधि को लाइफ अंडरराइटर भी कहा जाता है।

Aggregate Demand *(सकल मांग)* : मैक्रो-इकोनॉमिक्स (वृहत अर्थव्यवस्था) में इस्तेमाल किया जाने वाला एक संकेतक। इसकी गणना साल में किए गए कुल उपभोक्ता खर्च, सरकारी खर्च, पूंजी निवेश और कुल निर्यात (निर्यात में से आयात को घटाने के बाद) को जोड़कर करते हैं। यह सकल घरेलू उत्पाद के लिए इस्तेमाल होने वाला दूसरा पद या शब्द है। इसे देश का कुल उत्पादन भी कह सकते हैं।

Aggregate Supply *(सकल आपूर्ति)* : निर्धारित समय (साल में) और मूल्य पर

A

देश में उत्पादित होने वाली कुल वस्तु और सेवाएं। यह सकल घरेलू उत्पाद (जीडीपी) के लिए एक और शब्द है।

Aggregation *(समुच्चयन, एकत्रीकरण, संग्रह)* : आर्थिक आंकड़ों का संचय, साधारणीकरण और विस्तार। अर्थव्यवस्था में एकत्रीकरण का इस्तेमाल आर्थिक विकास में सामान्य प्रचलनों की तुलना और उन्हें परिभाषित करने के लिए किया जाता है। एकत्रीकरण का इस्तेमाल अगर सीमाओं को ध्यान में रखकर न किया जाए, तो यह समस्याएं पैदा कर सकता है। हरेक समग्र संकेतक की सबसे मुख्य सीमा यह है कि यौगिक पद होने के चलते यह उन सभी व्यक्तिगत असमानताओं को महत्त्व नहीं देता है जिन पर कोई कारोबारी फैसला निर्भर करता है। अर्थव्यवस्था में सकल मांग, सकल आपूर्ति और मुद्रास्फीति के संकेतक अक्सर इस्तेमाल होते हैं। देखिये सकल मांग, सकल आपूर्ति

Agio *(एजियो)* : (1) मुद्रा के विनिमय पर दी जाने वाली कमीशन (2) मुद्रा के वास्तविक मूल्य और प्रतीक मूल्य के बीच का अंतर (3) करेंसी एक्सचेंज का कारोबार।

Agiotage, Crack-up Boom *(बट्टा कारोबार या क्रैक-अप बूम)* : मुद्रा के अवमूल्यन के कारण वस्तुओं की खरीद में आने वाली अत्यधिक तेज़ी।

Alpha *(अल्फा)* : बाज़ार के औसत रिटर्न की तुलना में निवेश फंड का रिटर्न। यदि अल्फा शून्य से अधिक है तो निवेश फंड से होने वाली आय बाज़ार में शेयरों की औसत आय से अधिक होती है। यदि फंड का अल्फा शून्य से अधिक है तो फंड ने उम्मीद से बेहतर प्रदर्शन किया। इसके उलट, यदि अल्फा शून्य से कम यानी नकारात्मक है तो उसका प्रदर्शन उम्मीद से बुरा रहा। देखिये बीटा

Alter Ego [Lat.] *(आल्टर ईगो [लैटिन])* : अन्तरंग मित्र दूसरा रूप पूरी तरह से सैद्धांतिक

Altruism *(परमार्थवाद, दूसरे के हित के लिए जीने का सिद्धांत)* : दूसरे के कल्याण के लिए निःस्वार्थ सम्मान। परमार्थवाद गैर लाभकारी संस्था, स्वैच्छिक कार्य, चैरिटी और सहायता के लिए मूल आधार है।

American Agency System *(अमेरिकी एजेंसी प्रणाली)* : बीमा मार्केटिंग की प्रणाली के लिए इस्तेमाल होने वाला शब्द या टर्म, जिसमें एजेंट कंपनी के कर्मचारी के बजाय स्वतंत्र कारोबार परिचालक के तौर पर काम करता है।

Amortization *(परिशोधन, ऋणमुक्ति, उधार-चुकाई)* : 1. अर्थशास्त्र में यह किसी परिसंपत्ति की लागत का उत्पादन की लागत में धीरे-धीरे हस्तांतरण है। 'मूल्यह्रास' शब्द का भी इसी अर्थ में प्रयोग किया जाता है। 2. वित्तीय लेखांकन में परिशोधन खर्च का एक हिस्सा होता है, जिसकी गणना परिसंपत्ति के मूल्य से निस्तारित मूल्य (साल्वेज़

मूल्य) को घटाने के बाद प्राप्त राशि को परिसंपत्ति के अनुमानित जीवनकाल से भाग देकर की जाती है। कर-लेखांकन के मामले में ऊंचे मूल्यह्रास दर को लागू करने से परिशोधन की दर तेज़ हो सकती है और इसका उद्देश्य शुद्ध लाभ में कमी दिखा कर आय कर की देनदारी की घटना हो सकता है।

A

Anarchy *(अराजकता, अव्यवस्था, अशासन या कुप्रबंध)* : सरकार की अनुपस्थिति या अभाव। एक ऐसी व्यवस्था जहाँ सरकार, उसके संस्थानों और कानूनों के बिना ही सभी मुद्दों को सुलझाया जाए और ज़रूरतें पूरी हो जाएँ। इतिहास में अशासन या अराजकता के कुछ उदाहरण मिलते हैं। सोमालिया का उदाहरण उनमें से एक है, जहाँ दो शासनावधि के बीच की यह अराजकता 1991 से जारी है। अराजकता की अवधि में आम तौर पर शक्ति का इस्तेमाल और सामाजिक अस्थिरता देखने को मिलती है।

Ancillary Activity *(सहायक गतिविधि)* : कंपनी की वे गतिविधियां जिनसे प्रमुख या द्वितीयक गतिविधियां आसान हों। सहायक गतिविधियां ऐसी सेवाओं का उत्पादन करती हैं जो आमतौर पर मुख्य गतिविधि के लिए इनपुट (निवेश) का काम करती हैं। ऐसी गतिविधि से मिलने वाले नतीजे का आमतौर पर कंपनी की अन्य गतिविधियों की तुलना में काफी कम मूल्यांकन किया जाता है। मसलन—भवन की मरम्मत या रख-रखाव।

Annuity *(वार्षिक भत्ता, वार्षिक वृत्ति)* : निश्चित अवधि या जीवन-भर के लिए किसी व्यक्ति को मिलने वाली एक निश्चित भुगतान की किस्त। आमतौर पर यह जीवन बीमा या पेंशन का भुगतान होता है। वार्षिक भत्ते के चलते एक निश्चित राशि जमा करने वाले व्यक्ति को बाद में एकमुश्त या किस्तों में राशि मिलती है और बुढ़ापे में अपनी जमा राशि खोने का डर नहीं रहता है। वार्षिक भत्ते के रूप में मिलने वाली राशि प्रारंभिक राशि से अधिक हो सकती है बशर्ते व्यक्ति का जीवन औसत आयु से अधिक हो। इसके उलट, अगर औसत आयु से व्यक्ति का जीवन कम रहता है तो वार्षिक भत्ते के रूप में मिलने वाली राशि प्रारंभिक राशि से कम रहेगी।

Antidumping Duty *(एंटीडंपिंग या प्रतिपाटन शुल्क)* : शुल्क का इस्तेमाल प्रायः संरक्षणवादी कदम के तौर पर सस्ती आयातित वस्तुओं से घरेलू निर्माताओं के हितों की रक्षा करने के लिए किया जाता है। यह साबित करने के लिए एक शिकायत की जाती है और सबूत जुटाए जाते हैं कि विक्रेता दूसरे (अक्सर स्थानीय) निर्माताओं को बाज़ार से खदेड़ने के लिए वस्तुओं को लागत से भी कम दाम पर बेच रहा है। आयातित वस्तु की कीमत को बढ़ाने के उद्देश्य से इस शुल्क का आवेदन किया जाता है, ताकि आयातित वस्तु के दाम स्थानीय स्तर पर निर्मित होने वाली वस्तु की तुलना में बराबर या अधिक रहें।

Antimonopoly Policy *(एकाधिकार विरोधी नीति)* : साठगांठ से बचाव और बाज़ार

A

में किसी एक कंपनी के एकाधिपत्य को घटाने के लिए सरकार द्वारा उठाए जाने वाले कदम हैं। मसलन, कोई देश उस विलय पर रोक लगा सकता है जिससे किसी उत्पाद या सेवा को बनाने वाले किसी एक आपूर्तिकर्ता का दबदबा हो जाए। यदि एकाधिकार की स्थिति बनती है, तो अमुक देश उन वस्तुओं और सेवाओं की कीमतों पर अंकुश लगाने की कोशिश करता है। अंतिम विकल्प के तौर पर सरकार कंपनी से अपनी खास गतिविधियों का विनिवेश करने के लिए कह सकती है। यद्यपि एकाधिकार विरोधी नीतियां उपभोक्ताओं के हित के लिए बनायी जाती हैं, लेकिन अक्सर ऐसे कानूनों का इस्तेमाल किसी फर्म द्वारा प्रतिस्पर्धा को पीछे करने के लिए किया जाता है। ये कंपनियां बाज़ार में जगह बनाने के लिए प्रतिस्पर्धा की बजाय सरकारी कार्रवाई का सहारा लेती हैं। एकाधिकार विरोधी नीति के विकल्प के तौर पर प्रवेश की अनुमति तथा वस्तुओं और सेवाओं की आपूर्ति पर प्रतिबंधों को हटाने की नीति अपनाई जा सकती है।

APEC (Asia-Pacific Economic Cooperation) *([एपेक] एशिया-प्रशांत आर्थिक सहयोग संगठन)* : यह एशिया-प्रशांत क्षेत्र के 21 देशों का संगठन है। एपेक के सदस्य देश खुले व्यापार, निवेश और आर्थिक सुधार के लिए प्रतिबद्ध हैं। यह अपने में इसलिए भी विशेष है कि इसके सदस्य देश बिना किसी अनुबंध के कारोबारी बाधाओं को कम करने और निवेश को बढ़ाने के लिए अग्रसर हैं। बाज़ार को खोलने और आर्थिक विकास को प्रोत्साहित करने के लिए सदस्य देश व्यक्तिगत और सामूहिक कदम उठाते हैं। शुल्कों और अन्य कारोबारी अड़चनों को कम कर एपेक के सदस्य 1997 के एशियाई वित्तीय संकट के बावजूद सतत आर्थिक विकास को कायम रखने में काफी सफल हुए हैं। एपेक के प्रयासों के केंद्र में व्यवसाय और निवेश का उदारीकरण, कारोबार में मदद व आर्थिक और तकनीकी सहायता रहती है। एपेक का गठन 1989 में हुआ था और इसका सचिवालय सिंगापुर में है। इसके सभी 21 सदस्य देश विभिन्न तरह की परियोजनाओं और सचिवालय के काम-काज के लिए अलग-अलग राशि का योगदान करते हैं। इन परियोजनाओं का मकसद सदस्य देशों की हित रक्षा, आर्थिक क्षमता निर्माण और निजी क्षेत्र को निवेश के लिए प्रोत्साहित करना होता है।

Apodictic *(अनिवार्य रूप से सही)* : ऐसे वक्तव्यों का आर्थिक सिद्धांतों में तब इस्तेमाल किया जाता है जब तमाम तरह के तर्कों की समीक्षा करने पर उनका निष्कर्ष निश्चित तौर पर अनुमानों के अनुसार हो।

A posteriori *[Lat.]* *(ए पोस्टीरियरी, अनुभवजन्य, अनुभवसापेक्ष)* : साक्ष्यों के आधार पर। ऐसा वक्तव्य, जो अनुभव के आधार पर निष्कर्ष के तौर पर दिया जाए। ऐतिहासिक अर्थशास्त्र के जानकार या प्रतिनिधि ऐसे वक्तव्यों को जब-तब दिया करते हैं।

Appraisal *(मूल्यनिर्धारण, मूल्यांकन)* : नुकसान या लागत का मूल्यांकन।

A

Appreciation of Currency *(मुद्रा मूल्य वृद्धि, अधिमूल्यन)* : यह विदेशी मुद्रा की तुलना में स्थानीय मुद्रा की कीमत का बढ़ना है। जब ऐसा होता है तो किसी स्थानीय मुद्रा से पहले की तुलना में अधिक विदेशी मुद्राएँ खरीदी जा सकती हैं।

Appropriation *(विनियोजन, उपयोग)* : कोई विशेष कार्य करने या कोई लक्ष्य हासिल करने के लिए कोष या फंड का आवंटन। इस शब्द को आमतौर पर बजट से आवंटित किए जाने वाले फंड के सन्दर्भ में इस्तेमाल करते हैं।

Appropriation Manager *(विनियोजन प्रबंधक)* : किसी संस्थान (जैसे नगरपालिका) के अंतर्गत वह अधिकारी जो राजकीय फंड ग्रहण करता है और जिस पर उस फंड के समुचित इस्तेमाल की ज़िम्मेदारी होती है।

A priori *[Lat.] (कारण-कार्य-न्यायवाद, प्रागनुभव, निगमनात्मक)* : प्राथमिक वक्तव्य जो अनुभव पर आधारित न हो।

Apriorism *(प्रागनुभववाद)* : किसी सामाजिक या आर्थिक घटना के विश्लेषण करने का तरीका, जिसमें विश्लेषण सिद्धांतों के आधार पर किया जाता है और सिद्धांत सत्य पर आधारित होते हैं, तथ्य पर नहीं। प्रागनुभववाद की पद्धति का उपयोग मानव व्यवहार विज्ञान और अर्थशास्त्र में होता है। अर्थशास्त्र में किसी घटना का विश्लेषण इस आधार पर नहीं किया जाता है कि यह कभी पहले घटित हुई है या घटित हो रही है या कभी घटित होगी। इस अर्थ में अर्थशास्त्र की निकटता तर्कशास्त्र, गणित और युक्लिड के ज्यामिति सिद्धांतों से अधिक है न कि इतिहास से, जिसका सम्बन्ध किसी घटना या किसी भू-भाग से होता है।

Arab League *(अरब लीग)* : यह अरब देशों का एक संगठन है। इसके राजपत्र (चार्टर) के मुताबिक लीग सदस्य देशों के बीच आर्थिक मामलों, व्यावसायिक संबंधों, संचार, सांस्कृतिक, सामाजिक और स्वास्थ्य मामलों में समन्वय स्थापित करेगा। सदस्य देशों को एक-दूसरे पर बल प्रयोग की मनाही है। इसका मुख्य मकसद सभी अरब देशों में बेहतर स्थितियों और समाज कल्याण को सुनिश्चित करना है। इसके अलावा यह सभी अरब मुल्कों के भविष्य की गारंटी और उनकी अपेक्षाओं को पूरा करने की आकांक्षा रखता है। अरब लीग का गठन 1945 में हुआ था। इसका मुख्यालय मिस्र के काहिरा में है। इसके 22 सदस्य हैं। इरिट्रिया इसमें पर्यवेक्षक के तौर पर शामिल है। इसके गठन का मुख्य उद्देश्य राजनीतिक है। इसकी सदस्यता भौगोलिक स्थितियों की जगह संस्कृति पर निर्भर करती है। अब तक इसे किसी भी स्तर पर क्षेत्रीय एकीकरण के लक्ष्य को हासिल करने में कोई सफलता नहीं मिली है और न ही इस संगठन का सदस्य देशों के नागरिकों के जीवन स्तर पर किसी तरह का सीधा असर पड़ा है। अरब लीग के सभी सदस्य ऑर्गनाइज़ेशन ऑफ द इस्लामिक कॉन्फ्रेंस के भी सदस्य हैं।

A

Arbitrage *(अंतरपणन, आर्बिट्रेज, विदेशी मुद्रा, हुंडी का क्रय-विक्रय कर कमाया गया लाभ, मुनाफा, लाभ)* : किसी वस्तु को एक बाज़ार से कम कीमत पर खरीद कर, उसी को दूसरे बाज़ार में अधिक कीमत पर बेच कर कमाए गए मुनाफे को आर्बिट्रेज कहते हैं। देखिये सट्टा, सट्टेबाज़ी, कयास, अटकलबाज़ी।

Arbitration *(पंच सुनवाई, मध्यस्थता)* : विवादित मसले को फैसले के लिए मध्यस्थ (जिनकी एक निश्चित संख्या हो और जिनका मामले से कोई हित न जुड़ा हो) के पास ले जाना, जिनका निर्णय दोनों पक्षों को मंज़ूर हो।

Archism *(शासनवाद, व्यवस्थावाद या प्रबंधवाद)* : एक मत जिसके मुताबिक समाज, के निर्विघ्न रूप से कार्य करने के लिए औपचारिक सरकार का होना ज़रूरी है। यह अराजकतावाद के विपरीत है। देखिये अराजकता, अव्यवस्था, अशासन या कुप्रबंध।

Arm's Length Principle *(आर्म्स लेंग्थ सिद्धांत)* : वह शर्त या ज़रूरत जिसकी लेन-देन से जुड़ी सभी पार्टियां पूर्ण रूप से स्वतंत्र और बराबर की स्थिति में हों।

Arrears *(बकाया, शेष)* : वह बची हुई राशि जिसका सौदे की शर्तों के मुताबिक भुगतान नहीं हुआ हो। इसमें दंड का निर्धारण बकाया राशि का आकार या भुगतान में की गई देरी (प्रतिशत में) के आधार पर होता है।

Articles of Incorporation *(निगमीकरण के अनुच्छेद)* : यह कंपनी की सभी गतिविधियों को नियंत्रित करने वाला दस्तावेज़ है। इन गतिविधियों में कंपनी की सूचीबद्धता, लीगल फॉर्म, उसके मुख्यालय की स्थिति, उसके लक्ष्य, शेयरधारकों की बैठक कराने और प्रबंधकों की नियुक्ति के तरीके शामिल हैं। इनमें कंपनी के दस्तावेज़ों और अन्य प्रावधानों को संशोधित करने के लिए तमाम ब्यौरों का भी ज़िक्र होता है।

Asceticism *(वैरागी, आत्मसंयम, तपश्चर्या, साधुत्व)* : भौतिक संपत्तियों से विमुख होना। आर्थिक विश्लेषणों में आम मान्यता है कि मानव स्वभाव से वैरागी या साधु नहीं होता है और हर कोई अपनी संपत्ति को बढ़ाना चाहता है। हालाँकि ऐसे भी वैरागी लोग हुए हैं, जिन्हें उस सवाल से कभी परेशानी नहीं हुई, जो अर्थशास्त्र का सबसे बड़ा सवाल है, यानी सीमित संसाधनों से असीमित ज़रूरतों को कैसे पूरा किया जाए। उनके अनुसार, ज़रूरतों को सीमित करना अधिक महत्त्वपूर्ण है। पीपे में रहने वाले यूनानी दार्शनिक डायग्नीज़ (लगभग 413-323 ईसा पूर्व) इसके सर्वोत्कृष्ट उदाहरण हैं।

ASEAN (Association of Southeast Asian Nations) *(आसियान, [दक्षिणपूर्वी एशियाई राष्ट्र संगठन])* : यह दक्षिणपूर्वी एशियाई देशों का संगठन है। यह क्षेत्र में आर्थिक, सांस्कृतिक और सामाजिक विकास को बढ़ावा देने के लिए प्रयासरत है, ताकि दक्षिणपूर्वी एशियाई राष्ट्रों में समृद्धि और शांति की मज़बूत नींव रखी जा सके। यह संयुक्त राष्ट्र

के चार्टर की विचारधारा के मुताबिक न्याय और कानूनों के ज़रिये भी क्षेत्रीय स्थिरता और शांति को प्रोत्साहित करता है। आसियान का उद्देश्य शांति और समृद्धि को बढ़ावा देना है। इसका गठन 1967 में हुआ था और इसके 10 सदस्य देश हैं। इसका सचिवालय इंडोनेशिया के जकार्ता में स्थित है।

Asset-backed Securities (ABS) *(परिसंपत्ति आरक्षित प्रतिभूतियां)* : यह गिरवी रख कर आरक्षित की गईं प्रतिभूतियों की तरह होता है। ऋण, लीज़, क्रेडिट कार्ड, डेबिट कार्ड, कंपनियों के लिए प्राप्य, कार ऋण और रॉयल्टी आदि प्रतिभूति परिसंपत्तियां हैं। इसका एक सामान्य निवेश सिद्धांत होता है – कोई व्यक्ति परिसंपत्तियों के एक समूह का चुनाव करता है जिसमें अनुमानित और एक सामान्य नकदी का प्रवाह हो। उसके बाद उसे एक समुचित पैकेज के रूप में बदलता है जो सभी व्यक्तिगत भुगतानों का संग्रह करता है और समुचित पैकेज पर निश्चित वार्षिक दर से निवेशकों को ब्याज का भुगतान करता है।

Assets *(परिसंपत्ति, पूंजी, मालमत्ता)* : 1. व्यक्ति की धन-दौलत, उसके द्वारा खरीदी गई संपत्ति, वस्तु, आदि। परिसंपत्ति मूर्त (भवन), अमूर्त (साख), वित्तीय (शेयर, जमा पूंजी, आदि), दीर्घकालिक (मशीन) और अल्पकालिक (स्टेशनरी) हो सकती है। 2. बैलेंस शीट का वह हिस्सा, जिसमें कंपनी की सभी कीमती वस्तुएं दर्ज की जाती हैं (बैलेंस शीट के बाईं ओर का हिस्सा)।

Assigned Risk (plan) *(नियत जोखिम–योजना)* : ऑटोमोबाइल या कर्मचारियों के क्षतिपूरक बीमा के लिए एक या एक से अधिक कंपनियों द्वारा लौटाया गया आवेदन। ऐसे जोखिम को मान्यता प्राप्त प्राधिकरण द्वारा दिए गए निर्देशों के मुताबिक इसके लिए प्राधिकृत कंपनी को दिया जाता है। इस पूरी प्रक्रिया को नियत जोखिम योजना कहा जाता है।

Associated Company *(संबद्ध कंपनी)* : ऐसी कंपनी जिस पर किसी दूसरी कंपनी का अत्यधिक प्रभाव हो, लेकिन वह दूसरी कंपनी की अनुषंगी न हो। यह अक्सर संयुक्त हिस्सेदारी या संयुक्त आधिपत्य के मामले में होता है।

Association *(समिति, संघ, गठबंधन)* : गैर-लाभकारी संस्थाओं के लिए एक तरह का संगठन। ये सीमित दायित्व और सार्वजनिक कानूनी संस्थाएं होती हैं। इनका मकसद समिति या गठबंधन के सदस्यों की गतिविधियों को सहयोग करना होता है। ये अपने सदस्यों के हितों का प्रतिनिधित्व और उनकी वकालत करती हैं, साथ ही सार्वजनिक हित के कुछ अन्य काम भी करती हैं। गठबंधन या समिति के नामों में आमतौर पर 'एसोसिएशन', 'कन्फेडरेशन', 'यूनियन', 'सोसाइटी' या 'क्लब' जैसे शब्द लगे होते हैं।

Asymmetric Information *(विषम या भिन्न सूचनाएँ)* : ऐसी स्थिति जहां लेन-देन

प्रक्रिया से जुड़ी तमाम पक्षों के पास अलग-अलग जानकारी हो। व्यावहारिकता में इस स्थिति को टाला नहीं जा सकता है और ऐसा करना भी नहीं चाहिए क्योंकि अलग-अलग अपेक्षाएं ही अक्सर सौदे को आगे बढ़ाती हैं।

Atomism *(व्यक्तिवाद)* : वह मान्यता जिसके मुताबिक समाज या समुदाय का अस्तित्व नहीं होता है और मानव समाज एक-दूसरे से अलग और भिन्न व्यक्तियों का समूह होता है। इस मान्यता के अनुसार, समाज की बजाय व्यक्ति के कार्य अधिक महत्त्वपूर्ण हैं और व्यक्ति का फैसला सामाजिक फैसले से अधिक महत्त्वपूर्ण होता है।

Attractive Nuisance *(आकर्षक हानिकारक वस्तु)* : खतरनाक जगह, स्थिति या वस्तु जो खासतौर से बच्चों के लिए आकर्षक हो। ऐसे मामलों में अदालतों का अक्सर यही कहना रहता है कि जहां आकर्षण है, वहां उसके मालिक की यह ज़िम्मेदारी बनती है कि वह उस चीज़ से उन लोगों के बचाव के लिए कदम उठाए जो उस चीज़ की ओर आकर्षित हो सकते हैं। ऐसा न करने पर इसकी समूची ज़िम्मेदारी उसके मालिक पर बनती है।

Auction *(नीलामी)* : यह सबसे अधिक बोली लगाने वाले को वस्तु बेचने का तरीका है। नीलामी वह व्यवस्था मुहैया कराता है जिसकी मदद से किसी ऐसी वस्तु के दामों की गणना की जा सकती है जिसके बारे में जानकारी न हो या जिसमें बदलाव आते रहते हों।

Audit *(परीक्षण, लेखा-परीक्षण)* : यह कंपनी की वित्तीय गतिविधियों या प्रबंधन की कार्यप्रणाली की जांच है। जांच के विषय के आधार पर परीक्षण को वित्तीय या लेखा परीक्षण, कर परीक्षण और प्रबंधन परीक्षण में बांट सकते हैं। परीक्षण की जाने वाली कंपनी के साथ परीक्षण करने वाले के सम्बन्ध के आधार पर इसको आंतरिक या बाह्य लेखा परीक्षण कहा जा सकता है। आंतरिक परीक्षण कंपनी की विशेष आंतरिक विभाग की टीम द्वारा किया जाता है जबकि बाह्य परीक्षण स्वतंत्र, निष्पक्ष ऑडिट कंपनी करती है। स्थानीय कंपनी का अंतरराष्ट्रीयं परीक्षण अंतरराष्ट्रीय कंपनी द्वारा किया जाता है, जो अंतरराष्ट्रीय मानकों पर आधारित होता है।

Auditor *(लेखा-परीक्षक, ऑडिटर)* : यह वह व्यक्ति है जिसे कंपनी की वित्तीय गतिविधियों, कर भुगतान और प्रबंधकीय कार्यप्रणाली की जांच करने का ज़िम्मा सौंपा जाता है।

Aurophobia *(औरोफोबिया, स्वर्णभय)* : सोने के स्तर को लेकर व्याप्त डर कि जितना सोना है वह अपर्याप्त है। साथ ही, मौद्रिक नीति पर्याप्त लचीली नहीं है और सरकार से पूंजी आपूर्ति को नियंत्रित करने का अधिकार छीना नहीं जाना चाहिए। देखिये स्वर्णमान

A

Austrian School, Austrian Economics *(ऑस्ट्रियाई विचारधारा/अर्थशास्त्र)* : 19वीं सदी के अंत में बनी आर्थिक विचार की एक परंपरा, जिससे व्यक्तिपरक मूल्यों के सिद्धांतों का विकास हुआ। इसे आर्थिक प्रक्रिया को समझाने में लागू किया गया। अर्थशास्त्र का ऑस्ट्रियाई सिद्धांत प्रणाली संबंधी व्यक्तिवाद, सीमांत समीक्षा, व्यक्तिपरकवाद और निगमनात्मक तर्क पर आधारित है। ऑस्ट्रियन विचारधारा के सिद्धांतकार मार्क्सवाद और केन्ज़वाद के प्रमुख आलोचक थे और इन्होंने गणितीय सिद्धांतों पर आधारित अर्थशास्त्र की निंदा की। इस विचारधारा की शुरुआत कार्ल मेंगर (1840-1921) के कार्य से हुई और उनकी पहली पीढ़ी के उत्तराधिकारी के रूप में फ्रेडिरिक वॉन वीजर और यूजीन वॉ बोम-बावर्क का नाम आता है। दूसरी पीढ़ी का प्रतिनिधित्व लुडविग वॉन माइसेस और जोसेफ शुम्पीटर ने किया, जबकि इसके बाद फ्रेडिरिक वॉन हायेक, मुरे रोथबार्ड और इज़रायल किर्ज़नर का नाम आता है। देखिये व्यक्तिवाद

Autarky *(आत्मनिर्भर अर्थतंत्र)* : बंद बाज़ार जो अंतरराष्ट्रीय कारोबार से अलग-थलग हो। वैश्विक लेन-देन प्रणाली और श्रम के अंतरराष्ट्रीय विभाजन से किसी देश का अलग-थलग होना। यह खुले बाज़ार के ठीक उलट है। उपभोक्ताओं के लिए यह स्थिति खासी प्रतिकूल होती है क्योंकि इस तरह की प्रणाली में उनके लिए पसंदीदा वस्तु या सेवा हासिल करने का अवसर नहीं रहता और या खुले बाज़ार की तुलना में उन्हें अधिक खर्च करना पड़ता है।

Authorised Capital *(अधिकृत पूंजी)* : संघ के अनुच्छेद के मुताबिक, अधिकतम शेयर पूंजी जो पब्लिक या प्राइवेट लिमिटेड कंपनी जारी कर सकती है।

Authoritarian Economy *(निरंकुश अर्थव्यवस्था)* : आर्थिक प्रणाली जिसमें उत्पादन और उपभोग से जुड़े आर्थिक फैसले बाज़ार के हिस्सेदारों की जगह सरकारी निकायों द्वारा लिए जाएं।

Autistic Economy *(स्वलीन अर्थव्यवस्था)* : ऐसी आर्थिक प्रणाली जिसमें एक-दूसरे का सहयोग किए बिना हरेक व्यक्ति स्वतंत्र रूप से काम करे। जिसमें श्रम का विभाजन न हो। यह विनिमय प्रणाली के समतुल्य है।

Average *(औसत)* : यह अलग-अलग संख्याओं के लिए किसी एक विवरणात्मक संख्या की गणना की विधि है। यह संख्या मीन, मीडियन या मोड भी हो सकती है। यदि पाँच अलग-अलग संख्याओं का औसत निकालना हो तो पांचों संख्याओं के मान के योग को पांच से विभाजित किया जाता है। देखिये मध्य।

Average Annual Inflation *(औसत सालाना मुद्रास्फीति)* : यह बीते 12 महीने के लिए औसत मूल्य स्तर की तुलना में मौजूदा औसत मूल्य स्तर में हुआ बदलाव है। देखिये प्रभावी कर दर।

B

Bad Debt *(फंसा कर्ज़)* : वे कर्ज़ जिन्हें वसूला नहीं जा सकेगा। वास्तव में कर्ज़ लेने वाले की मौत या उसके दीवालिया होने की स्थिति में या फिर वसूली के सारे तरीके विफल हो जाने पर इन्हें अदायगी की तिथि से एक निश्चित अवधि (अमूमन एक वर्ष) के बाद फंसा हुआ कर्ज़ मान लिया जाता है। इस शब्द का प्रयोग कर-लेखांकन में किया जाता है। विशेष तौर पर फंसे हुए कर्ज़ की राशि करयोग्य लाभ में से घटाई जा सकती है।

Bad Loan *(बुरा ऋण)* : ऐसा कर्ज़ जिसे कर्ज़ लेने वाला नियत समय पर नहीं चुका पाता।

Bailiff, Distrainor *(सरकारी नाज़िर, कानूनी अधिकारी)* : एक अधिकृत अधिकारी जो कर्ज़ को सुरक्षित सुनिश्चित करने के लिए शर्तों, चीज़ों या संपत्ति का ब्यौरा रखता है। वह संपत्ति की सुरक्षा और प्रबंधन भी करता है। वह कानूनी सलाह देता है, बंधक परिसंपत्तियों की नीलामी करता है और दायित्वों का निर्वाह करने में मध्यस्थता करता है।

Bailout *(बेल-आउट, तात्कालिक सहायता)* : एक ऐसी प्रक्रिया जिसमें सुरक्षा मुहैया करा कर या परिसंपत्ति हस्तांतरित कर एक इकाई के अस्तित्व को लगातार सुरक्षित किया जाता है, इसके लिए शर्तें तय रहती हैं और इसमें आमतौर पर मालिकाना हक स्थायी रूप से हस्तांतरित नहीं होता। एक विशुद्ध बेल-आउट में दिवालिया या दिवालिया होने के कगार पर पहुँची इकाई (उदाहरण के लिए बैंक) में तरलता डाली जाती है, ताकि वह अपनी तात्कालिक देनदारियों का भुगतान कर सके।

Balanced Budget *(संतुलित बजट)* : एक ऐसी स्थिति जहां राज्य का बजट राजस्व और कोष कुल व्ययों के बराबर होता हैं। जब बजट संतुलित होता है, तो राज्य के पास अपने कामकाज पर व्यय करने के लिए पर्याप्त आंतरिक संसाधन (करों के ज़रिये एकत्रित कोष) होते हैं और उसे कर्ज़ लेने की कोई ज़रूरत नहीं होती। एक संतुलित बजट इस बात की गारंटी होती है कि राज्य को कर्ज़े चुकाने के लिए निकट भविष्य में करों को बढ़ाना नहीं पड़ेगा।

Balanced Market *(संतुलित बाज़ार)* : एक ऐसी स्थिति जहां किसी एक निश्चित मूल्य पर बिक्री के लिए उपलब्ध वस्तुओं (प्रतिभूतियों सहित) की संख्या खरीदी गई वस्तुओं की संख्या के बराबर होती हैं।

Balance of Payments *(भुगतान संतुलन)* : परिभाषा के अनुसार, अंतरराष्ट्रीय लेनदेनों की लेखाबही आवश्यक रूप से संतुलित होनी चाहिए। सभी लेन-देनों को इन चार में से किसी एक श्रेणी में रखा जा सकता है–वस्तुओं का आदान-प्रदान, सेवाओं का आदान-प्रदान, आईओयू का आदान-प्रदान और एकपक्षीय हस्तांतरण।

Balance Sheet *(बैलेंस शीट)* : आम तौर पर परिचालन अवधि अमूमन एक वर्ष के अंत में परिसंपत्तियों, देनदारियों और इक्विटी का ब्यौरा देने वाला एक वित्तीय विवरण। कुल परिसम्पति हमेशा देनदारियों और इक्विटी के जोड़ के बराबर होनी चाहिए।

Bank *(बैंक)* : बैंक एक वित्तीय मध्यस्थ होता है। यह ग्राहकों से उधार लेकर अन्य ग्राहकों को उधार देता है। जब कोई व्यक्ति बैंक में धन जमा करता है तो सही मायने में वह बैंक को उधार देता है। इसके बदले में बैंक अन्य ग्राहक को उधार देता है। बैंक ग्राहक को ब्याज सहित धन वापस करने का वादा करता है। इस तरह अन्य ग्राहकों को ऋण मुहैया करा कर वह आय अर्जित करता है

Bank, Commercial *(बैंक, वाणिज्यिक)* : एक ऐसा संस्थान जो कर्ज़ देने के मकसद से जमा और अन्य कोष स्वीकार करता है।

Bank for International Settlements (BIS) *(बैंक ऑफ इंटरनेशनल सेटलमेंट्स [बीआईएस])* : बैंक ऑफ इंटरनेशनल सेटलमेंट्स एक अंतरराष्ट्रीय वित्तीय संस्था है, जो अंतरराष्ट्रीय मौद्रिक और वित्तीय सहयोग को प्रोत्साहन देती है और केंद्रीय बैंकों के लिए बैंक का काम करती है। यह बैंक वित्तीय नीति पर विचार-विमर्श करने और इसका विश्लेषण करने के लिए मंच मुहैया कराता है। यह आर्थिक और मौद्रिक शोध का एक केंद्र है। यह केंद्रीय बैंकों के लिए उनके लेन-देनों में समकक्ष के रूप में काम करता है। इतना ही नहीं, यह अंतरराष्ट्रीय वित्तीय परिचालनों में एक एजेंट (ट्रस्टी) भी होता है। इसके कार्यालय में ही बेसेल कमेटी ऑन बैंकिंग सुपरविज़न, इंटरनेशनल एसोसिएशन ऑफ इंश्योरेंस सुपरवाइज़र्स और फाइनेंशियल स्टैबिलिटी फोरम मौजूद हैं।

B

1930 में स्थापित बीआईएस का मुख्यालय बेसेल, स्विट्जरलैंड में स्थित है। इसके कार्यालय हांगकांग और मेक्सिको सिटी में भी हैं। इसके 55 केंद्रीय बैंक सदस्य हैं, जिन्हें आम बैठकों में मत देने का अधिकार प्राप्त है। मतों का निर्धारण सदस्य देशों के पास मौजूद बैंक के शेयरों की संख्या के आधार पर होता है। बीआईएस का संचालन एक निदेशक मंडल करता है। अंतरराष्ट्रीय संगठन और केंद्रीय बैंक इसके ग्राहक हैं।

Bank Guarantee *(बैंक गारंटी)* : बैंक के ग्राहक द्वारा लाभार्थी के प्रति दायित्वों को पूरा नहीं करने की स्थिति में बैंक द्वारा लाभार्थी को भुगतान के लिए ली गई एक वचनबद्धता है। इन्हें कभी-कभी किसी अनुबंध के क्रियान्वयन, अग्रिम भुगतान या फिर किसी कर्ज़ की वापसी को सुनिश्चित करने के लिए जारी किया जाता है।

Banking School *(बैंकिंग विचारधारा)* : एक ऐसी विचारधारा जो 19वीं सदी के दौरान इंग्लैंड में पनपी। इसने तर्क पेश किया कि बाज़ार में मुद्रा की मात्रा की सटीक गणना में नोट और सोने के अलावा बैंकों में जमा राशि अवश्य शामिल होनी चाहिए और इनका मानना था कि मुद्रा जारी करने का विनियमन अनुत्पादक होगा। इसके प्रतिपादकों में थॉमस टूके, जॉन फुलार्तन और जॉन स्टुअर्ट मिल जूनियर शामिल थे। इस सिद्धांत के मूल विचार मुद्रा विचारधारा के विपरीत थे। देखिये मुद्रा विचारधारा।

Bank Note *(बैंक नोट)* : यह किसी बैंक की ओर से मुद्रा के स्थान पर जारी किया गया कागज़ी नोट है। मुक्त बैंकिंग के शुरुआती वर्षों में बैंक नोट निजी बैंकों द्वारा जारी किए जाते थे। ये नोट ऋण प्रतिभूतियों का प्रतिनिधित्व करते थे, दावा किए जाने पर नोट के बदले सोना या चांदी देना बैंक का दायित्व था। अब बैंक नोट जारी करने का काम आमतौर पर विभिन्न राष्ट्रीय केंद्रीय बैंकों द्वारा किया जाता है। 1971 में स्वर्णमान के समाप्त हो जाने के बाद से अब बैंक नोटों को बहुमूल्य धातुओं में बदला नहीं जा सकता। देखिये आदेशानुसार जारी मुद्रा, फिड्यूशरी मीडिया, वितरण के साधन, मुद्रा विकल्प।

Bank-run (bank panic) *(बैंक को लेकर अफरातफरी)* : ऐसी स्थिति में जमाकर्ता बैंक की विभिन्न दायित्वों को पूरा करने की क्षमता पर संदेह करने लगते हैं और इसी के मुताबिक संपत्तियां निकालने लगते हैं। ऐसे में समस्या बढ़ने लगती है। बैंक को लेकर अफरातफरी की स्थिति अफवाहों, संदेशों और संदिग्ध व्यवहार के कारण पैदा हो सकती है। अगर ऐसी स्थिति बनती है तो कोई भी धन निकालने में पीछे नहीं रहना चाहता।

Bankruptcy *(दिवालियापन)* : किसी व्यक्ति या कंपनी की उस स्थिति को बताने के लिए एक कानूनी शब्द है जब दायित्व या कर्ज़ व्यक्ति या कंपनी की अदायगी क्षमता से अधिक हो जाते हैं। दिवालियेपन की कार्यवाही उस समय शुरू की जाती है, जब कोई व्यक्ति या कंपनी प्राप्त वस्तुओं और सेवाओं के एवज़ में भुगतान करने में विफल

हो जाता है। जब व्यक्ति या कंपनियां जान-बूझकर ऋण चुकाने में अक्षम होने की स्थिति में पहुंच जाती हैं, तो इसे धोखाधड़ी-भरा दिवालियापन माना जाता है और इस सूरत में आपराधिक दायित्व लागू हो सकेगा।

Bar Code *(बार कोड)* : एक चीज़ के ऊपर उस उत्पाद के बारे में समानांतर रेखाओं के रूप में दी गई पहचान संख्या। बार कोड को एक विशेष ऑप्टिकल स्कैनिंग उपकरण के ज़रिये पढ़ा जा सकता है। साथ ही, माल सूची पर नज़र रखने के उद्देश्य से इसे कंप्यूटर प्रणाली में भी डाला जाता है।

Barrel *(बैरल)* : मात्रा की एक मापक इकाई (159 लीटर के बराबर या लगभग 42 गैलन)। आम तौर पर तेल या पेट्रोलियम उत्पादों के संदर्भ में इस्तेमाल किया जाता है।

Barter *(अदला-बदली)* : सीधा विनिमय, एक वस्तु या सेवा की दूसरे से अदला-बदली।

Base Currency *(आधार मुद्रा)* : एक विदेशी मुद्रा, जिसके साथ राष्ट्रीय मुद्रा की विनिमय दर किसी भी तरह जुड़ी होती है, या फिर वह तरीका जिसके द्वारा केंद्रीय बैंक का विदेशी मुद्रा भंडार रखा जाता है।

Basel I, Basel II *(बेसेल I, बेसेल II)* : बेसेल कमेटी ऑन बैंकिंग सुपरविज़न द्वारा विकसित जोखिम प्रबंधन प्रणाली। 1988 में आयोजित बेसेल I में बैंकों के लिए पूंजी पर्याप्तता की आवश्यकताएं तय करने के साथ पूंजी भंडार की गणना करने के तरीके बनाये गए। पूंजी पर्याप्तता संकेतक के लिए एक निश्चित मात्रा में कोषों की ज़रूरत होती है, जिन्हें बकाया बैंक ऋणों के एवज़ में रखना होता है। 1998 में एक नई जोखिम आकलन प्रणाली (बेसेल II) का प्रस्ताव किया गया, लेकिन विवादों के चलते इसके क्रियान्वयन को 2006 तक रोके रखा गया।

Base Rate *(आधार दर)* : कर्ज़ पर ब्याज दरें तय करने के लिए वाणिज्यिक बैंकों द्वारा उपयोग की जाने वाली संदर्भ दर, आम तौर पर यह राष्ट्रीय केंद्रीय बैंकों द्वारा तय की जाती है और खुले बाज़ार की क्रियाओं के ज़रिये इसका प्रबंधन किया जाता है।

Basis Point *(आधार अंक)* : एक प्रतिशत का सौवां हिस्सा, आम तौर पर ब्याज दरों में होने वाले मामूली परिवर्तनों की गणना करने और उन्हें निर्दिष्ट करने के लिए आधार अंक का उपयोग किया जाता है, जैसे अगर ब्याज दर में 50 आधार अंकों की कमी होती है, तो नई और पुरानी दर के बीच का अंतर आधा फीसदी होगा।

Basis Risk *(बुनियादी जोखिम)* : वह जोखिम जिसके तहत विभिन्न प्रकार के वित्तीय उपकरणों, विपणन क्षमता, तरलता और परिपक्वता पर प्रतिफल एक साथ नहीं बदलते। इससे बीमाकर्ता के बाज़ार मूल्य में ऐसा उतार-चढ़ाव आता है, जो उसकी देनदारी के अनुरूप नहीं होता है।

B

Basket *(बास्केट)* : वस्तुओं, सेवाओं या मुद्राओं का समूह। इसका उदाहरण है: उपभोक्ता बास्केट, जिसमें उपभोक्ता द्वारा खास तौर पर खरीदी गईं वस्तुओं और सेवाओं की सूची शामिल होती है। मुद्रा बास्केट में विभिन्न मुद्राओं की निश्चत मात्राएं शामिल होती हैं। एक छात्र की बास्केट में (मौद्रिक अभिव्यक्ति में) उसके द्वारा स्कूल में प्राप्त सेवाओं की सूची शामिल होती है।

Batch Production *(बैच उत्पादन)* : कम मात्रा (बैचों) में वस्तुओं का उत्पादन। बैच उत्पादन का उद्देश्य उपभोक्ताओं की विभिन्न ज़रूरतों को पूरा करना होता है, खासकर तब जब उपभोक्ताओं की ज़रूरतें जल्दी-जल्दी बदलती हैं. जैसे कि फर्नीचर का उत्पादन, कपड़े बनाना, इत्यादि। देखिये बड़े पैमाने पर उत्पादन , उत्पादन को मामूली स्तर पर रखना।

Bear *(मंदड़िया)* : प्रतिभूतियों का वह कारोबारी जो उस वक्त यह उम्मीद लगाता है कि प्रतिभूतियों की बाज़ार कीमतें गिरने वाली हैं या जब प्रतिभूति सूचकांकों में गिरावट आ रही होती है तब सामान्य बाज़ार की हालत और खराब होगी ।

Behaviourism/Behavioural-Economics *(व्यवहारवाद या व्यवहारवादी अर्थशास्त्र)* : एक ऐसा आर्थिक सिद्धांत जो मानव निर्णयों की व्याख्या मनोवैज्ञानिक मंतव्यों के आधार पर करता है। व्यवहारवादी तर्क देते है कि ज़रूरी नहीं कि कोई व्यक्ति भौतिक या तार्किक मंतव्यों के आधार पर ही निर्णय करे, बल्कि सामान्य तौर पर वह कुछ निश्चित परंपराओं का पालन करता है या जोखिम लेने से बचता है। 'संभाव्यता सिद्धांत' जिसका श्रेय व्यवहारवादी अर्थशास्त्र को जाता है, के प्रतिपादकों का मत है कि अधिकांश मामलों में मानव व्यवहार नुकसान से बचने की इच्छा से निर्धारित होता है, न कि धन-अर्जन की चाह से।

Benchmarking *(बेंचमार्किंग)* : समान उत्पादों और प्रक्रियाओं के बीच तुलना, या 'उत्कृष्ट तरीका' जो प्रबंधन को प्रदर्शन का मूल्यांकन करने और सुधार की ज़रूरत वाले क्षेत्रों को चिह्नित करने की अनुमति देती हैं।

Beneficiary *(लाभार्थी)* : वह व्यक्ति जो किसी अनुबंध से लाभ हासिल करता है। वह व्यक्ति जिसके नाम से कोई बीमा पॉलिसी देय होती है।

Benefit Principle *(लाभ सिद्धांत)* : कराधान का एक सिद्धांत यह कहता है कि कर का आकार आवश्यक रूप से करदाता द्वारा प्राप्त सेवाओं के मूल्य के अनुरूप होना चाहिए। इस सिद्धांत के आधार पर शुल्क तय किए जाते हैं। लाभ सिद्धांत के समर्थक दावा करते हैं कि यह सिद्धांत उन करों से कहीं ज्यादा कारगर और कम हानिकारक है, जो भुगतान की क्षमता सिद्धांत का इस्तेमाल करते हुए निर्धारित किए जाते हैं, क्योंकि इस कर का इस्तेमाल किसी समाज के सदस्यों के धन के पुनर्वितरण के लिए नहीं

किया जाता और करदाता उस हाल में भी कर देने के लिए बेहतर प्रेरित होते हैं, जब राज्य द्वारा दी जाने वाली सेवा को दबाव में लेने का मामला होता है।

Beta *(बीटा)* : एक संख्या जो किसी शेयर, कोष या अन्य प्रतिभूति में उतार-चढ़ाव को समूचे प्रतिभूति बाज़ार में आने वाले उतार-चढ़ावों के सापेक्ष दिखाती है। जब बीटा 1 से अधिक होता है, तब शेयर के मूल्य में बाज़ार की तुलना में कहीं ज्यादा उतार-चढ़ाव आता है। जब बीटा 1 के बराबर होता है, तो शेयर के मूल्य में होने वाला परिवर्तन लगभग बाज़ार के बराबर होता है। जब बीटा 1 से कम होता है, तो बाज़ार में परिवर्तनों की तुलना में शेयर मूल्य में कम उतार-चढ़ाव दिखता है।

Big Brother *(बिग ब्रदर)* : अधिनायकवादी, शक्तिशाली और सक्रिय सरकार का एक समानार्थी। पहली बार इसका इस्तेमाल जॉर्ज ऑरवेल ने अपने उपन्यास 1984 में किया था। देखिये नियामक।

Bill of Exchange *(विनिमय बिल)* : एक लिखित आदेश जहां एक पक्ष (आदेशकर्ता) किसी अन्य व्यक्ति (अदाकर्ता) को बिल में बताई गई रकम किसी अन्य व्यक्ति (प्राप्तकर्ता) जिसका नाम दर्ज होता है, को अदा करने का निर्देश देता है।

Bill of Lading *(लदान-पत्र)* : शिपिंग अनुबंध, शिपिंग सामग्री और आपूर्ति की तिथि की पुष्टि करने वाला एक दस्तावेज़।

Bimetallism (द्विधातुवाद) : एक ऐसी मुद्रा-प्रणाली जहां दो अलग-अलग धातुओं के सिक्के चलन में होते हैं। ऐतिहासिक रूप से ये दोनों धातुएं सोना और चांदी रही हैं।

Black Knight *(ब्लैक नाइट)* : ऐसी कंपनी या व्यक्ति जो किसी अन्य कंपनी पर आक्रामक तरीके से कब्ज़ा (अधिग्रहण) करना चाहे। देखिये शत्रुतापूर्ण अधिग्रहण, दोस्ताना निवेशक।

Black List *(काली सूची)* : व्यक्तियों या संस्थाओं द्वारा बनाई गई एक सूची। इसमें उन लोगों या संस्थाओं को शामिल किया जाता है, जिन्हें संदिग्ध समझा जाता है या वे सूची बनाने वालों के आदर्शों के खिलाफ काम करते हैं।

Black Market *(काला बाज़ार)* : एक तरह का गैरकानूनी बाज़ार, जिसे वस्तुओं और सेवाओं के विनिमय में कर-कानूनों या अन्य कायदे-कानूनों को धता बताने के लिए बनाया जाता है। देखिये आधिकारिक रूप से अघोषित अर्थव्यवस्था, काला बाज़ार।

Black Thursday *(काला गुरुवार)* : यह गुरुवार 24 अक्टूबर, 1929 से संबंधित है। इसी दिन से अमेरिका में महामंदी शुरू हुई। उस वक्त न्यूयॉर्क स्टॉक एक्सचेंज में शेयर कीमतें भरभरा गईं। इस घटना के कारण बाज़ार नियमन के लिए प्रतिभूति

B

कानून 1933 और प्रतिभूति कानून 1934 बनाए गए। इसके साथ ही भविष्य में ऐसी विनाशकारी घटनाओं को रोकने के लिए प्रतिभूति एवं विनिमय आयोग की स्थापना की गई।

Block *(खंड)* : देखिये शेयरों का खंड।

Block of Shares *(शेयरों का खंड)* : अकेले एक व्यक्ति के पास मौजूद किसी कंपनी के शेयरों का एक हिस्सा। देखिये शेयरों का नियंत्रणकारी हिस्सा।

Blue Chips *(ब्लू चिप्स)* : अक्सर उच्च पूंजीकरण वाली जानी-मानी कंपनियों द्वारा जारी की गई प्रतिभूतियां। इन प्रतिभूतियों में निवेश को तरल और सुरक्षित समझा जाता है।

Bond *(बॉन्ड)* : एक प्रतिभूति धारक को खरीदे गए बॉन्ड के एवज़ में एक न्यूनतम मूल्य के बराबर भुगतान पाने का अधिकार देने के अलावा बॉन्ड जारीकर्ता से तय शर्तों के मुताबिक वार्षिक ब्याज या कोई अन्य समतुल्य राशि प्राप्त करने, या फिर अन्य संपत्ति अधिकार की पुष्टि करती हैं। इस प्रतिभूति पर निश्चित या परिवर्तनशील दर से ब्याज मिलती है। किसी बॉन्ड के मुख्य मापदंड हैं- न्यूनतम मूल्य, पुनर्खरीद मूल्य (या अगर न्यूनतम मूल्य से भिन्न है, तो इसे तय करने का कोई नियम), परिपक्वता, कूपन दर और लाभांश भुगतान की शर्तें। जारी करने वालों के हिसाब से बॉन्ड निम्न प्रकार के होते हैं: सरकारी गारंटी वाले सरकारी बॉन्ड (और इसी तरह नगरीय निकाय की गारंटीयुक्त म्युनिसिपल बॉन्ड), निजी कॉरपोरेट बॉन्ड में कंपनी की परिसंपत्तियां बंधक रखकर, रियल एस्टेट अधिकारों के हस्तांतरण, विभिन्न कार्यक्रमों और परियोजनाओं से आय के ज़रिये दायित्व को सुरक्षित किया जाता है। इसके अलावा निजी कॉरपोरेशन बॉन्ड बिना विशेष प्रतिभूति (कॉरपोरेट डिबेंचर) के भी होते हैं। बॉन्डों पर परिपक्वता की एक निश्चित तारीख हो भी सकती है और नहीं भी।

Book Value *(बुक वैल्यू, बही-मूल्य)* : किसी तारीख तक मूल्यह्रास लागत घटाने के बाद किसी परिसंपत्ति का मूल्य। यह वास्तविक मूल्य को प्रदर्शित नहीं करती, यह लेखांकन की एक रचना मात्र है।

Boom *(तेज़ी)* : बढ़ती जीडीपी और निम्न बेरोज़गारी वाली अवधि। तेज़ी व्यापार-चक्र का हिस्सा हो सकती है और आम तौर पर मंदी (रिसेसन) में खत्म होती है, क्योंकि व्यापार चक्र के दौरान आर्थिक वृद्धि अक्सर केंद्रीय बैंक द्वारा कर्ज़ में बढ़ोतरी की वजह से पैदा होती है न कि बाज़ार के स्वाभाविक विकास से।

Bottleneck *(बॉटलनेक, अवरोध)* : उत्पादन प्रक्रिया की एक कमज़ोर कड़ी जिसमें उत्पादन को धीमा या सीमित करने की क्षमता होती है।

Boycott *(बहिष्कार)* : आर्थिक रिश्तों का पूर्ण या आंशिक समापन, कंपनियों और बाज़ारों के बीच वस्तुओं को खरीदने या आपूर्ति करने से इनकार या फिर किसी देश के साथ अंतरराष्ट्रीय व्यापार पर प्रतिबंध।

Breakeven-Point *(लाभ-अलाभ स्थिति)* : उत्पादन का ऐसा बिंदु जहां कोई कंपनी हानि की स्थिति से बाहर आ जाती है और इसके बाद वह लाभ कमाने में सक्षम हो जाती है। बड़ी मात्रा में स्थिर लागतों के चलते ऊंचे स्तर पर लाभ-अलाभ स्थिति (ब्रेक इवेन प्वाइंट) आती है। अगर इन लागतों को नई कंपनियों के लिए घटाया जा सके, तो उनके औरों की तुलना में जल्दी लाभ की स्थिति में आने की संभावना होगी।

Bretton Woods Agreement *(ब्रेटन वुड्स समझौता)* : दूसरे विश्व युद्ध के बाद प्रमुख देशों के लिए स्वर्णमान के विरुद्ध एक स्थिर अंतरराष्ट्रीय विनिमय दर को लेकर समझौता हुआ। यह 1-22 जुलाई, 1944 में संयुक्त राज्य अमेरिका के ब्रेटन वुड्स में हुए एक सम्मेलन के दौरान संभव हो पाया। भविष्य में स्थिर अंतरराष्ट्रीय विनिमय दर को आगे बढ़ाने के लिए विश्व बैंक और अंतरराष्ट्रीय मुद्रा कोष की स्थापना भी इसी सम्मेलन का नतीजा था। यह समझौता 15 अगस्त, 1971 तक क्रियान्वित रहा, उस वक्त स्वर्णमान को परिवर्तनशील विनिमय दर प्रणाली के पक्ष में त्याग दिया गया।

Bribe *(घूस, रिश्वत)* : किसी काम या सेवा के बदले एक पक्ष द्वारा दूसरे पक्ष को किया गया गैरकानूनी और अनौपचारिक भुगतान होता है जिससे भुगतान करने वाला पक्ष लाभान्वित होता है.

Broker *(दलाल)* : वह मध्यस्थ जो प्रतिभूतियों, जिंसों या सेवाओं की खरीद-फरोख्त का काम कमीशन के लिए करता है। शेयर दलाल स्टॉक एक्सचेंज में ग्राहक के निर्देश पर उसके खाते से लेन-देन करता है। देखिये बीमा ब्रोकर।

Bubble *(बुलबुला)* : कुछ निश्चित श्रेणी की वस्तुओं, जैसे रीयल एस्टेट की कीमतों में काल्पनिक निवेश के चलते आई तेज़ी। आम तौर पर तेज़ी के बाद उन वस्तुओं की कीमतों में तेज़ गिरावट आती है। ऐसी घटनाओं को उस समय बढ़ावा मिलता है, जब ऊंची कीमतों की चाह बड़े पैमाने पर निवेश के लिए प्रेरित करती है, जो आगे चलकर मांग बढ़ाकर कीमतों को और भी ऊपर पहुंचा देती है। बुलबुलों का आकार-प्रकार निश्चित कर पाना मुश्किल होता है, क्योंकि आम तौर पर कीमतों में तेज़ी से आए उतार-चढ़ाव के बाद ही इसका पता चल पाता हैं।

Budget *(बजट)* : किसी कंपनी या सरकार के लिए राजस्व और खर्चों का आकलन। इन्हें अक्सर निष्पादन को मापने के लिए इस्तेमाल किया जाता है। इसके तहत अनुमानित बजट के हिसाब से वास्तविक राजस्व और खर्चों पर नज़र रखी जाती है।

B

Budget Deficit *(बजट घाटा)* : एक ऐसी स्थिति जहां खर्च राजस्व से अधिक हो जाता है। बजट घाटे की भरपाई निश्चित तौर पर वित्तीय उधार, प्रतिभूतियां जारी कर या परिसंपत्तियों की बिक्री करके किया जाता है। सरकार के मामले में भविष्य के खर्चों में कटौती करके या कर भार बढ़ाकर घाटे की पूर्ति की जाती है। इससे आर्थिक विस्तार के लिए पूंजी की उपलब्धता कम हो जाती है या फिर मुद्रा की आपूर्ति बढ़ जाती है जिसका नतीजा बाज़ार के लिए महंगाई के रूप में सामने आता है।

Budget Surplus *(बजट आधिक्य)* : एक ऐसी स्थिति जहां राजस्व संग्रह खर्च से अधिक होता है। यह सेवाओं के विस्तार में सक्षम बनाता है या सरकार के मामले में कर दर घटाने का अवसर देता है।

Bull *(तेजड़िया)* : प्रतिभूति दलाल जो उस वक्त यही उम्मीद लगाता है कि प्रतिभूतियों की कीमत और बढ़ेगी या फिर जब प्रतिभूति सूचकांकों में वृद्धि होती है तो आम बाज़ार की स्थिति में सुधार होगा।

Bullion, Monetary Gold *(बुलियन, मौद्रिक सोना)* : सोना या अन्य कीमती धातु जिसकी अभी तक सिक्के के रूप में ढलाई नहीं की गई है। ऐसी धातुएं अक्सर केंद्रीय बैंक के भंडार के रूप में इस्तेमाल की जाती हैं। सोने को प्रायः सोने की टिक्कियों के रूप में रखा जाता है।

Bullionism *(स्वर्णवाद)* : एक ऐसा विचार कि किसी देश का आर्थिक कल्याण उसके पास मौजूद सोने (या अन्य कीमती धातुएं) की मात्रा से तय होता है। इस सिद्धांत के समर्थक स्वर्ण भंडार के स्तर को सुरक्षित रखने के लिए विदेशी व्यापार को सीमित करने में विश्वास करते हैं। मुद्रा विचारधारा के प्रतिनिधियों को भी कई बार 'स्वर्णवादी' कहा जाता है, क्योंकि उनकी पक्की राय है कि जारी किए गए बैंक नोटों के पीछे सोने या चांदी का आधार होना चाहिए। देखिये मुद्रा विचारधारा, वणिकवाद, मर्कैंटीलिज्म।

Bureaucracy *(नौकरशाही)* : एक प्रशासनिक ढांचा, जिसकी विशेषताएं हैं– औपचारिक और जटिल नियम, अधिकारों का एक कठोर पदानुक्रम और मतदाताओं के प्रति ज़िम्मेदारी बहुत कम या बिल्कुल भी नहीं। इस व्यवस्था को मैक्स वेबर ने आदर्श के रूप में पेश किया था, लेकिन इसकी लुडविग वोन माइसेज़ ने आलोचना की। उनका विश्वास था कि सबसे बुरा कानून भी नौकरशाही की निरंकुशता से बेहतर है।

Business *(व्यवसाय)* : वे सभी गतिविधियां, जो मुनाफा कमाने के मकसद से की जाती हैं।

Business Certificate *(व्यवसाय प्रमाणपत्र)* : एक दस्तावेज़ जो यह प्रमाणित करता है कि वाणिज्यिक गतिविधि में संलिप्त व्यक्ति ने सभी लागू कर अदा कर दिए हैं

और वह स्वास्थ्य व सामाजिक बीमा के दायरे में आते हैं। ये प्रमाणपत्र केवल व्यक्तियों को जारी किए जाते हैं और उन्हें बिना कोई वास्तविक कंपनी बनाए आर्थिक गतिविधि चलाने की अनुमति देते हैं।

Business Cycle, Trade Cycle *(व्यवसाय चक्र, व्यापार चक्र)* : आर्थिक गतिविधि में समय-समय पर आने वाला उतार-चढ़ाव। इसमें मंदी, सुधार और तेज़ी शामिल होते हैं। मंदी के दौरान मांग और उत्पादन में कमी आती है, जबकि बेरोज़गारी बढ़ती है। मंदी यानी डिप्रेशन और कुछ नहीं, महज लंबे समय तक यथावत चलने वाली स्थिति है। सुधार (रिकवरी) तब आता है, जब मांग ज़ोर पकड़ती है और बेरोज़गारी घटने लगती है। जब ऐसी स्थिति जारी रहती है, जिससे मांग और बेरोज़गारी बराबरी के स्तर पर आ जाते हैं या मंदी पूर्व के स्तर से आगे निकल जाते हैं, तो इसे बूम यानी तेज़ी कहा जाता है। नवशास्त्रीय सिद्धांत मानता है कि यह चक्र नवप्रवर्तन और तकनीकी झटकों का नतीजा है। कींसवादी मानते हैं कि चक्र उपभोक्ता के भरोसे में बदलाव का परिणाम है। लुडविग वोन माइसेज अपनी किताब 'द थियरी ऑफ मनी एंड क्रेडिट' (1912) में दावे के साथ कहते हैं कि चक्र केंद्रीय बैंक द्वारा जारी साख का नतीजा हैं, जो बाज़ार को कर्ज़ के रूप में नई मुद्रा से भर देता है। बढ़ी हुई साख यानी क्रेडिट बैंकों को बुरे ऋण देने के लिए प्रेरित करती है और जब वृद्धि पर लगाम लगाने के लिए अंततः साख पर बंदिश लगाई जाती है, तो मंदी की अवधि अपरिहार्य रूप से वापस आ जाती है।

Business to Business (B2B) *(व्यवसाय से व्यवसाय [बी-2-बी])* : एक कंपनी द्वारा दूसरी कंपनी को बेची गई कोई वस्तु या सेवा।

By-Product *(उप-उत्पाद)* : किसी वस्तु की उत्पादन-प्रक्रिया के दौरान उत्पन्न कोई अन्य वस्तु। उदाहरण के लिए, मट्ठा पनीर उत्पादन का उप-उत्पाद यानी बाय-प्रोडक्ट है।

C

C

Call Option *(कॉल ऑप्शन)* : एक निश्चित शुल्क (प्रीमियम) देकर भविष्य में एक निश्चित कीमत पर निश्चित संख्या में प्रतिभूतियों या जिंसों को खरीदने के लिए हासिल अधिकार (एक विकल्प, न कि दायित्व)।

Cambridge Equation *(कैंब्रिज समीकरण)* : कैंब्रिज विश्वविद्यालय के अर्थशास्त्रियों द्वारा पुनः प्रतिपादित परिमाण समीकरण, जो मुद्रा आपूर्ति और अंतिम आय के अनुपात पर ज़ोर देता है, ट=ल्ध्ड, जहां ट मुद्रा का संचलन वेग है, ल अंतिम उपभोग व्यय है और ड मुद्रा आपूर्ति है। यह परिमाण (फिशर के समीकरण) से इस अर्थ में भिन्न है कि कैंब्रिज समीकरण उन क्रय-विक्रयों को शामिल नहीं करता, जो अंतिम व्यय से संबंधित नहीं हैं। देखिये मुद्रा का परिमाण सिद्धांत।

Cambridge School *(कैंब्रिज विचारधारा)* : कैंब्रिज विश्वविद्यालय के अर्थशास्त्री अल्फ्रेड मार्शल (1842-1924) की रचनाएं। मार्शल ने शास्त्रीय आर्थिक सिद्धांत में सुधार किया और अर्थशास्त्र के नवशास्त्रीय विचारधारा का आधार बने। देखिये अर्थशास्त्र की नवशास्त्रीय विचारधारा।

Capital *(पूंजी)* : एक संकल्पना जो धन या किसी व्यक्ति, कंपनी या सरकार के पास आसानी से उपलब्ध परिसंपत्ति से संबंधित है या फिर आय सृजित करने के लिए आवश्यक भौतिक संसाधनों से जुड़ी है। उदाहरण के लिए, पूंजी का आशय उस धन से हो सकता है जो किसी निवेशक के पास निवेश के लिए उपलब्ध है, या उस उपकरण से भी, जो किसी कंपनी के पास कोई वस्तु उत्पादित करने के लिए मौजूद है। संसाधनों के समानार्थी के रूप में इसका खास तौर पर इस्तेमाल किया जाता है। देखिये अधिकृत पूंजी, शेयर पूंजी।

C

Capital and Financial Account *(पूंजी और वित्तीय खाता)* : भुगतान शेष का वह हिस्सा, जिसमें पूंजी और वित्तीय हस्तांतरण के रूप में किसी देश में आने और वहां से बाहर जाने वाले भुगतानों को दर्ज किया जाता है। इसमें शामिल होते हैं–दीर्घावधि ऋण प्रतिभूतियों और शेयरों की खरीद और बिक्री, मुद्रा बाज़ार ऋण प्रपत्र, वित्तीय डेरिवेटिव और लिये व दिए गए कर्ज़। देखिये भुगतान संतुलन।

Capital Consumption *(पूंजी उपभोग)* : (1) एक ऐसी स्थिति जो उस समय उत्पन्न होती है, जब किसी कंपनी की आय उसके खर्चों को पूरा करने के लिए पर्याप्त नहीं होती, जैसे कि घाटा लग जाए। (2) जीडीपी की गणना में, एक निश्चित समय के दौरान परिसंपत्तियों का जितना मूल्य कम हो जाता है, उसकी कुल मात्रा, उदाहरण के लिए–मूल्यह्रास।

Capital Control, Foreign Exchange Control *(पूंजी नियंत्रण, विदेशी विनिमय नियंत्रण)* : पूंजी के बाहर जाने (बहिर्प्रवाह) पर रोक लगाकर किसी देश की मुद्रा-विनिमय दर को स्थिर रखने के मकसद से बनाये गए नियमन। ऐसे उपायों का आम तौर पर कम इस्तेमाल किया जाता है, क्योंकि मौजूदा वैश्विक इलेक्ट्रॉनिक वित्तीय आवाजाही के ज़माने में इनसे बचना मुश्किल होता जा रहा है।

Capital Deepening *(गहन पूंजी)* : किसी कंपनी द्वारा नियुक्त कामगारों की संख्या की सापेक्ष पूंजी में बढ़ोतरी। आम तौर पर ऐसा अपेक्षाकृत कम श्रम से उतनी ही मात्रा में वस्तुओं के उत्पादन के उद्देश्य से किया जाता है। देखिये पूंजी विस्तार।

Capital Flight *(पूंजी पलायन)* : वित्तीय कोषों या निवेश का बड़े पैमाने पर किसी अन्य निवेश में इस उम्मीद में हस्तांतरण कि इससे स्थायित्व या कमाई बढ़ेगी। अक्सर मूल देश में खराब हालात के चलते दूसरे देश में कोषों के हस्तांतरण के सन्दर्भ में इसका प्रयोग होता है।

Capital Formation *(पूंजी निर्माण)* : बचत और उसका फलदायी निवेश। पूंजी को बढ़ाने या इसमें सुधार लाने के लिए संसाधनों का इस्तेमाल करना, आवश्यक रूप से उत्पादन के साधनों को बढ़ाना।

Capital Gains *(पूंजीगत लाभ)* : किसी परिसंपत्ति की खरीद और बिक्री कीमत का अंतर।

Capital Gains Tax *(पूंजीगत लाभकर)* : किसी परिसंपत्ति की खरीद और बिक्री के दौरान कीमत में हुई वृद्धि पर लगाया जाने वाला कर। विशेषकर, अगर निवेश को किसी खास समय अवधि तक बनाए रखा जाता है, तो कम दर से लगाया गया कर, हालांकि देश के हिसाब से कर दरें अलग-अलग होती हैं।

C

Capital Goods *(पूंजीगत वस्तु)* : अन्य वस्तुओं के उत्पादन में इस्तेमाल होने वाली सामग्री और उपकरण।

Capital Inflow *(पूंजी अंतप्रवाह)* : किसी देश में निवेश, पूंजी या परिसंपत्ति की शुद्ध आवक। आम तौर पर यह उस समय होता है, जब विदेशी इकाइयां किसी घरेलू बाज़ार में कंपनियों या प्रतिभूतियों की खरीद करती हैं। कितनी नकदी डाली जाएगी, यह निवेश को लेकर संभावित प्रतिफल पर निर्भर करता है। सामान्यतः यह उस समय होता है, जब किसी देश को विदेशी निवेशकों के लिए आकर्षक समझा जाता है। देखिये पूंजी पलायन।

Capital Intensive Production *(पूंजी साध्य उत्पादन)* : उत्पादन की वह प्रक्रिया जिसमें पूंजी की एक बड़ी मात्रा का प्रयोग किया जाता है। जैसे तकनीकी पर निवेश, मानव श्रम का स्थान लेने के लिए मशीनों को बढ़ावा।

Capitalism *(पूंजीवाद)* : एक ऐसी व्यवस्था जिसे पूंजी के निजी स्वामित्व द्वारा परिभाषित किया जाता है, जहां क्रेताओं और विक्रेताओं की अंतर्क्रिया से वस्तुओं की मात्रा एवं कीमत का निर्धारण होता है।

Capitalist *(पूंजीपति)* : वह व्यक्ति जो मुनाफा कमाने के लिए पूंजी का निवेश करता है, ऐसा वह कंपनी शुरू करके सीधे तौर पर या फिर किसी मौजूदा कंपनी के शेयर खरीदकर अप्रत्यक्ष रूप से कर सकता है।

Capitalization *(पूंजीकरण)* : किसी कंपनी द्वारा जारी और बकाया (आउटस्टैंडिंग) शेयरों का बाज़ार मूल्य। देखिये बाज़ार पूंजीकरण।

Capital-Labour Ratio *(पूंजी-श्रम अनुपात)* : श्रम की मात्रा के सापेक्ष प्रयोग की जाने वाली पूंजी की मात्रा का अनुपात। ऊंचा पूंजी-श्रम अनुपात पूंजी साध्य उत्पादन की ओर इंगित करता है।

Capital-Output Ratio *(पूंजी-उत्पाद अनुपात)* : प्रति इकाई पूंजी के आगमन पर प्राप्त होने वाली राशि के अनुपात को दिखाता है।

Capital Widening *(पूंजी विस्तार)* : पूंजी में वृद्धि के साथ ही मज़दूरों में भी बढ़ोतरी, ताकि पूंजी-श्रम अनुपात पूंजी के बढ़ने के बाद भी समान बना रहे। देखिये गहन पूंजी।

Cardinal Utility *(गणनावाचक उपयोगिता)* : उत्पाद की उपयोगिता का मापक, जिसे संतुष्टि प्रदान करने की मात्रात्मक क्षमता के रूप में व्यक्त किया जाता है। गणनावाचक उपयोगिता के अंतर्गत, कोई व्यक्ति यह मापने में सक्षम होगा कि एक वस्तु ने किसी अन्य वस्तु की तुलना में ठीक-ठीक कितनी कम या ज्यादा संतुष्टि प्रदान की है। देखिये क्रमवाचक उपयोगिता।

C

Cartel Agreement *(उत्पादक संघ समझौता)* : वस्तुओं या सेवाओं के मूल्य, उत्पादन मात्रा या फिर लक्षित बाज़ार को लेकर कंपनियों के बीच औपचारिक या अनौपचारिक समझौता। उत्पादक संघ समझौते प्रतिस्पर्धा कम करने का प्रयास करते हैं और ऐसे समझौतों के ज़रिये कंपनियों का मुनाफा बढ़ाने की भी कोशिश होती है।

Cash *(नकदी)* : सिक्के और बैंक मुद्रा।

Cash Flows *(नकदी प्रवाह)* : किसी कंपनी की परिचालन अवधि में कंपनी के अंदर नकदी का प्रवाह। शुद्ध नकदी प्रवाह नकदी आवक (अंतर्प्रवाह) और नकदी जावक यानी बहिर्प्रवाह के बीच का अंतर होता है। लेखांकन विधियों (एक्रुअल सिद्धांत, स्टॉक लेखांकन, मूल्यह्रास दरें) के उपयोग के कारण नकदी प्रवाह किसी कंपनी द्वारा अर्जित आय से भिन्न होते हैं। नकदी प्रवाह किसी कंपनी की तरलता को प्रदर्शित करते हैं।

Cash Flow Statement *(नकदी प्रवाह विवरण)* : किसी कंपनी के वित्तीय खाते का वह खंड जो एक साल की समयावधि में नकदी के प्रवाह को दर्शाता है। यह परिचालन और निवेश के लिए नकदी की आवक एवं जावक (बहिर्प्रवाह) को दिखाता है, उदाहरण के लिए प्लांट, संपत्ति और उपकरण में और शेयर और बॉन्ड की खरीद-निर्गम में वित्त सुविधा मुहैया करने में।

Cash Holdings, Cash Balance *(नकदी धारिता, नकद शेष)* : मुद्रा की वह मात्रा जिसे किसी भी समय कोई व्यक्ति नकदी के रूप में रखना चाहता है। नकदी धारिता (कैश होल्डिंग्स) का उपयोग वस्तुओं या सेवाओं की खरीद के एवज़ में भुगतान के लिए होता है। इसे भंडार यानी रिज़र्व के रूप में या संभावित मकसद (उनका मूल्य बढ़ने की प्रत्याशा) के लिए रखा जाता है। नकदी धारिता सभी वांछित अधिग्रहणों के बाद बचने वाले किसी आकस्मिक शेष को प्रदर्शित नहीं करते हैं। वे किसी व्यक्ति द्वारा स्वविवेक पर एक निश्चित मात्रा में नकदी रखने के लिए अपनाए गए विकल्प का नतीजा होते हैं। निश्चित मात्रा में नकदी धारिता रखने की ज़रूरत मुद्रा की मांग को जन्म देती है।

Cash Induced Inflation *(नकदी प्रेरित मुद्रास्फीति)* : अतिरिक्त मुद्रा जारी करने के चलते किसी मुद्रा इकाई की क्रयशक्ति में आई गिरावट।

Cash Principle *(नकदी सिद्धांत)* : वित्तीय लेखांकन का एक सिद्धांत जिसके तहत उस स्थिति में आय या खर्च माना जाता है जब आपूर्ति की गई वस्तुओं या प्रदान की गई सेवाओं के एवज़ में भुगतान प्राप्त हो जाता है। देखिये संग्रहण लेखांकन।

Cash Surrender Value *(नकदी समर्पण मूल्य)* : मृत्यु या परिपक्वता पर किसी पॉलिसी के भुगतान योग्य होने से पहले ही इसकी स्वैच्छिक समाप्ति की दशा में मिलने वाली राशि।

C

Catallactics *(कैटालैक्टिक्स)* : बाज़ार की उत्पत्ति, व्यवस्था और परिचालन का अध्ययन। इसका पहली बार इस्तेमाल रिचर्ड व्हाटले (1787-1863) ने सन 1831 में अपनी किताब इंट्रोडक्टरी लेक्चर्स ऑन पॉलिटिकल इकोनॉमी में किया था। इसका ''इकोनॉमी'' शब्द के एक विकल्प के रूप में प्रस्ताव फ्रेडरिक हायेक ने किया। इसका व्यापक तौर पर इस्तेमाल लुडविग वॉन माइजेस ने किया था। इस शब्द का इस्तेमाल बाज़ार के समानार्थी के तौर पर भी किया जाता है, इसमें एक खास बाज़ार खंड जैसे कि रीयल एस्टेट बाज़ार पर ध्यान देने की बजाय 'बाज़ार' संबंधों पर अधिक ध्यान केंद्रित किया जाता है। यूनानी भाषा में इसका मतलब होता है 'अपने दुश्मन को दोस्त बना लेना।'

Catastrophic Risk *(विनाशकारी जोखिम)* : वह जोखिम जब बड़े पैमाने पर नुकसान पहुँचाने वाली एक अकेली घटना के चलते किसी बीमाकर्ता पर बीमा दावों की संख्या और मात्रा या दोनों सामान्य समय के मुकाबले बहुत ज्यादा बढ़ जाते हैं।

Caveat emptor *[Lat.] (कवित एम्प्टर)* : 'क्रेता सावधान हो जाएँ' उपभोक्ता संरक्षण आंदोलनों से पूर्व की एक कानूनी संकल्पना है, जब विक्रेताओं पर गुणवत्तापूर्ण वस्तुएं प्रदान करने के लिए रत्ती-भर या कोई भी ज़िम्मेदारी नहीं होती थी। क्रेताओं से ही यह उम्मीद की जाती थी कि वे खरीदारी का निर्णय करते समय समझदारी से काम लेंगे।

Census *(जनगणना)* : जनसंख्या और इसकी जनांकिकी की पूरी तरह गिनती, जिसमें आय, नस्ल, परिवार के आकार जैसी चीज़ें भी शामिल की जाती हैं।

Cent *(सेंट)* : (1) किसी मुद्रा का एक सौवां भाग, जैसेकि डॉलर, यूरोय, (2) किसी मुद्रा के एक सौवें हिस्से के मूल्य वाला एक सिक्का।

Central Bank *(केंद्रीय बैंक)* : एक राष्ट्रीय बैंक जिसके पास मौद्रिक नीति संचालित करने, नोट जारी करने, कर्ज़ देने वाली संस्थाओं की निगरानी करने और ब्याज दरें निर्धारित करने का अधिकार होता है। अधिकांश देशों में केंद्रीय बैंकों का प्राथमिक उद्देश्य कीमतों में स्थिरता बनाए रखना है। इस लक्ष्य को प्राप्त करने के लिए केंद्रीय बैंक आरक्षित अनुपात और रेपो रेट तय करके बाज़ार में हस्तक्षेप करते हैं। इसके साथ ही वह बैंकों का अंतिम ऋणदाता भी है। इन कार्यों के ज़रिये केंद्रीय बैंक बाज़ार में ब्याज दरों को प्रभावित करता है। इस तरह वह परोक्ष रूप से उत्पादन, रोज़गार और कीमतों पर भी असर डालता है। अधिकांश केंद्रीय बैंकों की स्थापना सरकारों (अक्सर राजशाही) की ओर से मुद्रा बाज़ार में अस्थिरता को रोकने के मकसद से की गई है, या फिर उस वक्त के लिए अतिरिक्त राजस्व पैदा करने के उपकरण के रूप में, जब राष्ट्रीय परियोजनाओं (अक्सर लड़ाइयों) के वित्तीयन के लिए कर या कर्ज़े नाकाफी साबित हों। विश्व का पहला केंद्रीय बैंक सन 1694 में इंग्लैंड में स्थापित हुआ था। हाल ही में राष्ट्रीय सरकारें केंद्रीय बैंकों को नोटों की छपाई के ज़रिये बजट घाटों का वित्तीयन रोकने के लिए कहीं ज़्यादा आज़ादी

देने लगी हैं। संयुक्त राज्य अमेरिका के केंद्रीय बैंक को फेडरल रिज़र्व कहा जाता है। जर्मनी में इसे डायचे बुंडेसबैंक कहते हैं, वहीं यूरोपियन सेंट्रल बैंक यूरोपीय संघ का केंद्रीय बैंक है।

C

Central Bank Intervention *(केन्द्रीय बैंक का हस्तक्षेप)* : केन्द्रीय बैंक का हस्तक्षेप से आशय मुद्रास्फीति की दर को कम करने, विकास को बढ़ावा देने या विनिमय दर को प्रभावित करने के लिए उठाए गए कदमों से है।

Central Credit Union *(केंद्रीय साख संघ)* : वह साख संस्था जिसका काम लाइसेंस प्राप्त साख संघों से जमा एवं अन्य पुनर्भुगतान योग्य कोष स्वीकार करना है। यह उन कोषों का इस्तेमाल कर्ज़ देने और कानून द्वारा अनुमति प्राप्त अन्य वित्तीय सेवाएं प्रदान करने में करता है। देखिये साख संघ।

Central Depository *(केंद्रीय डिपॉज़िटरी)* : ऐसी कंपनी जो प्रतिभूतियों और उनके कारोबार का लेखांकन करती है। साथ ही वह निवेशकों और वित्तीय ब्रोकरेज कंपनियों को इससे संबंधित सेवाएं प्रदान करती है।

Centralization *(केंद्रीकरण)* : कुछ निश्चित कार्यों (जैसे अधिग्रहण, बिक्री, परिचालन और निर्णय लेना) या कोषों (पूंजी) का किसी एक स्थान या कंपनी में केंद्रित होना।

Central Market Transactions *(केंद्रीय बाज़ार कारोबार)* : किसी स्टॉक एक्सचेंज के कारोबारी सत्र के दौरान प्रतिभूतियों के क्रय-विक्रय का कारोबार, जो स्टॉक एक्सचेंज के कारोबारी नियमों के अनुसार होता है।

Central Planning *(केंद्रीय नियोजन)* : सरकारी निकायों द्वारा बिक्री लक्ष्यों और कोटा को हासिल करने के लिए उत्पादन स्तर निर्धारित करने की कोशिश में आर्थिक और व्यावसायिक गतिविधियों का नियोजन। केंद्रीय नियोजन बाज़ार प्रणालियों की अनदेखी करता है, खासकर कीमत प्रणाली की, जो क्रेताओं को विक्रेताओं तक यह बात पहुंचाने में सक्षम बनाती है कि कितना उत्पादन होना चाहिए। नतीजतन केंद्रीय नियोजन में अक्सर संसाधनों की बर्बादी होती है।

Certificate of Deposit (CD) *(जमा प्रमाणपत्र)* : किसी बैंक द्वारा एक निश्चित समय और निर्धारित ब्याज दर के लिए जारी की जाने वाली एक प्रतिभूति। उदाहरण के तौर पर 7 फीसदी ब्याज दर वाली छह माह का जमा प्रमाणपत्र।

Ceteris paribus *[Lat.]* *(बाह्य दशाओं का स्थिर होना)* : 'अन्य सभी चीज़ें समान रहें' एक ऐसी संकल्पना जिसके तहत किसी दी हुई घटना के प्रभाव को निर्धारित करने के लिए अन्य बाह्य दशाओं को स्थिर रखा जाता है, अक्सर इसका प्रयोग आर्थिक विश्लेषण में किया जाता है।

C

Charity *(दान, चैरिटी)* : समाज या समाज के खास हिस्सों की ज़रूरतों को पूरा करने के लिए अपनी इच्छा से धन, संपत्ति या सेवाओं को बतौर उपहार देना। ये उपहार आम तौर पर प्राकृतिक आपदाओं, पारिस्थितिकी संबंधी विभीषिकाओं, सैन्य-संघर्ष, विषमताओं और महामारियों से निपटने के लिए दिए जाते हैं।

Charter *(चार्टर)* : विमान या पानी का जहाज़ निजी प्रयोग के लिए किराए (पट्टे) पर लेना।

Chartist *(चार्टिस्ट–शेयर बाज़ार विश्लेषक)* : वह व्यक्ति जो बाज़ार संकेतकों या किसी प्रणाली की एक निश्चित अवधि के उतार-चढ़ाव में विश्वास करता है। उसे इस पर भी भरोसा होता है कि कुछ निश्चित ऐतिहासिक आंकड़े भविष्य का अनुमान लगाने में मददगार साबित हो सकते हैं। कोई चार्टिस्ट शेयर बाज़ार कीमत का विश्लेषक भी होता है, जो पूर्व के सांख्यिकीय आंकड़ों के आधार पर भविष्य की कीमतों की भविष्यवाणी करता है।

Cheque *(चेक)* : किसी बैंक में मांग खाता (चालू या जमा खाता) रखने वाले व्यक्ति द्वारा जारी एक ऋण प्रतिभूति। इसमें वह चेक के धारक को इसमें निर्दिष्ट राशि देने के लिए बैंक को अधिकृत करता है।

Chicago School *(शिकागो विचारधारा)* : शिकागो विश्वविद्यालय के अर्थशास्त्रियों के एक समूह द्वारा शुरू किया गया एक वैचारिक विचारधारा। इसे मुद्रावाद के सिद्धांत के विकास का श्रेय दिया जाता है। साथ ही इस विचारधारा का यह साफ मत था कि बाज़ार में सरकारी हस्तक्षेप के मुकाबले प्रतिस्पर्धा कहीं अधिक दक्ष (एफिशिएंट) है। शिकागो विचारधारा की शुरुआत सन 1920 में हुई थी और यह फ्रैंक एच. नाइट, हेनरी सिमोंस और जैकब वाइनर के कामों से जुड़ा है। हालांकि, यह मिल्टन फ्रीडमैन और जॉर्ज स्टिगलर ही थे, जो शिकागो विचारधारा को नया जीवन और नई सैद्धांतिक दिशा देकर सन 1960 में इसके सबसे जाने-माने प्रतिनिधि बन गए। कई वर्षों तक शिकागो विचारधारा केंजवादी क्रांति के प्रभावों के खिलाफ एक सुदृढ़ दुर्ग बना रहा और केंजवादी सिद्धांतों की कमियों की ओर उंगली उठाता रहा।

Circulation *(प्रसार, चलन)* : किसी अर्थव्यवस्था में मुद्रा, प्रतिभूतियों, वस्तुओं या सेवाओं का चलन।

Circulation Credit *(प्रसार साख, सर्कुलेशन क्रेडिट)* : जब बैंक अपने भंडार से कवर किए बगैर मुद्रा जारी कर कर्ज़ देते हैं। प्रसार साख उस साख से अलग है, जिसे बैंक अपने संसाधनों से या फिर ग्राहकों द्वारा जमा की गई लंबी अवधि की जमाओं से देते हैं। ऑस्ट्रियन विचारधारा ने इस शब्द का बार-बार इस्तेमाल किया है। देखिये फिड्यूशरी मीडिया, वितरण के साधन।

Civil Liability *(दीवानी देनदारी)* : एक व्यक्ति की किसी अन्य प्रभावित व्यक्ति या उसकी संपत्ति को हुए नुकसान के लिए भौतिक यानी माली देनदारी।

Civil Liability Insurance *(दीवानी दायित्व बीमा)* : तीसरे पक्ष या उसकी संपत्ति की हानि की भरपाई के लिए संपत्ति का बीमा। किसी बीमाकर्ता द्वारा दिए जाने वाले बीमा हितलाभ की मात्रा बीमा अनुबंध में तय कवरेज की राशि पर निर्भर होती है। दीवानी दायित्व बीमा में मोटर थर्ड पार्टी दायित्व बीमा, चिकित्सा कदाचार बीमा, नोटरी दायित्व बीमा, कंपनी दायित्व बीमा, इत्यादि शामिल होते हैं।

Claim *(दावा)* : किसी देयता के सम्मान या हानि की भरपाई का दायित्व।

Classical School of Economics *(अर्थशास्त्र का शास्त्रीय विचारधारा)* : एडम स्मिथ (1723-1790) और डेविड रिकॉर्डो (1772-1823) की रचनाओं के ज़रिये विकसित आर्थिक सिद्धांत। शास्त्रीय विचारधारा का यह विश्वास है कि मुक्त बाज़ार स्वयं संतुलित मूल्य और मात्राओं तक पहुंच जाता है और बिना हस्तक्षेप के सर्वोत्तम ढंग से काम करता है। इसके साथ ही उनका मानना था कि राष्ट्रों के बीच मुक्त व्यापार वास्तविक आय और आम लोगों के कल्याण को बढ़ाता है।

Clearing *(समाशोधन, क्लीयरिंग)* : का प्रयोग दो सन्दर्भों में होता है, पहला बाज़ार में संतुलन तक पहुंचने की क्रिया या फिर कोई वित्तीय लेनदेन जिसमें गैर-नकदी निपटान शामिल होता हैं, पूरी तरह से आपसी भुगतान दावों और देयताओं की अनुमति पर निर्भर होता है।

Clearing Bank *(समाशोधन बैंक, क्लीयरिंग बैंक)* : वह बैंक जिसका प्राथमिक कार्य स्टॉक या कमोडिटी एक्सचेंज कारोबार के लिए पक्षों के बीच नकदी निपटानों का प्रबंधन करना है।

Client *(ग्राहक)* : किसी कंपनी द्वारा उत्पादित वस्तुओं या सेवाओं का उपभोक्ता या लाभग्राही।

Closed Joint Stock Company, Closed Share Holding Company *(बंद संयुक्त स्टॉक कंपनी, बंद शेयर होल्डिंग कंपनी)* : वह संयुक्त स्टॉक कंपनी जिसके शेयर स्टॉक एक्सचेंज पर नहीं दिखाए जाते। बंद संयुक्त स्टॉक कंपनियों पर सीमित संख्या में शेयरधारक और पूंजी आकर्षित करने की सीमित क्षमता होती हैं।

Closing Price *(बंद भाव)* : किसी प्रतिभूति की कारोबारी सत्र समाप्त होते समय की कीमत। यदि विनिमय बाज़ार में कोई कारोबार नहीं होता, तो सत्र के खुलते समय की कीमत को ही बंद भाव माना जाता है। अगर किसी प्रतिभूति के लिए कारोबारी सत्र की शुरुआत में कोई कीमत तय नहीं की जाती और केंद्रीय बाज़ार में उस प्रतिभूति

C

में सत्र के दौरान कोई कारोबार नहीं होता है, तब पूर्व कारोबारी सत्र की समाप्ति पर रहे भाव को ही बंद भाव मान लिया जाता है।

Cluster *(क्लस्टर, झुंड)* : जब विश्वविद्यालय, सार्वजनिक संस्थान और व्यापार संघ जैसे गैर-लाभकारी संगठन लाभकारी फर्मों के बिल्कुल नज़दीक स्थित होते हैं। ज्ञान-आधारित संस्थाओं के इस समूहीकरण का नतीजा अक्सर नई सूचना प्रौद्योगिकियों के सहयोगपरक शोध और विकास के रूप में सामने आता है।

Coase Theorem *(कोएस प्रमेय)* : विचार का प्रतिपादन नोबेल पुरस्कार (1991) विजेता रोनाल्ड कोएस ने किया था। इसके मुताबिक लेनदेन लागत की अनुपस्थिति में एजेंट यानी मध्यस्थ दक्ष समाधान पाने में सफल होंगे, भले ही संपत्ति का अधिकार किसी का हो। आमतौर पर किसी बाज़ार में बाह्यताओं पर विचार करते समय इस प्रमेय का इस्तेमाल किया जाता है। खुद कोएस द्वारा सन 1959 में पेश रेडियो तरंगों को नियमनमुक्त करने संबंधी प्रस्ताव इसका उदाहरण है। कोएस के अनुसार, इसमें कुछ भी गलत नहीं है कि अगर शुरुआत में दो रेडियो स्टेशन एक ही आवृति का इस्तेमाल करते हुए प्रसारण करते हैं और एक-दूसरे में व्यवधान उत्पन्न करते हैं। जल्दी ही वह रेडियो स्टेशन जो प्रसारण का सबसे ज्यादा लाभ प्राप्त करने में सफल होता है, दूसरे रेडियो स्टेशन को व्यवधान रोकने के एवज़ में भुगतान करने का इच्छुक होगा। दूसरे शब्दों में, इसका कोई मायने नहीं है कि कौन-सा रेडियो स्टेशन शुरुआत में आवृति का स्वामी है और कौन-सा सामान्य रूप में संपत्ति का, क्योंकि लंबी अवधि में स्वामी वही होगा, जो संपत्ति का अधिक दक्ष इस्तेमाल करता है।

Coercion *(ज़बरदस्ती)* : लोगों को उनके विकल्प कम करने की धमकी देकर सहयोग के लिए प्रेरित करना।

Coinsurance *(सहबीमा)* : संपत्ति और दुर्घटना से जुडी बीमा पॉलिसी का वह उपबंध या प्रावधान, जिसमें बीमित संपत्ति के मूल्य के आधार पर एक निश्चित बीमा राशि की ज़रूरत होती है। आमतौर पर बीमा खरीदने के लिए संपत्ति के मूल्य के कुछ निश्चित प्रतिशत के बराबर प्रीमियम में कमी की जाती है। अगर बीमित इस उपबंध का अनुपालन करने में विफल होता है, तो आंशिक हानि की दशा में उसे जुर्माना भुगतना पड़ता है।

Cold War *(शीत युद्ध)* : देशों के बीच आर्थिक एवं राजनीतिक संबंधों का खात्मा या इनका बेहद सीमित रह जाना। एक ऐसा ही शीत युद्ध पूर्व सोवियत संघ और अधिकतर पश्चिमी देशों के बीच सन 1948 से 1988 तक चला। देखिये रोक, प्रतिबन्ध।

Collateral *(बंधक)* : किसी कर्ज़ को चुकाने या अनुबंध को पूरा करने के वादे के समर्थन में जमानत के तौर पर रखी जाने वाली परिसंपत्ति।

Collateralized Debt Obligation (CDO) *(जमानती ऋण दायित्व [सीडीओ])* : एक जमानती ऋण दायित्व (सीडीओ) एक प्रतिभूति होता है जो विभिन्न प्रकार की संपत्तियों से आरक्षित होता है और यह विभिन्न प्रकार की देनदारी और लेनदारी जोखिमों का प्रतिनिधित्व करता है। अक्सर यह अंशों में प्रदर्शित होता है।

Collateralize *(जमानत रखना, बंधक रखना)* : ऋण की सुरक्षा के लिए एक सम्पत्ति को बंधक के रूप में रखना।

Collection *(वसूली)* : कर्ज़ निपटारे का वह तरीका, जिसमें एक बैंक विक्रेताओं के लिए एक मध्यस्थ के रूप में काम करता है।

Collective Action, the Logic of Collective Action *(सामूहिक कार्रवाई, सामूहिक कार्रवाई का तर्क)* : एक ऐसा सिद्धांत जो सार्वजनिक वस्तुओं को निजी बाज़ारों द्वारा पर्याप्त मात्रा में उपलब्ध करने में विफल होने से सम्बंधित है, इसके लिए दो या दो से अधिक लोगों या समूहों के बीच सहयोग की ज़रूरत होती है ताकि सार्वजनिक वस्तुएँ उपलब्ध कराकर एक बाज़ार की नाकामियों की भरपाई की जा सके।

Collective Labour Agreement *(सामूहिक श्रम समझौता)* : किसी नियोक्ता और कंपनी के कर्मचारियों के बीच घंटे, मज़दूरी, लाभ और काम की दशाओं को लेकर एक लिखित समझौता। सामूहिक श्रम समझौते श्रम प्रक्रिया को सहूलियत प्रदान करते हैं, लेकिन वे श्रम बाज़ार के लचीलेपन को घटा सकते हैं, जिससे बेरोज़गारी बढ़ सकती है।

Collectivism *(समूहवाद)* : एक ऐसी विचारधारा जो किसी एक व्यक्ति के बनिस्बत समूह के महत्त्व पर बल देती है। इसका कहना है कि व्यक्तिगत हित के अलावा सामूहिक हित भी साथ-साथ बने रह सकते हैं। एशियाई संस्कृतियों में दोनों अक्सर समान होते हैं। देखिये व्यक्तिवाद।

Command Economy *(नियंत्रित अर्थव्यवस्था)* : वह अर्थव्यवस्था जहां वस्तुओं और सेवाओं के आवंटन का प्रबंध एक केंद्रीय प्राधिकरण द्वारा किया जाता है। अक्सर यह काम सरकार करती है और अपने निर्णय समाज पर थोपती है। आमतौर पर उत्पादन के साधनों पर राज्य यानी सरकार का स्वामित्व ही ऐसी अर्थव्यवस्थाओं की पहचान है।

Commerce *(वाणिज्य)* : वस्तुओं और सेवाओं का व्यापार या कारोबार।

Commercial Bank *(व्यावसायिक बैंक)* : एक वित्तीय संस्थान जो व्यक्तियों और व्यवसायियों को खुदरा बैंकिंग सेवाओं की एक श्रृंखला और उत्पाद जैसे चालू और बचत खाता, ऋण, क्रेडिट कार्ड और साख मुहैया कराता है। कई बैंक कई तरह के निवेश उत्पाद और ब्रोकरेज (दलाली) और वित्तीय योजना सेवाएँ मुहैया करते हैं। इनकी गतिविधियां उन निवेश बैंकों से भिन्न होती हैं जो बाज़ार में वित्तीय उत्पाद पेश कर कम्पनियों की

C

सहायता करते हैं और जारीकर्ताओं व निवेशकों के बीच मध्यस्थ की भूमिका निभाते हैं। उदाहरण के लिए वे शेयरों को खरीदकर उसे जनता में बेच सकते हैं। सामान्य तौर पर ये बड़े व्यावसायिक घरानों और संस्थागत निवेशकों के लिए काम करते हैं।

Commercial Bank *(वाणिज्यिक बैंक)* : इन बैंकों की स्थापना व संचालन संयुक्त पूंजी कंपनी के नियमों के अनुसार होता है, इसलिए इन्हें संयुक्त पूंजी बैंक (ज्वाइंट स्टॉक बैंक) भी कहा जाता है। ये जमा स्वीकार करते हैं और कारोबारियों को कर्ज़ देते हैं। अक्सर ये कर्ज़ छोटी अवधि के लिए दिए जाते हैं। भारत में भारतीय स्टेट बैंक, पंजाब नेशनल बैंक और इलाहाबाद बैंक वाणिज्यिक बैंक हैं।

Commercial Secret *(वाणिज्यिक रहस्य)* : किसी कंपनी के पास तकनीकी, प्रौद्योगिकीय, वाणिज्यिक, सांगठनिक या कोई अन्य सूचना, कंपनी के हितों की रक्षा के लिए गोपनीय रखी जाती है। इन रहस्यों के चोरी या गुम होने पर कंपनी की लाभ कमाने की क्षमता पर घातक असर पड़ सकता है। कंप्यूटर प्रोग्राम कोड, वाणिज्यिक व्यंजन विधि, पेय पदार्थों के फॉर्मूले इत्यादि ऐसे रहस्य के उदाहरण हैं।

Commissions *(दलाली, कमीशन)* : प्रतिभूतियों या अन्य परिसंपत्तियों की खरीद-फरोख्त में सहयोग या सेवा की एवज़ में किसी दलाल या एजेंट द्वारा वसूली गई राशि ही दलाली है।

Commodity Credit *(जिंस साख, कमोडिटी क्रेडिट)* : (1) आर्थिक सिद्धांत के अनुसार बैंक 100 प्रतिशत सुरक्षा पर ऋण देते हैं यानी इसके तहत किसी को ज़िम्मेदार नहीं ठहराया जाता है। (2) वह राशि जो चालान (रसीद) के अनुसार किसी ग्राहक पर बकाया है और ग्राहक ने उसे क्रय-विक्रय अनुबंधों में विलंबित भुगतान की तय शर्तों के अनुसार अदा करने का वादा किया है। देखिये प्रसार साख, सर्कुलेशन क्रेडिट।

Commodity Money *(जिंस मुद्रा)* : मुद्रा का एक प्रकार, जिसमें एक वस्तु, अक्सर कोई कीमती धातु शामिल होती है, जिसका विनिमय के माध्यम के रूप में इस्तेमाल किया जा सकता है। मूल रूप में बाज़ार में इस्तेमाल होने वाली मुद्रा जिंस मुद्रा ही थी। उदाहरण के तौर पर, दक्षिण अफ्रीका में नमक, कैरीबियाई द्वीपसमूह में चीनी या कनाडा में ऊदबिलाब की खालें। बाद में, सोना और चांदी जिंस मुद्रा के तौर पर विश्व-भर में चलन में आ गईं। इसके बाद आई कागज़ी मुद्रा के पीछे भी सोने और चांदी जैसी जिंस मुद्रा का आधार होता था। देखिये आदेशानुसार जारी मुद्रा।

Common Agricultural Policy (CAP) *(साझा कृषि नीति [सीएपी])* : यूरोपीय संघ (ईयू) के भीतर लागू वह नीति जिसके तहत सदस्य राष्ट्रों में कृषि उद्योगों को सब्सिडी दी जाती है। इस नीति के उद्देश्य हैं: कृषि उत्पादन बढ़ाना, किसानों के लिए पर्याप्त आजीविका सुनिश्चित करना, बाज़ार में स्थायित्व पाना, पर्याप्त खाद्य आपूर्ति की गारंटी देना और उपभोक्ता कीमतों को एक तय स्तर पर बनाए रखना। सीएपी के लिए धन

की व्यवस्था ईयू के साझा बजट से की जाती है। इसमें मोटे तौर पर बजट के कुल व्यय का आधा हिस्सा खप जाता है। इस नीति के बहुत सारे आलोचक भी हैं, क्योंकि यह ईयू के बाहर वाले अधिक दक्ष कृषि उत्पादकों को नुकसान पहुंचाकर वैश्विक कृषि बाज़ार का रूप बिगाड़ती है।

C

Common Carrier *(सामान्य वाहक, कॉमन कैरियर)* : वह कंपनी जो किराए पर माल परिवहन की पेशकश करती है और जो भी इसकी सेवाएं लेना चाहता है, उससे आवश्यक रूप से लदान स्वीकार करती है। सामान्य वाहकों पर उन निजी या ठेके वाले वाहकों, जो उन्हीं के माल की ढुलाई करते हैं, जिनके साथ उनका अनुबंध है, से अलग नियम व कानून लागू होते हैं।

Common Good *(सार्वजनिक वस्तु)* : वे वस्तुएं जो सभी के लिए मुफ्त में सुलभ हों, जैसे कि सागर में मछली, इंटरनेट।

Common Law *(आम कानून)* : संघीय या राज्य के स्तर पर संसद या विधानसभाओं द्वारा बनाए गए कानून से अलग आम कानून में लोगों और संपत्ति की सुरक्षा और शासन से संबंधित सिद्धांतों एवं कार्रवाई के नियमों को शामिल किया जाता है। ये अपना प्राधिकार अकेले व्यवहारों और प्राचीन काल से जारी परंपराओं या फिर अदालती निर्णयों और आदेशों से प्राप्त करते हैं।

Common Stocks, Ordinary Shares *(आम शेयर, साधारण शेयर)* : निवेशकों को मताधिकार और संभावित लाभांश प्राप्त करने का अधिकार देने वाले पूंजी स्टॉक्स। यह सबसे लोकप्रिय तरह का स्टॉक या शेयर है। इसे आमतौर पर लाभांश और परिसंपत्तियों पर किसी दावे के मामले में तरजीही शेयरों के मुकाबले दूसरे दर्जे का माना जाता है। देखिये तरजीही शेयर।

Comparative Advantage *(तुलनात्मक लाभ)* : किसी देश, संगठन या व्यक्ति की अपने प्रतिस्पर्धी के मुकाबले पूर्व निश्चित उत्पादक गतिविधियों के सन्दर्भ में न्यूनतम सीमांत लागत पर कोई वस्तु उत्पादित करने या सेवा प्रदान करने की क्षमता ही तुलनात्मक लाभ है।

Competition *(प्रतिस्पर्धा)* : बाज़ार की वह दशा, जिसमें कोई भी अकेला बाज़ार प्रतिभागी कीमतों पर प्रभाव नहीं डाल सकता, क्योंकि वहां बड़े पैमाने पर अन्य विक्रेता भी मौजूद रहते हैं।

Competitive Advantage *(प्रतिस्पर्धी लाभ)* : उस बाज़ार आपूर्तिकर्ता (सप्लायर) के लिए प्रयुक्त शब्द जो किसी वस्तु या सेवा को अन्य आपूर्तिकर्ताओं के मुकाबले कहीं अधिक गुणवत्ता या मात्रा में प्रदान कर सकता है या फिर कहीं कम कीमत में मुहैया कराने में सक्षम है। देखिये निरपेक्ष लाभ, तुलनात्मक लाभ।

C

Complementary Goods, Complementary Products *(पूरक वस्तुएं, पूरक उत्पाद)* : वे संबंधित वस्तुएं या सेवाएं जिसमें किसी एक वस्तु के मूल्य में हुई वृद्धि दूसरी वस्तु की मांग को घटा देती है। इसी तरह एक का मूल्य गिरने पर दूसरी वस्तु की मांग बढ़ जाती है। यानी अगर पेट्रोल की बढ़ती कीमतों के परिणामस्वरूप कारों की मांग घटती है, तो इन वस्तुओं को पूरक वस्तुएं माना जाएगा। देखिये विकल्प।

Compliance Costs *(अनुपालन लागतें)* : सरकारी नियमनों का अनुपालन करते समय कंपनियों या अन्य बाज़ार प्रतिभागियों द्वारा वहन की जाने वाली लागतें।

Concentration *(संकेंद्रण, सिमट जाना)* : जब आर्थिक गतिविधि का नियंत्रण एक या अधिक संबंधित कंपनियों द्वारा किया जाता है, जिसकी वजह से चुनिंदा वस्तुएं या सेवाएं कुछ हाथों में 'संकेंद्रित' हो जाती हैं।

Concentration Ratio *(संकेंद्रण अनुपात)* : किसी सेक्टर विशेष के आकार के सापेक्ष उस सेक्टर की कंपनियों के आकार का मापन। देखिये चार कंपनियों का केन्द्रीकरण अनुपात, फोर फर्म कॉन्सेंट्रेशन रेशियो।

Concentration Risk (संकेंद्रण जोखिम) : संकेंद्रण जोखिम वह जोखिम होता है जो विविध निवेश की बजाय किसी एक भौगोलिक क्षेत्र, आर्थिक क्षेत्र या उद्योग में भारी निवेश के कारण पैदा होता है। संकेंद्रण जोखिम या तो वैधानिक संस्था के स्तर पर हो सकता है या समूह के स्तर पर (जबकि सभी कानूनी संस्थाओं की होल्डिंग्स का समेकन कर दिया गया हो) या फिर दोनों के स्तर पर।

Concession *(विशेष रियायत, कंसेसन)* : किसी निजी संस्था को उन वाणिज्यिक गतिविधियों में संलग्न होने के लिए दिया गया अधिकार जो अन्यथा किसी सरकारी एजेंसी द्वारा संचालित की जा रही होतीं। निजी एजेंसी को अपनी सेवाओं के बदले शुल्क वसूलने की अनुमति होती है। ऐसे समझौते के अंतर्गत, रियायतग्राही (कंसेसनर) इस गतिविधि से जुड़े सभी या अधिकतर जोखिमों और तदनुरूप अधिकारों व कर्तव्यों को अपने ऊपर ले लेता है। विशेष रियायत यानी कंसेसन का उपयोग स्वास्थ्य, ऊर्जा, परिवहन, बुनियादी ढांचा, शिक्षा जैसे कई तरह के क्षेत्रों में किया जा सकता है। यह एक प्रकार का निवेश है, जो बुनियादी ढांचा यानी इंफ्रास्ट्रक्चर परियोजनाओं के वित्तीयन के लिए निजी पूंजी और राज्य के संसाधनों का इस्तेमाल करने देता है।

Conformity Certificate *(अनुपालन प्रमाणपत्र, पुष्टि प्रमाणपत्र)* : प्रमाणन नियमों के तहत किसी लाइसेंसशुदा अनुपालन मूल्यांकन संस्थान द्वारा जारी वह दस्तावेज़, जो यह प्रमाणित करता है कि कोई उत्पाद, प्रक्रिया या सेवा एक निश्चित मानदंड को पूरा करती है।

C

Conglomerate *(दिग्गज या अग्रणी कंपनी)* : एक बहुत विशाल कंपनी, आमतौर पर जिसका कई छोटी कम्पनियों पर सीधा नियंत्रण होता है, जो विभिन्न बाज़ारों के लिए अलग-अलग उत्पाद बनाती हैं या कई तरह की सेवाएं मुहैया कराती हैं।

Consignment *(खेप, कन्साइनमेंट)* : एक बिक्री अनुबंध, जिसके मुताबिक किसी कंपनी या पक्ष के पास माल की आपूर्ति इस समझ के आधार पर की जाती है कि माल की बिक्री के बाद भुगतान मिलेगा। इसके लिए माल की बिक्री करने वाला पक्ष या कंपनी एक निश्चित शुल्क लेता है।

Consolidated Reporting *(समेकित रिपोर्टिंग)* : बाहरी उपयोगकर्ताओं और कर से जुड़े उद्देश्यों के लिए मूल और सहायक कंपनियों की वित्तीय रिपोर्टों को एकल रिपोर्ट में संकलित करना। समेकित वित्तीय रिपोर्टिंग में बैलेंस शीट, समेकित आय विवरण, शेयरधारकों की इक्विटी में परिवर्तनों का समेकित ब्यौरा और अन्य संबंधित टिप्पणियां (नोट्स) शामिल होते हैं। कुछ देशों में इसके अलावा नकदी प्रवाह विवरण की भी आवश्यकता पड़ सकती है।

Consolidated Supervision *(समेकित पर्यवेक्षण)* : किसी बाहरी पक्ष द्वारा एक मूल कंपनी और इसकी अनुषंगी कंपनियों का वित्तीय पर्यवेक्षण यानी निगरानी।

Consumer *(उपभोक्ता)* : वह व्यक्ति जो वस्तुओं और सेवाओं को अंतिम उपभोग के लिए खरीदता है। यानी यह खरीदारी बिक्री के लिए नहीं होती।

Consumer Basket *(उपभोक्ता टोकरी, कंज्यूमर बास्केट)* : उपभोक्ता मूल्य सूचकांक की गणना करने के लिए तैयार की गई उपभोक्ता वस्तुओं और सेवाओं की सूची। आमतौर पर इस टोकरी या बास्केट में करीब 500 अलग-अलग वस्तुएं और सेवाएं शामिल होती हैं।

Consumer Confidence *(उपभोक्ता विश्वास)* : यह भविष्य की किसी अवधि के लिए उपभोक्ता के नज़रिये और खरीदारी संबंधी अनुमान को दिखाने वाला एक संकेतक है। इस जानकारी का स्टॉक एक्सचेंजों पर बहुत अधिक प्रभाव पड़ सकता है, क्योंकि ये नज़रिये और खरीदारी के रुझान भविष्य की आर्थिक वृद्धि, और इस तरह मुनाफे से भी, बहुत घनिष्ठ रूप से जुड़े हुए हैं।

Consumer Credit *(उपभोक्ता कर्ज़)* : किसी व्यक्ति की उपभोग की ज़रूरतों और इच्छाओं को पूरा करने के लिए कर्ज़ लेने की क्षमता। इस तरह की साख या कर्ज़े के लिए आमतौर पर किसी जमानत की आवश्यकता नहीं होती है, लेकिन इस पर वसूली जाने वाली ब्याज की दरें सुरक्षित कर्ज़ के मुकाबले काफी ऊंची होती हैं। उपभोक्ता

C

कर्ज़ में बैंक ऋण व क्रेडिट कार्ड और वस्तुओं व सेवाओं की खरीदारी पर विक्रेता द्वारा सीधे दिए जाने वाले कर्ज़ आते हैं।

Consumer Goods *(उपभोक्ता वस्तु)* : ऐसी वस्तुएं जो व्यापक बाज़ार द्वारा उपभोग के लिए होती हैं। इन्हें दो भागों में बांटा गया है: टिकाऊ वस्तुएं जैसे वॉशिंग मशीन, ऑटोमोबाइल्स इत्यादि और गैर-टिकाऊ वस्तुएं (रोज़मर्रा की खपत वाली वस्तुएं) जैसे खाद्य पदार्थ, प्रसाधन के सामान, इत्यादि।

Consumerism *(उपभोक्तावाद)* : वह सिद्धांत जिसमें माना जाता है कि बढ़ा हुआ उपभोग आर्थिक रूप से लाभदायक है और इससे खुशहाली आ सकती है। अक्सर इसका अर्थ लगाया जाता है कि यह उपभोक्ता अधिकारों के पक्ष में है।

Consumer Price Index *(उपभोक्ता मूल्य सूचकांक)* : यह किसी विशेष समय अवधि में वस्तुओं की एक सूची (बास्केट) के लिए औसत कीमत स्तर को बताने के लिए बनाया गया एक संकेतक है। इसमें उत्पादन में इस्तेमाल हो गई वस्तुओं और सेवाओं को शामिल नहीं किया जाता है। इसमें केवल अंतिम वस्तुएं ही होती हैं। इस सूचकांक का इस्तेमाल मुद्रास्फीति को मापने के लिए किया जाता है, जिससे वे जानकारियां मिलती हैं, जिसके आधार पर चालू और बीते कई वर्षों की कीमतों की तुलना की जा सकती है। यह रुझानों का विश्लेषण करने और कीमतों की भविष्यवाणी करने में अत्यधिक उपयोगी है। इसे एक उतार-चढ़ाव वाले सूचकांक के रूप में भी जाना जाता है। देखिये सूचकांक।

Consumer Rights Protection/Consumerism *(उपभोक्ता अधिकार संरक्षण, उपभोक्तावाद)* : एक संगठित जन आंदोलन, जिसमें खरीदारों के अधिकारों और शक्तियों को बढ़ाने के मकसद से संस्थाएं, संगठन और व्यक्तिगत तौर पर नागरिक शामिल होते हैं। उपभोक्ताओं का संरक्षण यानी सुरक्षा और गुणवत्ता मानदंड अक्सर उत्पादकों और विक्रेताओं पर वित्तीय बोझ डालते हैं, उसे अवश्य ही ऊंची कीमतों के रूप में उपभोक्ताओं के ऊपर डाल दिया जाता है।

Consumer Sovereignty *(उपभोक्ता संप्रभुता)* : बाज़ार में उत्पादकों के ऊपर खरीदारों के नियंत्रण को बताने वाला एक पद (टर्म) है। उपभोक्ता उत्पाद को चुनने के अलावा यह भी तय करते हैं कि एक दी हुई कीमत पर वे कितना खरीदेंगे। इससे उत्पादकों को यह पता चलता है कि दुर्लभ संसाधनों को किस तरह वितरित किया जाना चाहिए और इनके लिए कितनी कीमतें वसूली जा सकती हैं।

Consumer Surplus *(उपभोक्ता अतिरेक, उपभोक्ता की बचत)* : किसी उत्पाद या सेवा के लिए एक उपभोक्ता जितना भुगतान करने का इच्छुक है और जो कीमत उसने वास्तव में चुकाई, इन दोनों के बीच का अंतर ही उपभोक्ता अतिरेक है। उदाहरण के लिए, कोई संगीतप्रेमी किसी संगीत समारोह (कंसर्ट) के टिकट के लिए 200 रुपये

तक देने के लिए तैयार था, लेकिन इसके बजाय उसे 100 रुपये ही देने पड़े। इस तरह उसे जो 100 रुपये की बचत हुई, वह उपभोक्ता अतिरेक है।

C

Consumption *(उपभोग)* : किसी व्यक्ति या संस्था की ज़रूरतों को संतुष्ट करने के लिए संसाधनों का इस्तेमाल, आमतौर पर ऐसा अंततः वस्तुओं और सेवाओं की खरीदारी के ज़रिये किया जाता है।

Consumption Tax *(उपभोग कर)* : वह सरकारी कर जो वस्तुओं और सेवाओं की अंतिम खरीदारी पर लगाया जाता है, जैसे मूल्यवर्द्धित कर यानी वैट और उत्पाद शुल्क। इन्हें प्रतिगामी कर माना जाता है, क्योंकि इनका ऊंची आय वालों पर आनुपातिक रूप से बहुत मामूली असर होता है, जबकि कम आय वालों पर बहुत ज्यादा प्रभाव पड़ता है।

Contagion *(संक्रामक असर, कन्टैजन)* : किसी समूह या कॉन्गलोमरेट के हिस्से के रूप में और वित्तीय प्रकृति के अंतर्समूह के प्रदर्शन से अलग भी एक जोखिम हो सकता है। इस जोखिम के कारण अगर समूह के किसी अन्य हिस्से, जिसका वह खुद एक भाग हो, को लेकर कोई चिंता होती है तो आंतरिक या बाह्य पक्षों द्वारा बीमाकर्ता के समर्थन से नुकसान उठाना पड़ सकता है।

Contestability, Contestable Markets *(प्रतिस्पर्धात्मकता, प्रतिस्पर्धात्मक बाज़ार)*: वे बाज़ार जहां आनुभविक रूप से प्रतियोगी परिणाम देखे जा सकते हैं, अक्सर उन बाज़ारों में जहां प्रवेश और निकासी को लेकर बाधाएं कम होती हैं। बाधाओं की अनुपस्थिति में प्रतियोगी परिणाम उत्पन्न होते हैं, यहां तक कि एकाधिकार और संकेंद्रित उद्योगों में भी। अतिरिक्त लाभ उत्पन्न करने वाली सीमांत लागत से ऊपर कीमत में कोई भी वृद्धि 'मारो और भागो' तरह की कंपनियों (यानी आकर फिर निकल भागने वालों) को भी प्रवेश के लिए आकर्षित करेगी। यानी यहाँ नए प्रतियोगी बाज़ार में प्रवेश करते हैं और कीमतों को प्रतिस्पर्धी स्तरों तक नीचे ले आते हैं।

Contingent *(संभावित, कंटिन्जेंट)* : सशर्त किसी अन्य घटनाक्रम पर निर्भर—एक संभावित लाभार्थी वह होता है, जो प्रथम नामित के बाद होता है।

Contract *(अनुबंध)* : दो लोगों या वैधानिक संस्थाओं के बीच वह मौखिक या लिखित स्वैच्छिक समझौता, जो किसी खास काम को पूरा करने के लिए, या फिर जिसमें किसी भावी तारीख को या किसी निर्दिष्ट घटनाक्रम के आधार पर कार्य पूरा करने का वादा किया जाता है। किसी अनुबंध को कानूनी रूप से लागू करने योग्य बनाने के लिए ज़रूरी है कि किसी न किसी रूप में कोई रकम अवश्य प्राप्त हुई हो, कार्य या वादा कानूनी हो, अनुबंध में शामिल पक्ष आवश्यक रूप से सक्षम हों और अनुबंध में दिमागी (वैचारिक) तालमेल भी अवश्य दिखना चाहिए।

C

Contraction *(संकुचन)* : उत्पादन, व्यापार या मुद्रा आपूर्ति का धीमा पड़ना ही संकुचन है।

Control *(नियंत्रण)* : (1) किसी कंपनी के प्रबंधन के ज़रिये आधिकारिक शक्तियों का प्रयोग किया जाना (2) किसी आर्थिक गतिविधि का नियमन।

Controlling Block of Shares *(शेयरों का नियंत्रणकारी हिस्सा)* : किसी शेयरधारक को नियंत्रक शक्ति देने के लिए शेयरों की आवश्यक संख्या। इसका हमेशा 50 प्रतिशत से ज्यादा होना ज़रूरी नहीं होता।

Controlling Person *(नियंत्रक व्यक्ति)* : वह व्यक्ति जिसका किसी कंपनी के प्रबंधन और निर्णय करने की प्रक्रियाओं में पूरा या आंशिक नियंत्रण होता है।

Convergence Criteria *(प्रवेश मानदंड)* : मास्ट्रिच संधि (1993) द्वारा तय विशिष्ट मानदंड हैं। किसी यूरोपीय संघ के सदस्य राष्ट्र के लिए आर्थिक एवं मौद्रिक संघ में प्रवेश करने और यूरोजोन का सदस्य बनने के लिए इन कसौटियों पर खरा उतरना ज़रूरी है। इन मानदंडों को सदस्य राष्ट्रों की अर्थव्यवस्थाओं के बीच तालमेल यानी कन्वर्जेंस स्थापित करने के लिए आवश्यक माना जाता है।

Convertible Bond *(परिवर्तनीय बांड)* : वह बांड जिसे एक नियत समय बाद नकदी के बजाय कंपनी के शेयरों में बदला जा सके।

Convertible Security *(परिवर्तनीय प्रतिभूति)* : वह बांड या शेयर जिसे धारक उसी कंपनी द्वारा जारी की गई अन्य प्रतिभूतियों में बदल सकता है।

Convertible Term Insurance *(परिवर्तनीय सावधि बीमा)* : वह सावधि (टर्म) बीमा, जिसे पॉलिसीधारक अपनी इच्छा से और बिना बीमा साक्ष्य के किसी अन्य बीमा योजना में बदल सके।

Copyright *(कॉपीराइट)* : साहित्यिक, संगीत संबंधी या कलात्मक कृति पर रचनाकार को दी गई गारंटी कि वह रचना बिना उनकी अनुमति के प्रयोग नहीं की जाएगी। कॉपीराइट का संरक्षण अनुबंधों, कानून और बिना अनुमति इन रचनाओं पर एकपक्षीय प्रतिबंध के ज़रिये किया जाता है। आमतौर पर कॉपीराइट की अवधि रचनाकार के जीवन के बाद 50 वर्षों तक रहती है। देखिये बौद्धिक संपदा।

Corporate Governance *(कॉरपोरेट गवर्नेंस, कॉरपोरेट प्रशासन)* : के तहत किसी निगम (कॉरपोरेशन) में शेयरधारक आमतौर पर एक निदेशक मंडल का चयन करते हैं। इसके बाद निदेशक मंडल निगम के दिन-प्रतिदिन के कामकाज को संचालित करने के लिए प्रबंधकों की नियुक्ति करता है। इस व्यवस्था में ज़िम्मेदारियों का बंटवारा भी

शामिल होता है ताकि उचित लेखांकन, जोखिम नियंत्रण, निष्पादन प्रोत्साहन और शेयरधारकों के हितों का संरक्षण सुनिश्चित किया जा सके। देखिये निगम, कॉरपोरेशन, शेयरधारक।

C

Corporate Income Tax, Profit Tax *(कॉरपोरेट आयकर, लाभ कर)* : किसी कर अवधि में कंपनियों द्वारा अर्जित मुनाफे पर लगाया जाने वाला कर। लाभ कर की गणना की प्रक्रियाएं और कर की दर कानून व उससे जुड़े नियमनों द्वारा तय होती हैं। लाभ कर की अवधि आमतौर पर एक वर्ष की होती है। कॉरपोरेट लाभ कर उन शेयरधारकों पर एक और बोझ डालते हैं, जिन्हें निगम यानी कॉरपोरेशन से होने वाली अपनी आय पर भी कर देना होता है।

Corporation *(निगम, कॉरपोरेशन)* : एक तरह का कारोबार जिसमें शेयरधारकों को एक सीमित दायित्व प्राप्त होता है। एक निगम यानी कॉरपोरेशन अपने स्वामियों से अलग कानूनी संस्था है, जिसकी हिस्सेदारी 'शेयरों' के ज़रिये व्यक्त की जाती है, इसीलिए उसका नाम 'शेयरधारक' है। निगम अपने स्तर पर अनुबंध कर सकते हैं। इसका अस्तित्व निवेशक के जीवनकाल से भी आगे बना रहता है। साथ ही इस पर इसके मालिकों से अलग कर लगता है।

Correlation *(सह-संबंध)* : दो घटनाओं या आंकड़ा समुच्चयों के बीच एक सत्यापन योग्य संबंध।

Correspondent *(सम्पर्की, संवाददाता)* : कोई वित्तीय ब्रोकरेज कंपनी, बैंक या अन्य वित्तीय संस्थान जो उन दूसरे बैंकों या वित्तीय संस्थानों को मध्यस्थता सेवाएं प्रदान करते हैं, जिनकी बाज़ार तक पहुंच नहीं होती।

Corruption *(भ्रष्टाचार)* : व्यक्तिगत लाभ के लिए जनहित या सार्वजनिक सेवा का दुरुपयोग ही भ्रष्टाचार है।

Cost *(लागत)* : किसी वस्तु के उत्पादन या सेवा प्रदान करने में आने वाले खर्चों को ही लागत कहा जाता है।

Cost-benefit Analysis *(लागत-लाभ विश्लेषण)* : किसी काम को पूरा करने में आए खर्चों और गंवाए गए सभी अवसरों का विश्लेषण। इसमें प्रत्याशित लाभों के मुकाबले प्रत्याशित लागतों का आकलन (अंदाज़ा) इस निष्कर्ष पर पहुंचने के लिए किया जाता है कि कोई प्रस्तावित कार्य लाभदायक होगा या नहीं।

Cost-push Inflation *(लागत-जन्य स्फीति)* : बढ़ी हुई उत्पादन लागतों (जैसे ऊंची मज़दूरी या अधिक महंगे संसाधन) के परिणामस्वरूप पैदा होने वाली मुद्रास्फीति। यह

C

उपभोक्ताओं के लिए कीमतें बढ़ाती है। महंगाई को हवा देने के लिए केंद्रीय बैंक द्वारा मुद्रा आपूर्ति में बढ़ोत्तरी के बिना ऐसी मुद्रास्फीति टिकी नहीं रह सकती है।

Counter-cyclical *(व्यापारिक चक्र के प्रतिकूल प्रवृत्ति)* : व्यापारिक चक्र में आने वाले उतार-चढ़ाव के खिलाफ पैदा होने वाली प्रवृत्ति के सन्दर्भ में प्रयोग की जाने वाली शब्दावली। उदाहरण के तौर पर मज़दूरी में व्यापारिक चक्र के प्रतिकूल तेज़ी तब आती है, जब मंदी के दौरान मज़दूरी बढ़ती है और मज़दूरी में व्यापारिक चक्र के प्रतिकूल मंदी तब आती है, जब तेज़ी के दौरान मज़दूरी घटती है।

Countervailing Duty *(प्रतिकारी शुल्क, काउंटरवेलिंग ड्यूटी)* : वह शुल्क जो आयातित वस्तुओं पर मूल देश में दी जाने वाली सब्सिडी की काट के लिए लगाया जाता है। प्रतिकारी शुल्क का एक पारिभाषिक शब्द (टर्म) के रूप में प्रयोग किया जाता है। सब्सिडी प्राप्त वस्तुओं के आयात की जांच के दौरान एक अस्थायी प्रतिकारी शुल्क लगाया जा सकता है। देखिये प्रतिकारी सब्सिडी, काउंटरवेलिंग सब्सिडी।

Countervailing Subsidies *(प्रतिकारी सब्सिडी, काउंटरवेलिंग सब्सिडी)* : सब्सिडी प्राप्त विदेशी वस्तुओं के आयात की प्रवृत्ति को रोकने के लिए किसी देश के अंदर अपने उत्पादकों को प्रदान की जाने वाली सब्सिडी, प्रतिकारी सब्सिडी होती है।

Country Risk *(देश का जोखिम)* : वह जोखिम जो किसी देश में अप्रत्याशित राजनीतिक या आर्थिक स्थितियों से जुड़ा होता है। आमतौर पर इसकी गणना किसी देश के संप्रभु बांडों की ब्याज दर और जोखिम मुक्त या तुलनात्मक रूप से कम जोखिम वाली ब्याज दर के बीच के अंतर की माप के ज़रिये की जाती है।

Coupon/Coupon Rate *(कूपन/कूपन दर)* : किसी बांड पर मिलने वाली ब्याज दर, जिसे आमतौर पर प्रतिशत के रूप में व्यक्त किया जाता है। कूपनों का भुगतान आवधिक आधार पर, अक्सर हर छह माह में किया जाता है। यह नाम कागज़ी बांड से निकला है, जिसमें से ब्याज भुगतान के समय कूपन काट दिए जाते थे। यह नाम आज भी बचा हुआ है, हालांकि आधुनिक बांड अक्सर खाता-बही की प्रविष्टि के रूप में जारी हो रहे हैं।

Coupon Bond *(कूपन बांड)* : ब्याज अंकित कूपन वाला एक बांड। भौतिक बांडों के कूपन परिपक्वता पर बंद होते हैं और ब्याज के भुगतान के लिए प्रस्तुत किए जाते हैं। देखिये कूपन/कूपन दर

Coverage *(कवरेज)* : चलन में मौजूद मुद्रा की आपूर्ति के लिए केंद्रीय बैंक के विदेशी मुद्रा एवं स्वर्ण भंडारों का अनुपात।

Crawling Band *(क्रॉलिंग बैंड)* : किसी राष्ट्रीय मुद्रा की विनिमय दर तय करने

की प्रणाली। यह क्रॉलिंग पेग प्रणाली के समान है, लेकिन इस क्रॉलिंग बैंड विनिमय दर में एक प्रतिशत से अधिक के उतार-चढ़ाव की अनुमति देती है, जिसकी एक निश्चित समय अवधि पर पूर्व निर्धारित नियम, फार्मूले या निरपेक्ष मूल्य के तहत समीक्षा की जाती है। ऐसी ही विनिमय दर व्यवस्था इज़रायल में प्रयोग की जाती है।

Crawling Peg, Sliding Peg *(क्रॉलिंग पेग, स्लाइडिंग पेग)* : किसी राष्ट्रीय मुद्रा की वह विनिमय दर व्यवस्था, जिसमें स्थिर विनिमय दर एक नियत समय अवधि पर या पूर्वनिर्धारित नियम, फार्मूले या निरपेक्ष मूल्य के अंतर्गत कुछ निश्चित संकेतकों में परिवर्तनों के कारण बदल दी जाती है। ऐसी विनिमय दर प्रणाली का उपयोग पोलैंड में 15 अक्टूबर, 1991 से 12 अप्रैल, 2000 तक किया जाता था।

Creative Destruction *(रचनात्मक विध्वंस)* : पद का इस्तेमाल जोसेफ शुम्पीटर ने सन 1942 में प्रकाशित अपनी पुस्तक 'कैपिटलिज्म, सोशलिज्म एंड डेमोक्रेसी' में पूंजीवादी अर्थव्यवस्था की गतिशीलता के लक्षण बताने के लिए किया था, उस वक्त जब नई स्थापित कंपनियां और नए उत्पाद पुराने उत्पाद को बाज़ार से बाहर कर देते हैं। रचनात्मक विध्वंस यह साबित करता है कि दिवालियापन बाज़ार में एक सामान्य परिघटना है, जैसा कि केवल अकुशल या अदक्ष उत्पादकों के बाहर निकलने से उपभोक्ता ज़रूरतें संतुष्ट होती हैं और सीमित संसाधनों का सर्वोत्तम तरीके से वितरण हो पाता है।

Credit *(कर्ज़, साख)* : (1) भविष्य में भुगतान के लिए किसी ऋणी को किसी संस्थान द्वारा उधार दी गई धन राशि, इसके साथ ही अनुबंध में तय ब्याज दर देय होती है। (2) बही-खाते के उद्देश्य के लिए टी-एकाउंट (टी आकार वाले खाते) के दायीं तरफ दर्ज सकारात्मक वित्तीय लेन-देन। देखिये समान कुल भुगतान विधि, कर्ज़।

Credit Creation *(साख निर्माण)* : वाणिज्यिक बैंकों द्वारा आंशिक रिज़र्व बैंकिंग प्रणाली में मुद्रा आपूर्ति में बढ़ोतरी। यह प्रणाली निम्न तरह से विकसित होती है: कोई चालू जमा (मान लें 100 रुपये) स्वीकार करने के बाद इसका एक हिस्सा (10 प्रतिशत) आरक्षित यानी रिज़र्व रखा जाता है और बाकी की मुद्रा का उपयोग उधार देने में किया जाता है। जब कोई कर्ज़ मंज़ूर किया जाता है, तो इससे 90 रुपये के बराबर एक नई जमा बैंकिंग प्रणाली में दिखाई पड़ती है। इस जमा का भी 10 प्रतिशत भाग आरक्षित करने के बाद शेष 81 रुपये फिर उधार दे दिए जाते हैं। आरक्षित अनुपात जितना कम होता है, बैंकिंग प्रणाली में उतना अधिक मुद्रा का 'निर्माण' वाणिज्यिक बैंकों द्वारा किया जाता है। साख-निर्माण की मात्रा को मुद्रा गुणक के ज़रिये मापा जा सकता है। देखिये भिन्नात्मक आरक्षित बैंकिंग।

C

Credit Crisis/ Credit Crunch *(ऋण की समस्या/ऋण संकट)* : साख की समस्या या साख संकट शब्दावली का प्रयोग उस स्थिति के सन्दर्भ में किया जाता है जब ऋण कम उपलब्ध होता है या आसानी से उपलब्ध होता है या फिर बहुत महँगा होता है। यह आर्थिक गतिविधियों को सुस्त कर देता है।

Credit Expansion *(ऋण विस्तार)* : किसी बैंक द्वारा अपने नकद (स्वर्ण) आरक्षित निधि से कहीं अधिक कर्ज़ (साख) प्रदान करना यानी प्रसार साख का सृजन। इस शब्द का अधिकतर इस्तेमाल केंद्रीय बैंक द्वारा वाणिज्यिक बैंकों को उधारी के संदर्भ में किया जाता है, हालांकि, साख विस्तार मुक्त बैंकिंग के समय में बाज़ार में सामने आया, जब वाणिज्यिक बैंक स्वर्ण जमाएं स्वीकार कर नोट जारी करने लगे और इसके बाद स्वर्ण आरक्षित निधि यानी गोल्ड रिज़र्व को दोबारा उधार देने लगे। साख विस्तार सरकारी आर्थिक नियमन का एक बहुत महत्त्वपूर्ण अंग बन गया है। इसमें ब्याज दरों को प्रभावित करने के अलावा व्यापार चक्र उत्पन्न करने की भी क्षमता है। आंशिक आरक्षित निधि वाली बैंकिंग प्रणाली के परिणामस्वरूप वाणिज्यिक बैंक भी साख सृजन में भाग लेते हैं। देखिये प्रसार साख, सर्कुलेशन क्रेडिट, साख निर्माण।

Credit Institution *(ऋण संस्था)* : वह संस्था जो पुनः उधार देने और कर्ज़ पर ब्याज वसूलने के मकसद से जनता से जमा और अन्य पुनर्भुगतान योग्य निधियों को स्वीकार करने के कारोबार में लगी है। देखिये साख संघ।

Credit Line *(अधिकतम ऋण सीमा, क्रेडिट लाइन)* : किसी कंपनी और वाणिज्यिक बैंक के बीच वह समझौता जहां बैंक यह सुनिश्चित करता है कि कंपनी एक सीमित समय के लिए पूर्व निर्धारित ब्याज दर पर एक निर्दिष्ट धनराशि उधार ले सकती है। अधिकतम ऋण सीमा आमतौर पर अप्रत्याशित खर्चों का वित्तीयन करने या फिर नकदी प्रवाह को संतुलित करने के इरादे से होती है।

Credit Money *(साख मुद्रा)* : वह मुद्रा जिसके पीछे सोना या चांदी का आधार नहीं होता है, बल्कि केवल अदा करने का वचन दिया जाता है। इस शब्दावली का उपयोग अधिकतर ऑस्ट्रियन विचारधारा के सिद्धांतकारों द्वारा किया जाता है। देखिये जिंस मुद्रा, आदेशानुसार जारी मुद्रा, फिड्यूशरी मीडिया, वितरण के साधन, मुद्रा विकल्प।

Creditor *(कर्ज़दाता, लेनदार)* : वह कानूनी या प्राकृतिक संस्था जिसने कोई कर्ज़ या भविष्य में भुगतान के बदले वस्तुएं और सेवाएं प्रदान की हैं और उसका अभी तक भुगतान नहीं किया गया है, लेकिन दायित्वों पर दावा करने का उसके पास अधिकार है। देखिये कर्ज़दार, ऋणी।

C

Credit Rating *(क्रेडिट रेटिंग, साख रेटिंग)* : कर्ज़ संबंधी दायित्वों को पूरा करने की योग्यता का मूल्यांकन। किसी कंपनी या किसी देश की क्रेडिट रेटिंग की जा सकती है। किसी संस्था की रेटिंग के लिए परिसंपत्तियों, देयताओं, जोखिम के बारे में विविध जानकारियों, जोखिम के दर्जे जैसी विविध जानकारी की ज़रूरत होती है। मूडीज, स्टैंडर्ड एंड पूअर्स और फिच रेटिंग सबसे जानी-मानी रेटिंग एजेंसियां हैं।

Credit Risk *(साख जोखिम, कर्ज़ जोखिम)* : यह जोखिम कि कोई उधार लेने वाला पक्ष अपना कर्ज़ पूर्ण रूप से या कर्ज़ की निर्दिष्ट शर्तों के तहत नहीं लौटाएगा। देखिये क्रेडिट रेटिंग, साख रेटिंग।

Credit Union *(साख संघ)* : वह साख संस्था जो सहकारिता के सिद्धांतों पर आधारित होती है और अपने सदस्यों द्वारा जमा की गई निधियों को आपसी कर्ज़े देने के मकसद से साझा करने में संलग्न होती है। किसी साख संघ के सदस्य किसी समान विशेषता जैसे कार्यस्थल, पेशा, निवास स्थान इत्यादि के आधार पर एकजुट होते हैं।

Creeping Inflation *(रेंगती मुद्रास्फीति)* : कीमतों में एक ऐसी धीमी और क्रमिक वृद्धि जिससे समय के साथ मुद्रास्फीति उत्तरोत्तर बढ़ती जाती है।

Cross Price Elasticity of Demand *(क्रॉस प्राइस एलास्टिसिटी ऑफ डिमांड, मांग की प्रति लोच)* : किसी वस्तु की मांगी गई मात्रा में दूसरी वस्तु की कीमतों में बदलाव के चलते होने वाले परिवर्तन की माप करती है। इस संकेतक की गणना एक वस्तु की मांग में प्रतिशत बदलाव किसी दूसरी वस्तु की कीमत में प्रतिशत परिवर्तन के अनुपात के रूप में की जाती है। मांग की प्रति लोच यह प्रमाणित करने में मदद करती है कि क्या परीक्षित वस्तुएं विकल्प हैं या पूरक। उदाहरण के लिए अगर कोका कोला की कीमत बढ़ने पर मिनरल वाटर की भी मांग बढ़ जाती है, तो इसका मतलब है कि ये दोनों वस्तुएं एक-दूसरे की विकल्प हैं।

Crowding-out Effect *(ह्रासकारी प्रभाव, क्राउडिंग आउट इफेक्ट)* : वह सैद्धांतिक दशा जब सरकारें उधार लेती हैं और इसके चलते बाज़ार में किसी अन्य उद्देश्यों के लिए कर्ज़ योग्य धनराशियां (कोषों की मात्रा) सीमित हो जाती है। ऐसा इसलिए होता है क्योंकि मुद्रा की कमी से ब्याज दरें ऊंची हो जाती हैं, इसकी वजह से निजी कंपनियों को अपनी विस्तार परियोजनाओं के लिए पूंजी उधार लेना अधिक महंगा हो जाता है। ऐसा प्रभाव उस वक्त भी पड़ता है जब सार्वजनिक व्यय निजी क्षेत्र को काम करने से रोक देता है। इसका उदाहरण है—कैसे सार्वजनिक स्वास्थ्य सेवाओं पर खर्च ऐसी सेवाएं प्रदान कर रही निजी कंपनियों के सामने क्षेत्र में बने रहने को लेकर मुश्किल खड़ा कर देती हैं।

C

Cumulative Preferred Stock *(संचयी तरजीही स्टॉक)* : ऐसे स्टॉक या शेयर जिसपर बकाया लाभांश संचित होते रहते हैं और तरजीही शेयरधारक को इनका भुगतान आम शेयरधारकों को कोई भी लाभांश देने से पहले अवश्य किया जाना चाहिए।

Currency *(मुद्रा, करेंसी)* : किसी देश की मौद्रिक इकाई, जैसे संयुक्त राज्य अमेरिका का डॉलर या यूरोपीय संघ का यूरो या फिर भारत का रुपया।

Currency Board *(करेंसी बोर्ड)* : एक ऐसी स्थिर विनिमय दर प्रणाली जहां राष्ट्रीय मुद्रा को किसी मज़बूत विदेशी करेंसी जैसे डॉलर या यूरो से जोड़ दिया जाता है और मांगे जाने पर आरक्षित मुद्रा में विनिमय किया जाता है। यह सुनिश्चित करने के लिए, राष्ट्रीय करेंसी को केंद्रीय बैंक के पास रखे विदेशी मुद्रा भंडार (रिज़र्व) और बहुमूल्य धातु के भंडार से पूरी तरह कवर किया जाता है। ऐतिहासिक रूप से इस प्रणाली में केंद्रीय बैंक न तो अंतिम ऋणदाता के तौर पर कार्य करता था और न ही यह विनिमय दरों पर नियंत्रण का प्रयास करता था। हालांकि, आज के करेंसी बोर्ड को दोनों ही कार्य करने की अनुमति होती है, बशर्ते वह उन ज़रूरतों में हस्तक्षेप नहीं करे जो मुद्रा को रिज़र्व के ज़रिये पूरी तरह कवर करे।

Currency Risk *(मुद्रा जोखिम)* : विदेशी मुद्रा विनिमय दरों में उतार-चढ़ाव से उत्पन्न होने वाला जोखिम। यह तब उत्पन्न होता है जब किसी बीमाकर्ता की परिसंपत्तियां और देयताएं एक ही मुद्रा में नहीं होती हैं या अगर प्रशासनिक और अन्य सेवाओं के अनुबंध प्रीमियम में निर्धारित मुद्रा से अलग किसी अन्य मुद्रा में किए जाते हैं। इसके अलावा कुछ अधिकार क्षेत्रों में जहाँ पॉलिसीधारक बेमेल मुद्राओं को नहीं मिला पाते हैं वहाँ स्थानीय के अलावा किसी अन्य मुद्रा में अनुबंधों की बिक्री दरों को प्रभावित करती है।

Currency School *(मुद्रा विचारधारा)* : यह इंग्लैंड में 19वीं सदी के डेविड रिकॉर्डो की रचनाओं पर आधारित है। इस वैचारिक विचारधारा का मानना है कि राष्ट्रीय केंद्रीय बैंक द्वारा जारी की जाने वाली सभी मुद्राओं के पीछे बहुमूल्य धातुओं की आरक्षित निधि (रिज़र्व) का ठोस आधार होना चाहिए। बैंकिंग विचारधारा के ठीक विपरीत इसने बैंक नोट जारी करने पर बंदिशें लगाने का समर्थन किया। इस मुद्रा विचारधारा के सिद्धांतों को बाद में मौद्रिक विचारधारा ने अपनाया और इनमें संशोधन किया। देखिये बैंकिंग विचारधारा।

Current Account *(चालू खाता)* : यह भुगतान शेष प्रणाली का हिस्सा है। इसमें वस्तुओं और सेवाओं के आयात व निर्यात, चालू हस्तांतरण, क्षतिपूर्ति और निवेश आय को दर्ज किया जाता है। देखिये भुगतान संतुलन।

C

Custodian *(संरक्षक)* : वह बैंक या कोई अन्य वित्तीय संस्थान जो व्यक्तियों, कॉरपोरेट ग्राहकों और म्युचुअल फंडों के लिए प्रतिभूतियों को रखने और प्रबंधन करने के लिए उत्तरदायी होता है।

Cyclical Adjustment *(चक्रीय समायोजन)* : जीडीपी, सार्वजनिक व्यय, बजट घाटा जैसे संकेतक इस मान्यता पर तैयार किए जाते हैं कि आर्थिक वृद्धि 'सामान्य या औसत' रहेगी। उदाहरण के लिए, चक्रीय रूप से एक संतुलित बजट घाटे को तेज़ आर्थिक वृद्धि की अवधि में कम किया जाना चाहिए। इसके विपरीत आर्थिक वृद्धि दर में गिरावट के दौर में चक्रीय रूप से संतुलित बजट घाटे को बढ़ाया जाना चाहिए ताकि उपभोग और आर्थिक वृद्धि को समर्थन मिले। देखिये संतुलित बजट।

Cyclical Fluctuations *(चक्रीय उतार-चढ़ाव)* : आर्थिक गतिविधियों में समय-समय पर आने वाला परिवर्तन, जैसे गिरावट या तेज़ी।

D

D

Damages *(क्षतिपूर्ति, हर्जाना)* : किसी करार के उल्लंघन या किसी अन्य नागरिक या आपराधिक उल्लंघन के मामले में अदालत द्वारा आदेश के ज़रिये लगाया जाने वाला हर्जाना। यह दंडात्मक (नियम तोड़ने वालों को सबक सिखाने के तौर पर), क्षतिपूरक (पार्टी को हुए नुकसान की भरपाई के लिए) या मामूली (ज़िम्मेदारी को स्थापित करने के लिए) हो सकता है।

Deadweight Loss *(डेडवेट नुकसान)* : मूल कीमत से भटकने के कारण आर्थिक कल्याण की स्थिति में आने वाली कमी। कीमत नियंत्रण तंत्र के ज़रिये अर्थव्यवस्था में सरकार के हस्तक्षेप मसलन शुल्क या रियायतों के कारण उत्पादों की कीमत मूल कीमत से भिन्न हो जाती है, इससे उपभोक्ताओं को नुकसान होता है या उत्पादकों के पास उत्पाद अधिशेष की स्थिति उत्पन्न हो जाती है।

Debenture *(डिबेंचर, ऋण-पत्र)* : कंपनी द्वारा जारी किया जाने वाला वह ऋण-पत्र जिसे प्राप्त करने वाला, कंपनी की ऋण चुकाने की क्षमता और साख से संरक्षित हो, लेकिन किसी विशिष्ट संपत्ति पर दावा नहीं कर सकता है जैसा कि बंधक कर्ज़ के संबंध में होता है। देखिये गिरवी, बंधक।

Debit *(उधार लिखना, उधार)* : खाते में खर्च के मद में बाईं ओर दर्ज की जाने वाली राशि। इस राशि के बढ़ने का मतलब परिसंपत्ति, हिस्सेदारी या व्यय का बढ़ना है। इसके घटने का अर्थ देनदारियों या राजस्व में वृद्धि होना है। देखिये कर्ज़, साख।

Debit Card *(डेबिट कार्ड)* : बैंक द्वारा खाताधारक को जारी किया जाने वाला वह भुगतान कार्ड, जिससे वस्तु या सेवा की कीमत चुकाने के लिए या इसका इस्तेमाल

कर ऑटोमैटिक टेलर मशीन यानी एटीएम से नकद राशि निकालने के लिए खाताधारक के खाते में उस मूल्य की रकम शेष होना आवश्यक होता है।

D

Debt *(देनदारी, उधार)* : कर्ज़ लिया गया धन। उधार, देनदारी।

Debtor *(कर्ज़दार, ऋणी)* : किसी संस्था या व्यक्ति से कर्ज़ लेने वाली संस्था या व्यक्ति। देखिये कर्ज़दाता, लेनदार।

Debt Ratio *(ऋण अनुपात)* : यह कंपनी के प्रदर्शन और वित्तीय स्थिति का मूल्यांकन करने वाला एक संकेतक है। ऋण-परिसंपत्ति अनुपात का निर्धारण कुल देनदारियों को कुल परिसंपत्ति से भाग देकर किया जाता है। ऋण-इक्विटी अनुपात का आकलन कुल ऋण को इक्विटी की कुल राशि से भाग देकर किया जाता है। ये अनुपात कंपनी की वित्तीय और उसकी ऋण चुकाने की क्षमता को प्रदर्शित करते हैं।

Decentralisation *(विकेंद्रीकरण)* : (1) ऐसी प्रक्रिया जिसमें फैसले लेने के अधिकार निचले स्तर के कर्मचारियों या स्वतंत्र संस्था को हस्तांतरित किए जाते हैं। (2) परिसंपत्तियों को स्वतंत्र कोषों में विभाजित करने की प्रक्रिया। देखिये केंद्रीकरण।

Decile *(डेसिल, दशमक)* : जिस वर्गीकरण में दस श्रेणियों में वर्गीकरण किया गया हो उसके एक हिस्से को डेसिल या दशमक कहा जाता है। मसलन जनसंख्या की आय के निचले 10 प्रतिशत में आने वाले लोग आय वितरण में सर्वाधिक निचले दशमक में हैं।

Declaration *(घोषणा)* : यह व्यक्ति या कंपनी के द्वारा अपनी वित्तीय या कोई अन्य जानकारी देने का एक तरीका है। मसलन कर, आय, ब्याज या संपत्ति की घोषणा।

Declaration of Conformity *(सत्यापन–कन्फॉर्मिटी–की घोषणा)* : वस्तु या उत्पाद के निर्माता द्वारा जारी किया जाने वाला वह दस्तावेज़ जो सत्यापित करता हो कि उत्पाद की मार्केटिंग करने से पहले उसकी सत्यापन (कन्फॉर्मिटी) संबंधी सभी प्रक्रियाओं को पूरा कर लिया गया है तथा उत्पाद इस्तेमाल के लिए सुरक्षित है। ऐसे औद्योगिक उत्पाद जिनसे किसी प्रकार का जोखिम हो, उनके लिए सिर्फ निर्माता के सत्यापन की घोषणा ही पर्याप्त नहीं है। इसके बाद उन्हें लाइसेंस प्राप्त संस्था द्वारा जारी किया गया सत्यापन (कन्फॉर्मिटी) प्रमाणपत्र भी मुहैया कराना पड़ता है।

De-coupling *(अलग करना)* : 'यूरो ज़ोन' और अमेरिका के वित्तीय बाज़ार को अलग-अलग करने का मतलब होगा दोनों को एक-दूसरे से अलग-थलग करना। एक दूसरे स्तर पर यह एक तात्कालिक प्रक्रिया होती है जो लंबे समय तक एक समान नहीं रह सकती, उदाहरण के तौर पर शेयर और बॉंड्स का एक-दूसरे के विपरीत उतार या चढ़ाव।

D

Deductible *(कटौती)* : ऐसा प्रावधान जिसमें बीमाकृत व्यक्ति को नुकसान के कुछ हिस्से, बीमा, को चुकाने की ज़रूरत पड़ती है। ऐसा आवेदनकर्ता के व्यवसाय या सेहत के कारण होता है।

Deduction *(परिणाम, फल, नतीजा)* : तर्क करने का एक तरीका जिसके ज़रिये उपलब्ध प्रमाणित दस्तावेजों के आधार पर नए सही वक्तव्य का निर्धारण किया जाता है। इस तरह की तार्किक गणना को प्रमाण का दर्जा मिलता है। व्यापक मायनों में मौजूद सत्यापित जानकारी से मिलने वाला नया ज्ञान परिणाम है। अर्थशास्त्र में यह जांच का महत्त्वपूर्ण तरीका है। देखिये इंडक्शन, अनुगम, निष्कर्ष निकलना।

Default *(भुगतान अक्षमता)* : कर्ज़ या अन्य देनदारियों को चुकाने में अक्षमता की स्थिति। इस शब्द का इस्तेमाल उस स्थिति की व्याख्या करने में अक्सर किया जाता है जब कोई देश अपने अंतरराष्ट्रीय कर्ज़ का भुगतान करने में असमर्थता जताता है। यानी वह अपने कर्ज़ों के भुगतान में चूक जाता है।

Deferred Costs *(स्थगित लागत)* : खर्च की ऐसी राशि जिसे भविष्य में लेखांकन में शामिल किया जाना हो, लेकिन भुगतान मौजूदा समय में ही किया गया हो। इन्हें भावी लागतें भी कहा जाता है। उदाहरण के लिए कोई बीमा लिया जाता है और उसके छह महीने का प्रीमियम एक साथ भर दिया गया हो।

Deferred Income *(विलंबित आय)* : पहले किए गए कार्यों या दी गई सेवाओं से भविष्य में अर्जित होने वाली आय। इसे भविष्य की आय भी कहते हैं।

Deficit, Shortage *(घाटा, कमी)* : ऐसी स्थिति जहां ऋण परिसंपत्तियों की तुलना में अधिक हो, जहां खर्च आय से, आयात निर्यात से और मांग आपूर्ति से ज्यादा हो। उत्पाद घाटे के मामले में मांग आपूर्ति से ज्यादा हो जाती है और उपभोक्ता इच्छानुसार उत्पाद की खरीद नहीं कर पाते हैं। नियंत्रित बाज़ार व्यवस्था में उत्पाद घाटा आमतौर पर कीमतों पर नियंत्रण के कारण सामने आता है, जब उत्पाद के लिए तय किया गया अधिकतम मूल्य स्वतंत्र बाज़ार की तुलना में कम हो। घाटा नियोजित अर्थव्यवस्था का टाला नहीं जा सकने वाला हिस्सा है क्योंकि बाज़ार भाव उपलब्ध नहीं होते हैं और लेन-देन की प्रक्रिया व्यवस्थित रूप से संचालित नहीं होती है जिससे उपभोक्ताओं की भविष्य की ज़रूरतों का अनुमान लगा पाना तकरीबन नामुमकिन होता है। देखिये अधिशेष।

Deficit Spending *(घाटा खर्च)* : ऐसी स्थिति जहां सरकार का खर्च जुटाए गए राजस्व से अधिक हो।

Defined Benefits Scheme *(निर्धारित लाभ योजना)* : वह पेंशन बीमा योजना जिसमें बीमाकृत व्यक्ति विविध मात्रा में अंशदान करे और सेवानिवृत्त होने पर उसे निर्धारित पेंशन लाभ मिले।

D

Defined Contribution Scheme *(निर्धारित अंशदान योजना)* : वह पेंशन बीमा योजना जिसमें बीमाकृत व्यक्ति का अंशदान नियमित और निर्धारित होता है और बीमा अवधि में अंशदान के निवेश द्वारा अंतिम राशि अर्जित की जाती है लेकिन इस बात की जानकारी नहीं होती कि अंतिम पेंशन लाभ की राशि क्या होगी।

Deflation *(संकुचन, अपस्फीति)* : मुद्रा के मूल्य में वृद्धि होने और वस्तुओं एवं सेवाओं के मूल्य में कमी आने की स्थिति।

Deflator *(अपस्फीतिकारक)* : वह मूल्य स्तर सूचकांक जिसका इस्तेमाल एक वर्ष के उत्पादन मूल्य स्तर की तुलना किसी अन्य संदर्भ वर्ष के इस स्तर से करने के लिए किया जाता है। देश के वास्तविक सकल घरेलू उत्पाद की गणना के दौरान इस कारक को भी गणना में शामिल किया जाता है। किसी देश का वास्तविक सकल घरेलू उत्पाद, सामान्य सकल घरेलू उत्पाद और अपस्फीतिकारण का योग होता है।

Degree of Financial Leverage *(वित्तीय ऋणग्रस्तता का स्तर)* : यह कंपनी के जोखिम की माप है। इसकी गणना ब्याज और कर पूर्व मुनाफे में बदलाव (प्रतिशत में) की तुलना में प्रति शेयर आय में बदलाव (प्रतिशत में) के तौर पर की जाती है। ऋणग्रस्तता का स्तर जितना ज़्यादा होगा, कंपनी के मालिक या मालिकों के लिए उतना ही अधिक जोखिम होगा। मसलन अगर कंपनी के वित्तीय ऋणग्रस्तता का स्तर 2 के बराबर है और अगर मुनाफा 10 प्रतिशत घटता है तो प्रति शेयर आय 20 प्रतिशत घट जाएगी। ऐसा इसलिए क्योंकि कंपनी को ब्याज का भी भुगतान करना होता है जो मुनाफे पर निर्भर नहीं करता है।

Demand *(मांग)* : वस्तुओं या सेवाओं की वह मात्रा जिसे किसी तय मूल्य पर उपभोक्ता खरीदना चाहते हों। मांग सामूहिक, व्यक्तिगत या बाज़ार आधारित हो सकती है। व्यक्तिगत मांग वह मांग है जिसमें व्यक्ति किसी वस्तु या सेवा को किसी समय पर तय मूल्य पर खरीदने की इच्छा रखता हो। बाज़ार मांग व्यक्तिगत मांगों का कुल योग है। किसी तय मूल्य पर वस्तुओं और सेवाओं पर खर्च की गई राशि सामूहिक मांग कहलाती है। जब वस्तुओं या सेवाओं की लोगों में चाह तो होती है लेकिन उनका मूल्य चुकाना संभव न हो तब उसे मांग नहीं कह सकते हैं।

Demand Curve *(मांग वक्र)* : मांग के नियम को स्पष्ट करने वाला वह आरेख (ग्राफ) जो मांग और मूल्य के बीच संबंध को दर्शाता है। देखिये मांग का नियम।

Demand Deposit *(मांग आधारित जमा)* : ऐसी जमा राशियां जिनकी निकासी की कोई परिपक्वता (मैच्योरिटी) अवधि तय नहीं की गई हो और इन्हें बिना किसी ब्याज नुकसान या हर्जाने के किसी भी समय वापस लिया जा सकता है। इन राशियों पर आमतौर पर ब्याज नहीं मिलता है और अमेरिका में इन्हें 'चेकिंग अकाउंट' के नाम

D

से जाना जाता है। चूंकि इन्हें बैंक को दिए गए कर्ज़ के तौर पर नहीं देखा जाता, इसलिए अर्थशास्त्र के कुछ सिद्धांत कहते हैं कि बैंकों को डिमांड डिपॉजिट की मद में रखे गए धन को बैंकों को अन्य लोगों को कर्ज़ के रूप में नहीं देना चाहिए। हालांकि रिज़र्व बैंकिंग प्रणाली में ऐसे फंड के कुछ हिस्से को छोड़कर बाकी राशि को आरक्षित रखने की ज़रूरत नहीं होती है। इस राशि को कर्ज़ के रूप में वितरित किए जाने की इसी क्षमता के चलते धन का गुणात्मक असर शुरू हो जाता है और वित्तीय प्रणाली में और अधिक धन आ जाता है। देखिये जमा, भिन्नात्मक आरक्षित बैंकिंग, सावधि जमा।

Demand for Money *(नकदी की मांग) :* धन की ऐसी मात्रा जिसे बाज़ार हिस्सेदार अपने पास बनाकर रखना चाहते हैं। नकदी की मांग तब बढ़ती है जब बाज़ार हिस्सेदार अपनी वस्तुओं (परिसंपत्ति) के बदले नकदी चाहते हों। मांग उस वक्त घट जाती है जब बाज़ार हिस्सेदार अपने धन के बदले वस्तु या सेवाओं को खरीदते हैं। नकदी की मांग में बदलाव लोगों की ज़रूरतों के अनुरूप होता है। यह बदलाव इस बात पर निर्भर करता है कि लोग धन को लेन-देन में लगाना चाहते हैं या फिर उसे सुरक्षित रखना चाहते हैं। खरीददारी क्षमता (जब कमज़ोर होती मुद्रा के चलते हर कोई धन को सुरक्षित निवेश विकल्पों में लगाने लगे) के घटने से भी इसमें बदलाव आते हैं।

Demand-Pull Inflation *(मांगजनित मुद्रास्फीति) :* वस्तुओं एवं सेवाओं की ज्यादा मांग के कारण कीमतों का बढ़ना। ऐसी स्थिति में उपभोक्ता मांग बढ़ने से कीमतें बढ़ जाती हैं। इस तरह की मुद्रास्फीति बड़ी मात्रा में नकदी की उपलब्धता के बिना लगातार जारी नहीं रह सकती। देखिये लागत-जन्य स्फीति।

Demography *(जनसांख्यिकी) :* आबादी की संख्या, जनसंख्या घनत्व, निवास स्थान, आयु, जाति, लिंग, पेशा आदि के आंकड़ों का संकलन और उनका विश्लेषण जनसांख्यिकी है।

Demonetization *(विमुद्रीकरण) :* (1) सोने और चांदी के सिक्कों को चलन से वापस लेना (2) सोने और चांदी के साथ कागज़ी मुद्रा को वापस लेने से इन्कार करना।

Dependence Effect *(निर्भरता प्रभाव) :* यह विज्ञापन और मार्केटिंग के ज़रिये बड़ी कंपनियों द्वारा अपने उत्पादों की कृत्रिम मांग बढ़ाने की कल्पित क्षमता है। कल्याणकारी अर्थशास्त्र के समर्थक जॉन केनेथ गैलब्रेथ द्वारा यह शब्द दिया गया था।

Deposit *(जमा) :* (1) सुरक्षा के लिए रखना (2) धन पर ब्याज के लिए वित्तीय या वाणिज्यिक संस्थान में रखी गई राशि। शुरुआती जमा के समय आमतौर पर एक करार पर हस्ताक्षर होते हैं जिसमें ब्याज दरें, परिपक्वता अवधि और फंडों को रखने की अन्य शर्तों का ज़िक्र होता है। ये या तो मांग आधारित राशियां होती हैं या सावधि

राशियां। बैंक इनका इस्तेमाल कर्ज़ देने में करते हैं और इस कर्ज़ पर मिलने वाले ब्याज से मुनाफा अर्जित करते हैं। देखिये मांग आधारित जमा, सावधि जमा।

D

Deposit Insurance *(जमा बीमा)* : जहां बीमा कंपनी या सरकार, वाणिज्यिक या खुदरा बैंक में जमा की गई राशि के एक हिस्से की गारंटी देते हैं, बैंकों द्वारा बीमा प्रीमियम भरा जाता है और उसकी लागत बैंक से कर्ज़ लेने वालों पर कर्ज़ की ज्यादा ब्याज दर के रूप में हस्तांतरित की जाती है।

Depository *(अमानतदार)* : बैंक या विशेष कंपनी जो शेयरों या अन्य जमा कीमती दस्तावेजों को सुरक्षित रखने में कार्यरत हों। देखिये केंद्रीय डिपॉजिटरी।

Depository Receipt *(अमानती रसीद)* : शेयर या बांड धारक को इसके स्वामित्व की गारंटी देने वाला दस्तावेज। यह एक सुरक्षा है जो शेयर जारी करने वाले से शेयरधारक के आय अर्जित करने के अधिकार को पुष्ट करती है।

Depreciation *(मूल्यह्रास)* : टिकाऊ परिसंपत्तियों के इस्तेमाल से उसके मूल्यों में आने वाली कमी और कमी का उत्पादन के मूल्य में स्थानांतरित होना मूल्यह्रास होता है। वित्तीय लेखांकन में टिकाऊ परिसंपत्तियों की कीमत का धीरे-धीरे उत्पादित वस्तुओं की लागत में जुड़ना है। ऐसी परिसंपत्तियों की गणना वार्षिक मूल्यह्रास दर के आधार पर की जाती है। कंपनियां इसे खुद ही निकालती हैं। इसमें परिसंपत्ति के उपयोगी कालचक्र और नियमों के अनुसार तय की गई मूल्यह्रास की दर को ध्यान में रखा जाता है। मूल्यह्रास की गणना के मुख्य रूप से चार तरीके हैं। स्ट्रेट लाइन विधि, द सम ऑफ द इयर्स डिजिट विधि, यूनिट्स ऑफ प्रोडक्शन विधि और डबल डिक्लाइनिंग बैलेंस विधि। देखिये दोहरी गिरावट संतुलन विधि, स्ट्रेट लाइन विधि, सम ऑफ द इयर्स डिजिट्स विधि, इकाई उत्पादन विधि।

Depreciation of Currency *(मुद्रा का मूल्यह्रास)* : यह विदेशी मुद्रा के मुकाबले किसी देश की मुद्रा के मूल्य का घटना है। ऐसा होने पर उस मुद्रा के बदले (जिसका मूल्यह्रास हुआ है) कम विदेशी मुद्रा मिल पाती है।

Depression *(मंदी)* : आर्थिक गतिविधियों में गिरावट की एक ऐसी अवधि जिसमें मांग, कीमतों और सकल घरेलू उत्पाद यानी जीडीपी में गिरावट के साथ बेरोज़गारी बढ़ जाती है। मंदी आर्थिक सुस्ती से अधिक भयावह होती है। सुस्ती में कम से कम लगातार दो तिमाहियों में आर्थिक गतिविधियों में उल्लेखनीय गिरावट दर्ज की जाती है। देखिये मंदी।

Deregulation *(विनियमन)* : यह राज्यों के हस्तक्षेप और नौकरशाही संबंधी रुकावटों और अंकुशों को घटाने की प्रक्रिया है। इससे बाज़ार अधिक कारगर बनता है। देखिये उदारीकरण।

D

Derivatives *(डेरिवेटिव्स)* : एक तरह की प्रतिभूति जिसका मूल्य एक आधार प्रतिभूति मसलन बॉन्ड या शेयर पर निर्भर करता है। यह फॉरवर्ड, स्वैप और ऑप्शन के लिए इस्तेमाल होने वाली एक सामान्य शब्दावली है।

Devaluation *(अवमूल्यन)* : यह विदेशी मुद्रा के मुकाबले विनिमय दर का आधिकारिक रूप से घटना है। आमतौर पर विदेशी मुद्रा या सोने का इस्तेमाल केंद्रीय बैंक आधार मुद्रा के रूप में करते हैं।

Direct Debit *(डायरेक्ट डेबिट, बिलों का प्रत्यक्ष भुगतान)* : यह बिलों के भुगतान का एक तरीका है जिसमें भुगतानकर्ता (आमतौर पर खाताधारक) अपने बैंक के साथ इस बात के लिए सहमत होता है कि बैंक स्वतः ही उसके खाते से सेवा प्रदाता के खाते में ज़रूरी धन को स्थानांतरित कर बिलों का भुगतान कर दे।

Direct Taxes *(प्रत्यक्ष कर)* : यह परिसंपत्तियों या आय पर वसूला जाने वाला कर है। व्यक्तिगत आय कर, कॉरपोरेट लाभ कर और संपत्ति कर सभी प्रत्यक्ष कर हैं। देखिये अप्रत्यक्ष कर।

Discount *(छूट)* : (1) अंकित मूल्य से कम कीमत पर खरीदे गए शेयर। जब छूट (या प्रीमियम) पर एक बॉन्ड को बेचा जाता है तब छूट या प्रीमियम का आकार बॉन्ड के कूपन दर और बाज़ार भाव के बीच संबंध पर तय किया जाता है। (2) अंकित मूल्य से कम कीमत पर वस्तुओं या सेवाओं की बिक्री। छूट भुगतान के तरीके, वस्तुओं की मात्रा, वस्तु के जीवनकाल आदि पर निर्भर कर सकता है।

Discounted Value *(बट्टागत या रियायती मूल्य)* : भविष्य में एक परिसंपत्ति की मौजूदा कीमत जिसके कारण किसी दूसरी संपत्ति में अवसर लागत को देखते हुए न निवेश किया जाय। यह परिसंपत्ति का आज का मूल्य होता है, जो भविष्य में कीमत में संभावित बदलाव के कारण एक हद तक भविष्य की राशि के बराबर होता है। देखिये समय वरीयता सिद्धांत।

Discount Rate *(छूट दर)* : ब्याज दर जिस पर केंद्रीय बैंक वाणिज्यिक बैंकों को कर्ज़ देता है।

Discount Window *(डिस्काउंट विंडो, बट्टा खिड़की)* : केंद्रीय बैंक का वह स्थान जहां से बैंक कर्ज़ ले सकते हैं।

Discretionary Monetary Policy *(विवेकाधीन मौद्रिक नीति)* : ऐसी मौद्रिक नीति जो केंद्रीय बैंक द्वारा तय किए गए नियमों के आधार पर संचालित हो। कुछ केंद्रीय बैंकों में ऐसे नियम पारदर्शी नहीं होते हैं और इनमें खास तरह के हितों को ध्यान में रखा जा सकता है। देखिये मैनेज्ड फ्लोट, नियंत्रित उतार-चढ़ाव।

D

Discrimination *(भेदभाव)* : कंपनियों या व्यक्तियों के लिए असमान परिचालन स्थितियां तय कर उनके साथ किया जाने वाला अलग-अलग तरह का व्यवहार होता है।

Disguised Unemployment, Hidden Unemployment, or Concealed Unemployment *(प्रच्छन्न बेरोज़गारी, अदृश्य बेरोज़गारी या गुप्त बेरोज़गारी)* : एक ऐसी परिस्थिति जहाँ आधिकारिक रूप से नियोजित एक समूह के लोगों की नौकरी शीघ्र छूट सकती है। ऐसी बेरोज़गारी जिससे कुल उत्पादन पर कोई खास फर्क न पड़ता हो। अप्रत्यक्ष बेरोज़गारी दुनिया के उन देशों में पाई जाती है जहां या तो श्रमिकों के पास अधिक काम नहीं होता है या फिर वे अधिकता में एक ही काम कर रहे होते हैं। इन स्थितियों में उत्पादकता बेहद कम होती है और ढेर सारे कर्मचारी गिने-चुने रिक्त पदों पर काम कर रहे होते हैं। यह उन देशों की स्थितियों को चित्रित करता है जहां कर्मचारियों की बर्खास्तगी पर रोक है या जहां बेरोज़गारी भत्ता इतना ज्यादा होता है कि नियोक्ता किसी कर्मचारी को बर्खास्त करने की जगह कोई नया कर्मचारी रख लेता है।

Disintermediation *(मध्यस्थहीनता, अमध्यस्थीकरण)* : यह बाज़ार में लेन-देन से मध्यस्थों या बिचौलियों को हटाने की प्रक्रिया है। इंटरनेट जैसी तकनीकी में प्रगति के चलते इसका दायरा व्यापक तौर पर बढ़ रहा है। मध्यस्थहीनता में कमी आने से सौदे की लागत घटने के साथ-साथ पारदर्शिता भी बढ़ सकेगी।

Dispersed Knowledge *(फैली हुई जानकारी/सहज रूप से उपलब्ध जानकारी)*: किसी भी समय बाज़ार भागीदारों के पास सभी तथ्यों, आंकड़ों और अन्य जानकारियों की आसानी से उपलब्धतता।

Diversification *(विविधता)* : यह जोखिम को घटाने के लिए स्रोतों को बांटने की रणनीति है। आय में नुकसान के जोखिम को कम करने के लिए विभिन्न गतिविधियों के माध्यम से कारोबार में विविधता का इस्तेमाल किया जाता है। वित्तीय विविधता में, संस्थागत निवेशकों के लिए खास शेयरों और संपत्तियों में निवेश की अधिकतम सीमा का सुझाव देकर ज़रूरतें तय की जाती हैं। विविधता इस अवधारणा पर आधारित है कि परिसंपत्तियों के मूल्य विपरीत दिशाओं में बदलेंगे। मसलन जब धन पर मिलने वाला रिटर्न घटेगा तो रीयल एस्टेट में मिलने वाला रिटर्न बढ़ जाएगा। इस तरह विविधता जोखिम का प्रबंधन और संभावित नुकसान को कम करने में मदद करती है। हालांकि ज़रूरी विविधता के आलोचकों के मुताबिक विविधता को हमेशा उचित नहीं ठहराया जा सकता है। उनके अनुसार विविधता को बनाने के लिए कीमत चुकानी पड़ती है, जिससे मुनाफा घटता है। आर्थिक उथल-पुथल में भी इससे कोई खास मदद नहीं मिलती है और यह निवेशकों को स्वतंत्रता से कारोबारी रणनीति अपनाने से रोकती है।

Dividends *(लाभांश)* : यह शेयरधारकों को दिया जाने वाला कंपनी के मुनाफे

D

का हिस्सा है। इसे कंपनी के निदेशक मंडल द्वारा तय किया जाता है। मुनाफे का यह अंश कंपनी के शेयरों के अनुपात में दिया जाता है। लाभांश तब नहीं दिया जाता है जब कंपनी के पास फंड की कमी होती है या फिर पूरे मुनाफे को पुनर्निवेश का फैसला ले लिया जाता है। प्रीफर्ड स्टॉकों के निवेशकों को आमतौर पर तय राशि मिलती है बजाय इसके कि कंपनी के नतीजे कैसे रहे हैं।

Division of Labour *(श्रम का विभाजन या बंटवारा)* : एक सिद्धांत जिसके मुताबिक अलग-अलग क्षमता के लोग किसी काम को करने में महारत हासिल कर लेते हैं और बाद में वे इसके बदले कीमत वसूलते हैं। ऐसा समाज जहां श्रम का विभाजन होता है वह स्वलीन समाज से अधिक उपयोगी होता है।

Documentary Collection *(दस्तावेज़ों का संग्रहण–डॉक्यूमेंट्री कलेक्शन)* : वस्तुओं के विक्रेता और खरीददार के बीच सौदा निपटाने की एक विधि जिसमें बैंक मध्यस्थ की भूमिका निभाता है। वस्तुओं को भेजने के बाद विक्रेता भेजी गई वस्तुओं से जुड़े दस्तावेज़ों को भुगतान के लिए बैंक को सौंप देता है। बैंक इन दस्तावेज़ों को खरीददार के बैंक को भेजता है। खरीददार का बैंक इन दस्तावेज़ों को खरीददार को तभी सौंपता है, जब दस्तावेज़ में अंकित रकम को खरीददार चुका दे, जिसे बाद में विक्रेता के बैंक में स्थानांतरित कर दिया जाता है। यह बैंक इस धन को विक्रेता को हस्तांतरित कर देता है। दस्तावेज़ों के संग्रहण का इस्तेमाल आयात और निर्यात सौदों में होता है।

Dogs *(डॉग्स–सुस्त कारोबार)* : एक बेहद धीमी रफ्तार से विकास करने वाला व्यापार जिसकी बेहद मामूली बाज़ार हिस्सेदारी होती है। इससे जीवन जीने के लिए आय पर्याप्त होती है लेकिन इससे कारोबार का विस्तार नहीं हो सकता।

Dollarised Economy *(डॉलरीकृत अर्थव्यवस्था)* : किसी देश की अर्थव्यवस्था जहां ज्यादातर सौदों का निपटारा (आमतौर पर आबादी के बीच) और बचत विदेशी मुद्रा (अमेरिकी डॉलर) में किया जाता हो। एक डॉलरीकृत अर्थव्यवस्था बाज़ार भागीदारों के बीच अपने देश की मुद्रा के प्रति विश्वास में कमी को दिखाती है। यह आधिकारिक डॉलरीकरण के उलट लोगों की पसंद का अनायास अनियंत्रित विकल्प है।

Dollarization *(डॉलराइज़ेशन या डॉलरीकरण)* : किसी देश द्वारा अपनी राष्ट्रीय मुद्रा को समाप्त कर डॉलर का इस्तेमाल करना डॉलरीकरण है। डॉलरीकरण आमतौर पर सरकार का एकतरफा फैसला होता है। आमतौर पर यह छोटे देशों में देखने को मिलता है जिनके लिए स्वतंत्र मौद्रिक नीतियों को लागू करना तर्कसंगत नहीं कहा जा सकता है। उन उभरती बाज़ार अर्थव्यवस्थाओं में भी यह सामान्य बात है जिन्हें मौद्रिक मामलों के प्रबंधन का अनुभव नहीं होता है। डॉलरीकरण का प्रस्ताव उन देशों को दिया जाता है जो मुद्रा संकट से जूझ रहे होते हैं। डॉलरीकरण भ्रष्ट देशों के लिए भी तर्कसंगत

समाधान है। लेकिन ऐसे देशों में राजनेता आमतौर पर एक स्वतंत्र मौद्रिक नीति का फायदा उठाने के लिए अपनी शक्तियों को सीमित नहीं रखना चाहते हैं। ऐसे देशों के पास यूरो जैसी कोई अन्य मज़बूत मुद्रा को चुनने का भी विकल्प रहता है। इसी का नतीजा है कि अपनी मौद्रिक स्वतंत्रता हासिल करने के बाद जहां इक्वेडॉर ने डॉलर को चुना, तो मोंटेनीग्रो ने यूरो को।

Domestic Debt *(घरेलू ऋण)* : (1) घरेलू कर्ज़दारों से ली गई कुल रकम। (2) सरकार द्वारा लिया गया कर्ज़ जिसका निपटारा न किया गया हो। देखिये विदेशी कर्ज़, सार्वजनिक ऋण, लोकऋण।

Dominant Position *(प्रभावशाली या प्रमुख स्थान)* : बाज़ार में किसी एक या इससे अधिक कंपनियों की स्थिति जहां उन्हें सीधी प्रतिस्पर्धा का सामना न करना पड़ रहा हो या बाज़ार को वे प्रभावित करने की क्षमता रखती हों। माना जाता है कि बाज़ार में कम से कम 40 प्रतिशत हिस्सेदारी रखने वाली कंपनी प्रभावशाली स्थिति में होती है। अगर बाज़ार में सबसे अधिक हिस्सेदारी रखने वाली तीन या कुछ कंपनियों में से एक के पास सबसे अधिक हिस्सेदारी हो या तीनों की हिस्सेदारी मिलाकर 70 प्रतिशत हो तो वे भी प्रभावशाली स्थिति में कहलाएंगी।

Dominant Strategy *(प्रभावशाली रणनीति)* : खेल के सिद्धांत में अन्य खिलाड़ियों की परवाह किये बिना बनाई गई ऐसी रणनीति जो किसी खिलाड़ी के लिए सबसे उपयुक्त हो। उदाहरण के तौर पर कैदियों के सामने जब ऊहापोह की स्थिति पैदा होती है तो ऐसी स्थिति में सभी कैदी एक प्रभावशाली रणनीति का अनुसरण करेंगे। देखिये कैदी की दुविधा।

Double Bookkeeping *(दोहरी खाताबही, डबल बुककीपिंग)* : धोखाधड़ी के मकसद से कंपनी के आधिकारिक खातों में जालसाज़ी करना। दोहरी खाताबही अक्सर उन कंपनियों द्वारा इस्तेमाल की जाती है जो प्राप्त होने वाले धन को खातों में दर्ज नहीं करतीं। ऐसा करों या अनधिकृत वेतनों को छुपाने के लिए किया जाता है।

Double Declining Balance Method *(दोहरी गिरावट संतुलन विधि)* : इस विधि का इस्तेमाल परिसंपत्तियों के मूल्यह्रास की गणना के लिए किया जाता है। इसमें पहले साल के लिए परिसंपत्ति के मूल्यह्रास की गणना अधिग्रहण मूल्य के आधार पर और आने वाले वर्षों में शेष कीमत पर की जाती है। मूल्यह्रास की दर हर साल बराबर रहती है लेकिन शेष मूल्य में गिरावट आती-जाती है। लिहाजा मूल्यह्रास की राशि भी कम होती जाती है। प्रत्येक वर्ष के मूल्यह्रास की गणना वर्तमान मूल्य को मूल्यह्रास की दर से गुणा करके निकाली जाती है। अंतिम वर्ष के लिए मूल्यह्रास को अंतिम साल के शेष मूल्य से परिशोधन (लिक्विडेशन) मूल्य को घटाकर निकालते हैं।

D

Double Entry *(दोहरी प्रविष्टि)* : खातों को इस तरह से रखने की विधि (बुककीपिंग) जिसमें किसी एक ही व्यावसायिक लेन-देन के बारे में डेबिट (व्यय) को अलग खाते में दर्ज किया जाए और क्रेडिट (जमा या उधार) को अलग में। इससे किसी सौदे के लिए दो या इससे अधिक खातों में उसी राशि के लिए दो प्रविष्टियां सामने दिखने लगती हैं। मसलन शेयरों की खरीद के कारण शेयर खाता तो बढ़ेगा लेकिन नकद या बैंक खाते में गिरावट आएगी।

Double Entry Bookkeeping *(दोहरी प्रविष्टि बहीखाता, डबल एंट्री बुककीपिंग)* : व्यय और जमा की प्रणाली का इस्तेमाल करते हुए दोहरी प्रविष्टि (डबल एंट्री) के सिद्धांत पर आधारित खातों को रखने की विधि (बुककीपिंग)। यह दोहरी खाताबही से अलग होती है। देखिये दोहरी खाताबही, डबल बुककीपिंग।

Double Taxation *(दोहरा कराधान)* : यह आय, मुनाफे या संपत्ति जैसी चीज़ों पर बार-बार लगने वाला कर है। मसलन निगमों पर पहले निगम कर लगता है और लाभांश के रूप में जो राशि मिलती है, उस पर दोबारा शेयरधारकों को कर चुकाना पड़ता है। अंतरराष्ट्रीय गतिविधियों में दोहरा कराधान सामान्य बात है। जिस देश में मूल कंपनी या कंपनी का मालिक रहता है उस देश के साथ-साथ जहां कम्पनी कारोबार कर रही होती है, उस देश में भी बराबर कर लगता है, दोहरे कराधान को टालने के लिए अंतरराष्ट्रीय स्तर पर संधियां की जाती हैं।

Dow Jones Index *(डाउ-जोंस-सूचकांक)* : शेयर सूचकांक जो डाउ जोंस और कंपनी द्वारा तैयार किया गया है। यह कंपनी वित्तीय और व्यावसायिक सूचना के प्रकाशन के कारोबार में कार्यरत है। इसके उल्लेखनीय प्रकाशनों में डाउ जोंस इंडस्ट्रियल एवरेज और डाउ जोंस स्टॉक्स शुमार हैं। यह कंपनी प्रमुख बिजनेस अखबार द वॉल स्ट्रीट जर्नल का भी प्रकाशन करती है।

Down Payment *(न्यूनतम भुगतान, डाउन पेमेंट)* : किसी वस्तु को खरीदते वक्त उसके लिए दी जाने वाली न्यूनतम राशि।

Downtime *(डाउनटाइम, ठहराव)* : ऐसी समयावधि जब आपूर्ति में बाधा और अन्य चीज़ों के कारण उत्पादन रुक जाता है।

DR-CAFTA (Dominican Republic-Central American Free Trade Agreement) *(डीआर-साफटा [डॉमिनिक गणराज्य-मध्य अमेरिका मुक्त व्यापार समझौता])* : यह मुक्त व्यापार समझौता है जो अंतरराष्ट्रीय कानून के तहत वैध है लेकिन अमेरिकी कानून इसे वैधानिक समझौते का दर्जा नहीं देते हैं। इस समझौते का मकसद एक मुक्त व्यापार क्षेत्र को तैयार करना है जैसा नाफटा के तहत किया गया है। यह अमेरिका के व्यापार मुक्त क्षेत्र (एफटीएए) की ओर प्रारंभिक प्रयास है, जो दक्षिण अमेरिका को उत्तरी

D

और मध्य अमेरिका से जोड़ेगा। साफटा मध्य अमेरिका मुक्त व्यापार समझौते का उल्लेख करता है। यह समझौता जनवरी 2004 में अमेरिका, कोस्टा रिका, एल सेल्वाडॉर, ग्वातेमाला, होंडुरास और निकारागुआ के बीच हुआ था। इससे बाद में डॉमिनिक गणराज्य भी जुड़ गया, जिसके बाद इसका नाम डीआर-साफ्टा पड़ा। अगर इसे अमेरिका की मंजूरी मिल जाती है तो इसमें शामिल देशों को अमेरिका से होने वाले 80 प्रतिशत निर्यात पर शुल्कों से तत्काल छूट मिलेगी। बाकी निर्यात होने वाली वस्तुओं पर अगले दस साल में ये शुल्क हट जाएंगे।

Dualism *(द्वैतवाद)* : (1) एक विचारधारा जिसके मुताबिक मानव का मूल रूप से दो तरह का स्वभाव होता है एक भौतिक और दूसरा आध्यात्मिक। (2) एक विचारधारा जो यह कहती है कि दुनिया अलग-अलग तरह की दो विपरीत शक्तियों से चलती है अच्छी और बुरी। (3) यह किसी सामाजिक घटना को समझाने की विधि है जो तत्व और चेतना की मौजूदगी पर ज़ोर देती है और प्राकृतिक विज्ञान को समाज विज्ञान से अलग करती है।

Due Diligence *(छानबीन)* : यह किसी कंपनी के शेयर खरीदने या विलय जैसे निर्णयों से पहले कंपनी के निवेशकों या उनके आधिकारिक प्रतिनिधियों द्वारा की गई कानूनी और वित्तीय पड़ताल है। इस तरह की जांच का मकसद किसी कंपनी द्वारा बताए गए आंकड़ों की पुष्टि करना और कंपनी के शेयरों के बारे में अधिक सूक्ष्म जानकारी हासिल करना है।

Dumping *(डंपिंग, पाटना, विदेशी बाज़ार में कम मूल्य पर विक्रय)* : किसी बाज़ार में लागत से कम कीमत पर वस्तु और सेवाओं की बिक्री। यह अपने देश की तुलना में घरेलू उत्पादों को विदेश में कम कीमत पर बेचने के चलन को भी दर्शाता है।

E

E

Earmarked Tax *(आरक्षित कर)* : किसी विशेष कार्य में इस्तेमाल के लिए जुटाया जाने वाला कर।

Earnest *(बयाना)* : एक सौदे को पक्का करने के लिए ग्राहक द्वारा विक्रेता को दी जाने वाली अग्रिम राशि या कई मूल्यवान वस्तु। बयाने में दी जाने वाली राशि सौदे को लेकर ग्राहक के दृष्टिकोण को दिखाता है। यह सौदे के लिए देय राशि का एक हिस्सा होता है, जो सौदे के लिए अंतिम भुगतान राशि में शामिल होता है। यदि बयाना देकर ग्राहक सौदा नहीं करता है तो यह राशि दूसरी पार्टी यानी विक्रेता के पास ही रह जाती है। हालांकि कुछ सौदों में ऐसी शर्तें भी रहती हैं कि अगर बयाना देने पर विक्रेता सौदे के तहत दी जाने वाली वस्तु या सेवा को नहीं दे पाता है तो उसे बयाने का दोगुना लौटना पड़ेगा।

Easement *(सुविधा अधिकार)* : यह एक तरह ही सुविधा है जो दूसरों को किसी की संपदा को इस्तेमाल करने का अधिकार देता है। मसलन किसी सड़क मालिक को उस सड़क को दूसरों को भी इस्तेमाल करने की अनुमति देनी पड़ेगी।

Easy Money *(सुलभ मुद्रा या कम ब्याज दर पर उपलब्ध कर्ज़)* : ऐसी स्थिति जब कर्ज़ लेना अपेक्षाकृत सस्ता हो जाता है। इस दौरान कम ब्याज दरों पर कर्ज मिलने लगता है, जिससे बाजार में तरलता बढ़ जाती है। यह धन प्रवाह को बढ़ाने का सरकारी उपायों का हिस्सा भी हो सकता है। जब सरकारी खज़ाने में विदेशी मुद्रा भंडार बढ़ जाता है तो वह इस तरह के उपायों का इस्तेमाल करती है। हालांकि बाज़ार में अधिक मात्रा में धन आ जाने के कारण मुद्रास्फीति की दर बढ़ने लगती है जिसका उपाय मुद्रा की आपूर्ति पर अंकुश लगाना है।

E

EBITA (Earnings Before Interest and Taxes) *(एबिटा [ब्याज और कर पूर्व आय])* : यह एक संकेतक है जिसका इस्तेमाल कंपनी के आकलन के लिए किया जाता है। एबिटा ब्याज और करों को चुकाने से पूर्व कंपनी के मुनाफे के बराबर होता है।

EBITDA (Earnings Before Interest, Taxes, Depreciation and Amortisation) *(ईबीआईटीडीए [ब्याज, कर, मूल्यह्रास और परिशोधन से पूर्व आय])* : यह कंपनी के आकलन के लिए इस्तेमाल होने वाला एक संकेतक है। ईबीआईटीडीए ब्याज, कर, मूल्यह्रास और परिशोधन से पूर्व कंपनी के मुनाफे के बराबर होता है।

Econometrics *(अर्थमिति)* : गणितीय और सांख्यिकीय विधियों का इस्तेमाल करते हुए आर्थिक घटनाओं और उनके परस्पर संबंधों का अध्ययन अर्थमिति कहलाता है।

Economic and Monetary Union (EMU) *(आर्थिक और मौद्रिक संघ [ईएमयू])* : यह एकल मुद्रा को शुरू करने के उद्देश्य से ईमयू के सदस्य देशों के बीच आर्थिक एकीकरण और वित्तीय नीतियों पर समन्वय की प्रक्रिया है।

Economic Calculation *(आर्थिक गणना)* : यह प्राप्त आय (अनुमानित) से व्यय (अनुमानित) की तुलना कर की गई या की जाने वाली कार्रवाई के नतीजों के आकलन की विधि है। आर्थिक गणना उत्पादक के इस सवाल का जवाब देती है कि 'क्या इससे फायदा होगा और कितना होगा?' आर्थिक गणना तभी संभव है जब बाज़ार भाव उपलब्ध होते हैं। लिहाज़ा समाजवाद में इसका कोई अस्तित्व नहीं है, जहां बाज़ार भाव उपलब्ध नहीं होते हैं। आर्थिक गणना किन्हीं खास परिस्थितियों में ही की जा सकती है और वो भी तब जब विशेष बाज़ार कारक संचालन कर रहे हों। आर्थिक गणना का एक खास मूल्य होता है और इसका इस्तेमाल ऐतिहासिक शोध, सामान्यीकरण या अन्य अकादमिक उद्देश्यों में नहीं किया जा सकता। आर्थिक गणना में सांख्यिकीय और मैक्रो-इकोनॉमिक कैलकुलेशंस मसलन जीडीपी और करंट अकाउंट डेफिसिट को शामिल नहीं किया जाता है।

Economic Growth *(आर्थिक विकास)* : यह उत्पादन मात्रा में बढ़ोतरी है, जिसे आमतौर पर सकल घरेलू उत्पाद में वृद्धि के तौर पर मापा जाता है। आर्थिक विकास का मतलब कंपनियों और लोगों की वास्तविक आय का बढ़ना है।

Economic Man *(आर्थिक मानव, इकोनॉमिक मैन)* : शब्द की उत्पत्ति लैटिन शब्द होमो इकोनॉमिकस से हुई है। इसके मुताबिक मानव विवेकी और स्वार्थी होता है जिसका मुख्य मकसद उपयोगिता को बढ़ाना है। यह कम से कम कीमत चुकाकर अपने लक्ष्यों को हासिल करने की कोशिश करता है और इसके निर्णय उपभोग की गई वस्तु की उपयोगिता पर आधारित होते हैं। यह विचार 19वीं सदी के शास्त्रीय अर्थशास्त्रियों द्वारा विकसित किया गया था। इसमें हालांकि थोड़ा-बहुत बदलाव करते हुए यह भी जोड़ दिया गया कि मानव

E

भौतिक लाभ के अलावा नैतिकता, दान और लगाव के वश में भी आ सकता है। देखिये परमार्थवाद, दूसरे के हित के लिए जीने का सिद्धांत, दान, चैरिटी, सहायता।

Economic Policy *(आर्थिक नीति)* : यह राज्य द्वारा आर्थिक प्रक्रियाओं को संचालित करने की प्रणाली है। राज्य की आर्थिक नीति कुछ खास अनुमानों पर निर्भर करती है जिसमें सबसे बड़ी चुनौती राष्ट्र के दुर्लभ संसाधनों के श्रेष्ठ प्रबंधन को लेकर रहती है। यह सामान्य मसलन पूंजीवाद या मुद्रावादी सिद्धांत के आधार पर फेडरल रिज़र्व के खुले बाज़ार की नीति हो सकती है।

Economic Problem *(आर्थिक समस्या)* : आर्थिक समस्या एक मूल सवाल है कि कैसे लोगों की असीमित ज़रूरतों को उपलब्ध सीमित संसाधनों से पूरा किया जाए। यह स्वतः सिद्ध दुविधा है जिससे सभी अर्थशास्त्रियों को रूबरू होना पड़ता है, भले वे किसी भी विचारधारा का प्रतिनिधित्व क्यों न करते हों।

Economic Resources *(आर्थिक संसाधन)* : उत्पादों का निर्माण और सेवाएं मुहैया कराने के लिए सीमित स्रोत ही आर्थिक संसाधन हैं।

Economic Theory *(आर्थिक सिद्धांत)* : यह बाज़ार में व्यक्ति के नियमित व्यवहार का अध्ययन है, जो सीमित संसाधनों के बेहतर से बेहतर इस्तेमाल की विधियों को खोजने के लिए किया जाता है, ताकि उपभोक्ता की संतुष्टि को अधिक से अधिक बढ़ाया जा सके।

Economic Value Added *(आर्थिक मूल्य संवर्धन)* : यह कंपनी की कार्यकुशलता और उसके निवेश पर मिलने वाले रिटर्न की माप है। इसकी गणना कंपनी के परिचालन नतीजों (करों के बाद) या अन्य तरीकों से अपनी और उधारी पूंजी की लागत को घटाकर की जाती है। यानी किसी निवेश में जोखिम की भरपाई रिटर्न की दर से की जाती है। आर्थिक मूल्य संवर्धन को पूर्ण योग के तौर पर मुद्रा इकाई में अभिव्यक्त किया जाता है। मसलन लाखों यूरो।

Economies of Scale *(पैमाने की अर्थव्यवस्था, इकोनॉमीज़ ऑफ स्केल)* : माइक्रो-इकोनॉमिक्स में यह कारोबार बढ़ने से लागत में मिलने वाले लाभ को प्रदर्शित करता है। ऐसी स्थिति में उत्पादन की मात्रा बढ़ने के साथ प्रति इकाई उत्पादन लागत घटती है। देखिये संभावना की अर्थव्यवस्था, इकोनॉमीज़ ऑफ स्कोप।

Economies of Scope *(संभावना की अर्थव्यवस्था, इकोनॉमीज़ ऑफ स्कोप)* : यह कंपनी द्वारा निर्मित उत्पादों की संख्या में वृद्धि से तैयार होने वाली कार्यकुशलता है। पैमाने की अर्थव्यवस्था (इकोनॉमीज़ ऑफ स्केल) से इतर, संभावना की अर्थव्यवस्था (इकोनॉमीज़ ऑफ स्कोप) उस स्थिति को प्रदर्शित करती है जिसमें कंपनी द्वारा उत्पादों और सेवाओं को बढ़ाने के साथ औसत लागत कम होती है।

E

Effective Exchange Rate (EER) *(प्रभावी विनिमय दर [ईईआर])* : एक मुद्रा के मुकाबले दूसरी मुद्रा की विनिमय दर, जिनमें संबंधित देशों में वस्तुओं की कीमतों के अंतर को ध्यान में रखा जाता है। दूसरे शब्दों में इसे 'वास्तविक विनिमय दर' भी कहा जाता है।

Effective Tax Rate *(प्रभावी कर दर)* : कर की वो दर जिसे चुकाई गई कर की राशि और कर आधार की तुलना करके निकाला जाता है। मसलन प्रभावी कर दर की गणना कर से प्राप्त बजट राजस्वों के मुकाबले कुल कर योग्य आय के अनुपात को निकालकर की जाती है। प्रभावी कर दर कानूनन तय की गई न्यूनतम कर दर से अलग होती है और छूट, राहत आदि के कारण करों की गणना के लिए इस्तेमाल की जाती है।

Efficiency *(कुशलता, कार्यक्षमता)* : यह अपने संसाधनों को इस्तेमाल करने की दक्षता की माप है ताकि कम से कम लागत में अपेक्षित नतीजे हासिल किए जा सकें।

Efficient Market Theory *(कुशल बाज़ार सिद्धांत)* : यह सिद्धांत बाज़ार की कार्यशैली को प्रदर्शित करता है। इसके मुताबिक बाज़ार में प्रतिस्पर्धा इतनी अधिक और जानकारी इतनी सुलभ उपलब्ध है तथा तेज़ी से फैलती है कि चढ़ी और गिरी हुई परिसंपत्तियां अपने बाज़ार भाव पर आ जाती हैं। लिहाजा निवेशक और विश्लेषक दीर्घावधि में बाज़ार में औसत गतिविधियों के परिदृश्य का आकलन कर लेते हैं। इस सिद्धांत का अनुसरण करते हुए आधुनिक समीक्षकों ने 'पैसिव (धैर्य के साथ) इनवेस्टमेंट' रणनीति विकसित की है। इसके तहत निवेशक अनियमित आधार पर इस विश्वास के साथ निवेश कर सकते हैं कि बाज़ार के कुशलतापूर्वक काम करने से उन्हें उतना ही लाभ मिलेगा जितना वित्तीय समीक्षा के आधार पर शेयरों का चयन करने पर मिलता है।

Egalitarianism *(समतावाद)* : एक मत जो कहता है कि सभी व्यक्ति समान हैं। राजनीतिक अर्थशास्त्र के कुछ सिद्धांत इसके बारे में आगे कहते हैं कि व्यक्तियों की आय और संपदा में अंतर उनकी विभिन्न क्षमताओं द्वारा तय नहीं होते बल्कि यह एक-दूसरे के शोषण से तय होते हैं। समतावाद के अनुसार राज्य को बाज़ार के दोषों को दूर करने के लिए हस्तक्षेप करना चाहिए और पूर्ण समानता सुनिश्चित करना चाहिए। समतावाद के इन्हीं सिद्धांतों को साम्यवाद का आधार बनाने में इस्तेमाल किया गया।

Elasticity *(लोच, मूल्य सापेक्षता)* : किसी एक कारक में प्रतिशत में होने वाले बदलाव से दूसरे में होने वाला प्रतिशत बदलाव। यह शब्द उपभोक्ता की आय और कीमतों में होने वाले बदलाव से वस्तुओं की मांग पर पड़ने वाले असर को चित्रित करता है। यानी मांग वस्तुओं की कीमतों के आधार पर घटती-बढ़ती है। जब कीमतें कम होती हैं तो मांग ज्यादा होती है या कीमतों में तेज़ी होने पर मांग घट जाती है। लेकिन जब मांग में आई कमी का प्रतिशत कीमतों में प्रतिशत में हुई वृद्धि से अधिक हो और

E

कीमतों में वृद्धि के बावजूद मांग में उस दर से कमी न आये तो इसे अलोच की स्थिति कहते है। देखिये मांग की लोच, मांग की आय लोच, मांग की कीमत लोच।

Elasticity of Demand *(मांग की लोच)* : यह बाज़ार की स्थितियों में बदलाव से मांग में होने वाले बदलाव की गणना है। मांग की लोच के आकलन में कीमत, आय और मांग की प्रति-मूल्य लोच शामिल होते हैं। देखिये लोच, मूल्य सापेक्षता।

Elasticity of Supply *(आपूर्ति की लोच)* : किसी वस्तु की कीमत में हुए परिवर्तन के कारण आपूर्ति में बदलाव को मापना। इस प्रतिक्रिया को कीमत में हुए (प्रतिशत) बदलाव के मुकाबले आपूर्ति में आए (प्रतिशत) परिवर्तन के अनुपात के रूप मापा जाता है।

Electronic Money *(इलेक्ट्रॉनिक धन)* : खाते में शेष राशि (बैलेंस) के बारे में इलेक्ट्रॉनिक कार्डों या कंप्यूटर और सेल फोन जैसे अन्य इलेक्ट्रॉनिक उपकरणों में रहने वाली जानकारी, जिसे इलेक्ट्रॉनिक उपकरण के ज़रिये दूसरे खातों में हस्तांतरित किया जा सके।

Embargo *(रोक, प्रतिबन्ध)* : यह कुछ देशों के साथ व्यापारिक रिश्तों को रद्द करने के साथ वस्तुओं और सेवाओं के आयात व निर्यात पर रोक है। इसका इस्तेमाल शीत युद्ध के दौरान अक्सर होता है। देखिये शीत युद्ध।

Empirical Evidence *(आनुभविक साक्ष्य)* : अनुभव और अवलोकन पर आधारित साक्ष्य।

Employee *(कर्मचारी)* : एक व्यक्ति जो तय किए गए कार्यों का निर्वाह या रोज़गार करार के तहत काम करता है और उसके बदले वेतन पाता है।

Employer *(नियोक्ता)* : कंपनी, संस्थान, संगठन या कोई उद्यमी जो किसी खास काम के लिए व्यक्ति को रोज़गार करार पर रखता है और उसे उसका तय मेहनताना देता है। कर्मचारियों की ओर देखते हुए नियोक्ता श्रम की मांग पैदाकर्ता है।

Employment Rate *(रोज़गार दर)* : यह उपलब्ध श्रम शक्ति के मुकाबले रोज़गार प्राप्त व्यक्तियों का अनुपात है। आमतौर पर श्रम शक्ति में इच्छुक और काम करने योग्य लोग शामिल होते हैं।

Endogenous *(अंतर्जात)* : (1) आंतरिक कारक (2) एक मॉडल में परिवर्तनशील वस्तु।

Endorsee *(अधिकारप्राप्त व्यक्ति)* : व्यक्ति या कंपनी जो अनुमोदन के तहत प्राप्त सभी अधिकारों के साथ चेक या बिल स्वीकार करता है।

E

Endorsement *(एनडोर्समेंट, अनुमोदन)* : तमाम तरह के शेयरों, चेक या बिल आदि पर लगाया जाने वाला वह निशान जो इन पर सभी दावों और अधिकारों को दूसरे व्यक्ति को हस्तांतरित कर देता हो।

Endorser *(अनुमोदन करने वाला, एनडोर्सर)* : बिल या चेक पर अनुमोदन (एनडोर्समेंट) का निशान लगाने वाला व्यक्ति।

Endowment *(दान में प्राप्त संपत्ति, एनडोमेंट)* : किसी संस्था को दान में दिया गया धन या अन्य कोई परिसंपत्ति मसलन शेयर या मकान आदि, जिसे संस्था अपनी ज़रूरतों या किसी विशेष कार्य के लिये निवेश करती है या उसे सुरक्षित रखती है या फिर केवल मूर्त परिसंपत्तियों या निवेश से प्राप्त आय का इस्तेमाल कर अपनी ज़रूरत पूरा करती है।

Endowment Insurance *(सावधि बीमा, एनडोमेंट बीमा)* : एक तरह का बीमा जहां बीमाकृत व्यक्ति निश्चित अवधि के लिए तय प्रीमियम (किस्त) चुकाता है और अवधि समाप्त होने पर भुगतान का हकदार बन जाता है।

Engel's Law *(एंजेल का नियम)* : परिवार में आय बढ़ने के साथ खान-पान, रहन-सहन और अन्य ज़रूरतों पर खर्च में होने वाला सांख्यिकीय बदलाव। इसे 19वीं सदी में जर्मनी के सांख्यिकीय विद्वान अर्नेस्ट एंजेल ने परिभाषित किया था। सांख्यिकीय आंकड़ों का विश्लेषण कर एंजेल ने इस बात को साबित किया था कि घर की आय बढ़ने के साथ खान-पान पर अपेक्षाकृत खर्च कम हो जाता है। यानी खाद्य वस्तुओं के लिए मांग की आय लोच घट जाती है।

Entrepreneur *(उद्यमी)* : ऐसा व्यक्ति जो नई कंपनी को शुरू करने के लिए जोखिम उठाता है और मुनाफा कमाने की उम्मीद में पूंजी, कार्यकुशलता और श्रम का बेहतर से बेहतर इस्तेमाल करता है। ऑस्ट्रियाई विचारधारा इस बात का दावा नहीं करता है कि अर्थशास्त्री का काम आर्थिक प्रक्रियाओं के नतीजों का अनुमान लगाना है। इनमें तमाम चीज़ें अनिश्चित होती हैं और उनके बारे में अनुमान नहीं लगाया जा सकता है। केवल एक ही व्यक्ति है जो इनके बारे में अनुमान लगा सकता है और वह है उद्यमी। इसके लिए वह अपने सही ज्ञान का इस्तेमाल करता है। संभवतः अर्थव्यवस्था में उसकी भूमिका सबसे महत्त्वपूर्ण होती है।

Equal Principal Payments Method *(समान मूल भुगतान विधि)* : कर्ज़ को चुकाने की एक विधि जहां कर्ज़दार समय बढ़ने के साथ किस्तों के लिए कम राशि अदा करता है क्योंकि मूल और ब्याज की राशि घटती जाती है। सभी मूल भुगतान बराबर होते हैं लेकिन किस्तों में गिरावट ब्याज की घटती राशि को प्रदर्शित करती है जो मूलधन में कमी के कारण होता है।

E

Equal Total Payment Method *(समान कुल भुगतान विधि) :* यह कर्ज़ को चुकाने का एक तरीका है जिसमें कर्ज़दार नियत समय पर (मसलन हर महीने) कर्ज़दाता को बराबर किस्तों का भुगतान करता है, जिसमें मूलधन और ब्याज दोन्नों शामिल होते हैं।

Equilibrium Price *(साम्य मूल्य) :* वो मूल्य जिस पर उत्पाद की आपूर्ति मांग के बराबर हो। ये बाज़ार निपटान मूल्य होते हैं। देखिये मांग वक्र, आपूर्ति कर्व।

Equilibrium Theory *(साम्य सिद्धांत) :* सिद्धांत को मैरी एस्प्रिट लियोन वॉलरस (1834-1910) ने दिया था। इसमें लियोन ने ज़ोर देते हुए कहा था कि मार्केट द-1 में समतुल्यता की मौजूदगी होने पर यह मार्केट द में भी देखने को मिलेगी। वॉलरस ऐसे पहले विद्वान थे जिन्होंने अर्थशास्त्र को समझाने के लिए गणितीय समीकरण का इस्तेमाल किया और सामान्य समतुल्यता का गणितीय मॉडल तैयार किया। देखिये सामान्य संतुलन विश्लेषण, वालरा का नियम।

Equity, Property *(शेयर, संपत्ति, हिस्सेदारी) :* कंपनी में चुनिंदा और सामान्य स्टॉक का मूल्य।

Estoppel *(विबंध) :* स्वीकृति या घोषणा जो व्यक्ति को इसके विपरीत जाने से रोकती है।

Eurobonds *(यूरोबॉन्ड) :* बॉन्ड जो किसी देश की मुद्रा में जारी किया जाता है लेकिन उसका कारोबार देश के बाहर अलग-अलग मौद्रिक प्रणालियों में होता है। मसलन फ्रांस में यूरोबॉन्ड को डॉलर में प्रदर्शित और वितरित किया जाता है। निवेशक के अनुसार यूरोबान्ड की मुद्रा अलग-अलग हो सकती है। ये पंजीकृत बॉन्ड की जगह धारक (बियरर) बॉन्ड भी हो सकते हैं। यूरोबॉन्ड आमतौर पर बैंक सिंडिकेट द्वारा कई देशों में एक समय पर वितरित किए जाते हैं। इन्हें यूरोबॉन्ड इसलिए कहा जाता है क्योंकि अमेरिकी बैंक की सहायक इकाइयों ने यूरोप में पहली बार डॉलर-डीनॉमिनेटेड बॉन्ड जारी किए थे। देखिये विदेशी बॉन्ड।

European Economic Area (EEA) *(यूरोपीय आर्थिक क्षेत्र [ईईए]) :* यूरोपीय संघ और आइसलैंड, नॉर्वे तथा लिकटेंस्टीन जो 1994 के समझौते के तहत एक बाज़ार नियमों का पालन करते हैं। इनमें एक्विस कम्यूनेशेयर, चार मुख्य स्वतंत्रताएं (वस्तुओं, सेवाओं, पूंजी और व्यक्तियों का मुक्त आवागमन) और प्रतिस्पर्धा नियम शामिल हैं। ईईए समझौते में शिक्षा, सामाजिक नीति और पर्यावरण सुरक्षा भी शामिल हैं। यद्यपि इसमें यूरोपीय संघ की साझा कृषि और मत्स्य नीतियां नहीं शामिल हैं, लेकिन कृषि और मत्स्य उत्पादों में कारोबार पर निगरानी को लेकर कुछ प्रावधान शामिल हैं।

European Union (EU) *(यूरोपीय संघ) :* यह यूरोप के 25 सदस्य देशों का एक अंतरसरकारी संघ है। यूरोपीय संघ (ईयू) का गठन इसके पूर्ववर्ती यूरोपीयन इकोनॉमिक

कम्युनिटी और बाद में यूरोपीयन कम्युनिटी से हुआ। साझा बाज़ार के साथ इसकी अपनी सीमा शुल्क यूनियन, मुद्रा (यूरो), यूरोपीय केंद्रीय बैंक तथा कृषि, कारोबार, मत्स्य और सुरक्षा की साझा नीतियां हैं। ईयू की गतिविधियां अपने सदस्य देशों के करीब सभी मामलों (स्वास्थ्य और आर्थिक नीतियों से लेकर विदेश, रक्षा और माप-तौल के पैमाने तक) को सम्मिलित करती हैं। ईयू को सदस्य देशों ने खासे अधिकार दे रखे हैं। ईयू के महत्त्वपूर्ण अंगों में यूरोपीय संघ की परिषद, यूरोपीय आयोग, कोर्ट ऑफ जस्टिस और यूरोपीय संसद प्रमुख हैं। परिषद यूरोपीय संघ की प्रमुख विधायी इकाई है, जबकि यूरोपीय आयोग यूरोपीय संघ के कार्यकारी बोर्ड की तरह काम करता है। सदस्य देशों के आपसी विवादों का निपटारा करने के लिए कोर्ट ऑफ जस्टिस सर्वोच्च अदालत है। वहीं संसद ईयू की संसदीय इकाई है।

Ex ante *[Lat.] (एक्स एंट [लैटिन])* : कार्य से पहले।

Excess Profit *(अधिशेष मुनाफा)* : वो मुनाफा जो कंपनी के परिचालन को जारी रखने के लिए आवश्यक मुनाफे से अधिक हो और जो मुनाफे की औसत दर या रिटर्न की दर से ज्यादा हो। कीमत तय करने में एकाधिकार की स्थिति के कारण ऐसा होता है। स्वतंत्र बाज़ार की स्थितियों में अधिशेष मुनाफा अस्थायी होता है। यह प्रतिस्पर्धा को बढ़ावा देता है और अधिशेष मुनाफे की संभावना को खत्म कर देता है। इस तरह यह एक अस्थायी कारक है।

Exchange *(एक्सचेंज)* : मुद्रा, शेयरों या वस्तुओं को खरीदने-बेचने के लिए एक बुनियादी ढांचा। इसका सबसे आसान उदाहरण न्यूयॉर्क स्टॉक एक्सचेंज (एनवाईएसई), टोक्यो स्टॉक एक्सचेंज आदि हैं। यह डीलरों के कारोबार के लिए कोई मूर्त स्थान हो सकता है जैसे एनवाईएसई, या एक्सचेंज की ऑटोमेटेड प्रणाली हो सकती है जैसे नेशनल एसोसिएशन ऑफ सिक्योरिटीज़ डीलर्स ऑटोमेटेड कोटेशन सिस्टम यानी नैस्डैक।

Exchange/Conversion *(विनिमय, अदला-बदली)* : वस्तुओं, सेवाओं या मुद्रा के बदले में दूसरी वस्तु, सेवाओं या मुद्रा का लेन-देन।

Exchange Rate *(विनिमय दर)* : दूसरे देश की मुद्रा की तुलना में किसी देश की मुद्रा की कीमत। देखिये तय विनिमय दर प्रणाली, फ्लोटिंग विनिमय दर।

Exchange Rate Regime *(तिनिमय दर शासन पद्धति)* : राष्ट्रीय मुद्रा की विनिमय दर को तय करने की औपचारिक प्रणाली, जो अलग-अलग देशों के संदर्भ में अलग-अलग होती है।

Excise Tax *(उत्पाद कर)* : वस्तुओं पर लगने वाला उपभोग कर। यह वस्तुओं की कीमत के आधार पर प्रतिशत में या फिर एकमुश्त लगता है, जो वस्तु की अंतिम कीमत

E

में जुड़ जाता है। पहले यह कर सिर्फ कीमती वस्तुओं पर लगा करता था। हालांकि हाल में यह बेलोच मांग वाली वस्तुओं मसलन ईंधन और तंबाकू पर भी लगने लगा है। सरकारों के लिए उत्पाद कर पसंदीदा होता है क्योंकि इसमें बिना ज्यादा कोशिश किए अधिक राजस्व अर्जित होता है। हालांकि उपभोक्ताओं पर इसका बोझ पड़ता है। इससे कम गुणवत्ता वाले उत्पादों जैसे सस्ती या दोयम दर्जे की सिगरेट को इस्तेमाल करने की आशंका बढ़ जाती है। उत्पाद कर प्राकृतिक कराधान के नियमों को तोड़ता है क्योंकि इसमें कुछ चीज़ों पर तुलनात्मक रूप से प्रत्यक्ष या अप्रत्यक्ष तरीके से भारी कर बोझ डाला जाता है। उच्च उत्पाद कर के कारण काला बाज़ार पैदा होता है जहाँ किसी भी तरह का कर वसूलना मुश्किल होता है।

Exercise *(एक्सरसाइज़)* : किसी विकल्प या पहल के स्वामी की कार्रवाई जिसके बाद सौदे से जुड़ी दूसरी पार्टी को करार से जुड़ी शर्तों को पूरा करना ही पड़ता है।

Exogenous Factor *(बाहरी कारक)* : (1) अनियंत्रित बाहरी कारक (2) किसी मॉडल में एक मानक।

Expectations *(अनुमान, उम्मीदें)* : भविष्य के बारे में बाज़ार प्रक्रिया और विभिन्न सूचकांकों पर आधारित सबसे बढ़िया अनुमान। अनुमान तार्किक हो सकते हैं, जब वे वस्तुनिष्ठ सूचनाओं पर आधारित हों। इन्हें तब न्यायसंगत और स्वीकार्य योग्य कहा जा सकता है जब ये ऐतिहासिक या पूर्व अनुभवों पर आधारित हों। देखिये तार्किक प्रत्याशा सिद्धांत।

Expected Loss Ratio *(अनुमानित हानि अनुपात)* : अंतिम दर का वह प्रतिशत जिसे नुकसान की भरपाई के लिए आवंटित किया जाता है।

Export *(निर्यात)* : विदेशी खरीददारों को वस्तुओं की बिक्री या विदेशी संस्थाओं को सेवाओं का प्रावधान। देखिये आयात।

Export Quota *(निर्यात कोटा)* : उत्पादित वस्तुओं में से निर्यात करने (विदेशी व्यक्तियों को बेचने) की अधिकतम मात्रा। यह देश का एकपक्षीय फैसला हो सकता है या इस कोटे को अंतरराष्ट्रीय समझौते के तहत तय किया जा सकता है। निर्यात कोटे का इस्तेमाल या तो कमी के चलते स्थानीय संसाधनों के निर्यात को रोकने या उनके खत्म हो जाने के खतरे को देखते हुए किया जाता है। आमतौर पर इसे तय करने में आयात करने वाले देश के हित को ध्यान में रखा जाता है। फिलहाल सभी मामलों में निर्यात कोटा देशों के बीच मुक्त व्यापार और संसाधनों के वितरण पर अंकुश लगाता है।

Ex post [Lat.] *(एक्स पोस्ट [लैटिन])* : कार्य के बाद

E

Expropriation *(स्वामित्वहरण)* : सार्वजनिक इस्तेमाल के दावे के अंतर्गत बिना मुआवज़ा दिए किसी संपत्ति के स्वामी का उस पर से अधिकार छीन लेना।

Externality *(बाहरी कारण)* : किसी प्रक्रिया से होने वाले नुकसान या फायदे जिससे कर्ता का सीधे कोई सरोकार न हो। ये नकारात्मक (कार प्रदूषण) या सकारात्मक (संपत्ति के नज़दीक सुंदर बागीचा बनने से उसके दामों का बढ़ना) दोनों हो सकते हैं। देखिये सकारात्मक बाह्यता।

Extrapolation *(वाग्विस्तार, अनुभवों के आधार पर अनुमान लगाना)* : भविष्य की अज्ञात घटना का अनुमान लगाने के लिए पूर्व के अनुभवों को इस्तेमाल करना। ये अनुमान इस बात पर आधारित होते हैं कि इन घटनाओं पर असर डालने वाली स्थितियों में आगे बदलाव नहीं आएगा।

F

F

Factoring *(एक प्रकार का ऋण जिसे कर्ज़ लेनेवाले की लेनदारियों के आधार पर दिया जाता है)* : एक तरह का व्यापारिक कर्ज़ जहां कर्ज़ देने वाली संस्था वस्तुओं के विक्रेता को ऋण देती है और वह वस्तुओं के खरीददार पर बकाये को पाने का दावा हासिल कर लेती है। लेनदारी लेखा क्रय व्यापार कर्ज़ का अधिग्रहण है।

Factors of Production *(उत्पादन के कारक)* : उत्पादन की प्रक्रिया में इस्तेमाल होने वाले (सीमित) संसाधन। उत्पादन के कारक तीन श्रेणियों में रखे जा सकते हैं: प्राकृतिक, श्रम और पूंजी।

Fair Competition *(साफ-सुथरी प्रतिस्पधा)* : बाज़ार में हिस्सेदारी निभाने वालों के बीच आपस में पूर्ण जानकारी का आदान-प्रदान, साठगांठ किए बगैर प्रतिस्पर्धा के फायदे, एक समान अवसर और अन्य नैतिक नियमों के आधार पर होने वाली प्रतिस्पर्धा।

Fallacy of Composition *(संरचना में दोष)* : एक समूह के कुछ गुणों (नियम, व्यवहार, विशेषताओं) के बारे में तर्क पेश करने में गलती, जिससे पूरे समूहों का व्यवहार परिभाषित हो और जिसकी वजह से गलत निष्कर्ष सामने आएं। संरचना में दोष तब भी होता है जब किसी घटना के व्यवहार को समझने में माध्यमिक या गौण कारकों को ध्यान में नहीं रखा जाता है।

Farmer *(किसान)* : वह व्यक्ति जो फसल उगाने के लिए भूमि को जोते।

FATF (Financial Action Task Force on Money Laundering) *(फत्फ [वित्तीय कार्रवाई कार्य बल])* : यह एक अंतर-सरकारी निकाय है, जिसका गठन हवाला और आतंकवाद के वित्त पोषण से मुकाबला करने के लिए सदस्य देशों के बीच नीतियों

और सहयोग को बढ़ावा देने के मकसद से किया गया है। यह नीति-निर्धारक निकाय है जो विधायी व नियामकीय सुधारों के लिए दुनिया-भर में काम करता है। फत्फ राष्ट्रों की नीतियों पर नज़र रखता है और उनकी सीमाओं के भीतर होने वाली गैरकानूनी वित्तीय गतिविधियों पर अंकुश लगाने के लिए सुझाव देता है। फत्फ का गठन 1989 में हुआ था और इसके निर्देशों की समीक्षा प्रत्येक पांच साल में सदस्य देशों द्वारा होती है। यह आधिकारिक अंतरराष्ट्रीय संगठन नहीं है, लेकिन इसके अपने लक्ष्य और परियोजनाएं हैं, जिनको पूरा करने में सदस्य देश कोष मुहैया कराते हैं। इसका सचिवालय पेरिस में है और इसकी आधिकारिक भाषा अंग्रेज़ी और फ्रेंच है। इसके 33 देश सदस्य हैं और इसका गठबंधन सात क्षेत्रीय संगठनों (पूर्वी और दक्षिणी अफ्रीका, यूरेशिया, यूरोप, दक्षिण अमेरिका, उत्तर अमेरिका, मध्य पूर्व, एशिया प्रशांत और कैरेबिया) से है, जिन्हें फत्फ में पर्यवेक्षक का दर्जा मिला हुआ है। इन क्षेत्रीय संगठनों की संरचना फत्फ की तरह ही है।

Federal Reserve System (Fed) *(फेडरल रिज़र्व सिस्टम [फेड])* : यह अमेरिका का केंद्रीय बैंक है जिसमें 12 क्षेत्रीय बैंक शामिल हैं। फेडरल रिज़र्व सिस्टम का गठन ओवन-ग्लास एक्ट के तहत हुआ था, जिस पर 23 दिसंबर, 1913 में तत्कालीन राष्ट्रपति वुडरोव विल्सन ने हस्ताक्षर किए थे। देखिये केंद्रीय बैंक।

Fee, Charge *(शुल्क, चार्ज)* : केंद्र और स्थानीय सरकारी संस्थानों, निकायों और संगठनों द्वारा मुहैया कराई जाने वाली सेवाओं के लिए राज्य या स्थानीय बजट को किया जाने वाला आवश्यक भुगतान। शुल्क केंद्रीय या स्थानीय दोनों हो सकते हैं।देखिये आरक्षित कर।

Fiat Money *(आदेशानुसार जारी मुद्रा)* : राष्ट्रीय कागज़ी मुद्रा जिसे आदेश पर जारी किया जाता है। इसे स्वर्ण भंडार कवर नहीं करते हैं। यानी इन्हें सोने में परिवर्तित नहीं किया जा सकता है और इनका इस्तेमाल सिर्फ लेन-देन के माध्यम के तौर पर किया जाता है। ज्यादातर आधुनिक मुद्राएं फिएट मुद्राएं ही हैं। देखिये फिड्यूशरी मीडिया, वितरण के साधन।

Fiduciary Media *(फिड्यूशरी मीडिया, वितरण के साधन)* : अतिरिक्त मुद्रा जिसे स्वर्ण या अन्य किसी कमोडिटी से आरक्षित नहीं किया जाता, वास्तविकता में कौन धन अतिरिक्त है यह स्थापित कर पाना असंभव है, उदाहरण के लिए बैंक नोट को धन के प्रमाणपत्र के रूप में लिया जाना चाहिए, जो वितरण के साधन के रूप में मान्य है। केवल एक विस्तृत वित्तीय विश्लेषण से पता चल सकता है कि जारी की गई मुद्रा में से कौन सी मुद्रा आरक्षित नहीं है, फिड्यूशरी मीडिया फियट मनी से अलग होती है क्योंकि फिड्यूशरी मीडिया स्वर्ण आरक्षित में विनिमय करने का दावा कर सकता है लेकिन फियट मनी ऐसा दावा नहीं कर सकती। देखिये आदेशानुसार जारी मुद्रा, मुद्रा प्रमाण पत्र, मुद्रा विकल्प।

F

FIFO [First In, First Out] *(एफआईएफओ [फर्स्ट इन, फर्स्ट आउट])* : स्टॉकों के लेखांकन में इस्तेमाल होने वाली विधि। इस विधि के अंतर्गत उत्पादों और वस्तुओं की कीमत उनके अधिग्रहण के क्रम से जुड़ी होती हैं।

Final Product *(अंतिम उत्पाद)* : पूरी तरह से उपभोग के लिए तैयार वस्तुएं या सेवाएं। मसलन ब्रेड को तब अंतिम उत्पाद के तौर पर माना जाएगा जब उसे खाने के लिए खरीदा जाए। उसे तब अंतिम उत्पाद नहीं माना जाएगा जब उसे रेस्तरां द्वारा फ्राइड ब्रेड बनाने के लिए खरीदा जाता है।

Finance Company *(वित्तीय कंपनी)* : एक कंपनी जो व्यक्तियों या व्यवसायों को ऋण मुहैया कराती है। यह बैंक या दूसरी कोई कंपनी हो सकती है जो ऐसी सेवाएं देती है। ऋण के बदले में साख कंपनी को सामान्य तौर पर किसी सुरक्षा की ज़रूरत पड़ती है जिसे उधार लेने वाला मुहैया कराता है।

Financial Assets *(वित्तीय परिसंपत्तियां)* : बैंक में नकद खाते या शेयर खातों की कीमत, या कोई और अमूर्त परिसंपत्ति जो किसी व्यक्ति या संस्था के पास हो।

Financial Brokerage Firm *(वित्तीय ब्रोकरेज फर्म, वित्तीय दलाली कंपनी)* : शेयर कारोबार और अन्य निवेश सेवाओं से जुड़ी एक कंपनी।

Financial Crisis, Financial Meltdown *(वित्तीय संकट, वित्तीय मंदी)* : वित्तीय संकट एक ऐसा संकट होता है जो वित्तीय दुनिया और निवेश को प्रभावित करता है। ऐसा संकट आम है। हाल के छोटे संकटों (यानी स्वीडन, अर्जेंटीना और थाईलैंड) की तुलना में वर्ष 2008-2009 का वैश्विक वित्तीय संकट असर और व्यापकता दोनों स्तर पर अलग था। 'मेल्टडाउन' यानी मंदी शब्द को भौतिक विज्ञान से लिया गया है, जो वित्तीय बाज़ार को धराशायी होने के कगार पर पहुँचने या धराशायी करने वाले अनियंत्रित कारकों की श्रृंखला को चित्रित करता है। भौतिकी में एक परमाणु रिएक्टर के कोर के अनियंत्रित हो जाने के बाद आने वाली आपदा के लिए इस शब्द का इस्तेमाल होता है।

Financial Institution *(वित्तीय संस्थान)* : स्थानीय कायदे-कानूनों के अनुसार वित्तीय सेवा मुहैया कराने के कारोबार से जुड़ी कंपनी या विदेशी कंपनी की इकाई। देखिये वित्तीय सेवाएं।

Financial Intermediary *(वित्तीय मध्यस्थ)* : वित्तीय संस्था जो कर्ज़ लेकर दूसरे कर्ज़दारों को देती हो।

Financial Lease *(वित्तीय पट्टा)* : दीर्घावधि का किराया समझौता जिसके तहत करार समाप्त होने पर किराये की संपत्ति को पट्टेदार के स्वामित्व अधिकार में हस्तांतरित कर दिया जाए। यह एक तरह का व्यापार कर्ज़ है जिसमें खरीदार को वस्तु मिल जाती

है और वह उसे पूरा निपटारा किए बगैर इस्तेमाल कर सकता है। इस तरह के कर्ज़ खासे चर्चित हो चुके हैं और ये बैंक ऋण को कड़ी टक्कर दे रहे हैं। इसकी प्रक्रिया बेहद आसान है। इसमें सहायक की ज़रूरत नहीं पड़ती, क्योंकि सम्पत्ति पट्टा लेने वाली वित्तीय कंपनी के पास तब तक पड़ी रहती है जब तक कि खरीददार द्वारा पूरा समाधान नहीं कर लिया जाता। देखिये चालू पट्टा, ऑपरेटिंग लीज।

Financial Leverage *(वित्तीय लाभ या वित्तीय उत्तोलन)* : कंपनी के जोखिम की माप जो उसके द्वारा लिए गए कर्ज़ के इस्तेमाल को प्रदर्शित करती हो। इसकी गणना पूंजी की तुलना में दायित्व के अनुपात के तौर पर की जाती है। कंपनियां पूंजी के मुनाफे को बढ़ाने के लिए वित्तीय लाभ को बढ़ाने की कोशिश करती हैं, लेकिन अगर मुनाफा घटता है तो वे शेयरों पर रिटर्न के घटने के जोखिम से जूझने लगती हैं।

Financial Policy *(वित्तीय नीति)* : राज्य के बजट, कर्ज़ और मुद्रा के प्रबंधन की एक प्रणाली।

Financial Sector Reform and Strengthening (FIRST) Initiative *(वित्तीय क्षेत्र में सुधार और सुदृढ़ीकरण [एफआईआरएसटी] की पहल)* : एफआईआरएसटी नीति निर्माताओं और नियामकीय निकायों को सलाहकारों, कोषों और गैर-तकनीकी मदद के ज़रिये अहम सहायता मुहैया कराता है। साथ ही यह सूचनाओं के आदान-प्रदान कार्यक्रम के ज़रिये कम और मध्यम आय वाले देशों में वित्तीय क्षेत्र में सुधार से जुड़ी सर्वोच्च गतिविधियों तथा सूचनाओं के प्रसारण में सहायता करता है। समस्याओं के कारगर, दीर्घावधि समाधान और संसाधनों का लाभ तथा सहयोग को बढ़ाने के लिए ज़रूरत के आधार पर एफआईआरएसटी आईएमएफ, विश्व बैंक और अन्य बहुआयामी संस्थानों से गठबंधन करता है। एफआईआरएसटी का गठन 2002 में हुआ था और यह जनमत से संचालित होता है जिसकी हर चार साल में समीक्षा होती है। इसके कार्यालय लंदन और वॉशिंगटन में विश्व बैंक कार्यालय में स्थित हैं। इसका नेतृत्व संचालन परिषद करती है, जिसमें आईएमएफ, विश्व बैंक और साझीदार द्विपक्षीय दाता संगठन शामिल हैं।

Financial Services *(वित्तीय सेवाएं)* : वित्तीय साधनों से जुड़ी सेवाओं की आपूर्ति। मुख्य रूप से जिन वित्तीय सेवाओं की पहचान की गई है वे हैं—जमा और अन्य पुनर्भुगतान कोषों की स्वीकार्यता, उधारी, वित्तीय पट्टे, धन हस्तांतरण, भुगतान कार्डों और अन्य भुगतान साधनों को जारी करना, वित्तीय क्षतिपूर्ति और वित्तीय गारंटी की व्यवस्था, मुद्रा बाज़ार में अपने खाते या ग्राहक के खाते से लेन-देन करना, विदेशी विनिमय, वित्तीय वायदा, विनिमय दर के साधन और ब्याज दर के साधन, प्रतिभूतियों, कीमती धातुओं का सार्वजनिक टर्नओवर, निवेश सेवाएं, वित्तीय मध्यस्थता, नकदी प्रबंधन, पूंजी प्रबंधन, मुद्रा विनिमय, आदि। वित्तीय सेवाओं की सूची को अधिनियमों के तहत घटाया या बढ़ाया जा सकता है।

F

Financial Stability Forum (FSF) *(वित्तीय स्थिरता मंच [एफएसएफ])* : वित्तीय स्थिरता मंच का गठन वित्तीय देखरेख में सूचना के आदान-प्रदान और अंतरराष्ट्रीय सहयोग के ज़रिये अंतरराष्ट्रीय वित्तीय स्थिरता को बढ़ावा देने के लिए हुआ था। यह अंतरराष्ट्रीय वित्तीय प्रणाली को राष्ट्रीय या क्षेत्रीय उठा-पटक से बचाता है। यह काम जोखिम और उसके प्रभाव को पहले से आंक कर किया जाता है। इस मंच ने सूचनाओं और विचारों के आदान-प्रदान के लिए 25 देशों के वरिष्ठ वित्तीय प्राधिकरणों, अंतरराष्ट्रीय संगठनों और अंतरराष्ट्रीय बैंकिंग संस्थानों को नियमित रूप से एक साथ लाने का काम किया है। एफएसएफ का गठन 1999 में हुआ था। इसका कार्यालय स्विट्ज़रलैंड के बेसल में बैंक ऑफ इंटरनेशनल सेटलमेंट्स में स्थित है।

Fine, Penalty *(अर्थ दंड)* : सौदे का उल्लंघन करने पर मांगा जाने वाला धन। आमतौर पर यह दंड अदालत द्वारा तय किया जाता है। देखिये क्षतिपूर्ति, हर्जाना।

First Come First Served *(पहले आओ पहले पाओ)* : यूरोपीय संघ में आयात की जाने वाली चुनिंदा वस्तुओं पर लगने वाली कोटा प्रणाली जहां उन सभी आयातकों द्वारा बिना किसी शुल्क की अदायगी के वस्तुओं का आयात किया जा सकता है जो वैध समयसीमा में पूर्व अनुमति के बगैर वस्तुओं का आयात करते हैं। बशर्ते कोटा का पूर्ण रूप से इस्तेमाल न किया गया हो और ऐच्छिक वस्तुओं का आयात कोटा की शेष सीमा से अधिक न हो। यदि कोटा का इस्तेमाल पहले ही कर लिया गया है तो भी वस्तुओं का आयात किया जा सकता है लेकिन उस पर सीमा शुल्क चुकाना होगा।

Fiscal Federalism *(राजकोषीय संघवाद)* : सरकार के विभिन्न स्तरों जैसे केंद्र और राज्य सरकार को सार्वजनिक धन का आवंटन।

Fiscal Policy *(राजकोषीय नीति)* : वह विधि जिसकी मदद से सरकार धन की उगाही और खर्च करती है। इसमें कर, ऋण और व्यय नीति शामिल होती है।

Fiscal Year *(वित्त वर्ष)* : कंपनी की लेखांकन की अवधि जो आमतौर पर कैलेंडर वर्ष के साथ मेल खाती है। कंपनी विभिन्न वित्तीय वर्षों का निर्धारण अपनी गतिविधियों के आधार पर सुविधानुसार कर सकती है। अमेरिका में संघीय सरकार का वित्त वर्ष हर साल 1 अक्टूबर से शुरू होता है। भारत में वित्त वर्ष की शुरुआत 1 अप्रैल से होती है।

Fisher Effect *(फिशर प्रभाव)* : ब्याज दर के स्तरों और मुद्रास्फीति के संबंधों को लेकर इरविंग फिशर (1867-1947) द्वारा किया गया विश्लेषण। इस सिद्धांत के अनुसार, सभी कारकों के समान होने पर मुद्रास्फीति में अनुमानित वृद्धि प्रभावी ब्याज दरों को बढ़ाती है। फिशर ने एक अवधारणा बनाई कि अगर वास्तविक ब्याज दरों को स्थिर रखा जाता है तो प्रभावी ब्याज दरें और मुद्रास्फीति साथ-साथ बढ़ती हैं। फिशर का समीकरण

इस प्रकार है : r=R+pi, जहाँ प्रभावी ब्याज दर r है, वास्तविक ब्याज दर R है, और समीक्षाधीन अवधि के दौरान वार्षिक मुद्रास्फीति की दर pi है।

Fixed Costs *(निर्धारित लागत)* : वह लागत जो उत्पादन की संख्या या मात्रा पर निर्भर नहीं करती, मसलन बीमा लागत, ब्याज लागत, किराया आदि। कंपनी की निर्धारित लागत जितनी अधिक होती है, उसके समक्ष उतना ही जोखिम होता है। वजह यह है कि बिक्री में मामूली गिरावट के चलते भी उसके परिचालन घाटे में आ जाते हैं। देखिये परिवर्तनीय लागत।

Fixed Exchange Rate System *(तय विनिमय दर प्रणाली)* : मुद्रा प्रणाली जिसमें राष्ट्रीय मुद्रा की विनिमय दर सोने की कीमत, विदेशी मुद्रा या अन्य मुद्राओं से खासा जुड़ी हों तथा आधार मुद्रा के मुकाबले राष्ट्रीय मुद्रा में उतार-चढ़ाव एक फीसदी से अधिक न हो। मुद्रा बोर्ड व्यवस्था तय विनिमय दर प्रणाली का एक उदाहरण है जिसमें प्रयोग की जा रही सभी मुद्रा विदेशी मुद्रा और स्वर्ण भंडार से समर्थित होती है। तय विनिमय दर प्रणालियां जो पूरी तरह से विदेशी मुद्रा भंडार से समर्थित नहीं होती हैं उनमें अक्सर मुद्रा अवमूल्यन का खतरा रहता है। देखिये आधार मुद्रा, करेंसी बोर्ड, अवमूल्यन, स्वर्णमान।

Fixed Interest Rate *(तय ब्याज दर)* : ब्याज दर जो ऋण की समयसीमा के दौरान निरंतर एक जैसी रहे। यानी बाज़ार स्थितियां बदलने पर उनमें बदलाव न आए।

Flat Tax *(समान दर का कर)* : एक दर वाला कर, चाहे कर आधार का आकार कैसा भी हो। देखिये प्रगतिशील कर, प्रतिगामी कर।

Floating Exchange Rate *(फ्लोटिंग विनिमय दर)* : विभिन्न मुद्राओं के बीच का विनिमय दर जो किसी समय पर प्रत्येक मुद्रा की आपूर्ति और मांग पर निर्धारित किया जाता है। विनिमय की दर हर एक देश की मौद्रिक और रोजकोषीय नीति के साथ-साथ अनुमानित विकास दर और काल्पनिक या वास्तविक बाहरी घटनाओं से प्रभावित होती है।

Forced Saving *(जबरन बचत)* : बचत बढ़ाने का तरीका। यह कर्ज़ मामलों में तब की जाती है जब उसे समर्थन देने के लिए नकद आरक्षित भंडार न हो। कुछ जानकारों का ऐसा तर्क है कि मुद्रास्फीति के फलस्वरूप तेज़ी से धन जुटाना एक अपरिहार्य घटना है। उनके मुताबिक कारोबारी समुदाय जो सबसे पहले स्फीतिकारी आय अर्जित करता है, के पास अधिक धन बचाने की सबसे ज्यादा संभावना रहती है। हालांकि ऑस्ट्रियन विचारधारा का अनुसरण करने वाले विशेषज्ञों ने दिखाया है कि ज़रूरी नहीं कि महंगाई के साथ अनिवार्य बचत हो। उनके अनुसार यह मानना कि 'वस्तुओं के दाम वेतन से अधिक तेजी से बढ़ते हैं', ऐसा ज़रूरी नहीं। बल्कि लोगों का अनिवार्य बचत की ओर रुझान कई और कारकों के कारण हो सकता है। अंत में मुद्रास्फीति आभासी फायदा

F

पैदा करता है और फायदे से बरगलाये व्यापारी बचत की बजाय निजी उपभोग पर ज़्यादा ज़ोर देते हैं।

Force Majeure (*Fr.*) *(अप्रतिरोध्य बल)* : फोर्स मेज्योर एक फ्रेंच शब्द है जिसका पर्याय अप्रतिरोध्य बल से है। ऐसी परिस्थितियां जो सौदे से जुड़ी पार्टियों की शक्तियों के वश में न हों मसलन प्राकृतिक आपदा, दंगे या दैवीय घटना। यह शब्द करीब सभी सौदों के साथ जुड़ा होता है। आमतौर पर फोर्स मेज्योर स्थिति की मौजूदगी में पार्टियों को अपने उत्तरदायित्व पूरा करने से छूट दे दी जाती है। बीमा सौदों में फोर्स मेज्योर को बीमाकृत घटना माना जा सकता है।

Forecasting *(भविष्यवाणी)* : भविष्य की कीमतों और संकेतकों के अनुमान लगाने की एक विधि। इसमें कई तरीके अपनाये जाते हैं मसलन मॉडलिंग, विवरण, व्याख्या, सर्वेक्षण आदि। देखिये वाग्विस्तार, अनुभवों के आधार पर अनुमान लगाना, प्रक्षेप, मॉडलिंग।

Foreclosure *(ज़ब्ती, पुरोबन्ध)* : गिरवी की शर्तों के मुताबिक ऋण लेने वाले की ओर से भुगतान नहीं करने पर बंधक ऋणदाता द्वारा संपत्ति को जब्त करने की कारवाई। यह पुनरधिकार का पर्यायवाची है। पुरोबंधित या पुनराधिकारिक संपत्ति नीलामी के द्वारा बेची जाती है ताकि ऋणदाता उधारी की पूरी या कुछ राशि की वसूली कर सके।

Foreign Bond *(विदेशी बॉन्ड)* : विदेशी संस्था द्वारा घरेलू बाज़ार में जारी किए गए बॉन्ड। आमतौर पर इन्हें स्थानीय मुद्रा में जारी किया जाता है।

Foreign Creditor *(विदेशी ऋणदाता)* : कंपनी या एजेंट के देश के बाहर की संस्था जो कंपनी या एजेंट को ऋण जारी करे।

Foreign Currency *(विदेशी मुद्रा)* : कोई भी मुद्रा जो किसी देश द्वारा घरेलू बाज़ार के बाहर जारी की जाए।

Foreign Debt *(विदेशी कर्ज़)* : (1) कुल बकाया कर्ज़ जिसे विदेशी ऋणदाता को लौटाने का दायित्व होता है। (2) ऋणों, वित्तीय पट्टे या अन्य कर्ज़ दस्तावेज़ों के तहत विदेशी ऋणदाताओं के प्रति दायित्वों का आकलन करने के लिए मान्य सरकारी संस्थाओं द्वारा आकलित कुल संपत्ति दायित्व।

Foreign Direct Investment (FDI) *(प्रत्यक्ष विदेशी निवेश [एफडीआई])* : किसी देश में विदेशी कंपनी द्वारा अधिग्रहीत की गईं भूमि, भवन, मशीन या कंपनी के शेयर जैसी दीर्घावधि परिसंपत्तियां। अगर किसी देश में एफडीआई तेज़ी से बढ़ रहा है तो इसका मतलब यह हुआ कि वहां कारोबारी माहौल, निवेश पर रिटर्न और श्रम उत्पादकता दूसरे देशों की तुलना में अधिक बढ़ रही है।

F

Foreign Trade *(विदेश व्यापार)* : विदेशी और घरेलू कंपनियों के बीच वस्तुओं या सेवाओं का होने वाला आदान-प्रदान। देखिये निर्यात, आयात।

Foreign Trade Deficit *(विदेश व्यापार घाटा)* : देश की व्यापारिक आय में नकारात्मक संतुलन जो निर्यात से अर्जित राशि की तुलना में आयात पर अधिक खर्च के कारण पैदा होता है।

Forfeiting *(ज़ब्ती)* : बिल्टी, बैंक नोट या निर्यातक के दावे का अधिग्रहण। यह निर्यात कारोबार के वित्त पोषण की एक विधि है। खासतौर से तब, जब जोखिम भरे देश के साथ या पूंजीगत माल में सौदा हो रहा हो। फोरफीटिंग या ज़ब्ती में बैंक निर्यातक को वचनपत्र रखकर अग्रिम भुगतान करता है। इस पर आयातक का बैंक गारंटी लेता है। निर्यातक को दी जाने वाली यह राशि हमेशा वचनपत्र की राशि से कम होती है।

Forms of Business *(कारोबार के तरीके)* : हरेक देश के कारोबार करने के अपने तरीके होते हैं। इनमें सबसे सामान्य एकल स्वामित्व (एक मालिक), साझेदारी (दो या दो से अधिक मालिक) या निगम (सीमित दायित्व और स्वामित्व के कई विकल्प) हैं।

Forward Contract/Forward Sale *(अग्रिम अनुबंध/अग्रिम बिक्री)* : भविष्य में किसी निर्धारित तिथि पर आपूर्ति के लिए मौजूदा कीमतों पर खरीदे गए उत्पाद या वस्तु। यह वायदा अनुबंध के समान होता है लेकिन यह कारोबार एक बाज़ार पर नहीं होता। यह दो वित्तीय संस्थानों या वित्तीय संस्थान और उसके कॉरपोरेट ग्राहकों में से किसी एक के साथ होने वाला निजी करार है। देखिये वायदा अनुबंध, विकल्प, ऑप्शन।

Four Firm Concentration Ratio *(चार कंपनियों का केन्द्रीकरण अनुपात, फोर फर्म कॉन्सेंट्रेशन रेशियो)* : बाज़ार के केंद्रीकरण की माप जो चार सबसे बड़े उत्पादकों के उत्पादन भंडार की तुलना कुल उत्पादित भंडार से करता है।

Fractional Reserve Banking *(भिन्नात्मक आरक्षित बैंकिंग)* : ऐसी प्रणाली जिसमें व्यावसायिक बैंकों को जमाकर्ताओं के प्रति अपनी देनदारी को पूरा करने में जोखिम को कवर करने के लिए भिन्नात्मक भंडार बनाना पड़ता है। ऐसी आरक्षित राशि को आवश्यक भंडार कहा जाता है। आवश्यक भंडार की गणना तरल जमाओं के समानुपात में की जाती है और इसे आमतौर पर बैंक में रखा जाता है। भिन्नात्मक आरक्षित बैंकिंग के फलस्वरूप व्यावसायिक बैंक कर्ज़ निर्माण की प्रक्रिया में हिस्सेदारी निभा पाते हैं। देखिये साख निर्माण।

Franchise *(फ्रेंचाइजी)* : (1) कंपनी के कुछ विशेष अधिकारों मसलन बिज़नेस कॉन्सेप्ट, वस्तुओं की गुणवत्ता, ट्रेडमार्क, डिज़ाइन, पेटेंट, संचार प्रणाली, उपकरण, ट्रेनिंग आदि को दूसरी कंपनी को देने की व्यवस्था, जिससे कि एक तय राशि का भुगतान कर कारोबारी प्रयोजन में इनका इस्तेमाल किया जा सके। यानी लाभ के एक हिस्से

F

का भुगतान। फ्रेंचाइजी देने वाली कंपनी यानी फ्रेंचाइजर, फ्रेंचाइजी की गतिविधियों पर निगरानी रख सकती है। इस तरह से कारोबार करने वाली कंपनियों में हिल्टन होटल और मैक्डोनाल्ड प्रमुख हैं। (2) बीमा फ्रेंचाइजी नुकसान का वह हिस्सा है जिसे बीमाकृत व्यक्ति द्वारा उठाया जाता है। इसे व्यक्ति द्वारा खुद ही कवर किया जाता है। यह नुकसान का एक हिस्सा है, जो बीमा कवर के तहत नहीं आता। बीमाधारक को अक्सर पॉलिसी देते समय फ्रेंचाइजी को चुनने या नहीं चुनने का विकल्प दिया जाता है।

Franchise Tax *(फ्रेंचाइज कर)* : सार्वजनिक संपत्ति के इस्तेमाल के लिए कंपनी को दिए जाने वाले एकाधिकार के बदले राज्य को चुकाया जाने वाला कर। यानी सार्वजनिक रेल के इस्तेमाल का अधिकार। किसी सीमित दायित्व वाली कानूनी संस्था यानी कंपनी की स्थापना के माध्यम से एक गतिविधि में शामिल होने की मंजूरी हासिल करने के लिए दिया जाने वाला एकमुश्त कर फ्रेंचाइज कर होता है।

Franco *(फ्रैंको)* : परिवहन शुल्क या अन्य शुल्क आदि से मुक्त।

Fraudulent Bankruptcy *(जानबूझकर दिवालिया बनाना)* : जानबूझकर किसी कंपनी को दिवालिया बनाना। धोखाधड़ी दिवालापन आमतौर पर इसलिए किया जाता है ताकि कर्ज़ को लौटाना न पड़े। ज्यादातर देशों में धोखाधड़ी दिवालापन पर दंड का प्रावधान है।

Free Competition *(मुक्त प्रतिस्पर्धा)* : बाज़ार में भागीदारों के बीच प्रतिस्पर्धा जिसमें प्रवेश पर कोई कानूनी बाधा, किसी को असाधारण शक्ति या अधिकार व भागीदारों के साथ पक्षपात न हो। देखिये साफ-सुथरी प्रतिस्पर्धा।

Freedom Index *(स्वतंत्रता सूचकांक)* : इस तरह का एक सूचकांक अमेरिका में हेरिटेज फाउंडेशन और दूसरा कनाडा में फेसर इंस्टीट्यूट ने विकसित किया। इन सूचकांकों की मदद से देश में मात्रा और गुणवत्ता के आधार पर आर्थिक आज़ादी को मापने की कोशिश की गई। जैसे मौद्रिक नीति, कर भार, कीमत नियंत्रण, निजी संपत्ति की सुरक्षा आदि। इन सूचकांकों के नतीजों ने आर्थिक आज़ादी और आर्थिक जन कल्याण के बीच निर्भरता के संकेत दिए। यानी जिस देश में जितनी आर्थिक आज़ादी होगी वहां अर्थव्यवस्था उतनी ही तेज़ी के साथ विकास करेगी और वहां के लोग उतने ही समृद्ध होंगे।

Free Economic Zone *(मुक्त आर्थिक क्षेत्र)* : ऐसा क्षेत्र जिसे खासतौर से आर्थिक गतिविधियों के लिए बनाया गया हो और विशेष कानून के अंतर्गत शासित हो रहा हो, जो वहां कारोबार करने वालों को खास वित्तीय लाभ पहुंचाए। मसलन मुनाफे पर कर, शुल्क आदि का न लगना।

Free Entry *(मुक्त प्रवेश)* : बिना किसी बाधा के बाज़ार तक पहुंच। इसके फलस्वरूप प्रतिस्पर्धा बढ़ने के साथ कई भागीदारों को बाज़ार में आने का मौका मिलता है।

F

Free Lunch *(मुफ़्त लंच)* : मुफ्त वस्तु। ऐसा इस बात पर ज़ोर डालने के लिए किया जाता है कि सभी आर्थिक वस्तुएँ सीमित हैं और उनकी कीमत होती है। 'मुफ़्त लंच जैसी कोई चीज़ नहीं होती।' यानी कहने का मतलब यह है कि राज्य से मिलने वाली कुछ सेवाएं निःशुल्क होती हैं और उन पर किसी से कोई शुल्क नहीं वसूला जाता, लेकिन सच यह है कि करदाताओं के ज़रिये उनकी कीमत वसूली जाती है।

Free Market *(मुक्त बाज़ार)* : एक मुक्त, अनियंत्रित विनिमय की प्रणाली। एक ऐसी अर्थव्यवस्था जिसका संचालन बाज़ार के भागीदार बिना किसी गैरज़रूरी सरकारी हस्तक्षेप या नियंत्रण के करते हैं। दुनिया में ऐसी कोई जगह नहीं है जहां लंबे समय तक यह अपने विशुद्ध रूप में मौजूद रहे। आमतौर पर इसकी मौजूदगी वहां देखी जाती है जहां राष्ट्रीय सरकार नहीं होती है। आर्थिक सिद्धांत के अनुसार मुक्त बाज़ार लोगों की भौतिक ज़रूरतों की सबसे बेहतर तरीके से पूर्ति करते हैं लेकिन समाज के सभी वर्ग बराबर लाभान्वित नहीं होते हैं।

Free Riding *(मुफ्त उपयोग, फ्री राइडिंग)* : यह शब्द खासतौर से उनके लिए इस्तेमाल किया जाता है जो सार्वजनिक वस्तुओं या संसाधनों का सबसे अधिक इस्तेमाल करते हैं, लेकिन आनुपातिक रूप में दूसरों की तुलना में उनकी कम कीमत चुकाते हैं। सार्वजनिक वस्तुओं के चलते फ्री राइडिंग की समस्या पेश आती है क्योंकि किसी के उपभोग से इस बात का असर नहीं पड़ता कि उसके लिए कोई कितनी कीमत चुका रहा है, इसलिए किसी को उसके उपभोग को देखते हुए भुगतान के लिए प्रोत्साहित नहीं किया जाता है। राष्ट्रीय सुरक्षा इसका सबसे बढ़िया उदाहरण है। कोई व्यक्ति जो कर नहीं चुकाता है, उसे अपने देश में उतनी ही सुरक्षा मिलती है, जितनी उनको जो करों को ज़िम्मेदारी से चुकाते हैं। फ्री राइडिंग की समस्या को सुलझाना कठिन है। हालांकि कुछ जानकार मानते हैं कि सेवाओं और वस्तुओं के निजीकरण से इसका समाधान निकाला जा सकता है, क्योंकि तब अधिक ज़िम्मेदारी से वस्तुओं और सेवाओं का इस्तेमाल होगा।

Free Trade *(मुक्त व्यापार)* : कोटा, शुल्क, करों, गुणवत्ता ज़रूरतों और आयात लाइसेंसों समेत प्रत्यक्ष और अप्रत्यक्ष नियंत्रणों से मुक्त अंतरराष्ट्रीय व्यापार।

Freight *(ढुलाई भाड़ा, फ्रेट)* : (1) सामान या यात्रियों को पहुंचाने के लिए वाहन मालिक को चुकाया जाने वाला किराया। (2) जहाज़ों द्वारा ले जाया जाने वाला माल।

Freight Forwarder *(दुलाई कंपनी, ढुलाई अग्रेषक)* : (1) माल को लाने, ले जाने से जुड़ी कंपनी। (2) ढुलाई के लिए माल की पैकेजिंग और अन्य तैयारियों से जुड़ा व्यक्ति या जो ढुलाई से जुड़े दस्तावेज़ों का प्रबंधन करे।

Friedman Milton (1912-2006) *(मिल्टन फ्रीडमैन)* : शिकागो स्कूल के अर्थशास्त्री जिन्हें वर्ष 1976 में अर्थशास्त्र में नोबेल पुरस्कार मिला। उन्होंने ज्यादातर

F

काम मुद्रा के सिद्धांत के क्षेत्र में किया। उनके प्रमुख कार्यों में कैपिटलिज्म एंड फ्रीडम (1962), प्राइस थ्योरी (1962), अ मनीटरी हिस्ट्री ऑफ द यूनाइटेड स्टेट्स (1963), फ्री टु चूज (1980), मनी मिसचीफ (1992) शामिल हैं। स्वतंत्रता सूचकांक को विकसित करने का श्रेय उन्हीं को जाता है। देखिये स्वतंत्रता सूचकांक।

Fringe Benefits *(फ्रिंज यानी अनुषंगी लाभ)* : वेतन के अतिरिक्त कर्मचारियों को दिया जाने वाला लाभ–मसलन नियोक्ता द्वारा उत्पादित वस्तुओं या सेवाओं पर छूट। मसलन आसान ऋण, कंपनी के समर रिसॉर्ट को इस्तेमाल करने का मौका, पेंशन या हेल्थ इंश्योरेंस, कंपनी की कार आदि। अनुषंगी लाभ को आमतौर पर कर्मचारी के प्रदर्शन के साथ जोड़ दिया जाता है।

Fundamental Factor *(मौलिक कारक)* : एक उद्देश्यपूर्ण कारक जो उस प्रक्रिया को प्रभावित करता हो, जिसका परीक्षण किया जा रहा हो। देखिये गैरबुनियादी कारक।

Future Contract *(वायदा अनुबंध)* : उत्पादों या वित्तीय संसाधनों की आपूर्ति के लिए भविष्य की तिथि निर्धारित कर किया जाने वाला बिक्री या खरीद संबंधी करार। इस तरह के सौदों के निपटान की तिथि भी भविष्य की होती है। वायदा सौदे प्रमाणित होते हैं और इनको सिर्फ एक्सचेंज पर ही किया जा सकता है।

G

G-8 *(जी-8)* : आठ देशों का समूह। इसमें संयुक्त राज्य अमेरिका, कनाडा, फ्रांस, जर्मनी, इटली, जापान, ब्रिटेन और रूस शामिल हैं। जी-8 खुद को 'नियमित रूप से आर्थिक और राजनीतिक मुद्दों पर चर्चा करने वाला अग्रणी औद्योगिक देशों का क्लब' कहता है। जी-8 आमतौर पर विवादास्पद मुद्दों की चर्चा करता है और इसके चलते अक्सर वैश्वीकरण विरोधी ताकतों के विरोध प्रदर्शनों का निशाना बनता है। जी-8 के अध्यक्ष का पद सालाना बारी-बारी से हर सदस्य राष्ट्र को मिलता है। जिस देश के पास अध्यक्ष पद होता है, वह क्रमवार कई बैठकें आयोजित करता है। इनके तहत ही सदस्य देशों के राष्ट्राध्यक्षों की एक मध्यवार्षिक बैठक आयोजित होती है। इस समूह की स्थापना सन 1975 में मूल रूप से जी-6 के तौर पर हुई थी। सन 1976 में कनाडा के जुड़ने के साथ यह जी-7 बना। इसके बाद जब सन 1998 में इसके साथ रूस भी जुड़ गया तो यह जी-8 कहलाने लगा।

Game Theory *(खेल सिद्धांत)* : गणित की वह शाखा जो व्यक्तिगत खिलाड़ियों की रणनीतियों और संभावित परिणामों की भविष्यवाणी उस वक्त करती है, जब उनके पास अन्य खिलाड़ियों के बारे में जानकारी की कमी होती है। अर्थशास्त्र में खेल सिद्धांत का उपयोग बाज़ार प्रतिभागियों के व्यवहार का पूर्वानुमान लगाने के लिए किया जाता है।

General Agreement on Tariffs and Trade (GATT) *(शुल्क एवं व्यापार संबंधी सामान्य समझौता (गैट)* : यह समझौता (गैट) सन् 1947 में लागू हुआ था। यह एक बहुराष्ट्रीय संधि थी। इसकी ही बुनियाद पर आगे चलकर आज का विश्व व्यापार संगठन (डब्ल्यूटीओ) खड़ा हुआ।

G

General Duty *(सामान्य शुल्क)* : विदेशी व्यापार के नियमन के इरादे से लगाया जाने वाला शुल्क। यह सरकार के बजट में राजस्व का योगदान करता है।

General Equilibrium Analysis *(सामान्य संतुलन विश्लेषण)* : यह अर्थव्यवस्था के सभी क्षेत्रों (सेक्टर) के बीच अंतर्संबंधों का विश्लेषण है। इसमें यह अनुमान लगाया जाता है कि एक क्षेत्र की प्रक्रियाएं दूसरे क्षेत्र पर प्रभाव डालेंगी। यह विश्लेषण विभिन्न क्षेत्रों के बीच की कड़ियों की उत्पत्ति और उनकी तुलनात्मक ताकतों को साबित करने का प्रयास करता है। देखिये साम्य सिद्धांत।

General Equilibrium Model *(सामान्य संतुलन मॉडल)* : पूरकता, स्थानापन्नता और अधिकता के प्रभाव (स्पिलओवर इफेक्ट) के कारण सभी वस्तुओं की कीमतें और मात्राओं के बीच परस्पर निर्भरता पाई जाती है। सामान्य संतुलन मॉडल जटिल और संगणनात्मक गहनता वाले मॉडल होते हैं, जो बाज़ारों को यह समझने के लिए एक साथ नमूने के तौर पर पेश करते हैं कि कैसे एक बाज़ार में कोई परिवर्तन (या कोई बाहरी झटका) उस बाज़ार में और अन्य बाज़ारों में संतुलन कीमत और मात्रा को प्रभावित करता है।

General Provisions *(सामान्य प्रावधान)* : विशेष रूप से वित्तीय संस्थाओं में इनका इस्तेमाल होता है। ये बाज़ार के उतार-चढ़ाव, राजनीतिक जोखिम वगैरह के कारण उत्पन्न होने वाली हानियों को घटाने या उन्हें कवर करने के लिए विशिष्ट रूप से अलग रखे जाने वाले कोष होते हैं। उदाहरण के तौर पर, भारतीय रिज़र्व बैंक ने बैंकों के लिए रीयल एस्टेट क्षेत्र के कर्ज़ों की खातिर सामान्य प्रावधान को बढ़ाकर कर्ज़ राशि का 20 फीसदी कर दिया है।

Geoism, Geoist Ethics, Geonomics, Geo-economics *(भू-वाद, भू-वादी नीतियां, भूअर्थशास्त्र, भू-अर्थशास्त्र)* : अर्थशास्त्र की एक विचारधारा, जिसका तर्क है कि व्यक्ति अपने शरीर, अपने श्रम और श्रम से उत्पादित उत्पादों का ही स्वामी है। हालांकि, व्यक्तियों का उन पर कोई स्वामित्व नहीं है जो उन्होंने नहीं बनाया है, जैसे प्राकृतिक वस्तुएं, प्रमुख रूप से भूमि और इसका किराया। भू-अर्थशास्त्रियों ने तर्क दिया कि भूमि आम वस्तु है और इसलिए इसका प्रबंधन समुदाय (या राज्य) के हाथ में होना चाहिए, जबकि इस पर प्राप्त किराए या लगान को समाज के सभी सदस्यों में बांटा जाना चाहिए। उनके सबसे प्रसिद्ध प्रतिनिधि हेनरी जॉर्ज (1839-1897) थे।

Giffen Good *(गिफेन वस्तु)* : रॉबर्ट गिफेन (1837-1910) के नाम पर उन वस्तुओं को गिफेन वस्तु कहा जाता है, जिनकी मांग सामान्य वस्तुओं के विपरीत होती है। सामान्य वस्तुओं के मामले में कीमत बढ़ने पर लोग इनकी कम मात्रा खरीदते हैं। वहीं, गिफेन वस्तुओं के मामले में कीमत बढ़ने पर लोग इनकी ज्यादा मात्रा खरीदते हैं। दूसरे शब्दों

G

में, किसी गिफेन वस्तु के लिए मांग वक्र का ढाल ऊपर होता है। गिफेन वस्तु के मामले में आय प्रभाव प्रतिस्थापन (सब्स्टीट्यूशन) प्रभाव से कहीं ज्यादा होता है। ये वस्तुएं निम्नलिखित शर्तों को पूरा करती हैं : यह निम्न या घटिया होती हैं, इसकी वैकल्पिक वस्तुएं उपलब्ध नहीं होती हैं और आय या कीमत घटने के साथ वस्तु की मांग बढ़ती है। यह एक सैद्धांतिक संकल्पना है, क्योंकि वास्तविक जीवन में ऐसी वस्तु का मिलना बेहद मुश्किल है, जिस पर मांग और आपूर्ति के नियमों का प्रभाव नहीं पड़े। अल्फ्रेड मार्शल ने इसके लिए एक पारंपरिक उदाहरण गरीबों द्वारा उपभोग किए जाने वाले उन खाद्य पदार्थों का दिया, जो उनकी खुराक का प्रमुख आधार हैं। मान लीजिए, अगर कोई व्यक्ति अपने भोजन के लिए आलू पर निर्भर है और उसके पास अन्य खाद्य उत्पादों के लिए बिल्कुल कम पैसे बचते हैं, ऐसी सूरत में आलू की बढ़ी कीमतें उस व्यक्ति को अन्य वस्तुओं को छोड़ने पर मजबूर कर देंगी और इस तरह वह पहले से कहीं ज्यादा आलू खरीदेगा, यानी आय प्रभाव प्रतिस्थापन प्रभाव को पीछे छोड़ देगा। ऐसा व्यक्ति आलुओं को छोड़ नहीं पाएगा, क्योंकि कोई अन्य सस्ता उत्पाद नहीं है, जिसे आलू के स्थानापन्न या विकल्प के तौर पर उपयोग किया जा सके, वह भी मुख्य भोज्य पदार्थ के रूप में। देखिये आय प्रभाव, कमतर वस्तु, प्रतिस्थापन प्रभाव।

Gift Tax *(उपहार कर)* : वह संपत्ति कर जिसे उपहार समझौते के ज़रिये किए जाने वाले कीमती वस्तुओं (नकदी, रीयल एस्टेट, इत्यादि) के हस्तांतरण पर लगाया जाता है।

Gini Coefficient *(गिनी गुणांक)* : यह आबादी के बीच आय के वितरण का एक सांख्यकीय संकेतक है। इसका उपयोग आय की असमानताओं को दिखाने के लिए किया जाता है। गिनी गुणांक का मान 0 और 1 के बीच में होता है। शून्य पूर्ण समानता को दिखाता है यानी इस स्थिति में सभी परिवार एक समान आय प्राप्त करते हैं। इसके विपरीत एक पूर्ण असमानता को दिखाता है, इस सूरत में एक ही परिवार के पास किसी देश की सारी आय चली जाती है। लॉरेंज वक्र में गिनी गुणांक लॉरेंज वक्र के नीचे के क्षेत्र और 45 डिग्री की रेखा के नीचे के क्षेत्र के बीच अनुपात को प्रतिशत के रूप में प्रदर्शित करता है। गिनी गुणांक का इस्तेमाल बाज़ार संकेंद्रण को मापने के लिए भी किया जाता है। देखिये लॉरेंज वक्र।

Glass-Steagall Act *(ग्लास-स्टिगल अधिनियम)* : महा मंदी के दौरान पैदा हुई समस्याओं के समाधान और वित्तीय संस्थाओं की स्थिरता के लिए तैयार किये गए विधेयकों का यह एक हिस्सा था जिसे 1933 में पारित किया गया। इसने व्यावसायिक और निवेश बैंकों की गतिविधियों को अलग-अलग किया। व्यावसायिक बैंकों को बौंड्स और कारपोरेट प्रतिभूतियों पर अपनी मुहर लगाने से रोक दिया गया। हाल के दिनों में बैंकों ने इसके प्रावधानों की काट निकालने का रास्ता खोज लिया जिससे यह अधिनियम अप्रभावी हो गया। इसे 1999 में कांग्रेस ने रद्द कर दिया।

G

Globalization *(वैश्वीकरण, भूमंडलीकरण)* : देशों के बीच उत्पादन, व्यापार, श्रम और अन्य संबंधों के सम्मिलन (अभिसरण) और आपस में जोड़ने की दशा। इसके साथ ही आर्थिक अवरोधक (बैरियर) भी हटाये जाते हैं। यह किसी बंद अर्थव्यवस्था की तुलना में श्रम विभाजन का पूरा लाभ उठा कर चलने वाली स्वाभाविक बाज़ार प्रक्रिया है।

Going Concern Basis *(चिंताओं के आधार पर विचार)* : वित्तीय स्थिति के बारे में विचार करने का एक तरीका। इसमें यह मानकर चला जाता है कि कंपनी परिचालन में बनी रहेगी और भावी व्यवसाय ठीक-ठाक होगा।

Golden Handshake *(सुनहरी विदाई)* : किसी कंपनी के मुख्य कार्यकारी के अनुबंध में लिखित वह भारी-भरकम राशि जिसका उस अधिकारी को निकाले जाने की सूरत में भुगतान किया जाता है।

Golden Parachute *(सुनहरा बचाव, गोल्डेन पैराशूट)* : किसी मुख्य कंपनी कार्यकारी के अनुबंध में रखी जाने वाली जटिल विच्छेद शर्तें। आमतौर पर इसमें अधिग्रहण की स्थिति में हटाए जाने पर बड़ी पगार राशि का भुगतान शामिल होता है। गोल्डेन पैराशूट का उपयोग शत्रुतापूर्ण अधिग्रहण के खिलाफ सुरक्षा के तौर पर किया जाता है। *देखिये शत्रुतापूर्ण अधिग्रहण*।

Golden Rule *(सुनहरा नियम)* : लोक वित्त का वह विचार जिसके मुताबिक सरकार को केवल निवेश के वित्तीयन के लिए ही उधार लेना चाहिए, न कि चालू खर्चों को पूरा करने के लिए। सार्वजनिक ऋण के विरोधी इस बात पर ज़ोर देते हैं कि सरकारी बजट और निधियों (फंड) को बिना किसी शर्त के संतुलित होना चाहिए, क्योंकि किसी भी उद्देश्य से लिए जाने वाले कर्ज़ को भविष्य में चुकाना ही पड़ता है, जो अंततः लोगों पर करों का बोझ बढ़ाता है। देखिये संतुलित बजट।

Golden Share *(सुनहरी हिस्सेदारी, गोल्डेन शेयर)* : वह शेयर जो किसी कंपनी प्रबंधन में वीटो (निषेध) का अधिकार देता है। गोल्डेन शेयर आमतौर पर सरकार द्वारा सार्वजनिक कंपनियों का निजीकरण करने पर रखा जाता है। इसका उपयोग उस वक्त किया जा सकता है, जब सरकार संपत्ति को तो बेचने की इच्छुक है, लेकिन वह कंपनी के प्रबंधन में सक्रिय भागीदारी रखना चाहती है। देखिये वीटो।

Gold Standard *(स्वर्णमान)* : वह प्रणाली जिसमें मुद्रा के पीछे सोने की शक्ति (आधार) होती है और जहां केंद्रीय बैंक कागज़ी मुद्रा के बदले एक तय दर पर सोना देने के लिए बाध्य है। सन 1971 में स्वर्णमान को त्याग दिया गया।

Goods of Higher Order *(उच्चतर श्रेणी की वस्तुएं)* : उत्पादन-प्रक्रिया को आगे बढ़ाने के लिए इस्तेमाल किए जाने वाले संसाधन।

G

Goodwill *(साख, प्रतिष्ठा)* : किसी फर्म का अमूर्त मूल्य जो इसके शेयरों (स्टॉक्स) के शुद्ध मूल्य से अधिक हो सकता है। किसी कंपनी की साख या प्रतिष्ठा में निवेश करके विक्रेता भविष्य में उससे आर्थिक लाभ पाने की मंशा रखता है। साख उस वक्त ऋणात्मक होती है, जब क्रेता यानी खरीदार द्वारा चुकाई गई कीमत अधिगृहीत कंपनी की शुद्ध परिसंपत्तियों के मूल्य से कम होती है।

Government Bond *(सरकारी बाँड)* : सरकार द्वारा जारी की जाने वाली लंबी अवधि की प्रतिभूति। देखिये सरकारी प्रतिभूतियां

Government failure *(सरकार की विफलता)* : यह बाज़ार विफलता का उलटा है। यह मूल्यांकन उन अवस्थाओं की परख करता है जहां सरकार संसाधनों का दक्षतापूर्ण आवंटन नहीं कर सकती है। सार्वजनिक चुनाव सिद्धांत और हाल-फिलहाल में नवीन सांस्थानिक अर्थशास्त्र ने इस मुद्दे पर ध्यान केंद्रित किया है। देखिये नव संस्थागत अर्थशास्त्र, सार्वजनिक पसंद सिद्धांत।

Government Securities *(सरकारी प्रतिभूतियां)* : सरकारी प्रतिभूतियां स्थानीय या राष्ट्रीय सरकारों द्वारा बजट घाटों को पूरा करने की खातिर अपने ऊपर लिए गए ऋण दायित्व हैं। देखिये ट्रेज़री बिल।

Great Depression *(महामंदी)* : सन 1929-1933 का वैश्विक आर्थिक संकट। महामंदी को आज भी मुद्रा बाज़ार में सरकारी हस्तक्षेप के नतीजों को विस्तार से बताने के लिए एक उदाहरण के रूप में पेश किया जाता है।

Green Energy *(हरित ऊर्जा, ग्रीन एनर्जी)* : जल, अनाज, हवा जैसे नवीकरणीय और पारिस्थितिकी के अनुकूल संसाधनों से उत्पन्न की जाने वाली ऊर्जा या बिजली। हरित ऊर्जा कम प्रदूषण पैदा करती है, लेकिन पारंपरिक ऊर्जा उत्पादन के तरीकों की तुलना में यह सामान्यतः अधिक महंगी होती है।

Greenfield Investment *(ग्रीनफील्ड निवेश)* :किसी ऐसे क्षेत्र में नई आर्थिक-वाणिज्यिक इकाई का सृजन, निर्माण और क्रियान्वयन ग्रीनफील्ड निवेश कहलाता है, जहां इससे पहले कोई आर्थिक गतिविधि संचालित नहीं की गई हो और न ही कोई आधारभूत संरचना (इंफ्रास्ट्रक्चर) विकसित की गई हो।

Gresham's Law *(ग्रेशम का नियम)* : वह कथन जिसके मुताबिक 'बुरी' मुद्रा 'अच्छी' मुद्रा को चलन से और देश से बाहर कर देती है। 'अच्छी' मुद्रा यानी वह मुद्रा जिसकी क्रयशक्ति कम नहीं होती है, उसे बचाया जाता है, जबकि वह मुद्रा जो अपना मूल्य गंवा रही होती है, को खर्च कर दिया जाता है और इस तरह वह चलन में बनी रहती है। अंतरराष्ट्रीय व्यापार भागीदार अपनी वस्तुओं के बदले मज़बूत मुद्रा की मांग

G

करते हैं ताकि वह देश में कम से कम बचे। महारानी एलिज़ाबेथ प्रथम के सलाहकार रहे सर थॉमस ग्रेशम ने यह नियम सन 1558 में दिया था। उस वक्त उन्होंने यह मुहावरा गढ़ा था : 'बुरी मुद्रा अच्छी को बाहर कर देती है।' यह नियम केवल तभी लागू होता है जब क्रेताओं या कर्ज़दारों को यह विकल्प दिया जाता है कि वे किस मुद्रा में भुगतान करेंगे। ऐसा विकल्प मौजूद न होने पर अच्छी मुद्रा ही बुरी या खराब को बाहर कर देगी।

Grey Knight *(ग्रे नाइट)* : वह कंपनी या व्यक्ति जो किसी अन्य कंपनी का अधिग्रहण करने के मकसद से ह्वाइट नाइट के सामने प्रतिस्पर्धी बोली पेश करता है। देखिये ब्लैक नाइट, दोस्ताना निवेशक।

Gross *(सकल)* : करों या विशेष कटौतियों से पहले समस्त या कुल राशि।

Gross Domestic Product (GDP) *(सकल घरेलू उत्पाद [जीडीपी])* : एक वर्ष में किसी देश की सीमा के भीतर उत्पादित अंतिम वस्तुओं और सेवाओं का कुल मूल्य बताने वाली एक वित्तीय अभिव्यक्ति। जीडीपी की गणना इन तीन में से किसी भी विधि से की जा सकती है : आय, व्यय और उत्पादन दृष्टिकोण। आय विधि में सभी कर्मचारियों के पारितोषिक (मज़दूरी-वेतन), परिचालन अतिरेक (लाभ), मिश्रित आय (किराया, ब्याज) और स्थायी पूंजी उपभोग (कर्ज़ की किस्त अदायगी) के कुल योग को मापा जाता है। व्यय विधि में जीडीपी की गणना उपभोक्ता व्यय, सरकारी व्यय, संयंत्र-संपत्ति-उपकरण में निवेश और निर्यात व आयात के अंतर को जोड़कर की जाती है। उत्पादन विधि में यह गणना अर्थव्यवस्था की सभी शाखाओं में किए गए मूल्यवर्द्धन को जोड़कर की जाती है। चालू कीमतों के आधार पर निकाली गई जीडीपी को मौद्रिक या सांकेतिक जीडीपी कहा जाता है। ऐतिहासिक कीमतों (आधार वर्ष की कीमतों) के आधार पर की गई गणना से निकाली गई जीडीपी को वास्तविक सकल घरेलू उत्पाद (जीडीपी) कहा जाता है। जीडीपी को कुल जनसंख्या से भाग देकर प्रति व्यक्ति जीडीपी की गणना की जा सकती है। कुछ विकासशील देशों में, काला बाज़ार या शैडो इकोनॉमी में होने वाली गतिविधियों को शामिल करने के लिए समायोजन किए जाने की आवश्यकता पड़ सकती है।

Gross Fixed Capital Formation *(सकल स्थिर पूंजी निर्माण)* : किसी कंपनी या समूची अर्थव्यवस्था के मामले में संयंत्र, संपत्ति या उपकरण (मूल्यह्रास शामिल नहीं) के लिए पूंजीगत खर्च की राशि। जब इसे पूरा एकसाथ लिया जाता है, तो इसमें किसी राष्ट्रीय अर्थव्यवस्था का व्यय विधि से आकलन करके निकाली गई जीडीपी का निवेश भाग समाहित होता है। देखिये सकल घरेलू उत्पाद (जीडीपी)।

Gross Income/Gross Margin *(सकल आय/सकल अंतर)* : करों में कटौती, मूल्यह्रास और प्रशासनिक खर्च घटाने से पहले किसी कंपनी की कुल आमदनी।

G

Gross National Product (GNP) *(सकल राष्ट्रीय उत्पाद [जीएनपी])* : यह राष्ट्रीय आय मापने की एक अन्य विधि है। इसमें किसी एक वर्ष के भीतर देशवासियों द्वारा उत्पादित सभी वस्तुओं और सेवाओं का मूल्य शामिल होता है। यह जीडीपी आकलन से थोड़ा अलग है, क्योंकि इसमें विदेश में राष्ट्रीय आर्थिक गतिविधियों से प्राप्त आमदनी शामिल होती है। देखिये सकल घरेलू उत्पाद (जीडीपी)।

Gross Profit *(सकल लाभ)* : यह शुद्ध बिक्री और बेची गई वस्तुओं की लागत के बीच का अंतर है। सकल लाभ मार्जिन में मूल्यह्रास खर्चे शामिल होते हैं, लेकिन कर प्रभाव शामिल नहीं होते।

Gross Profit Margin *(सकल लाभ अंतर)* : सकल लाभ का एक संकेतक है। इसकी गणना करों और वित्तीय प्रभारों से पहले सकल लाभ में शुद्ध बिक्री से भाग देकर की जाती है। देखिये सकल लाभ, शुद्ध बिक्री।

Group Insurance *(समूह बीमा)* : कोई भी वह बीमा योजना, जिसके अंतर्गत बीमित के पास एक निश्चत उम्र (आमतौर पर 50 वर्ष) तक समय से प्रीमियम भुगतान करने पर योजना में बने रहने का अधिकार होता है। इस अवधि में बीमाकर्ता के पास पॉलिसी के लागू रहने तक इसके प्रावधानों में कोई भी एकपक्षीय बदलाव करने का अधिकार नहीं होता, लेकिन पॉलिसीधारक वर्ग के हिसाब से प्रीमियम की दरों में बदलाव कर सकता है।

Guarantee *(गारंटी, जमानत)* : सामान्य अर्थ में यह किसी दायित्व को पूरा करने का आश्वासन है। बैंक गारंटी वह दस्तावेज़ है जिसमें यह पुष्टि की जाती है कि अगर कोई कर्ज़दार अपनी देनदारी चुकाने में विफल रहता है तो बैंक खुद इस दायित्व को पूरा करेगा। देखिये क्षतिपूर्ति।

H

Harmful Competition *(हानिकारक प्रतिस्पर्धा) :* यह अंतरराष्ट्रीय प्रतिस्पर्धा का एक रूप है, जहां कंपनियां लागत घटाने और प्रतिस्पर्धा में बढ़त प्राप्त करने के लिए अनुकूल कर-नीतियों वाले राष्ट्रों का पूर्ण उपयोग करती हैं। कुछ सरकारें और ओईसीडी समेत कई अंतरराष्ट्रीय संगठनों का यह प्रस्ताव है कि इस तरह की प्रतिस्पर्धा को रोकने के लिए करों को लेकर राष्ट्रों के बीच तालमेल होना चाहिए। हालांकि, अधिकतर अर्थशास्त्री मानते हैं कि ऐसी कर-प्रतिस्पर्धा वांछनीय है, बशर्ते यह सरकारों को अधिक दक्ष होने तथा करदाताओं के पैसे को और अधिक बुद्धिमानी से खर्च करने के लिए प्रोत्साहित करे। इसके साथ ही यह वैश्विक पूंजी निर्माण और संसाधनों के बेहतर वैश्विक आवंटन को भी बढ़ावा देने वाली हो।

Harmonization *(सामंजस्यीकरण, तालमेल बैठाना) :* देशों के बीच एक समझौते के तहत विधि संहिताओं, कारोबारी विधियों और रहन-सहन की स्थितियों का एकीकरण। देखिये कर सामंजस्य।

Hayek, Friedrich Augustus von *(1899-1992) (फ्रेडरिक ऑगस्टस वोन हायेक) :* ऑस्ट्रियन विचारधारा के सर्वाधिक महत्त्वपूर्ण प्रतिनिधियों में से एक हैं। हायेक मुक्त बाज़ार विचारधारा के प्रबल समर्थक थे। वह 20वीं सदी के सर्वाधिक प्रतिष्ठित अर्थशास्त्रियों में थे। नोबेल पुरस्कार (1974) से सम्मानित हायेक ने पूंजी, मुद्रा और व्यापार चक्र के सिद्धांत विकसित किए। इसके साथ ही समाज के लिए ज्ञान की महत्ता और सहज व्यवस्था के परिचालन का व्यापक विश्लेषण किया। उनकी प्रमुख रचनाओं में सोशलिज्म (1922), द रोड टु सर्फडम (1944), इंडिविजुअलिज्म एंड इकोनॉमिक ऑर्डर (1948), लॉ लेजिस्लेशन एंड लिबर्टी (1979) और द फेटल कंसीट (1988) शामिल है। एफ.ए. हायेक ने पारंपरिक उदारवाद के विचारों और

संकल्पनाओं को जीवित रखने के लिए सन 1947 में प्रभावशाली मोंट पेलेरिन सोसाइटी की स्थापना की थी।

Heckscher-Ohlin-Model *(हैक्शर-ओहलिन मॉडल)* : वह सिद्धांत जो अलग-अलग वस्तुओं का उत्पादन करने वाले विभिन्न देशों के बीच तुलनात्मक लाभ के जरिए अंतरराष्ट्रीय व्यापार की व्याख्या करता है। इस सिद्धांत के मुताबिक, देशों के पास संसाधनों की भिन्नता की वजह से लाभ भी भिन्न होता है। इस सिद्धांत का प्रतिपादन एली हैक्शर (1879-1952) ने किया था, जिसे बाद में स्वीडन के अर्थशास्त्री बर्टिल ओहलिन (1899-1979) ने विकसित किया।

Hedge *(सुरक्षित निवेश)* : निवेश की वह प्रक्रिया, जिसमें आधारभूत परिसंपत्तियों या देयताओं से जुड़ा जोखिम कमतर हो। सुरक्षित निवेश (वित्तीय हानि से बचाव हेतु वायदा) की रणनीति जोखिम, वांछित प्रतिफल और परिसंपत्तियों या देयताओं के नकदी प्रवाह को ध्यान में रखती है। इसमें पॉलिसीधारक के विकल्पों समेत देयताओं का खयाल रखा जाता है। इसके अंतर्गत जोखिम के तहत बाज़ार और कर्ज़ दोनों शामिल रहते हैं।

Hedge Fund *(सुरक्षित कोष)* : म्युचुअल फंड का एक प्रकार। इसे अक्सर सीमित संख्या में निवेशकों (आम तौर पर संस्थाएं और बड़े दौलतमंद) वाली एक निवेश साझेदारी के रूप में तैयार किया जाता है। यह ऊंचे प्रतिफल यानी रिटर्न के मकसद से लीवरेज (फायदा), शॉर्ट (अल्पकालिक) और डेरिवेटिव (वायदा) पोजीशंस जैसी उन्नत निवेश रणनीतियों का इस्तेमाल दो तरह से करता है—बाज़ार की अदक्षताओं की पहचान और कुछ हद तक अंतर्निहित जोखिमों को सुरक्षित रख कर।

Hedging *(सुरक्षित निवेश की प्रक्रिया)* : वित्तीय जोखिमों के प्रबंधन का एक तरीका, जिसके तहत कोई डेरिवेटिव प्रतिभूति (कोई विकल्प या वायदा सौदा) किसी अन्य प्रतिभूति या सौदे से पैदा होने वाले समस्त या आंशिक जोखिम को समाप्त करने के लिए खरीदी या बेची जाती है। एक या कई डेरिवेटिव्स चुने जाते हैं क्योंकि यह उम्मीद की जाती है कि उनका प्रदर्शन अन्य प्रतिभूति या सौदे के मूल्य में बदलाव की भरपाई कर देगा। यानी एक के मूल्य में बढ़ोतरी दूसरे के मूल्य में कमी की भरपाई कर देगी, ऐसा ही इसके विपरीत हालात में भी होगा। उदाहरण के लिए, एक किसान अपनी मक्के की फसल कटाई के पहले ही वायदा बाज़ार में बेच सकता है ताकि कीमत घटने की आशंका से वह खुद को 'सुरक्षित' कर सके।

Hedonism *(सुखवाद)* : दार्शनिक नीतिशास्त्र का एक सिद्धांत, जिसमें आनंद या सुख को ही साध्य और जीवन का सबसे बड़ा मूल्य माना जाता है, जहां लोगों द्वारा किए गए चुनावों को एक या दूसरे काम से मनुष्य को मिलने वाली सुखानुभूतियों के संदर्भ में देखा जाता है। सुखवाद का उद्भव प्राचीन यूनान में हुआ था। सुखवाद के सबसे

H

जाने-माने प्रवर्त्तक एपीक्यूरस (341-270 ईसा पूर्व) थे। उन्होंने जीवन के उचित आनंद, 'एपीक्यूरियन गार्डेन' का सिद्धांत दिया।

Herfindahl Index *(हर्फिंडाल सूचकांक)* : बाज़ार संकेंद्रण का एक मापक, जिसे प्रत्येक कंपनी की बाज़ार हिस्सेदारी के वर्गों के योग के रूप में परिभाषित किया जाता है। इसे हर्फिंडाल हर्षमैन सूचकांक (एचएचआई) भी कहा जाता है।

Heterogeneous Financial Group *(विषम वित्तीय समूह)* : का संबंध मिश्रित चरित्र वाले उस आर्थिक समूह से है, जिसमें बैंक, इंश्योरेंस कंपनियां, प्रतिभूति समूह, निवेश फर्में, पेंशन फंड, इत्यादि विभिन्न वित्तीय संस्थाएं शामिल होती हैं।

Heuristic Model *(अनुमानी मॉडल)* : बुनियादी सिद्धांत या परिघटना की व्याख्या करने के लिए अंतर्निहित मान्यताओं को सरल बनाने वाला एक मॉडल है।

Hierarchy *(पदानुक्रम)* : पदों (उपाधियों, दर्जों) का सिलसिलेवार ब्यौरा, जिसमें निचले स्तर और ऊंचे स्तर का क्रम साफ और स्पष्ट तौर पर पता चलता हो।

Histogram, Bar Chart *(आयत चित्र, बार चार्ट)* : वह चार्ट जिसमें एक शृंखला में कई आयत होते हैं, जो सांख्यिकीय आंकड़ों के वितरण या उनके घनत्व को आरेखीय रूप में प्रस्तुत करता है।

Historicism *(ऐतिहासिकतावाद)* : मुख्य रूप से जर्मन वैचारिक विचारधारा, जो केवल अनुभव के आधार पर आर्थिक परिघटना की व्याख्या करता है और अर्थव्यवस्था की तार्किक निगमनात्मक व्याख्याओं को खारिज करता है। इसके अनुसार अर्थशास्त्र को समझने के लिए सिद्धांत के बजाय इतिहास महत्त्वपूर्ण है।

Holding, Holding Company *(होल्डिंग, होल्डिंग कंपनी, नियंत्रक कंपनी)* : वह कंपनी जो किसी दूसरी कंपनी में कम से कम इतने शेयर रखती है कि जिससे वह दूसरी कंपनी में निर्णय की प्रक्रिया को प्रभावित या नियंत्रित कर सके। ऐसी कंपनी को होल्डिंग या नियंत्रक कंपनी कहा जाता है।

Holism *(पूर्णतावाद, होलिज्म)* : वह सिद्धांत जो दावा करता है कि एक निश्चित सजातीय समष्टि अपने अंशों का योग मात्र नहीं है और जगत के विकसित होने के साथ नई समष्टियां उत्पन्न होती हैं। पूर्णतावाद प्रणाली संबंधी व्यक्तिवाद को नकारता है और यह इशारा करता है कि एक तत्त्व को एक सजातीय प्रणाली के अधीन होना चाहिए। आधुनिक अर्थव्यवस्था में पूर्णतावाद की कई अभिव्यक्तियां देखने को मिलती हैं। उन्हें प्रत्येक बाज़ार प्रतिभागी के हितों के ऊपर समाज या राज्य के आर्थिक हितों की श्रेष्ठता के रूप में देखा जाता है। प्रणाली संबंधी व्यक्तिवाद के विपरीत पूर्णतावाद तार्किक या वास्तविक के बजाय काल्पनिक प्रक्रियाओं की व्याख्या करता है।

Homogeneous Products *(सजातीय उत्पाद)* : समकक्ष, तुलनीय वस्तुएं एवं सेवाएं। उदाहरण के लिए, तेल (कॉफी, धातु, अनाज) की मात्रा की कोई भी इकाई अपने गुणात्मक लक्षणों में किसी अन्य तेल (कॉफी, धातु, अनाज) की इकाई के लगभग समान होगी।

H

Horizontal Integration, Lateral Integration *(क्षैतिज समेकन, पार्श्व समेकन)* : (1) जहां एक कंपनी मुख्य रूप से वैकल्पिक वस्तुओं एवं सेवाओं का उत्पादन करती है या तमाम तरह के उत्पादों के लिए उत्पादन के एक ही चरण पर ध्यान केंद्रित करती है। (2) समान वस्तुओं या सेवाओं का उत्पादन करने वाली कंपनियों का विलय। देखिये लम्बवत एकीकरण।

Hostile Takeover *(शत्रुतापूर्ण अधिग्रहण)* : किसी कंपनी में उसके छोटे शेयरधारकों, प्रबंधन, कर्मचारियों और पर्यवेक्षक संस्थानों जैसे हितधारकों के विरोध के बावजूद उस कंपनी के शेयरों की अहम हिस्सेदारी के अधिग्रहण का प्रयास। देखिये ब्लैक नाइट, ग्रे नाइट, अधिग्रहण बोली, दोस्ताना निवेशक।

Hot Money *(हॉट मनी)* : अनुकूल ब्याज दरों के कारण छोटी अवधि की प्रतिभूतियों में निवेशित फंड, जो कुछ निश्चित परिस्थितियों (जैसे ब्याज दरों में बदलाव) में किसी अन्य देश को उड़नछू हो जाते हैं।

Household *(परिवार, हाउसहोल्ड)* : एक ही निवास में रहने के साथ-साथ बजट और भोजन साझा करने वाले लोगों का समूह, लेकिन ज़रूरी नहीं कि वे आपस में रिश्तेदार हों। अलग रहने वाले अकेले व्यक्ति को भी एक हाउसहोल्ड या परिवार माना जाएगा।

Housing Bubble *(आवासीय बुलबुले)* : निम्न ब्याज दरों और ऋण की शर्तों को आसान बना दिए जाने के कारण आवासीय बुलबुले की स्थिति बनती है। इस स्थिति में बाज़ार में ऋण लेने वालों की संख्या काफी बढ़ जाती है जिससे मांग बढ़ने के कारण कीमतें बढ़नी लगती है। बुलबुले तब फटते हैं जब पूरी प्रक्रिया उलट जाती है। ब्याज दरों में वृद्धि और ऋण की शर्तों को कड़ा किये जाने से मांग घटती है और इसके आगे ऐसे ऋण धारकों की संख्या बढ़ जाती है जो भुगतान करने में अक्षम हो जाते हैं। इससे एक बार फिर घरों की कीमत घटने लगती है। इस स्थिति में सबसे ज्यादा कम आय वाले मकान मालिक प्रभावित होते हैं और उनके पास ऐसी कोई अहम अनुपूरक सम्पति नहीं होती जिससे कि वे अपनी गिरवी के लिए भुगतान कर सकें और उन्हें परिसंपत्ति की घटती कीमतों से जूझना पड़ता है। इस तरह गिरवी रखी गई संपत्ति की कीमत उस घर की कीमत से अधिक हो सकती है जिसके लिए ऋण लिया गया है। वर्ष 2008-2009 में वित्तीय संकट के दौरान बाज़ार गिरने के कारण ऋण का भुगतान नहीं करने वालों की संख्या काफी बढ़ गई थी।

H

Human Capital *(मानव पूंजी)* : लोगों द्वारा शिक्षा, प्रशिक्षण और अनुभव के ज़रिये हासिल किया जाने वाला ज्ञान और कौशल, जो उन्हें दूसरों के लिए बहुमूल्य उत्पादक सेवाओं की आपूर्ति करने में सक्षम बनाता है।

Human Resources *(मानव संसाधन)* : (1) व्यापक अर्थ में, किसी देश की जनसंख्या (2) अधिक संकीर्ण अर्थ में, श्रम शक्ति यानी श्रमिक (3) उत्पादन का वह कारक जिस पर शिक्षा और अच्छी स्वास्थ्य देखभाल सेवाओं की उपलब्धता का सकारात्मक असर पड़ता है। सामान्यतः स्वस्थ और शिक्षित कामगारों की उत्पादकता अकुशल या शारीरिक रूप से कमज़ोर कामगारों से कहीं ज़्यादा होती है।

Hume, David [1711–1776] *(डेविड ह्यूम)* : वह स्कॉटिश दार्शनिक थे, जिन्होंने मुद्रा और ब्याज जैसे विषयों पर लिखा और स्वर्णमान के अंतर्गत लंबी अवधि में पूर्ण भुगतान संतुलन की व्याख्या दी। जब आयात से निर्यात बढ़ जाते हैं, तो देश में और अधिक सोना लाया जाता है, यह उस देश में कीमतें बढ़ा देता है। नतीजतन उस देश के निर्यात तब तक घटते और आयात बढ़ते हैं, जब तक कि व्यापार संतुलन की स्थिति नहीं प्राप्त हो जाती। व्यापार घाटे की सूरत में उक्त प्रक्रिया उलट जाती है। एडम स्मिथ के काम पर ह्यूम का बड़ा प्रभाव था।

Hundred (100) Percent Reserve Backing *(शत-प्रतिशत रिज़र्व समर्थन)* : (1) वह वाणिज्यिक बैंकिंग प्रणाली जिसमें बैंकों को अपने चालू खातों के सापेक्ष शत-प्रतिशत रिज़र्व रखने की आवश्यकता होती है (2) वह विनिमय दर प्रणाली जहां जारी किए जाने वाली सभी मुद्रा प्रमाणपत्रों के पीछे 100 प्रतिशत सोने (अन्य कीमती धातु) के रिज़र्व यानी भंडार का आधार रखना पड़ता है।

Hyperinflation *(अति मुद्रास्फीति)* : बढ़ती कीमतों और मुद्रा इकाई (रुपये) के मूल्य में तेज़ी से कमी वाली एक संरक्षित अवधि। अति मुद्रास्फीति को आम तौर पर 50 फीसदी या उससे अधिक की मासिक मुद्रास्फीति दर के रूप में परिभाषित किया जाता है। लगातार बड़े पैमाने पर मुद्रा यानी नोट जारी करने या फिर किसी मुद्रा (करेंसी) के ऊपर से पूरी तरह भरोसा उठ जाने के कारण अति मुद्रास्फीति उत्पन्न होती है। देखिये साख निर्माण, मुद्रास्फीति

Hypothesis *(परिकल्पना)* : वह मान्यता या कथन जिसकी पुष्टि नहीं हुई है।

I

I

IAIS (International Association of Insurance Supervisors) *(आईएआईएस [बीमा पर्यवेक्षकों का अंतरराष्ट्रीय संघ])* : घरेलू और अंतरराष्ट्रीय स्तर पर बीमा उद्योग के पर्यवेक्षण में सुधार तथा बीमा बाज़ार में स्थिरता बनाए रखने के मकसद से आईएआईएस का गठन एक मंच के तौर पर किया गया था। आईएआईएस अंतरराष्ट्रीय मानक और सिद्धांतों के साथ ही नीति सुझाव पर परामर्श पत्र जारी करता है। यह बीमा बाज़ार पर्यवेक्षण के क्षेत्र में ट्रेनिंग व सहायता प्रदान करता है। साथ ही सम्मलेन या सेमिनार में विचारों के आदान-प्रदान के लिए मंच के तौर पर काम करता है। आईएआईएस का गठन 1994 में हुआ था और यह 130 देशों के 180 से ज्यादा अधिकार क्षेत्रों में बीमा नियामक और पर्यवेक्षक का प्रतिनिधित्व करता है। इसकी अध्यक्षता कार्यकारी परिषद करती है जिसे तीन प्रमुख समितियों का समर्थन मिलता है। इनमें तकनीकी समिति, कार्यान्वयन समिति और बजट समिति शामिल हैं। यह स्विट्ज़रलैंड के बेसल में बैंक फॉर इंटरनेशनल सेटलमेंट्स में स्थित है।

IASB (International Accounting Standards Board) *([आईएएसबी] अंतरराष्ट्रीय लेखा मानक बोर्ड)* : की मुख्य ज़िम्मेदारी वित्तीय आंकड़ों की रिपोर्टिंग के अंतरराष्ट्रीय मानकों को बढ़ावा देना है।

Ideal Type *(आदर्श स्थिति)* : आर्थिक अवधारणाओं के विश्लेषण के लिए इस्तेमाल की जाने वाली एक विशुद्ध सैद्धांतिक रचना। इसका सबसे अच्छा उदाहरण 'वाजिब उपभोक्ता' होगा, जो सिर्फ सिद्धांतों में मौजूद रहता है, जबकि सच यह है कि ऐसा कोई उपभोक्ता होता ही नहीं है। इस तरह का चलन जर्मनी के समाजशास्त्री मैक्स वेबर द्वारा शुरू किया गया था।

I

IFAC (International Federation of Accountants) *(अंतरराष्ट्रीय लेखाकार परिसंघ [आईएफएसी])* : आईएफएसी लेखा पेशेवरों का अंतरराष्ट्रीय संगठन है। यह दुनिया के लेखाकारों के बीच उच्चतम गुणवत्ता को सुनिश्चित करता है। लेखा के उच्चतम मानक, शिक्षा, नैतिकता और सार्वजनिक क्षेत्र की रिपोर्टिंग आईएफएसी के रुझान के मुख्य विषय हैं। आईएफएसी सदस्यों के बीच संचार बनाए रखने के लिए क्षेत्रीय बोर्डों और सालाना बैठकों का इस्तेमाल करता है। आईएफएसी के 120 देशों में 163 सदस्य संगठन हैं। इसके कार्यालय न्यूयॉर्क में स्थित हैं और इसकी आधिकारिक भाषा अंग्रेज़ी है।

Imaginary Construction *(काल्पनिक निर्माण)* : मानव कार्य विज्ञान में इस्तेमाल होने वाली निगमनात्मक समीक्षा की विधि, जहां मानव व्यवहार के आधार पर घटनाक्रम का वैचारिक अनुक्रम तैयार किया जाता है। लक्ष्यों को हासिल करने के लिए प्राथमिकता के आधार पर मानव व्यवहार को विकल्प के तौर पर लिया जाता है। इस तरह की संरचना में वास्तविकता को आर्थिक समीक्षा करने के मकसद से अलग रखा जाता है और इसकी जगह खास विशेषताओं के साथ काल्पनिक मॉडलों का इस्तेमाल किया जाता है।

IMF (International Monetary Fund) *(अंतरराष्ट्रीय मुद्रा कोष [आईएमएफ])* : आईएमएफ अंतरराष्ट्रीय मौद्रिक सहयोग और वित्तीय स्थिरता को प्रोत्साहित करने के लिए काम करता है। यह अंतरराष्ट्रीय कारोबार, टिकाऊ आर्थिक विकास, रोज़गार बढ़ाने और गरीबी घटाने में भी मदद करता है। यह भुगतान संतुलन को समायोजित करने के लिए अस्थायी वित्तीय मदद भी मुहैया कराता है। इसके तीन प्रमुख कार्य-सदस्य देशों की निगरानी, वित्तीय और तकनीकी सहयोग है। आईएमएफ की स्थापना 1944 में ब्रेटन वुड्स में हुई। यह वॉशिंगटन डीसी में स्थित है और इसकी आधिकारिक भाषा अंग्रेज़ी, फ्रेंच और स्पैनिश है। इसकी अध्यक्षता संचालन-मंडल करता है, जिसकी सालाना बैठक होती है। रोज़मर्रा के कार्य कार्यकारी बोर्ड देखता है। आईएमएफ के 187 सदस्य देश हैं। इनकी अपनी अर्थव्यवस्था के आकार के हिसाब से आईएमएफ में कोटा होता है। यह कोटा आईएमएफ के कर्ज़ देने योग्य फंडों की राशि तय करने में महत्त्वपूर्ण भूमिका निभाता है। इसके संचालन खर्च की भरपाई ऋण की राशि पर मिलने वाले ब्याज से की जाती है। सुधार की शर्तों पर ऋण दिया जाता है, इनमें से कई मामलों में ऋण लेने वाले की तीखी आलोचना की जाती है। आईएमएफ सहयोगात्मक समझौतों के तहत संयुक्त राष्ट्र और 12 अन्य स्वतंत्र संगठनों के साथ जुड़ा हुआ है।

Imperfect Competition *(अपूर्ण प्रतियोगिता)* : बाज़ार की ऐसी स्थिति जब एक विक्रेता (या खरीददार) बाज़ार मूल्यों को प्रभावित करने में सक्षम हो। देखिये प्रतिस्पर्धा, एकाधिकार, पूर्ण प्रतियोगिता।

Import *(आयात)* : विदेश से वस्तुओं, सेवाओं, श्रम या पूंजी को मंगाना या खरीदना।

I

Import Duty/Duty Tax *(आयात शुल्क)* : आयातित वस्तुओं पर सरकार द्वारा लिया जाने वाला कर, जो इन वस्तुओं के दाम बढ़ा देता है और फलस्वरूप उन्हें घरेलू वस्तुओं की तुलना में ग्राहकों के लिए कम आकर्षक कर देता है।

Import Quota *(आयात कोटा)* : सरकार द्वारा तय की गई सीमा जो विदेश से देश में आने वाले कुछ खास उत्पादों की मात्रा पर अंकुश लगाती है। आयात कोटा मुक्त व्यापार में बाधा डालता है और इसका इस्तेमाल विदेशी प्रतिस्पर्धा से घरेलू उपभोक्ताओं को बचाने के लिए किया जाता है।

Imputation of Value *(अध्यारोपित मूल्य, थोपी गई कीमत)* : एक विचार जिसके मुताबिक पूंजीगत वस्तुओं का मूल्य उन उपभोक्ता वस्तुओं के मूल्यों से निर्धारित होता है जिनके उत्पादन में उनका इस्तेमाल किया जाता है। कार्ल मेंजर पहले ऐसे शख्स थे जिन्होंने यह सिद्ध किया कि उत्पादन के साधनों की कीमत इनके प्रयोग से उत्पादित होने वाली उपभोक्ता वस्तुओं की कीमत से तय होती है। यही वजह है कि एक फेरारी इसलिए कीमती नहीं है क्योंकि उसे बनाने में महंगे संसाधनों का इस्तेमाल हुआ है, बल्कि वह कीमती इसलिए है क्योंकि दूसरी कारों की तुलना में उपभोक्ता फरारी को अधिक तवज्जो देते हैं। ऐसे में उसे बनाने में कीमती संसाधनों का इस्तेमाल किया जा सकता है।

Income *(आय)* : कंपनी या कारोबार, श्रम प्रयास, पूंजी निवेश, दी गई सेवा, वस्तुओं या संपत्ति की बिक्री या वित्तीय निवेश पर रिटर्न से मिलने वाली राशि।

Income Effect *(आय प्रभाव)* : उपभोक्ता की वास्तविक आय में बदलाव से एक उत्पाद के लिए मांग में होने वाला परिवर्तन, जिसके फलस्वरूप वस्तु की कीमत में बदलाव आ जाता हो। मसलन आय प्रभाव के कारण सस्ते ईंधन के लिए मांग बढ़ जाती है क्योंकि लोग ज्यादा ईंधन के लिए पैसा चुका सकते हैं, या फिर विकल्प प्रभाव के कारण तुलनात्मक रूप से सस्ता उत्पाद अन्य उत्पादों के लिए विकल्प हो सकता है। देखिये प्रतिस्थापन प्रभाव।

Income Elasticity of Demand *(मांग की आय लोच)* : एक माप, जो यह वर्गीकृत करे कि आय में होने वाले बदलाव के कारण मांग की मात्रा पर क्या असर पड़ा है। यदि आय बढ़ने से उत्पाद की मांग में गिरावट आती है तो उस वस्तु को निचले दर्जे की वस्तु के तौर पर देखा जाता है। इसे नकारात्मक आय लोच के साथ जोड़ा जाता है। यदि आय बढ़ने से उपभोग बढ़ता है तो उस वस्तु को सामान्य या लग्ज़री के दर्जे में रखा जाता है। ऐसी वस्तुओं की मांग के लिए सकारात्मक आय लोच होती है। देखिये मांग की लोच।

Income Redistribution *(आय का पुनर्वितरण)* : समाज के सदस्यों के बीच धन के वितरण का कार्य। इसके तहत किसी राज्य द्वारा करदाताओं से जुटाए गए धन को

I

समाज के दूसरे सदस्यों को आवंटित कर दिया जाता है। आय पुनर्वितरण का मकसद धन को समाज के सदस्यों के बीच जितना हो सके उतना बांटना है और सभी के लिए एक निश्चित जीवन स्तर सुनिश्चित कराना है।

Income Stock *(आय स्टॉक, कमाऊ शेयर)* : ऐसा शेयर जिसका लंबे समय तक ज्यादा लाभांश देने का इतिहास रहा हो।

Income Tax *(आयकर)* : व्यक्ति या कारोबार द्वारा की गई शुद्ध कमाई के आधार पर लगने वाला कर।

Indemnity *(क्षतिपूर्ति)* : एक समझौता जिसके तहत नुकसान या हानि होने पर बीमाधारक की स्थिति पूर्व जैसी बनी रहे।

Independent Contractor *(स्वतंत्र ठेकेदार)* : वह व्यक्ति जो दूसरे के लिए अपने तरीके से काम करे। ऐसे व्यक्ति पर उस पार्टी का नियंत्रण नहीं होता है जो काम करा रही होती है। न ही वह उस पार्टी का कर्मचारी होता है और न ही वह उसके निर्देशों के अधीन होता है।

Index *(सूचकांक)* : (1) पुराने दामों की तुलना में होने वाले बदलाव की माप के लिए इस्तेमाल होने वाला सांख्यिकीय संकेतक। यह किसी समयावधि के भीतर होने वाले बदलावों की तुलना करने की अनुमति देता है और यह मुद्रास्फीति की वर्तमान कीमतों को समायोजित कर देता है। (2) बाज़ार में शेयर कीमतों का कुल योग जो बाज़ार के ट्रेंड को प्रदर्शित करे और रणनीति बनाने में सहायक हो।

Indexing *(सूचीकरण)* : मुद्रास्फीति के असर को घटाने के लिए किए जाने वाले उपाय। इसमें बदली कीमत को प्रदर्शित करने के लिए आपसी सहमति से मूल्यों का समन्वय किया जा सकता है। सामान्य तौर पर मुद्रास्फीति में वृद्धि के लिए इसे एक बराबर गुणक के द्वारा या फिर आय या कीमतों की गुणा के द्वारा पूरा किया जाता है।

Index of Competitiveness *(प्रतिस्पर्धात्मक सूचकांक)* : बाज़ार में प्रतिस्पर्धा के लिए व्यक्ति, उत्पाद, कंपनी, शाखा, या देश की क्षमता का एक संख्यात्मक प्रतिनिधित्व। इसका इस्तेमाल देशों के बीच तुलना के लिए किया जाता है।

Indifference Curve *(इनडिफरेंस कर्व)* : एक चार्ट जो उपभोक्ता की पसंद को प्रदर्शित करे। यहां कर्व (वक्र) उपभोक्ता की दो वस्तुओं को लेकर पसंद का प्रतिनिधित्व करता है, जो उपभोक्ता के लिए एक समान उपयोगी होते हैं। क्षैतिज और अनुलंब रेखाएं दिखाती हैं कि दो वस्तुओं की कितनी मात्रा का उपभोक्ता एकसाथ उपभोग कर सकता है जबकि वक्र उपभोक्ता की उपभोग करने की संभावना को प्रदर्शित करती है। उदाहरण के तौर पर उपभोक्ता आगे दी गईं वस्तुओं के जोड़ों को एक तरह से देख

सकता है : 1 सेब और 4 नाशपाती, 2 सेब और 2 नाशपाती, 4 सेब और 1 नाशपाती। इसका मतलब यह हुआ कि उपलब्ध सेबों की संख्या घटने पर उपभोक्ता हमेशा अधिक नाशपाती चाहेगा।

Indirect Taxes *(अप्रत्यक्ष कर)* : करदाता द्वारा चुकाया जाने वाला वह आयकर जो वह अपनी आय को खर्च कर चुकाता है। यानी जब वह वस्तुओं या सेवाओं को खरीदता है न कि किसी से हासिल करता है। इन्हें उपभोक्ता कर भी कहते हैं। मूल्य वर्धित कर, बिक्री कर और उत्पाद शुल्क अप्रत्यक्ष कर के कुछ उदाहरण हैं।

Individual Choice *(व्यक्तिगत पसंद)* : ऑस्ट्रियाई विचारधारा पहली ऐसी परंपरा थी जिसने आर्थिक प्रक्रिया में व्यक्तियों और उनकी पसंदों को सक्रिय भागीदार के तौर पर दर्शाया। ऑस्ट्रियाई विद्वानों के मुताबिक सच तो यह है कि बाज़ार इन पसंदों के अधीन होता है।

Individualism *(व्यक्तिवाद)* : एक सिद्धांत जो यह कहता है कि समाज केवल व्यक्तियों के योग से बना हुआ है, लिहाजा यह एक इकाई के तौर पर काम नहीं कर सकता। आर्थिक और सामाजिक घटनाएं उन व्यक्तियों के कार्यों पर आधारित होती हैं जो इसमें मौजूद होते हैं और जो समाज के प्रति अपने नज़रिये के हिसाब से वरीयताओं और हितों पर ज़ोर देते हैं। यह समष्टिवाद के ठीक उलट है। देखिये समूहवाद।

Individual Preference Scale *(व्यक्तिगत वरीयता पैमाना)* : वस्तुओं (सेवाओं) के लिए वरीयता का अनुक्रम। व्यक्तिगत वरीयता पैमाने पर वस्तुओं को उपभोक्ता के लिए उनके उपयोग के आधार पर रखा जाता है। देखिये उपयोगिता।

Induction *(इंडक्शन, अनुगम, निष्कर्ष निकालना)* : प्रयोगसिद्ध अवलोकन के आधार पर तर्क करने की विधि। यह उपलब्ध सैंपलों के आधार पर पूरे समूह के बारे में निष्कर्ष निकालने में मदद करता है। देखिये ऐबडक्शन , परिणाम, फल, नतीजा।

Industrialization *(औद्योगिकीकरण)* : कृषि समेत सभी क्षेत्रों में बड़े पैमाने पर उत्पादन की शुरुआत।

Industrial Revolution *(औद्योगिक क्रांति)* : 18वीं सदी के अंतिम वर्षों से 19वीं सदी के शुरुआती वर्षों के बीच का आर्थिक दौर। इस समयावधि की विशेषता यह है कि इस दौरान बड़े पैमाने पर उत्पादन और शहरीकरण के कारण ज़बर्दस्त सामाजिक, आर्थिक और तकनीकी बदलाव आए। औद्योगिक क्रांति की शुरुआत ब्रिटेन से हुई और धीरे-धीरे यह सभी विकसित देशों में फैल गया।

Ineffective Tax *(अप्रभावी कर)* : कर के ज़रिये संगृहीत राजस्व जो प्रशासन की वसूली लागत से कम, उसके बराबर या उससे मामूली ज्यादा हों।

I

Inferior Good *(कमतर वस्तु)* : वह वस्तु जिसकी मांग व्यक्ति की आय बढ़ने के साथ घटने लगती है। देखिये गिफेन वस्तु, मांग की आय लोच।

Inflation *(मुद्रास्फीति)* : यह मुद्रा की आपूर्ति में वृद्धि के कारण क्रय शक्ति का घटना और वस्तुओं का महंगा हो जाना है। इस स्थिति में आमतौर पर बहुत अधिक खर्च करने पर बहुत कम वस्तुएं मिलती हैं। यानी मुद्रा की कीमत घट जाती है और उसी के अनुरूप वस्तुएं महंगी हो जाती हैं। मुद्रास्फीति को मापने के कई तरीके हैं मसलन उपभोक्ता मूल्य सूचकांक। यह सूचकांक वस्तुओं के समूह की औसत कीमत के आधार पर तैयार किया जाता है। इसे प्रतिशत में दर्शाया जाता है। देखिये औसत सालाना मुद्रास्फीति, उपभोक्ता मूल्य सूचकांक, लागत-जन्य स्फीति, संकुचन, अपस्फीति, मांगजनित मुद्रास्फीति।

Inflationism *(मुद्रास्फीतिवाद)* : (1) एक ऐसी मान्यता कि अतिरिक्त मुद्रा से तैयार हुई मुद्रास्फीति लाभप्रद है। (2) आर्थिक नीतियां जो ऋण संबंधी मामलों को सही साबित करें और प्रोत्साहित करें।

Inflation Tax *(मुद्रास्फीति कर)* : किसी ऐसी मुद्रा को जारी कर सरकार द्वारा प्राप्त किए जाने वाले राजस्व जो सोना, चांदी, विदेशी मुद्रा आदि से समर्थित न हो।

Infrastucture *(बुनियादी ढांचा, आधारभूत संरचना)* : मूर्त संरचना या आर्थिक गतिविधियों का क्षेत्र जो अन्य उत्पादन और वितरण गतिविधियों में मदद करे। उदाहरण के लिए संचार बुनियादी ढांचे में सड़क, टेलीफोन, इंटरनेट आदि शामिल हैं। इसी तरह स्कूल, अस्पताल, विद्यालय, पुस्तकालय आदि बुनियादी सामाजिक ढांचे का हिस्सा हैं। बैंक, शेयर बाज़ार आदि वित्तीय बुनियादी ढांचे में आते हैं।

Inheritance Tax *(विरासत कर)* : पैतृक या विरासत में मिली नकदी या परिसंपत्ति पर लगने वाला कर। इस तरह के कर की दोहरे कराधान होने के कारण आलोचना होती है। दरअसल पैतृक संपत्ति पर पहले ही कर दिया जा चुका होता है। सच तो यह है कि यह पूंजी पर वसूला जाने वाला एक कर है जो निवेश और आर्थिक विकास को घटाता है।

Input, Costs *(निवेश, लागत)* : वस्तुओं के उत्पादन और सेवाओं के प्रबंधन में इस्तेमाल होने वाले आर्थिक संसाधनों की कीमत। लागत का कई श्रेणियों में वर्गीकरण किया जा सकता है। मसलन परिचालन, सामान्य और प्रशासनिक लागत, श्रम लागत आदि। लागत और खर्च में अंतर होता है, खर्च का मतलब होता है भुगतान जो ज़रूरी नहीं कि वस्तुओं के उत्पादन और सेवाओं के प्रबंध में लग रहा हो।

Insider Trading *(भेदिया कारोबार)* : प्रत्यक्ष और अप्रत्यक्ष रूप से उस जानकारी का इस्तेमाल जो सबको उपलब्ध नहीं हो। भेदिया कारोबार नियोजित ढंग से किया जाता

है जिसमें आमतौर पर आला अधिकारी शामिल हो सकते हैं, जिनके पास कंपनी के बारे में गोपनीय जानकारियां होती हैं। इसमें भेदिया कारोबारी आम शेयरधारकों की कीमत पर मोटी कमाई कर लेता है। इसका असर कंपनी के शेयर भाव पर पड़ता है।

Insolvency *(दिवाला)* : कर्ज़ को समय पर या कभी भी न चुका पाना। यदि किसी कंपनी का दिवाला निकल गया है तो इसका मतलब यह हुआ कि उसका दायित्व उसकी परिसंपत्तियों से अधिक है।

Insolvency Fund *(दिवाला फंड)* : दिवालिया होने वाली कंपनी या व्यक्ति के बीमाकर्ता के दायित्वों का नियमानुसार भुगतान करने की गारंटी देने वाली राज्य की योजनाएं।

Institutional Budget *(संस्थागत बजट)* : निर्धारित लक्ष्यों या लागू कार्यक्रमों की बजाय अनुमानित खर्चों पर आधारित सरकारी कोषों का आय-व्यय का लेखा तैयार करने की विधि।

Institutional Economics/Institutionalism *(संस्थागत अर्थशास्त्र/संस्थागतवाद)* : इतिहासवाद की एक शाखा जो अमेरिका में विकसित हुई है। यह इस बात को साबित करने की कोशिश करती है कि समाज को बेहतर बनाने के लिए मानव व्यवहार और उसकी आदतों में बदलाव में राज्य के नियंत्रण की खासी भूमिका होती है। इस विचार को थोरस्टीन वेबनेन, जॉन कॉमन्स और वेस्ले मिशेल ने विकसित किया।

Institutional Investor *(संस्थागत निवेशक)* : एक कंपनी जिसका मुख्य उद्देश्य अपने व अन्य लोगों के धन को शेयर बाज़ारों में निवेश करना हो। पेंशन कोष, बीमा और निवेश कंपनियां इस तरह की कंपनियों के उदाहरण हैं।

Insurance *(बीमा)* : एक आर्थिक उपकरण जहां व्यक्ति कुछ निश्चित छोटी राशि (प्रीमियम) से बड़े अनिश्चित घाटे (जिस खतरे को लेकर बीमा लिया जा रहा हो) की भरपाई कर लेता है। यह आर्थिक उपकरण है जो जोखिम को समाप्त कर देता है, हालांकि इसके लिए समूह में अंशदान करना पड़ता है।

Insurance Agent *(बीमा एजेंट)* : बीमा कंपनी पर निर्भर बीमा मध्यस्थ जो कमीशन के लिए बीमा सेवाएं देता हो। देखिये बीमा मध्यस्थ।

Insurance Broker *(बीमा ब्रोकर)* : बीमा ग्राहक की ओर से वह व्यक्ति जो बीमा योजना का प्रबंध करे। वह बीमा कराने वाले ग्राहक का प्रतिनिधि होता है, हालांकि उसे कमीशन के तौर पर अपना मेहनताना कंपनी से मिलता है। देखिये बीमा मध्यस्थ।

Insurance Company *(बीमा कंपनी)* : लाइसेंस प्राप्त कानूनी कंपनी जो बीमा का आर्थिक उत्तरदायित्व स्वीकार करे।

I

Insurance Intermediary *(बीमा मध्यस्थ)* : शुल्क लेकर बीमा सेवाएं, बीमाधारक के साथ बीमा समझौता, बीमा समझौते में प्रशासकीय सहायता, सुझाव जैसी मध्यस्थता कराने वाला व्यक्ति। बीमा मध्यस्थ बीमा एजेंट और बीमा ब्रोकर होते हैं।

Insurance Intermediation *(बीमा मध्यस्थता)* : बीमा कंपनी और ग्राहक के बीच बीमा समझौते को प्रोत्साहित करने वाली कारोबारी गतिविधि। बीमा कंपनी की ओर से बीमा पॉलिसी बेचना या बेचने की कोशिश करना। संभावित ग्राहक को किसी खास बीमा उत्पाद को खरीदने के लिए कहना या सुझाव देना। इसमें बीमा कंपनी की गतिविधियां शामिल नहीं हैं।

Insurance Payment *(बीमा भुगतान)* : बीमित दुर्घटना के होने पर बीमा कंपनी द्वारा बीमाधारक या बीमा भुगतान लेने के लिए अधिकृत दूसरे व्यक्ति को दी जाने वाली राशि।

Insurance Policy *(बीमा योजना या बीमा पॉलिसी)* : बीमा कंपनी द्वारा जारी किए जाने वाले दस्तावेज़ जो बीमाकृत घटना, प्रीमियम, भुगतान की शर्तों आदि को पुष्ट करें।

Insurance Premium *(बीमा प्रीमियम)* : बीमा करार में दर्ज वह निश्चित राशि जिसे बीमाधारक द्वारा बीमा कंपनी को दिया जाता है। आमतौर पर यह मासिक या वार्षिक आधार पर तय होती है।

Insurance Risk *(बीमा जोखिम)* : उस घटना या दुर्घटना के होने की संभावना जिसके लिए बीमा लिया गया हो।

Insured *(बीमाधारक)* : जीवन बीमा के मामले में वह व्यक्ति जिसके जीवन के लिए पॉलिसी जारी की गई है। संपत्ति और उत्तरदायित्व बीमा के मामले में वह व्यक्ति या उसकी ओर से नामित व्यक्ति जिसे पॉलिसी के तहत सुविधाओं का भुगतान किया जाना हो।

Insured Event *(बीमित घटना)* : बीमा करार में उस घटना का उल्लेख जिसके होने पर बीमा कंपनी को बीमा भुगतान देना पड़े।

Intangible Assets *(अमूर्त परिसंपत्तियां)* : मौद्रिक कीमतों वाली वे परिसंपत्तियां जिन्हें छुआ न जा सके। मसलन साख, ट्रेडमार्क और पेटेंट।

Integration *(एकीकरण)* : दो या दो से अधिक वस्तुओं, स्तरों या प्रणालियों का एक में विलय। देखिये लम्बवत एकीकरण।

Intellectual Property *(बौद्धिक संपदा)* : अपने सृजनात्मक कार्य को बचाने का अधिकार। उदाहरण के लिए आविष्कार, ट्रेडमार्क, उत्पादन प्रक्रिया या साहित्यिक रचना

I

पर लेखक, संगीतात्मक या फोटोग्राफिक कार्य पर उसकी संरचना करने वाले का अधिकार। बौद्धिक संपदा की सुरक्षा आमतौर पर सरकार और कानून द्वारा की जाती है। इन्हें अनुबंधों द्वारा भी सुरक्षित रखा जा सकता है। बौद्धिक संपदा वाद-विवाद का विषय है क्योंकि अक्सर इसका कोई मूर्त आकार नहीं होता, लिहाजा इस पर अंकुश लगा पाना और इसकी सुरक्षा कर पाना कठिन काम है।

Interbank Market *(अंतरबैंक बाज़ार)* : मुद्रा बाज़ार जहां बैंक एक-दूसरे से उधार लेते हैं। अंतरबैंक बाज़ार में ब्याज दरों को अंतरबैंक दर के नाम से जाना जाता है और इनका इस्तेमाल आमतौर पर उन ब्याज दरों को तय करने में संदर्भ के तौर पर किया जाता है, जिस पर व्यावसायिक बैंक बाज़ार हिस्सेदारों को ऋण देते हैं। देखिये लंदन अंतर बैंक पेशकश दर (लिबोर)।

Interest *(ब्याज)* : यह ऋण के इस्तेमाल के बदले ली जाने वाली शुल्क है जो आमतौर पर दी गई राशि के प्रतिशत के तौर पर होती है। कर्ज़दाता के लिए यह आर्थिक तत्त्व है जो वह अपने उपभोग को टाल कर रिटर्न स्वरूप हासिल करता है। वहीं कर्ज़दार के लिए यह वह राशि है जो वह अपनी मौजूदा ज़रूरत को पूरा करने के लिए चुकाता है। देखिये समय वरीयता सिद्धांत।

Interest Groups *(हित समूह)* : यह साझा ज़रूरतों और हितों वाले लोगों का समूह है, जो आमतौर पर एक जैसी आर्थिक गतिविधियों में शामिल रहते हैं। यह समूह आकार में बड़ा (मसलन उपभोक्ता वकालत समूह) भी हो सकता है और छोटा (मसलन संबंधित कंपनियों का संगठन) भी।

Intermediary *(मध्यस्थ)* : वह तीसरा पक्ष जो वस्तुओं की आपूर्ति और सेवा मुहैया करने में अपनी ओर से काम करता है या क्रेता या फिर विक्रेता की तरफ से प्रतिनिधि की भूमिका निभाता है। यह लेन-देन या तो वह अपने खाते से करता है या फिर उस पार्टी के खाते से जिसका वह प्रतिनिधित्व कर रहा होता है। देखिये बिचौलिया, एजेंट या प्रतिनिधि, दलाल, सार्वजनिक कारोबार का मध्यस्थ।

Intermediary of Public Trading *(सार्वजनिक कारोबार का मध्यस्थ)* : वित्तीय ब्रोकरेज फर्म और व्यावसायिक बैंक जो वित्तीय सेवाओं को मुहैया कराने के लिए अधिकृत हो।

Internal Creditors *(आंतरिक ऋणदाता)* : ऋण और अन्य बाध्यकारी कर्ज़ पत्र देने में सक्षम घरेलू बैंक, व्यक्ति या वित्तीय संस्थान।

Internalization *(समावेशन)* : समस्या पैदा करने वाले पक्ष को आर्थिक दंड देकर या उसे पूरी तरह से ज़िम्मेदार ठहराते हुए परिणाम के नकारात्मक असर की भरपाई करना, इसमें एक व्यक्ति पूरी कार्रवाई पर खर्च का बोझ उठाता है। उदाहरण के लिए

I

गन्दगी फैलाने वाले से पर्यावरण की सफाई के लिए खर्च की वसूली करना।

International Accounting Standards (IAS) *(अंतरराष्ट्रीय लेखा मानक [आईएएस])* : परिसंपत्तियों, पूंजी व आर्थिक संस्थाओं की देनदारियों के आकलन, आय व लागत की जानकारी और इसका खाता-बही में लेखा करने को लेकर अंतरराष्ट्रीय लेखा मानक समिति द्वारा तैयार किए गए नियम। इसके आधार पर वित्तीय विवरण निकाले जाते हैं।

International Organization of Standardization (ISO) *(मानकीकरण का अंतरराष्ट्रीय संगठन [आईएसओ])* : स्विट्ज़रलैंड के जेनेवा में मानक स्थापित करने वाला अंतरराष्ट्रीय निकाय। इसका गठन दुनिया-भर में औद्योगिक और व्यावसायिक मानकों में संयोजन स्थापित करने के लिए 1947 में हुआ था। इसमें तमाम राष्ट्रीय मानक निकायों से प्रतिनिधि शामिल हैं।

International Securities Identification Number (ISIN) *(अंतरराष्ट्रीय सुरक्षा पहचान संख्या [आईएसआईएन])* : डिपॉजिटरी के साथ सुरक्षा खाता खुलवाने के बाद यह वितरकों को दी जाने वाली विशिष्ट अंतरराष्ट्रीय सुरक्षा पहचान संख्या है।

Interpol (International Criminal Police Organization) *(इंटरपोल[अंतरराष्ट्रीय आपराधिक पुलिस संगठन])* : यह दुनिया का सबसे बड़ा पुलिस संगठन है। इसके 184 सदस्य देश हैं। यह सीमापार पुलिस सहयोग और अंतरराष्ट्रीय अपराध से मुकाबला करने वाले सभी समूहों को मदद मुहैया कराता है। इसकी कार्रवाई विभिन्न देशों के कानूनों के तहत सीमित होती है। इसका गठन 1923 में हुआ था। इसकी अध्यक्षता आमसभा करती है जिसमें सभी सदस्य देशों के प्रतिनिधि मौजूद होते हैं। आमसभा सभी प्रमुख नीति, वित्तीय और गतिविधि मामलों के बारे में निर्णय लेती है। यही कार्यकारी समिति का भी चयन करती है। इसका सचिवालय ल्योन, फ्रांस में स्थित है। यहीं इंटरपोल के रोज़मर्रा के कार्य होते हैं। इसकी आधिकारिक भाषा अरबी, अंग्रेज़ी, फ्रेंच और स्पैनिश है।

Interpolation *(प्रक्षेप)* : यह आकलन करने का एक तरीका है, जिसमें चर (वेरिएबल) के मूल्य की गणना ज्ञात मूल्य के आधार पर की जाती है। यह प्रक्रिया सांख्यिकीय या तार्किक डेटा पर आधारित अज्ञात मध्य मूल्यों की व्याख्या या उसकी खोज के लिए अपनाई जाती है।

Intervention *(हस्तक्षेप)* : बाज़ार की प्रक्रियाओं में राज्य का किसी भी तरह का हस्तक्षेप।

Interventionism *(हस्तक्षेपवाद)* : राज्य द्वारा बाज़ार नियमन की वकालत करने

वाला सिद्धांत।

Inventory *(भंडार, इंवेंट्री, सूची)* : मांग में उठा-पटक से बचाव के लिए कंपनी द्वारा ब्रिकी न की गई वस्तुओं का संग्रहण। इसका मूल्य कंपनी की बैलेंस शीट पर प्रदर्शित होता है।

Investment *(निवेश)* : सामान्य रूप से किसी भी ऐसी चीज़ का अधिग्रहण जिससे वित्तीय रिटर्न मिलने की उम्मीद हो। समष्टि अर्थशास्त्र में संयंत्र, संपत्ति और उपकरण की खरीद निवेश है। वित्तीय मामलों में इस उम्मीद के साथ शेयरों की खरीद कि वे आगे चलकर मुनाफा पहुंचाएंगे, को निवेश माना जाता है।

Investment Bank *(निवेश बैंक)* : नए शेयरों को जारी करने की इच्छुक कंपनी और संभावित निवेशकों के बीच मध्यस्थता की भूमिका निभाने वाला। निवेश बैंक अक्सर कंपनी द्वारा जारी सभी शेयरों को खरीद लेते हैं और बाद में उन्हें व्यक्तियों और संस्थागत निवेशकों को बेच देते हैं।

Investment Climate *(निवेश का माहौल)* : किसी भी देश की ऐसी स्थितियां जहां व्यक्ति या कंपनी निवेश करना चाहे। इसमें कर संरचना, श्रम शक्ति की गुणवत्ता, मुद्रा स्थिरता, राजनीतिक स्थिरता आदि शामिल है।

Investment Company/Investment Fund *(निवेश कंपनी/निवेश कोष)* : एक कंपनी जिसका प्राथमिक कार्य मुनाफा कमाने के लिए दूसरी कंपनियों के शेयरों को अपने पास रखना हो। यह आमतौर पर अपनी सेवाओं के लिए शुल्क लेती है और राज्य के दृष्टिकोण के मुताबिक निवेश करती है। ये कंपनियां ओपन एंड (मसलन म्यूचुअल फंड) या क्लोज्ड एंड मसलन निवेश ट्रस्ट हो सकती हैं।

Investment Management Company *(निवेश प्रबंधन कंपनी)* : एक कंपनी जिसका मूल कार्य पेंशन या निवेश कोषों का प्रबंधन करना हो।

Investment Risk *(निवेश जोखिम)* : बीमाकर्ता के निवेश प्रबंधन से प्रत्यक्ष या अप्रत्यक्ष रूप से जुड़े तमाम तरह के जोखिम। ये बीमाकर्ता के प्रदर्शन, रिटर्न, तरलता और पूरे निवेश की संरचना के लिए चिंताजनक होते हैं। ऐसे जोखिम का बैलेंस शीट की परिसंपत्ति पर खासा असर पड़ सकता है और इससे कंपनी अत्यधिक कर्ज़ में या दिवालिया हो सकती है। निवेश जोखिम में बाज़ार जोखिम, कर्ज़ जोखिम, तरलता जोखिम, और परिचालन जोखिम आदि शामिल हैं।

Invisible Hand *(अदृश्य हाथ)* : सन 1776 में ऐडम स्मिथ द्वारा बाज़ार मूल्य निर्धारण तंत्र की प्रक्रिया की विशेषता को बताने के लिए उपमा के तौर पर इसे विकसित किया गया था। बाज़ार भाव स्वतंत्र ग्राहकों और विक्रेताओं के फैसलों के साथ मेल

खा सकते हैं और इस तरह उनके मुनाफे को ज्यादा से ज्यादा बढ़ा सकते हैं, हालांकि इस तरह की गतिविधि को कोई भी सचेत, केंद्रीकृत या नियोजित तरीके से संगठित नहीं करता है। हर व्यक्ति अपने मुनाफे को देखते हुए समाज के फायदे के लिए काम करता है जैसे इसके पीछे कोई अदृश्य हाथ काम कर रहा हो।

Invoice *(इनवॉयस)* : बिल जिसमें दी गई सेवाओं और भेजे गए सामानों की सूची तथा उनकी बिक्री से जुड़ी सभी तरह की लागत दर्ज हो।

IOSCO (International Organization of Securities Commissions) *(आईओएससीओ [प्रतिभूति आयोग का अंतरराष्ट्रीय संगठन])* : आईओएससीओ का मुख्य उद्देश्य उच्च स्तर के नियामकीय मानकों, निगरानी और नियमों के उल्लंघन के खिलाफ कार्रवाई आदि के ज़रिये मज़बूत, पारदर्शी और उपयोगी बाज़ार को प्रोत्साहित और विकसित करना है। उसका शीर्ष मिशन विकसित और विकासशील देशों के बीच कुशलता का हस्तांतरण है। इसकी चार क्षेत्रीय स्थायी समितियां हैं: अफ्रीका, मध्य पूर्व, एशिया प्रशांत, यूरोपीय और अंतर-अमेरिकी। दो स्थायी कार्यकारी समितियां भी हैं—तकनीकी समिति और विकासशील बाज़ार समिति। साथ ही कार्यकारी और अध्यक्ष समिति भी हैं जिनके पास आईओएससीओ के लक्ष्य को हासिल करने के लिए सभी शक्तियां हैं। आईओएससीओ का गठन 1983 में अंतर-अमेरिकी गठबंधन से हुआ और जल्दी ही यह अंतरराष्ट्रीय मानकों को स्थापित करने वाली एजेंसी बन गई। आईओएससीओ का सचिवालय मैड्रिड में बना हुआ है और इसकी आधिकारिक भाषा अंग्रेज़ी और स्पेनिश है। हाल में इसकी प्रमुख उपलब्धियों में सिक्योरिटीज़ रेगुलेशन, 2002 के उद्देश्यों और सिद्धांतों को स्वीकार करना शामिल है।

Iron Law of Wages *(मज़दूरी का कठोर कानून)* : वेतनों को लेकर यह वक्तव्य डेविड रिकार्डो (1772-1823) द्वारा दिया गया है। इसके मुताबिक कर्मचारियों के जीवन-स्तर का विकास सीमित होता है क्योंकि वास्तविक आय में किसी भी तरह की बढ़ोतरी जनसंख्या बढ़ने को निर्धारित करती है। इसके फलस्वरूप खाद्य उत्पादों की मांग बढ़ जाती है जिससे उनके दाम बढ़ जाते हैं। इस तरह यह महंगाई वेतन में वास्तविक विकास को निगल जाती है। बढ़ती जनसंख्या और श्रम आपूर्ति वेतन में वृद्धि को सीमित करते हैं। 'आयरन लॉ ऑफ वेजेज़' की व्याख्या करते हुए रिकार्डो ने श्रम सिद्धांत के मूल्यों का अनुसरण किया लेकिन तकनीकी विकास को ध्यान में नहीं रखा।

Islamic Development Bank (IDB) *(इस्लामिक विकास बैंक [आईडीबी])* : इस्लामिक विकास बैंक बहुउद्देश्यीय विकास वित्तीय संस्थान है, जिसे शरिया (मुस्लिम कानून) के अनुसार अपने सदस्य देशों के सामाजिक और आर्थिक विकास के लिए स्थापित किया गया है। इसके प्रमुख कार्यों में उत्पादक परियोजनाओं के लिए कर्ज़ तथा आर्थिक और सामाजिक विकास के लिए वित्तीय सहायता मुहैया कराना है। आईडीबी का गठन

I

1975 में हुआ था और इसका मुख्यालय जेद्दा, सऊदी अरब में है। इसकी आधिकारिक भाषा अरबी है, लेकिन इसके कारोबार अंग्रेज़ी और फ्रेंच में भी किए जाते हैं। इसके 56 सदस्य देश हैं और इसकी सदस्यता इस्लामिक सम्मेलन की सदस्यता पर निर्भर है। इसका नेतृत्व गवर्नरों का बोर्ड करता है और इसके रोज़मर्रा के काम कार्यकारी निदेशकों के बोर्ड द्वारा किए जाते हैं।

Issue *(इश्यू)* : बाज़ार में मुद्रा या शेयरों को लाना। मुद्रा इश्यू का काम केंद्रीय बैंक द्वारा व्यावसायिक बैंकों को अतिरिक्त स्रोतों को उधार देकर या अतिरिक्त बैंक नोट और सिक्के ज़ारी कर किया जाता है। प्रतिभूति इश्यू निजी या सरकारी संस्थान द्वारा लाए जाते हैं।

Issue Bank *(इश्यू बैंक)* : मुद्रा इश्यू के कार्यों को करने वाला केंद्रीय बैंक।

Issuer *(निर्गम लाने वाला)* : मुद्रा या शेयर निर्गम लाने वाली निजी कंपनी या सार्वजनिक संस्थान (वित्त मंत्रालय या केंद्रीय बैंक)।

J

J

Jevons, William Stanley (1835–1882) *(जीवॉन्स, विलियम स्टैनले)* : स्टैनले अंग्रेज़ दार्शनिक व अर्थशास्त्री थे, जिन्होंने व्यक्तिपरक मूल्य सिद्धांत दिया। अपने कार्य 'द थ्योरी ऑफ पॉलिटिकल इकोनॉमी' (1871) में उन्होंने तब के सिद्धांत जो यह कहता था कि वस्तुओं के मूल्य मज़दूरी लागत पर निर्भर करते हैं, का खंडन किया। स्टैनले ने कहा कि वस्तुओं का मूल्य व्यक्तिपरक निर्णय पर निर्भर करता है। देखिये व्यक्तिपरक मूल्य सिद्धांत।

Joint Stock Company *(संयुक्त स्टॉक कंपनी)* : कुछ-कुछ निगम से मिलती-जुलती कंपनी जिसकी पूंजी शेयरों में बंटी हो और जिसमें साझेदारी कंपनी की कई विशेषताएं हों। आजकल संयुक्त स्टॉक कंपनियों को निगम के तौर पर समझा जाता है। यानी अलग कानूनी संस्था जिसमें शेयरधारकों का सीमित उत्तरदायित्व होता है। कुछ क्षेत्रों में अभी भी असीमित उत्तरदायित्व के साथ संयुक्त स्टॉक कंपनी को पंजीकृत करने की सुविधा दी जाती है। कंपनी जिनके शेयरों का स्टॉक एक्सचेंज पर कारोबार नहीं होता है उन्हें क्लोज़्ड ज्वाइंट (संयुक्त) स्टॉक कंपनी कहते हैं।

Jumbo Risk *(बहुत बड़ा जोखिम)* : जोखिम जिसे खासे लाभ को देखते हुए लिया जाए।

K

Keynesian Economics *(कीन्सवादी अर्थशास्त्र)* : वह आर्थिक सिद्धांत जो कहता है कि सरकारी हस्तक्षेप और अर्थव्यवस्था का प्रबंधन पूर्ण रोज़गार को बनाए रखने के लिए ज़रूरी है। खासकर, कीन्सवादी मांग प्रबंधन पर ज़ोर देते हैं, जिसके द्वारा सरकार आर्थिक मंदी यानी गिरावट की अवधि में घाटे वाले बजट के माध्यम से खर्चों के ज़रिये रोज़गार बढ़ाएगी और तेज़ी के दौर में आधिक्य वाले बजट बनाकर खर्च पर अंकुश रखेगी।

Keynes, John Maynard (1883–1946) *(कीन्स, जॉन मेनार्ड)* : अंग्रेज़ अर्थशास्त्री। उन्होंने कैंब्रिज यूनिवर्सिटी में काम किया। कीन्स समष्टि आर्थिक सिद्धांत के लेखक थे। उनके ही विचार कीन्सवादी अर्थशास्त्र की बुनियाद बने। उनकी प्रमुख रचना रोज़गार, ब्याज और मुद्रा का सामान्य सिद्धांत (1936) थी। इन पुस्तकों में उन्होंने बड़े पैमाने की बेरोज़गारी के कारणों को उजागर किया। साथ ही बेरोज़गारी दूर करने और आर्थिक कल्याण में वृद्धि करने के उपाय पेश किए। कीन्स के अनुसार, सरकार हस्तक्षेप करके तथा खर्च बढ़ाकर समग्र मांग बढ़ा सकती है। इस तरह आर्थिक वृद्धि (विकास) को समर्थन दे सकती है, क्योंकि कम मांग ही आर्थिक गिरावट का कारण होती है। 20वीं सदी के मध्य एवं अंत में देशों ने कीन्स सिद्धांत पर आधारित नीतियां लागू कीं। इसके तहत उन्होंने बजट खर्च का उपयोग किया और सक्रिय मौद्रिक नीति का संचालन किया। कीन्स के समर्थकों और उनके विचारों को विकसित करने वालों में रिचर्ड हिक्स, एल्विन हैंसन और पॉल सैमुएलसन शामिल थे। कीन्स के सिद्धांत एवं उनके द्वारा सुझाए गए उपायों का व्यावहारिक इस्तेमाल करने पर अक्सर वांछित लक्ष्य और प्रत्याशित परिणाम नहीं प्राप्त हुए। कुछ निश्चित स्थितियों में बाज़ार में सरकारी हस्तक्षेप आर्थिक विकास में मदद पहुंचा सकता है, लेकिन बाज़ार हस्तक्षेप के अक्सर मुद्रास्फीति और संसाधनों

K

के अदक्ष वितरण जैसे नकारात्मक नतीजे सामने आते हैं। इतना ही नहीं, यह बाज़ार प्रतिभागियों के उत्पादक कार्यों, बचत और निवेश में जुटने को हतोत्साहित भी करता है।

Key Person Insurance *(प्रमुख व्यक्ति बीमा)* : वह जीवन बीमा कार्यक्रम जो किसी कंपनी के प्रमुख कर्मचारियों को सुरक्षा देने के लिए बनाया जाता है। इसे एक समूह या व्यक्तिगत पॉलिसी के आधार पर तैयार किया जा सकता है।

Knowledge Economy *(ज्ञान-आधारित अर्थव्यवस्था)* : वह आर्थिक गतिविधि जहां प्रमुखतः ज्ञान, प्रौद्योगिकी के उपयोग और वैज्ञानिक शोध के ज़रिये मूल्य वर्धन किया जाता है।

Knowledge Problem *(ज्ञान की समस्या)* : देखिये फैली हुई जानकारी या सहज रूप से उपलब्ध जानकारी।

Kyoto Protocol *(क्योटो संधि)* : संयुक्त राष्ट्र के अधीन सन 1997 में क्योटो सम्मेलन के दौरान बनी सहमति के आधार पर किया गया अंतर-सरकारी समझौता है। इसके तहत सहमति देने वाले पक्षों को ग्रीनहाउस गैसों के उत्सर्जन में पांच साल के भीतर 5 प्रतिशत की कटौती करना आवश्यक है। अब इसे चाहे उत्पादन में बदलाव के ज़रिये किया जाए या फिर उत्सर्जन की खरीद-फरोख्त (ट्रेडिंग) के ज़रिये। क्योटो संधि के आलोचक इस बात से इंकार करते हैं कि ग्रीनहाउस गैसों का दुष्प्रभाव वैज्ञानिक रूप से साबित किया जा चुका है। वे इसकी न तो उन मान्यताओं से सहमत हैं, जिनके अनुसार मानव जनित उत्सर्जन ही तापमान में बढ़ोतरी के प्राथमिक स्रोत हैं और न ही इस बात से रज़ामंद हैं कि इस संधि में प्रस्तावित कदमों से वैश्विक जलवायु में कोई प्रभाव पड़ेगा। उनका कहना है कि प्रस्तावित कदम अप्रभावी हैं और इनसे लाभ तो कम मिलेंगे, लेकिन लागतों का बोझ ज़्यादा बढ़ेगा।

L

Labour Force, Active Population *(श्रम शक्ति, सक्रिय जनसंख्या)* : (1) रोज़गार में लगी कुल जनसंख्या या नौकरी ढूंढ़ रहे व्यक्तियों की संख्या। इसमें आयु को ध्यान में नहीं रखा जाता। (2) इसका आर्थिक अभिप्राय श्रम आपूर्ति से है।

Labour Force Participation Rate *(श्रम शक्ति सहभागिता दर)* : कुल श्रम शक्ति और काम करने की आयु वाले व्यक्तियों की जनसंख्या के बीच अनुपात (काम करने की आयु का निर्धारण सरकार करती है)।

Labour Intensive Production *(श्रम साध्य उत्पादन)* : ऊंची श्रम लागतों की ज़रूरत वाली उत्पादन तकनीकी। यानी वह तकनीकी जिसमें पूंजी के मुकाबले मज़दूरों की ज़्यादा ज़रूरत होती है। देखिये पूंजी साध्य उत्पादन।

Labour Migration *(श्रम पलायन, मज़दूरों का पलायन)* : नौकरीशुदा या नौकरी ढूंढ़ रही आबादी द्वारा रहने का स्थान या काम बदलना।

Labour Productivity *(श्रम उत्पादकता)* : समय की एक इकाई मसलन घंटे या दिन में किसी कर्मचारी द्वारा उत्पादित कुल उत्पादन की मात्रा।

Labour Resources *(श्रम संसाधन)* : किसी व्यक्ति की मानसिक या शारीरिक क्षमताएं। देखिये मानव संसाधन।

Labour Theory of Value *(मूल्य का श्रम सिद्धांत)* : वह आर्थिक सिद्धांत जिसके मुताबिक वस्तुओं या सेवाओं का मूल्य उन्हें उत्पादित करने में लगी श्रम की मात्रा से निर्धारित होता है। इस सिद्धांत के अग्रदूतों में एडम स्मिथ और डेविड रिकॉर्डो शामिल

L

हैं। इस सिद्धांत का सर्वाधिक विकास कार्ल मार्क्स ने किया, जिसने इसका उपयोग मज़दूरों के शोषण के सिद्धांत को साबित करने के लिए किया।

Labour Union, Trade Union *(मज़दूर संघ, ट्रेड यूनियन)* : यह किसी एक पेशे या कंपनी के कर्मचारियों को संगठित करने वाला एक ऐच्छिक संगठन होता है, जो नियोक्ता के साथ किसी भी तरह की सौदेबाज़ी के लिए कर्मचारियों के हितों का प्रतिनिधित्व करता है। मज़दूर संघ अक्सर सामूहिक सौदेबाज़ी, श्रम संघों के साथ तमाम निर्णयों के समन्वय का नियोक्ता का दायित्व और संघ के सदस्यों को अतिरिक्त श्रम गारंटियों जैसे कानून के तहत मिले अपने विशेषाधिकारों का इस्तेमाल करते हैं। मज़दूर संघों को मिले ऐसे असाधारण अधिकार अक्सर गैर-सदस्य कर्मचारियों के हितों की अवहेलना करते हैं और कंपनी के कारगर संचालन में बाधाएं पैदा कर सकते हैं।

Laffer Curve *(लाफर वक्र)* : ऑर्थर लाफर द्वारा विकसित यह वक्र कर की दर और कर राजस्व के बीच अंतर्निर्भरता प्रदर्शित करता है। जब कर की दर बढ़ती है, तो प्रारंभ में अदा की जाने वाली कर राशि तब तक बढ़ती रहती है, जब तक कि यह अधिकतम स्तर तक नहीं पहुंच जाती। इसके बाद कर राजस्व घटने लगता है, क्योंकि कर के बोझ के तले कार्य, बचत और निवेश को प्रोत्साहित करने वाला कारक दब जाता है।

Lag *(अंतराल)* : समय की वह अवधि जो किसी कार्य और इसके परिणाम आने के बीच बीत जाती है। आर्थिक निर्णय लेते समय हर किसी को कार्य और परिणाम के बीच के अंतराल को ध्यान में रखना चाहिए।

Laissez Faire *(मुक्त अर्थव्यवस्था, मुक्त व्यापार)* : फ्रेंच से आए इस शब्द का मूल अर्थ है–'लोगों को उनके मन का करने दो'। इस नारे को 18वीं सदी में विदेशी व्यापार पर बंदिशें लगाने वाली वणिकवादी नीति के जवाब में उछाला गया था और अंततः यह बाज़ार और व्यावसायिक मामलों में सरकार की सीमित भूमिका का समानार्थी बन गया। देखिये मुक्त बाजार, वणिकवाद, मर्कैंटीलिज्म, प्रकृतिवाद।

Land *(भूमि, ज़मीन)* : प्राकृतिक रूप में पाया जाने वाला कोई भी संसाधन जैसे भौगोलिक स्थिति, खनिज भंडार। उत्पादन के तीन साधनों (भूमि, श्रम और पूंजी) में से एक। इसकी कमी और इसमें मौजूद प्राकृतिक संसाधन ही इसकी कीमत निर्धारित करते हैं।

Land Rent *(लगान, ज़मीन का किराया)* : (1) किसी दूसरे व्यक्ति या संस्था को उसकी ज़मीन का इस्तेमाल करने देने के एवज़ में मिलने वाली कोई भी आय (2) भूमि या ज़मीन से प्राप्त आय और भूमि को बनाए रखने के लिए ज़रूरी खर्चों के बीच का अंतर।

L

Lapse *(समापन, खात्मा)* : बीमित द्वारा ज़रूरी प्रीमियम के भुगतान में विफलता के कारण पॉलिसी का समाप्त हो जाना।

Last Clear Chance *(अंतिम स्पष्ट अवसर)* : यह अंशदायी लापरवाही के सिद्धांत का एक अपवाद है। यह उस व्यक्ति को कानूनी तौर पर उत्तरदायी बनाता है, जिसके पास दुर्घटना से बचने का अंतिम अवसर होता है और वह इसे गंवा देता है।

Law of Comparative Advantage, Law of Association *(तुलनात्मक लाभ का नियम, संघ का नियम)* : डेविड रिकॉर्डो ने सन 1817 में आई अपनी किताब राजनीतिक अर्थशास्त्र और कराधान के सिद्धांत में इस नियम की व्याख्या की। इस नियम के ज़रिये उन्होंने श्रम विभाजन के स्पष्ट लाभों को उन परिस्थितियों में भी साबित किया जबकि कोई व्यक्ति या समूह मसलन एक देश हर मामले में किसी दूसरे व्यक्ति या समूह की तुलना में बेहतर और अधिक उत्पादक हो। रिकॉर्डो ने उन दो देशों के बीच मुक्त व्यापार के परिणामों का विश्लेषण किया, जिनमें एक को दूसरे के मुकाबले प्राकृतिक लाभ हासिल है। इसमें उन्होंने यह मान्यता ली कि दोनों देशों के बीच पूंजी और श्रम (मज़दूर) की मुक्त रूप से आवाजाही नहीं है। रिकॉर्डो ने सिद्ध किया कि श्रम विभाजन और मुक्त व्यापार इन दोनों देशों के लिए लाभकर है, अगर ऊंची श्रमदक्षता वाला देश उन वस्तुओं के उत्पादन में महारत हासिल करता है, जिन पर उसे तुलनात्मक रूप से अधिक श्रम दक्षता हासिल है।

Law of Demand *(मांग का नियम)* : यह नियम कहता है कि जब वस्तु या सेवा की कीमत बढ़ाई जाती है तो इनकी मांगी जाने वाली मात्रा घट जाएगी। इसी तरह जब कीमत घटती है तो मांगी जाने वाली मात्रा बढ़ जाएगी।

Law of Large Numbers *(बड़े पैमाने की संख्या का नियम)* : संभाव्यता का वह नियम जो इस बात पर ज़ोर देता है कि यदि प्रयोग अनेक बार किए जाते हैं, तो किसी रैंडम वैल्यू की नमूना संभाव्यता वास्तविक संभाव्यता तक पहुंच जाएगी। इस नियम का बीमा में बड़े पैमाने पर उपयोग किया जाता है, जहां किसी समूचे समूह में लंबी अवधि के अवलोकन के बाद प्रत्येक खास घटना के बारे में निष्कर्ष निकाले जाते हैं। जैसे किसी व्यक्ति की जीवन प्रत्याशा, चोरी, इत्यादि।

Law of One Price *(एक कीमत का नियम)* : एक खुले बाज़ार में समरूप वस्तुओं और सेवाओं की कीमतों के एक समान होने की प्रवृत्ति। ऐसा उस समय होता है, जब उपभोक्ता वस्तुओं के बीच कोई अंतर नहीं कर पाते और इसलिए वे कतई ऊंची कीमत अदा नहीं करेंगे अगर वही (या समान) वस्तु कम कीमत पर मिल रही है।

Law of Returns, Law of Diminishing Returns *(प्रतिफल के नियम, घटते प्रतिफल का नियम)* : प्रतिफल का नियम बताता है कि हर वस्तु के लिए उत्पादन के

L

साधनों का एक अनुकूलतम संयोजन होता है। अगर कोई आर्थिक वस्तु उत्पादन के प्रत्येक साधन की अनुकूलतम संख्या या मात्रा के अलावा किसी अन्य का इस्तेमाल करके उत्पादित की जाती है तो अन्य कारकों के यथास्थिर रहने पर अनुकूलतम संबंध से कोई भी विचलन होने पर उस साधन के उपयोग से घटते प्रतिफल प्राप्त होंगे।

Law of Supply *(आपूर्ति का नियम)* : यह नियम कहता है कि जब किसी वस्तु या सेवा की कीमत बढ़ाई जाती है तो उसकी आपूर्ति बढ़ जाती है और जब कीमत घटाई जाती है तो आपूर्ति की जाने वाली मात्रा भी घट जाती है।

Lease *(पट्टा, लीज़)* : वह अनुबंध जिसके अंतर्गत पट्टादाता या मालिक कोई आइटम एक निश्चित भुगतान के बदले में अस्थायी उपयोग और प्रबंध के लिए उपलब्ध कराने का वादा करता है। इसके बदले में इस आइटम का इस्तेमाल करने वाला पक्ष भुगतान करने का वादा करता है।

Leaseback *(पट्टावापसी, लीज़बैक)* : वह संपत्ति बिक्री अनुबंध जिसमें संपत्ति का विक्रेता, क्रेता यानी खरीदार से पट्टा ले सकता है। पट्टावापसी अनुबंध अक्सर उस समय किए जाते हैं, जब अकेले रहने वाले बुजुर्ग लोग अपनी संपत्ति बेचते हैं और अपने जीवन के अंत तक के लिए इसे वापस पट्टे पर लेने को राज़ी होते हैं।

Leasehold Interest *(पट्टे पर दी गई संपत्ति पर वसूला जाने वाला ब्याज, लीज़होल्ड ब्याज)* : ब्याज का अमूर्त प्रयोग जो उस वक्त मौजूद होता है, जब किसी पट्टे के प्रावधानों में जिस किराये की शर्त रखी जाती है, वह समान सुविधाओं वाली संपत्तियों पर मिलने वाले मौजूदा बाजार किराये से अधिक या कम होता है।

Ledger *(खाताबही)* : किसी कंपनी के सभी लेन-देनों को दिखाने वाली लेखे की पुस्तिका यानी बही।

Legal Entity *(कानूनी संस्था)* : वह कंपनी, संस्थान या संगठन जिसका अपना नाम होता है और जो अपने नाम पर अधिकारों और दायित्वों को ग्रहण कर सकती है। कानूनी संस्थाएं सीमित या असीमित देयता वाली सार्वजनिक (जैसे राष्ट्रीय और स्थानीय सरकार की कंपनियां और संस्थान, सार्वजनिक संस्थान, धार्मिक समुदाय) और निजी संस्थाएं हो सकती हैं।

Legal Tender *(विधिमान्य मुद्रा)* : वह मुद्रा जिसकी कानूनी तौर पर मान्यता हो। किसी देश में केंद्रीय बैंक द्वारा जारी की जाने वाली केवल एक विधिमान्य मुद्रा हो सकती है। हालांकि, अगर कानूनी बंदिशें न लगाई गई हों, तो एक से अधिक विधिमान्य मुद्राएं भी हो सकती हैं।

Lemon Market *(गुदड़ी बाज़ार)* : असमान सूचनाओं के चलते बनने वाला वह

अप्रभावी बाज़ार, जहाँ अच्छी और घटिया गुणवत्ता वाली वस्तुओं में कोई अंतर नहीं किया जा सकता है। नतीजतन क्रेता यानी खरीदार किसी वस्तु की औसत कीमत ही देना चाहते हैं। वे वस्तु की पूरी कीमत इसलिए नहीं देना चाहते, क्योंकि इस बात की ज्यादा संभावना रहती है कि उन्हें बदले में कोई घटिया वस्तु ही मिले। इसलिए अच्छी गुणवत्ता वाली वस्तुओं के विक्रेता अगर सामान बेचना ही चाहते हैं तो उन्हें कम दाम स्वीकार करना ही पड़ेगा। वहीं घटिया वस्तुओं के विक्रेताओं को बाज़ार में माल पाटने के लिए प्रोत्साहन मिलता है, क्योंकि वे ऊंची कीमत वसूलने में सक्षम होते हैं। कुछ लोग इस सैद्धांतिक बाज़ार को नियमन के पक्ष में तर्क देने के लिए इस्तेमाल करते हैं, जबकि अन्य इसके प्रतिवाद में कहते हैं कि कोई भी बाज़ार ईमानदार विक्रेताओं के सामने आने पर उन्हें पुरस्कार (अधिक कीमत) देकर अंततः अपने को सुधार लेगा।

Lender of Last Resort *(अंतिम ऋणदाता)* : केंद्रीय बैंक उस समय अंतिम ऋणदाता का कार्य करता है जब किसी मुश्किल में आए वाणिज्यिक बैंक को अन्य वाणिज्यिक बैंक उधार देने से मना कर देते हैं। यानी तब केंद्रीय बैंक ही ऐसे बैंक को कर्ज़ प्रदान कर जीवन दान देता है।

Lending *(उधार देना)* : (1) एक निश्चित राशि एक ऋण समझौते के तहत ऋणी (कर्ज़दार) को हस्तांतरित करना। (2) अदा करने के अटल दायित्व के चलते उत्पन्न होने वाले किसी दावे की खरीद, उधारी जोखिम को ध्यान में रखते हुए या इसकी अनदेखी करते हुए पुनर्भुगतान (आढ़त दलाली और जुर्माने समेत) या फिर बट्टा काटना, बगैर यह सोचे कि किनके खातों में यह देनदारी है और कौन इनके अंतर्गत नकदी जमा करता है।

Letter of Credit *(साख-पत्र, लेटर ऑफ क्रेडिट)* : अंतरराष्ट्रीय निपटानों के तहत इस्तेमाल की जाने वाली एक तरह की गारंटी, जहां क्रेता का बैंक एक दस्तावेज़ के ज़रिये विक्रेता को यह गारंटी देता है कि क्रेता लदान किए गए माल का समय पर भुगतान करेगा। इसके लिए क्रेता को आम तौर पर बैंक खाते में एक निश्चित धनराशि रखने की ज़रूरत पड़ती है ताकि अदायगी की जा सके। साख-पत्र का इस्तेमाल उस वक्त किया जाता है, जब क्रेता-विक्रेता पक्ष एक-दूसरे को नहीं जानते या फिर उन्हें कीमत चुकाने की क्षमता पर कोई संदेह होता है। वस्तुओं या सेवाओं के विक्रेता (आवेदक) के अनुरोध पर बैंक एक दस्तावेज़ जारी करता है, जिसके ज़रिये वह भेजी गई वस्तुओं, पूरे किए गए काम या दी गई सेवाओं के बदले विक्रेता (साख-पत्र का लाभग्राही) को भुगतान करने का दायित्व अपने ऊपर लेता है। इसके लिए जब विक्रेता साख-पत्र के नियमों एवं शर्तों के तहत निर्धारित दस्तावेज़ बैंक के सामने पेश करता है तो बैंक उसकी अदायगी कर देता है। लेटर ऑफ क्रेडिट आयात व निर्यात, खंडनीय और अटल साख-पत्र हो सकते हैं। खंडनीय साख-पत्र को जारीकर्ता बैंक लाभग्राही को पूर्व सूचना

L

दिए बिना ही संशोधित या निरस्त कर सकता है। वहीं, अटल साख-पत्र को जारीकर्ता बैंक, अधिकृत बैंक (अगर मौजूद है) और लाभग्राही की सहमति के बगैर संशोधित या निरस्त नहीं किया जा सकता है। लेटर ऑफ क्रेडिट को दस्तावेज़ी साख-पत्र भी कहा जाता है।

Leverage/Deleverage *(लाभ की संभावना को भुनाना, संपत्तियों को बेचकर कर्ज़ चुकता करना)* : एक निवेश पर संभावित रिटर्न को बढ़ाने के क्रम में विभिन्न वित्तीय यंत्रों या उधार पूंजी का इस्तेमाल करना। लाभ उठाने की प्रवृत्ति का प्रयोग सामान्य तौर पर रियल स्टेट से जुड़े लेन-देनों में किया जाता है। इसके तहत गिरवी का इस्तेमाल कर व्यावसायिक संपत्ति या घर की खरीद की जाती है। इसका मतलब एक कंपनी की संपत्ति के आर्थिक प्रबंधन के लिए इस्तेमाल की गई कर्ज़ राशि हो सकता है (एक उच्च लाभ उठाने वाली कंपनी के पास हिस्सेदारी से अधिक कर्ज़ होता है)। अधिकतर कम्पनियाँ संचालन के लिए कर्ज़ का इस्तेमाल करती हैं। ऐसा कर एक कंपनी लाभ कमाने की संभावना बढ़ा लेती है क्योंकि वह इक्विटी को बढ़ाए बिना कारोबार में निवेश कर सकती है। हालांकि लाभ कमाने की इस स्थिति से निवेशक को लाभ पहुंचता है या एक कंपनी निवेश या संचालन कर सकती है और संभावित ज्यादा लाभ कमा सकती है लेकिन इसमें बड़े खतरे भी हैं। अगर कोई निवेशक कर्ज़ लेकर निवेश करता है और वह निवेश निवेशक के पूर्वानुमान के विपरीत साबित होता है तो इस स्थिति में नुकसान बिना कर्ज़ लिए किये गए निवेश की तुलना में काफी अधिक होता है। कर्ज़ लेकर किया गया निवेश लाभ और हानि दोनों की संभावना को बढ़ा देता है। एक कंपनी शेयरधारक के धन का अधिकतम इस्तेमाल करने के लिए कर्ज़ लेकर निवेश कर सकती है लेकिन विफल होने पर इसका असर अक्सर विस्फोटक होता है। 'डीलीवरेज' संपत्तियों को बेचकर कर्ज़ चुकता करने की क्रिया है।

Leviathan *(भीमकाय, एक सर्वशक्तिमान सरकार)* : एक ताकतवर, करीब-करीब सर्वशक्तिमान सरकार का पर्यायवाची। यह शब्द सन 1651 में थॉमस हॉब्स ने गढ़ा था। उन्होंने ऐसी सरकार को मानवजगत की सभी अंतर्निहित सामाजिक समस्याओं का सामना करने के लिए आवश्यक माना।

Liability *(देयता, दायित्व)* : (1) किसी कम्पनी के कार्यों से उत्पन्न वह दायित्व जिसका इसकी परिसंपत्तियों का इस्तेमाल करते हुए निपटारा करना पड़ता है। देयताएं बैलेंस शीट में, आम तौर पर नोट के रूप में देय और खाते में देय के रूप में दर्ज की जाती हैं। (2) बैलेंस शीट की वे मदें जिनमें कंपनी की परिसंपत्तियों जैसे बॉन्ड, देय कर्ज़, इत्यादि के सापेक्ष दावों को दर्ज किया जाता है।

Liberalism *(उदारवाद)* : वह राजनीतिक और आर्थिक सिद्धांत जिसमें व्यक्तियों के लिए अभिव्यक्ति की आज़ादी, सरकार की शक्तियों पर बंदिशें, कानून का शासन,

L

विचारों का मुक्त आदान-प्रदान, पारदर्शी सरकार और एक मुक्त बाज़ार अर्थव्यवस्था का प्रस्ताव शामिल होता है।

Liberalization *(उदारीकरण)* : निजी क्षेत्र के विकास को बढ़ावा देने के मकसद से सरकारी निषेधों को हटाना और सामान्य तौर पर नियमों में ढील देना।

Libertarianism *(मुक्तिवाद)* : यह उदारवाद के समान एक राजनीतिक और आर्थिक दर्शन है, जो नियमन मुक्त बाज़ारों और सरकारी सहभागिता पर अधिक ज़ोर देता है। यह आम तौर पर शास्त्रीय उदारवादियों को संयुक्त राज्य अमेरिका में दिया जाने वाला उपनाम है (कृपया इन्हें डेमोक्रेट समझने की भूल न करें, भले ही उन्हें उदारवादी यानी लिबरल कहा जाता है। डेमोक्रेट अक्सर समाज और अर्थव्यवस्था में सरकारी सहभागिता बढ़ाने की वकालत करते हैं)।

Licence *(लाइसेंस, अनुज्ञा-पत्र)* : निश्चित गतिविधियों में संलग्न होने के लिए दी गई अनुमति। लाइसेंस तब जारी किए जाते हैं, जब व्यक्ति या संस्थाएं कुछ तय ज़रूरतों को पूरा करते हैं। अक्सर सरकार इनका इस्तेमाल जनता को मुहैया कराई जाने वाली वस्तुओं और सेवाओं की गुणवत्ता को सुनिश्चित कराने के लिए करती है। लाइसेंस कभी-कभी बाज़ार में प्रवेश के अवरोध का काम करते हैं और इस तरह प्रतिस्पर्धा कम कर सकते हैं। निजी कंपनियां भी अन्य व्यक्तियों या फर्मों को निश्चित उत्पादों का उत्पादन करने या संरक्षित प्रौद्योगिकी का इस्तेमाल करने का लाइसेंस जारी कर सकती हैं, इन्हें फ्रेंचाइजी देना भी कहा जाता है। देखिये फ्रेंचाइजी।

Licence Quota *(लाइसेंस कोटा)* : यूरोपीय संघ में आयात किए जाने वाले कृषि उत्पादों का एक कोटा, जिसका मकसद आयातों को सीमित करना होता है। ये लाइसेंस यूरोपीय संघ के भीतर कोई वस्तु या जिंस लाने की अनुमति देते हैं और कोई भी आयातक जो बिना लाइसेंस के आयात की कोशिश करता है, उसे सीमा पर ही नामंज़ूर कर दिया जाता है। इस कोटा के प्रशासन का अधिकार यूरोपीय आयोग के कृषि महानिदेशालय के पास है। देखिये कोटा

Life Assurance *(जीवन बीमा)* : किसी व्यक्ति के जीवन या पूंजी संचय से संबंधित संपत्ति हितों का बीमा, जहां बीमित की मृत्यु, बीमा अनुबंध में तय मियाद पूरी होने या अन्य बीमित घटनाओं के कारण बीमा भुगतान किए जाते हैं। जीवन बीमा के अंतर्गत जन्म और विवाह बीमा, पेंशन संचय और सावधिक बीमा आदि शामिल होते हैं।

Lifetime Disability Benefit *(जीवनपर्यंत विकलांगता लाभ)* : बीमित व्यक्ति को हुए नुकसान की स्थिति में उसे तब तक दिया जाने वाला लाभ, जब तक बीमित पूरी तरह विकलांग रहता है, चाहे जीवन-भर ही क्यों न हो।

L

LIFO (Last In, First Out) *(लीफो [सबसे आखिर में खरीदा, सबसे पहले बिका])* : इन्वेंटरी (स्टॉक) मूल्यांकन में इस्तेमाल होने वाले लेखांकन यानी खाताबही की शब्दावली। सबसे आखिर में खरीदा, सबसे पहले बिका यानी लीफो का मतलब है कि स्टॉक में खरीदे गए अंतिम वस्तु की लागत का उपयोग बेची गई वस्तुओं की लागत गणना में किया जाता है। लेखांकन की यह विधि गिरती कीमतों की अवधियों में उपयोगी हो सकती है, ताकि शुद्ध आय घटाई जा सके और इस तरह कर बोझ कम किया जा सके।

Limited Liability *(सीमित दायित्व)* : वह दायित्व जो प्रत्येक शेयरधारक के चुकाए गए अंशदान तक ही सीमित होता है। उदाहरण के लिए कोई भी संयुक्त स्टॉक कंपनी एक सीमित दायित्व वाली कानूनी संस्था होती है क्योंकि शेयरधारक वित्तीय रूप से कंपनी की उतनी ही देयताओं के लिए ज़िम्मेदार होते हैं, जितना कि उन्होंने शेयरों के लिए अदा किया होता है। शेयरधारकों के पास मौजूद अन्य परिसंपत्तियों से कोई वसूली नहीं की जा सकती है। देखिये असीमित देयता, असीमित दायित्व।

Limited Payment Life Insurance *(सीमित भुगतान जीवन बीमा)* : संपूर्ण जीवन बीमा का वह रूप, जिसके तहत प्रीमियम जीवन सुरक्षा अवधि से कम निर्धारित वर्षों की अवधि तक ही देय होते हैं या अगर निर्धारित अवधि से पहले मृत्यु हो जाती है तो मृत्यु के पहले तक।

Line of Creditors *(लेनदारों का क्रम)* : किसी कंपनी के ऋण चुकाने में अक्षम होने या दीवालिया होने की सूरत में दायित्वों की अदायगी का तय क्रम। लेनदारों के इस क्रम का नियमन आम तौर पर सरकार करती है। 'राज्य' के हितों को सुरक्षित रखने के लिए लेनदारों के क्रम में सार्वजनिक संस्थाएं पहले आती हैं। इस तरह अन्य लेनदारों के लिए उनके कानूनी हितों को पूरा करने की राह में मुश्किलें खड़ी होती हैं। देखिये कर्ज़दाता, लेनदार।

Liquid Assets *(तरल परिसंपत्तियां)* : वे परिसंपत्तियां जिन्हें मूल्य में न के बराबर या बिना किसी नुकसान के तुरंत नकदी में बदला जा सकता है, जैसे नकदी जमा प्रमाणपत्र, मांग जमा राशियाँ, ट्रेज़री बिल, इत्यादि।

Liquidation *(परिसमापन, तरलीकरण)* : किसी कंपनी की वह स्थिति जब उसे वित्तीय दायित्वों को पूरा करने में असमर्थ होने पर समाप्त कर दिया जाता है या बेच दिया जाता है। इसके सभी परिचालन बंद हो जाते हैं और परिसंपत्तियों को कर्ज़ का पूर्ण निपटान सुनिश्चित करने के लिए बेच दिया जाता है।

Liquidity *(तरलता)* : (1) किसी परिसंपत्ति को तुरंत नकदी में बदलने की क्षमता या काबिलियत, (2) कितनी जल्दी कोई कंपनी अपने अल्पकालिक दायित्वों को पूरा करने में सक्षम होती है।

L

Liquidity Risk *(तरलता जोखिम)* : जब कोई परिसंपत्ति उचित बाज़ार मूल्य पर नहीं बेची जा सकती है, तब यह जोखिम पैदा होता है।

Liquidity Squeeze *(तरलता चाप)* : तरलता चाप तब पैदा होता है जब अल्प अवधि के लिए मौजूद नकदी को लेकर चिंताएं पैदा होने लगती हैं। बैंकों के मामले में ऐसी चिंता पैदा होने पर बैंक अन्य बैंकों को धन उधार देने के अनिच्छुक हो सकते हैं। अपने पास नकदी भंडार बनाए रखने के लिए बैंक अक्सर कर्ज़ की शर्तों को कड़ा कर देते हैं। इसके परिणामस्वरूप उधार लेना मंहगा हो जाएगा।

Listed Company *(सूचीबद्ध कंपनी)* : वह संयुक्त स्टॉक यानी ज्वाइंट स्टॉक कंपनी जिसके शेयर स्टॉक एक्सचेंज (शेयर बाज़ार) में खरीदे-बेचे जा सकते हैं और वह एक्सचेंज द्वारा प्रकाशित आधिकारिक कारोबारी सूची में दर्ज होती है।

Loan *(कर्ज़)* : कर्ज़दाता (व्यक्ति, कंपनी या संस्थान) द्वारा उस कर्ज़दार को दिए गए फंड या कोई आइटम, जो उधार दिए गए धन या उस आइटम को लौटाने और अनुबंध में तय नियम एवं शर्तों के तहत ब्याज अदा करने का वचन देता है। देखिये कर्ज़, साख।

Loan Restructuring, Rescheduling of Debt *(ऋण का पुनर्गठन, कर्ज़ का पुनर्निर्धारण)* : प्राप्त ऋण की शर्तों में बदलाव, जिसमें ब्याज में कमी, परिपक्वता अवधि बढ़ाना, वापसी का पुनर्निर्धारण और मूलधन में कमी (अक्सर सार्वजनिक कर्ज़ के पुनर्गठन में) शामिल होते हैं।

Lobbying *(पैरवी, लॉबींग)* : विशेष सरकारी समर्थन या सहायता हासिल करने के लिए की जाने वाली गतिविधियां। आम तौर पर ऐसी गतिविधियां किसी व्यक्ति, कंपनी या संबंधित कंपनियों के संगठन की तरफ से की जाती हैं।

Lock-out *(ताला-बंदी)* : जब कोई नियोक्ता कर्मचारियों से रियायत हासिल करने के लिए उन्हें काम करने से रोक दे या फिर व्यवसाय के कुछ हिस्सों को अस्थायी रूप से बंद कर दे।

Logistics *(लॉजिस्टिक्स)* : नियोजन, लेखांकन और सूचना तकनीकी से जुड़ी सभी गतिविधियों समेत वस्तुओं या सेवाओं के परिवहन, संग्रहण और वितरण की प्रणाली (व्यवस्था)।

London Interbank Offered Rate (LIBOR) *(लंदन अंतर बैंक पेशकश दर [लिबोर])* : वह ब्याज दर जिस पर कोई बैंक लंदन अंतर-बैंक ऋण बाज़ार में किसी अन्य बैंक से उधार ले सकता है। यह विश्व में सर्वाधिक प्रचलित संदर्भ दर है और इसे यूरो, डॉलर या अन्य मुद्राओं में व्यक्त किया जा सकता है।

L

Long Position *(दीर्घावधि रणनीति)* : जब कोई इस उम्मीद में प्रतिभूतियों को अपने पास बनाए रखता है कि आगे चलकर प्रतिभूति की कीमत बढ़ेगी।

Long Run *(दीर्घकाल, लंबी अवधि)* : वह अवधि जबकि उत्पादन प्रक्रिया में आगतों (इनपुट्स) को परिवर्तनशील मान लिया जाता है। पूंजी अल्पकाल यानी छोटी अवधि में स्थिर होती है।

Long-Term Assets *(दीर्घकालीन परिसंपत्तियां)* : वे परिसंपत्तियां जिनका उत्पादन चक्र में उपभोग नहीं किया जाता और कई वर्षों तक इनका मूल्यह्रास होता रहता है। इन्हें आसानी से नकदी में नहीं बदला जा सकता। इनके अंतर्गत विशेष रूप से ज़मीन, इमारतें, मशीनें, उपकरण और मोटर वाहन शामिल होते हैं।

Lorenz Curve *(लॉरेंज वक्र)* : यह परिवारों के बीच आय के वितरण को एक आरेख के रूप में प्रस्तुत करता है। इस वक्र का विकास सन 1905 में मैक्स लॉरेंज ने किया था। यह वक्र परिवारों के बीच आय के अंतर का आकलन करता है। इस तरह यह आय की असमानताओं की माप करता है। यह वक्र जितना सीधा होगा, आय का वितरण उतना ही समान होगा। लॉरेंज वक्र का इस्तेमाल गिनी गुणांक की गणना के लिए किया जाता है। देखिये गिनी गुणांक।

Loss *(हानि)* : किसी कंपनी की लागतों और आय के बीच का अंतर। यानी हानि की सूरत में लागतों की बनिस्बत आय कम होती है।

Lower Order Goods *(निचले क्रम की वस्तुएं)* : वे उपभोक्ता वस्तुएं जिनका पूरी तरह उपभोग कर लिया जाता है और इनका किसी भी उत्पादन प्रक्रिया में दोबारा इस्तेमाल नहीं होता। इन्हें पहले क्रम की वस्तुएं भी कहा जाता है। देखिये उच्चतर श्रेणी की वस्तुएं।

Lump-sum Tax *(एकमुश्त कर)* : वह कर जिसका भुगतान कर अवधि में एकबारगी कर दिया जाता है, न कि मासिक या अन्य किसी नियमित अंतराल पर।

M

M1 *(एम1)* : मुद्रा आपूर्ति या आरक्षित भंडार (रिज़र्व) का एक माप, जिसमें लोगों के पास नकदी, मांग जमा राशियाँ, ट्रेवल चेक और चेक से निकासी योग्य अन्य जमा राशियाँ शामिल होती हैं। इसके साथ ही इसमें निकासी का बेचने योग्य आदेश (एनओडब्ल्यू) और स्वचालित हस्तांतरण सेवा (एटीएस) खाता शेष भी शामिल होते हैं। साख संघों के दायरे में शेयर ड्रॉफ्ट खाता शेष भी चेक से निकासी योग्य खातों, जो मुद्रा भंडार यानी स्टॉक को बनाते हैं, का हिस्सा होते हैं।

M2 *(एम2)* : मुद्रा आपूर्ति या आरक्षित भंडार (रिज़र्व) की एक माप जिसमें एम1 की सभी बातों के साथ बचत जमा (यानी मनी मार्केट डिपॉजिट अकाउंट और टाइम डिपॉजिट जिनकी राशि एक लाख डॉलर से कम हो) भी शामिल हों। मुद्रा स्टॉक की इस माप में कुछ पुनर्खरीद करार भी शामिल होते हैं, जिनकी अवधि रात भर की होती है। साथ ही मनी मार्केट म्यूचुअल फंड के शेष जो संस्थागत निवेशकों तक सीमित नहीं होते, वे भी इसका हिस्सा होते हैं।

M3 *(एम3)* : मुद्रा आपूर्ति की एक माप जिसमें एम2, एक लाख डॉलर या उससे अधिक की अवधि जमा, कुछ अनुबंधित यूरो डॉलर, एक लाख डॉलर या इससे अधिक के अनुबंधित खरीद समझौते और संस्थागत निवेशकों तक सीमित मनी मार्केट म्यूचुअल फंड के शेष शागिल हों।

Main Street *(मेन स्ट्रीट)* : वाल स्ट्रीट के विपरीत छोटे और मझोले उद्योगों के किये पर्यायवाची के रूप में इस्तेमाल होने वाली शब्दावली, कभी-कभी इस शब्द को अमेरिका के मध्य वर्ग के हितों के लिए भी इस्तेमाल किया जाता है।

M

Malinvestment *(बुरा निवेश)* : गलत निवेश निर्णय जिसके फलस्वरूप निवेश की गई पूंजी को नुकसान हो।

Managed Float *(मैनेज्ड फ्लोट, नियंत्रित उतार-चढ़ाव)* : लचीली विनिमय दर व्यवस्था जहां मुद्रा में विदेशी विनिमय बाज़ार के साथ उतार-चढ़ाव की अनुमति दी जाए। हालांकि मुद्रा एक सीमित दायरे में उपर-नीचे हो, इसके लिए केंद्रीय बैंक आमतौर पर उपाय करता है, पर इस दायरे को अक्सर सार्वजनिक नहीं किया जाता है। इस विधि को 'डर्टी फ्लोट' या गन्दी उतार-चढ़ाव भी कहते हैं।

Management Fee *(प्रबंधन शुल्क)* : निवेश पोर्टफोलियो प्रबंधन की सेवा देने के लिए प्रबंधन कंपनी को दिया जाने वाला शुल्क।

Marginal *(सीमांत)* : संसाधनों की एक अतिरिक्त इकाई का इस्तेमाल कर कुछ प्राप्त करना या अतिरिक्त होना। यह शब्द अर्थशास्त्र में खासा इस्तेमाल होता है। यह उत्पादन लागत, आय, मुनाफा, उपभोग, मूल्य आदि की विशेषता बताता है। मसलन सीमांत मुनाफा कुल बिक्री में एक इकाई बिक्री बढ़ने के कारण मुनाफे में हुआ बदलाव है। सीमांत मूल्य उत्पाद के लिए मूल्य में वह बदलाव है जब उत्पादों की संख्या में एक उत्पाद बढ़ जाए।

Marginal Utility *(सीमांत उपयोगिता)* : एक वस्तु की एक अतिरिक्त इकाई के उपभोग से मिलने वाला संतोष (जो ज़रूरत को पूरा करता हो या दूसरी तरह का संतोष देता हो)। देखिये उपयोगिता।

Market *(बाज़ार)* : आर्थिक लेन-देन के संस्थान जो ग्राहक और खरीदार को साथ लाएं। यह एक बार मूल्यों में मुख्य जानकारी को दर्ज करने के बाद सभी खरीद और बिक्री संबंधों में समग्रता लाता है। बाज़ार को किसी वस्तु और सेवा को देखते हुए भी नाम दे दिया जाता है जिसमें उसका कारोबार हो रहा होता है। मसलन दूध बाज़ार, धातु बाज़ार, आदि।

Market Behaviour, Market Conduct *(बाज़ार व्यवहार)* : किसी खास बाज़ार स्थितियों में मूल्यों की रणनीति, कारोबार, निवेश, संगठन की गतिविधि आदि को चुनने में व्यक्ति या कंपनी द्वारा की जाने वाली गतिविधियां।

Market Capitalisation *(बाज़ार पूंजीकरण)* : कंपनी के आम बकाया शेयरों का कुल मूल्य जिसकी गणना इन कंपनियों द्वारा जारी किए गए सभी शेयरों को उनके बाज़ार भाव से गुणा कर की जाए।

Market Distortion *(बाज़ार विरूपण)* : मुक्त बाज़ार की स्थितियों से भटकाव। यह बाज़ार में राज्य के हस्तक्षेप के कारण हो सकता है। बाज़ार में राज्य कई तरह से

हस्तक्षेप कर सकते हैं, उनमें नियमन, कर, बजट संसाधनों और अन्य तरीकों का इस्तेमाल शामिल है। बाज़ार विरूपण आर्थिक संपदा को तैयार करने के अवसर को घटाता है।

M

Market Entry *(बाज़ार प्रवेश)* : जब कोई नया बाज़ार खिलाड़ी पैदा होता है या उस बाज़ार में प्रवेश करता है, जहां इसकी पहले से मौजूदगी नहीं होती। अगर वहां पहले से ही कोई स्थापित अवरोध (कानूनी, नियामक, भौतिक, इत्यादि) न हों, तो बाज़ार में प्रवेश मुक्त हो सकता है। हालांकि, प्रवेश प्रतिबंधित या कठिन हो सकता है—खासकर बहुत ज्यादा नियमन वाले माहौल में, जहां बहुत कम कंपनियों की मौजूदगी (अल्पाधिकार की दशा) होती है। अवरोध प्रतियोगिता घटाते हैं और इनका उपभोक्ताओं पर हानिकारक प्रभाव उत्पाद के सीमित विकल्पों या ऊंची कीमतों के रूप में नज़र आ सकता है।

Market Failure *(बाज़ार विफलता)* : बाज़ार कानूनों (मांग और आपूर्ति) द्वारा निर्धारित संसाधनों का अनुपयोगी वितरण। राज्य हस्तक्षेप का समर्थन करने वाले मानते हैं कि ऐसी स्थितियां तब आती हैं जब आपूर्ति और मांग के परिणाम का असर संसाधनों के अनुपयोगी वितरण पर देखने को मिलता है। ऐसे में बाज़ार विफलता का विचार देने वाले ज़ोर देकर कहते हैं कि राज्य को ऐसी बाज़ार विफलता को सुधारने के लिए हस्तक्षेप करना चाहिए जो एकाधिकार, सार्वजनिक वस्तुओं के प्रावधान मसलन राज्य सुरक्षा, नकारात्मक बाहरी कारक (जब बाज़ार अपनी गतिविधि की पूरी लागत को सम्मिलित करने में विफल रहे) या बेरोज़गारी के कारण आई हो। मुक्त बाज़ार की वकालत करने वाले कहते हैं कि बाज़ार विफलता खुद बाज़ार की वजह से नहीं होती, बल्कि इसकी कमी से होती है और बाज़ार और बाज़ार संबंधों का विकास उभरती समस्याओं का समाधान दे सकता है अगर इस प्रक्रिया में राज्य बाधा न डाले।

Marketing *(विपणन)* : बिक्री रणनीति का क्रियान्वयन व व्यवस्थापन। विपणन रणनीतिक प्रक्रिया है जिसके तहत कंपनी या व्यक्ति ग्राहकों को किसी सेवा या उत्पाद को खरीदने के लिए प्रोत्साहित करते हैं।

Market Power *(बाज़ार शक्ति)* : (1) उपभोक्ताओं की व्यापक ज़रूरतों को पूरा करने की बाज़ार की क्षमता (2) बड़ी बाज़ार हिस्सेदारी के साथ कंपनी की उत्पाद या सेवा की कीमतों को प्रभावित करने की क्षमता।

Market Price *(बाज़ार भाव)* : वे मूल्य जिस पर स्वैच्छिक लेन-देन संपन्न हो। मुद्रा बाज़ार मूल्य को अक्सर विनिमय दर कहा जाता है। नियंत्रित मूल्यों को बाज़ार भाव नहीं कहा जा सकता। देखिये कीमत।

Market Risk *(बाज़ार जोखिम)* : बाज़ार में मूल्यों में आने वाले बदलाव के कारण उभरने वाला जोखिम। मसलन शेयर मूल्य, बाज़ार दर, उत्पाद दर या विनिमय दर में बदलाव। देखिये जोखिम।

M

Market Segmentation *(बाज़ार वर्गीकरण)* : आयु, लिंग, निवास स्थान, शिक्षा आदि जैसी विभिन्न ग्राहक श्रेणियों के आधार पर कुछ खास उत्पादों के लिए बाज़ार का वर्गीकरण।

Mass Production *(बड़े पैमाने पर उत्पादन)* : वस्तुओं या उत्पादों का बड़े पैमाने पर उत्पादन। आमतौर पर यह स्वचालित होता है। बड़े पैमाने पर उत्पादन के आधुनिक विकास को अक्सर हेनरी फोर्ड (20वीं सदी की शुरुआत में) के साथ जोड़कर देखा जाता है। वह बड़े पैमाने पर ऑटोमाबाइल का उत्पादन करने वाले पहले निर्माता थे। देखिये बैच उत्पादन, उत्पादन को मामूली स्तर पर रखना।

Material Event *(महत्त्वपूर्ण घटना)* : शेयर जारी करने वाली कंपनी की गतिविधि से जुड़ी घटना जो उसे पता हो या उसे पता होनी चाहिए, क्योंकि उस घटना का जारी किए गए शेयरों के बाज़ार भाव पर महत्त्वपूर्ण असर पड़ सकता है।

Material Fact *(महत्त्वपूर्ण तथ्य)* : बीमा कराने वाले के विषय के बारे में वह जानकारी, जिसके कारण बीमा कंपनी आवेदन को अस्वीकार कर सकती है या अधिक दरें ले सकती है।

Mathematical Economics *(गणितीय अर्थशास्त्र)* : अर्थशास्त्र के भीतर का एक उपक्षेत्र जहां अर्थशास्त्र में गणितीय तकनीक और तर्कों का इस्तेमाल होता है। चूंकि मुख्यधारा के अर्थशास्त्र में गणितीय मॉडलों का खासा इस्तेमाल होने लगा है, लिहाजा मौजूदा समय में गणितीय अर्थशास्त्र और गैर गणितीय अर्थशास्त्र में कोई खास अंतर नहीं रह गया है।

Mean *(मध्यमान)* : अक्सर 'अंकगणितीय मध्यमान' भी कहा जाता है। यह 'औसत' के संदर्भ में इस्तेमाल किया जाता है। मध्यमान की गणना शृंखला के योग को शृंखला में डाली गई राशियों की संख्या से भाग देकर की जाती है। देखिये औसत।

Means of Production *(उत्पादन के संसाधन)* : लंबी अवधि के लिए उत्पादन प्रक्रिया में इस्तेमाल की जाने वाली परिसंपत्तियां मसलन बिल्डिंग, उपकरण और कंप्यूटर हार्डवेयर आदि। कुछ सिद्धांतवादी इसमें भूमि को भी शामिल कर लेते हैं, जबकि दूसरे मानते हैं कि उत्पादन के संसाधन सिर्फ वही उत्पाद या वस्तुएं हैं जिन्हें मानव अपनी मेहनत से तैयार करता है तथा जो अन्य वस्तुओं का निर्माण करने के लिए इस्तेमाल होती हैं।

Median *(मध्य)* : अंकों की शृंखला में बीच का अंक। मसलन एक शृंखला में 100, 100, 200, 500 और 600 हैं तो मध्य मूल्य 200 होगा। यदि शृंखला में शामिल अंकों की संख्या सम है तो मध्यमान बीच के दो अंकों का अंकगणितीय मध्यमान होगा।

M

उदाहरण के लिए एक शृंखला में 100, 100, 200, 500, 600 और 600 हैं तो मध्यमान 350 होगा। मध्यमान का इस्तेमाल अनुमानित औसत को बताने के लिए किया जाता है, मसलन जनसंख्या की आय। देखिये औसत।

Mercantilism *(वणिकवाद, मर्कंटीलिज़्म)* : यह एक आर्थिक सिद्धांत है जिसे 16वीं और 17वीं सदी में तमाम सरकारों ने स्वीकार किया। वणिकवाद के मुताबिक सोने के बदले वस्तुओं की सक्रिय बिक्री से देश समृद्धि की ओर बढ़ता है। यह कहता है कि स्वर्ण भंडार सफल आर्थिक राज्य का प्रतीक है और इसे बढ़ाने की निरंतर कोशिश की जानी चाहिए। वणिकवाद के अनुसार स्वर्ण भंडार घटाने वाले आयातों को सीमित रखना चाहिए। यह विचार स्पेन, ब्रिटेन, जर्मनी और फ्रांस में व्यापक रूप से फैल गया जहां शासकों ने स्थानीय उद्योगों से सिर्फ राष्ट्रीय संसाधनों के इस्तेमाल के लिए ज़ोर डालना शुरू कर दिया। बाद में वणिकवाद के इस सुरक्षावादी विचार की आलोचना की जाने लगी। इन आलोचकों में क्लासिकल स्कूल ऑफ इकोनॉमिक्स के एडम स्मिथ और उनके अनुयायियों के नाम प्रमुखता से आते हैं।

Merger *(विलय)* : एक बड़ी कंपनी का गठन करने के लिए दो या दो से अधिक कंपनियों का मिलन।

Minimum Reserves *(न्यूनतम आरक्षित कोष)* : केंद्रीय बैंक के पास रखे गए व्यावसायिक बैंकों के कोष, जिसकी गणना अल्पावधि के दायित्वों के तय अनुपात में की जाती है। जब न्यूनतम आरक्षित कोष शत-प्रतिशत से कम होते हैं, तो ऐसी आरक्षित प्रणाली को भिन्नात्मक आरक्षित बैंकिंग कहा जाता है। यूरोपीय केंद्रीय बैंक को यूरो ज़ोन के व्यावसायिक बैंकों के न्यूनतम 2 प्रतिशत आरक्षित कोष को रखने की ज़रूरत होती है।

Modelling *(मॉडलिंग)* : किसी वस्तु का दूसरी वस्तु (मॉडल) के तौर पर चित्रण, ताकि जिस वस्तु का परीक्षण किया जा रहा है उसके विषय में ज्यादा से ज्यादा समझा जा सके। मॉडलिंग का इस्तेमाल तब किया जाता है जब वस्तु की सीधी जांच करना संभव न हो या फिर परीक्षण बहुत जटिल हो। मॉडल को उस वस्तु के समान होना चाहिए जो जांच के अंतर्गत रखी गई है। इस लिहाज़ से मॉडलिंग समानता की विधि से संबंधित होती है।

Monetarism *(मुद्रावाद)* : ऐसे विचार जो प्राथमिक साधन के रूप में मुद्रा की आपूर्ति और मांग पर ध्यान केंद्रित करते हैं, जिसके माध्यम से सरकार आर्थिक गतिविधियों का नियमन करती है। यह मुद्रा आपूर्ति और ज़रूरत से ज्यादा मुद्रा की आपूर्ति के फलस्वरूप बढ़ने वाली मुद्रास्फीति पर ध्यान देता है। मुख्य रूप से मिल्टन फ्रीडमैन द्वारा तैयार किया गया यह विचार कहता है कि धन की अधिक आपूर्ति से मुद्रास्फीति का

M

बढ़ना स्वाभाविक है और मौद्रिक प्राधिकरणों को कीमतों को स्थिर रखने पर ही ध्यान देना चाहिए।

Monetary Policy *(मौद्रिक नीति)* : निर्धारित लक्ष्य मसलन मुद्रास्फीति पर अंकुश, रोज़गार या आर्थिक विकास आदि को हासिल करने के लिए सरकार या केंद्रीय बैंक की धन आपूर्ति के प्रबंधन की प्रक्रिया। मौद्रिक नीति में खुले बाज़ार परिचालन के माध्यम से प्रत्यक्ष या अप्रत्यक्ष रूप से कुछ ब्याज दरों में बदलाव आदि शामिल हो सकते हैं।

Money *(मुद्रा)* : विनिमय का कोई साधन। अर्थशास्त्र के कुछ विचारधारा के प्रतिनिधि इसे विनिमय का माध्यम, संपत्ति की गणना और मूल्यों के भंडार का माध्यम मानते हैं। ऑस्ट्रियाई विचारधारा मुद्रा के केवल एक कार्य की पहचान करता है। इसके मुताबिक मुद्रा सिर्फ विनिमय में मदद करती है। यह अवधारणा इसके अदला-बदली (मुद्रा से दूसरी वस्तुओं के बदले जाने की संभावना) के उपयोग को देखते हुए बनाई गई। बाज़ार में मुद्रा दो तरह से आई या इसका दो तरह से इस्तेमाल हुआ। पहला विनिमय के तौर पर और दूसरा कुछ दूसरी ज़रूरतों को संतुष्ट करने की वस्तुओं के तौर पर, जिसे उत्पाद मुद्रा भी कहा जाता है। समय के साथ व्यापार मुद्रा बैंकों द्वारा जारी किए जाने वाली कागज़ी मुद्रा के साथ बदल गई। पहले बैंक नोट निजी थे और इन्हें निजी बैंक द्वारा जारी किया गया था। बाद में बैंक नोट को जारी करने का काम राष्ट्रीयकृत हो गया।

Money Certificates *(मुद्रा प्रमाण पत्र)* : मुद्रा विकल्प (मुख्य रूप से बैंक नोट) जो सोना, चांदी आदि जैसे आरक्षित भंडारों से पूरी तरह सुरक्षित होता है। यह एक सैद्धांतिक विचार है जिसकी वास्तविकता में कोई समानता नहीं है क्योंकि केंद्रीय बैंक द्वारा जारी बैंक नोट मुद्रा प्रमाण पत्र हो सकता है और केवल विस्तृत वित्तीय समीक्षा यह बात स्थापित कर सकती है कि प्रचलित बैंक नोटों के किस हिस्से को मुद्रा प्रमाण पत्र माना जा सकता है। ऑस्ट्रियाई अर्थशास्त्रियों द्वारा इस शब्द का खासा इस्तेमाल किया जाता है।

Money Illusion *(मुद्रा भ्रम)* : भ्रामक बदलाव, जिसे असल बदलावों के साथ मामूली धन के तौर पर प्रदर्शित किया जाता है। मसलन व्यक्ति की आय बढ़ने से उसे प्रतीत हो सकता है कि उसकी असल आय में सुधार हुआ है, लेकिन ऐसा महंगाई के फलस्वरूप भी हो सकता है।

Money Laundering *(मनी लॉन्ड्रिंग, अवैध धन को वैध बनाना)* : अवैध गतिविधियों (हथियारों की खरीद फ़रोख़्त, ड्रग्स की तस्करी, घूस आदि) से कमाए गए धन को वैध करना। मनी लॉन्ड्रिंग आमतौर पर जटिल नकद परिचालनों के माध्यम से की जाती

है जिसका मकसद धन के असल स्रोत को छिपाना होता है और अक्सर नकदी को गैर नकदी में बदल दिया जाता है। प्राधिकरण मनी लॉन्ड्रिंग को रोकने के लिए तमाम कदम उठाते हैं। इसके तहत व्यावसायिक बैंकों से सभी तरह के संदेहास्पद लेन-देन की जानकारी देने के लिए कहा जाता है।

Money Market Fund *(मुद्रा बाज़ार कोष)* : कोष या निवेश कंपनी जो कम आय और कम जोखिम वाले बाज़ार साधनों मसलन सरकारी प्रतिभूतियों, जमा प्रमाण पत्र और व्यावसायिक नोट्स आदि में निवेश करें। यह निवेश शेयरधारकों की निवेश आय को बढ़ाने के मकसद से किया जाता है। आमतौर पर इस तरह के साधनों को साधारण व्यक्ति सीधे नहीं खरीद पाते हैं क्योंकि इनकी बड़े पैमाने पर बिक्री संस्थागत निवेशकों को की जाती है।

Money Market Fund Insurance *(मनी मार्केट फंड इंश्योरेंस–मुद्रा बाज़ार कोष बीमा)* : निजी बीमा जो मनी मार्केट म्यूचुअल फंड में बीमित निवेशक को नुकसान के प्रति सुरक्षा मुहैया कराए। यह उस स्थिति में होता है जब कोष या कोष को रखने वाली कंपनी किसी कारणवश विफल या दिवालिया हो जाती है।

Money Multiplier, Credit Multiplier *(मुद्रा गुणक)* : यह साख निर्माण की माप है, जिसकी गणना 1/आर के तौर पर की जाती है। यहां आर आवश्यक आरक्षित अनुपात है। मुद्रा गुणक व्यावसायिक बैंक प्रणाली में प्रति मुद्रा इकाई को डालने से निर्मित नए धन को दिखाता है। अधिक मुद्रा गुणक की मौजूदगी और बाज़ार में उथल-पुथल की स्थिति में बैंकिंग प्रणाली को तरलता की दिक्कतों को सामना करना पड़ सकता है देखिये साख निर्माण।

Money Relation *(मुद्रा संबंध)* : मुद्रा के लिए मांग और आपूर्ति के बीच का अनुपात जिससे मुद्रा की क्रयक्षमता और उसके दूसरे वस्तुओं के साथ संबंध का पता चलता है। मुद्रा की मांग और आपूर्ति में कोई भी बदलाव मुद्रा संबंध को बदल देता है और उसका असर क्रय क्षमता पर पड़ता है जिससे किसी खास वस्तुओं या सेवाओं की कीमतें प्रभावित होती हैं। मुद्रा आपूर्ति में तेज़ी से वस्तुओं के दाम बढ़ते हैं।

Money Substitutes *(मुद्रा विकल्प)* : मुद्रा के ऊपर दावे को पुष्ट करने वाला दस्तावेज़ (बैंक नोट) जिसे मांग पर मामूली कीमत चुकाकर धन (सोने, चांदी) में बदला जा सके। ऑस्ट्रियन विचारधारा द्वारा इस शब्द का खासा इस्तेमाल किया जाता है।

Money Supply *(मुद्रा आपूर्ति)* : किसी समय में देश में उपलब्ध धन का भंडार। धन आपूर्ति को एम1, एम2, एम3 में मापा जाता है। मुद्रा एम2 में एम1 (बैंकनोट और सिक्के के साथ केंद्रीय बैंक में रखी नकदी) और डिमांड जमा शामिल होते हैं। एम3 में एम2 और आभासी मुद्रा यानी बैंक में रखे टाइम डिपॉजिट और विदेशी मुद्रा में जमा

M

शामिल होते हैं। मुद्रा आपूर्ति एम4 में एम3 और विभिन्न मुद्रा बाज़ार साधन जैसे जमा प्रमाण पत्र आदि आते हैं।

Money Vote *(मुद्रा मतदान)* : बाज़ार में खरीदारी के तौर-तरीकों के माध्यम से किन्हीं खास वस्तुओं या सेवाओं के लिए जहां उपभोक्ता अपने पसंद को बताते हैं। लिहाजा इससे निर्माता को यह पता चलता है कि वह उपभोक्ताओं को कैसी सेवा और वस्तु उपलब्ध कराए।

Monopoly *(एकाधिकार)* : बाज़ार का एक स्वरूप जहां किसी कंपनी की मांग या आपूर्ति के मामले में प्रभावशाली स्थिति हो।

Moral Hazard *(नैतिक खतरा)* : बीमाकृत की ओर से दिखाया जाने वाला लापरवाही-भरा रवैया जिससे नुकसान की संभावना बढ़ जाए या जिससे अनुमान से अधिक नुकसान हो जाए।

Moratorium *(ऋण स्थगन)* : समस्या ग्रस्त उपक्रम को आगे होने वाले नुकसान से बचाने के क्रम में व्यापारिक गतिविधियों का स्थगन ऋण स्थगन है। एक उपक्रम, सरकार के लिए काम करने वाली एक एजेंसी या कुछ मामलों में आधिकारिक आदेश द्वारा ऋण स्थगन लागू किया जा सकता है। दिवालिया कानून के तहत ऋण वसूलने के अधिकार को स्थगित करना कानूनी रूप से बाध्यकारी होता है जो एक ऋण स्थगन है।

Morbidity Tables *(रुग्णता तालिका, अस्वस्थता तालिका)* : विकलांगता कब हुई और कब तक रही, को दिखाने वाली जीवनांकिक सांख्यिकीय।

Mortality Table *(मृत्यु दर सारिणी)* : सांख्यिकीय सारिणी जो हरेक उम्र वर्ग के हिसाब से संभावित मृत्यु दर को दिखाती हो। आमतौर पर इसे प्रति हज़ार में व्यक्त किया जाता है।

Mortgage Bond *(गिरवी, बंधक)* : ऋण की सुरक्षा के लिए प्रमाण के तौर पर रीयल एस्टेट को बंधक रखना।

Mortgage *(गिरवी, बंधक)* : (1) गिरवी, किसी गतिविधि को अंजाम की सुरक्षा के लिए जमा या सशर्त हस्तांतरण, हस्तांतरण करने वाले व्यक्ति को बंधकदाता कहते हैं तथा दूसरी पार्टी को गिरवीदार। कई बार इसमें मध्यस्थ, जिसे ट्रस्टी कहते हैं, को नियुक्त किया जाता है। (2) कर्ज़दार को जारी किया जाने वाला लोन जिसे कर्ज़दार के रीयल एस्टेट से सुरक्षित किया जाता है।

Mortgage, Mortgage-backed Securities, Mortgage Pool *(गिरवी, गिरवी से सुरक्षित प्रतिभूतियां, गिरवी संग्रह)* : लंबी अवधि के ऋण के लिए सुरक्षा के रूप में रखना। एक गिरवी समझौते में ऋण लेने वाला ब्याज सहित ऋण भुगतान के लिए पहले

से तय भुगतान की शृंखला को पूरा करता है। एक गिरवी या स्पष्ट रूप से कहें तो गिरवी ऋण एक लंबी अवधि का ऋण होता है, जिसका इस्तेमाल रीयल एस्टेट की खरीद में किया जाता है। इस तरह जब तक गिरवी कायम रहती है तब तक ऋण लेने वाले के पास संपत्ति का इस्तेमाल करने का अधिकार होता है—लेकिन मालिकाना हक उसके पास नहीं होता। जब ऋण का भुगतान कर दिया जाता है तो यह हक ऋण लेने वाले के पास आ जाता है। ऋण भुगतान में असफल रहने पर ऋणदाता संपत्ति ज़ब्त कर लेता है। गिरवी से सुरक्षित प्रतिभूतियां निश्चित तौर पर एक विशेष प्रकार की संपत्ति द्वारा सुरक्षित प्रतिभूति होती है जो विशेष रूप से गिरवी की चीज़ों के बदले धन प्राप्त हो जाने पर आधारित होती है। गिरवी के बदले प्राप्त होने वाले भुगतान का इस्तेमाल निवेशकों, प्रतिभूति धारकों को भुगतान करने में किया जाता है। इस तरह की सुरक्षा एक छोटे बैंक को किसी विशेष मामले में व्याप्त जोखिम का समाधान किये बिना अपने ग्राहकों को गिरवी प्रदान करने की अनुमति देती है। बैंक, ऋण लेने वाले और निवेश बाज़ार के बीच एक मध्यस्थ के रूप में काम करता है। एक गिरवी संग्रह इस तरह की गिरवी का संग्रह है—यानी समान अवधि और ब्याज दर वाली गिरवी—जो गिरवी से सुरक्षित प्रतिभूति के लिए सहायक के रूप में काम करता है।

Mortgage Bond *(गिरवी बॉन्ड)* : रीयल एस्टेट द्वारा संरक्षित ऋण साधन।

Mortgage Loan *(बंधक ऋण)* : रीयल एस्टेट की शपथ पर सुरक्षित ऋण।

Most Favoured Nation *(सबसे तरजीही राष्ट्र)* : विश्व व्यापार संगठन (डब्ल्यूटीओ) की सदस्यता का एक सिद्धांत जो कहता है कि डब्ल्यूटीओ के सदस्य देशों के बाज़ारों को भेजे जाने वाले वस्तुओं के साथ स्थानीय वस्तुओं और सेवाओं जैसा ही व्यवहार किया जाना चाहिए।

Most Favoured Nation Status *(सबसे तरजीही राष्ट्र का दर्जा)* : वह सिद्धांत जिसके मुताबिक विश्व व्यापार संगठन (डब्ल्यूटीओ) के हरेक देश को दूसरे सदस्य देशों की सेवाओं और वस्तुओं के साथ समान व्यवहार रखना चाहिए। यानी अगर एक सदस्य देश को ज्यादा अनुकूल परिस्थितियां मिली हुई हैं तो वैसी ही स्थितियां दूसरे सभी सदस्य देशों को भी देना होगा।

Mutual Fund *(म्युचुअल फंड)* : निवेश की एक श्रेणी जिसके अंतर्गत जोखिम को कम करने के लिए तमाम निवेश विकल्पों मसलन स्टॉक, बॉन्ड, सरकारी प्रतिभूतियों आदि में निवेश किया जाता है। आमतौर पर इसका प्रबंधन पेशेवर करते हैं।

Mutual Insurance Company *(म्युचुअल इंश्योरेंस कंपनी)* : बिना पूंजी स्टॉक के बीमाधारकों की स्वामित्व वाली गैर लाभकारी बीमा कंपनी। यह निगमित या गैर निगमित दोनों हो सकती है।

N

NAFTA (North American Free Trade Agreement) *(नाफ्टा [उत्तरी-अमेरिकी मुक्त व्यापार समझौता])* : नाफ्टा कनाडा, अमेरिका और मेक्सिको के बीच किया गया मुक्त व्यापार समझौता है। यह 1 जनवरी 1994 को लागू हुआ। अंतरराष्ट्रीय कानून के अंतर्गत आने वाली यह संधि अमेरिका में कांग्रेसनल-एक्जीक्यूटिव संधि के तौर पर श्रेणीबद्ध की गई है। इसके तहत विभिन्न श्रेणियों से शुल्कों को हटाया गया है तथा बौद्धिक संपदा अधिकार को सुरक्षित किया गया है। साथ ही निवेश पर प्रतिबंधों को हटाया गया है। नाफ्टा इससे पूर्व में 1989 में हुए समझौते कनाडा-यूएस व्यापार संधि का विस्तार है।

Named Insured, Beneficiary *(लाभान्वित होने वाला या लाभभोगी)* : व्यक्ति जिसके हित में बीमा समझौता लिखा जाए और जिसे बीमा भुगतान मिले। उदाहरण के लिए स्वास्थ्य और जीवन बीमा के मामले में लाभभोगी वह व्यक्ति होता है जिसे बीमाकर्ता को भुगतान करना होता है। तीसरा पक्ष दायित्व बीमा के मामले में वह व्यक्ति होता है जिसका बीमा समझौते पर नाम अंकित होता है और जिसके संपत्ति हित तीसरे पक्ष के संबंध में सुरक्षित होते हैं। राज्य सामाजिक बीमा के मामले में लाभभोगी वह होता है जो कानूनी ज़रूरतों के अंतर्गत अनिवार्य राज्य सामाजिक बीमा का विषय होता है और जो स्वैच्छिक आधार पर राज्य सामाजिक बीमा में अंशदान करता है।

Nash Equilibrium *(नैश समतुल्यता)* : यह एक खेल सिद्धांत है जिसका नाम जॉन नैश (1928) पर दिया गया। नैश ने एक स्थिति को लेकर यह सिद्धांत दिया। उन्होंने कहा कि दो या दो से अधिक खिलाड़ी (भागीदार) तब सही फैसला करते हैं जब उन्हें एक-दूसरे के निर्णय के बारे में जानकारी होती हैं। इसके तहत एक उदाहरण

N

का अक्सर हवाला दिया जाता है। एक क्षेत्र में मान लीजिए कि केवल दो लोग रहने वाले हैं जिन्हें यह निर्णय लेना है कि उन्हें किस तरफ कार को चलाना चाहिए। उनके पास आगे दिए गए विकल्प हैं। वे तब नहीं लड़ेंगे जब वे दोनों दाईं ओर या बाईं ओर कार चलाएं और वे तब लड़ जाएंगे जब उनमें से एक बाईं ओर और एक दाईं ओर कार चलाए। इस तरह की स्थिति में नैश समतुल्यता की दो स्थितियां हैं। जब दोनों बाईं ओर या दाईं ओर कार चलाएं। हालांकि नैश समतुल्यता सर्वमान्य नहीं है क्योंकि खेल में दो से अधिक या उनमें से कोई भी शामिल न हो। साथ ही अक्सर भागीदारों के बीच आपस में किए गए फैसलों के बारे में दूसरे खिलाड़ियों को जानकारी नहीं होती है। देखिये कैदी की दुविधा।

National Accounts *(राष्ट्रीय खाता)* : मुख्य मैक्रोइकॉनॉमिक्स संकेतकों को संगृहीत, व्यवस्थित और प्रदर्शित करने वाली प्रणाली जिसमें भुगतान का शेष, राष्ट्रीय आय, वित्तीय और मौद्रिक खाते शामिल हों। राष्ट्रीय खाते दोहरे प्रवेश सिद्धांत पर बनाए जाते हैं। देखिये दोहरी प्रविष्टि।

National Income *(राष्ट्रीय आय)* : देखिये सकल राष्ट्रीय उत्पाद (जीएनपी)

Nationalization *(राष्ट्रीयकरण)* : राज्य द्वारा निजी परिसंपत्तियों का अधिग्रहण जो बिना मुआवज़े या अपर्याप्त मुआवज़े के साथ किया जाए।

Nationalization *(राष्ट्रीयकरण)* : एक उपक्रम या संपत्ति को सार्वजनिक नियंत्रण यानी सरकार या इसके लिए काम करने वाली एजेंसी के अधीन लाने की कार्रवाई। इसके परिणाम स्वरूप उपक्रम के व्यावसायिक और अन्य फैसले लेने की शक्ति और ऐसा करने की एकतरफा कानूनी और राजनीतिक ज़िम्मेदारी प्राप्त हो जाती है।

NATO (North Atlantic Treaty Organization) *(नाटो [उत्तर अटलांटिक संधि संगठन])* : नाटो का मुख्य उद्देश्य राजनीतिक और सैन्य साधनों के ज़रिये अपने सदस्य देशों की सुरक्षा एवं स्वतंत्रता को संरक्षित करना है। यह लोकतंत्र के सिद्धांतों, कानून का राज, व्यक्तिगत स्वतंत्रता का संरक्षण करने के साथ क्षेत्र के भीतर विवादों का शांतिपूर्वक निपटारा करता है। यह क्षेत्र में राज्यों के बीच दोस्ताना रिश्तों का ऐतिहासिक प्रमाण रहा है। यह ऐसा मंच है जहां सुरक्षा मुद्दों पर चर्चा की जा सकती है और यह इस बात के लिए समर्पित है कि किसी एक सदस्य देश पर हमले का मतलब सब पर हमला है। इसके ताज़ा उद्देश्यों में आतंकवाद से मुकाबला, क्षेत्रीय स्थिरता और आपदा प्रबंधन शामिल हैं। नाटो ओईसीडी का सैन्य समकक्ष है। नाटो का गठन उत्तर अटलांटिक संधि के सिद्धांतों को बरकरार रखते हुए एक शाखा के तौर पर 1949 में हुआ था। इसका कार्यालय स्ट्रॉसबर्ग, फ्रांस में स्थित है और इसकी आधिकारिक भाषा अंग्रेज़ी और फ्रेंच हैं। नाटो के 26 सदस्य देश हैं।

N

Natural Monopoly *(प्राकृतिक एकाधिकार)* : पैमाने की अर्थव्यवस्था के कारण बाज़ार की ऐसी स्थिति जब कुछ उत्पादों के निर्माता या सेवा प्रदाता अधिक उपयोगी हो जाते हैं। प्राकृतिक एकाधिकार के अंतर्गत तकनीकी और कानूनी संभावनाएं प्रतिस्पर्धा को उभार सकती हैं लेकिन ऐसी प्रतिस्पर्धा उल्लेखनीय रूप से उत्पादन लागत और आपूर्ति की गई वस्तुओं और सेवाओं के दामों को बढ़ा देती है। प्राकृतिक एकाधिकार के अंतर्गत उत्पादित वस्तुओं पर आमतौर पर राज्य का नियंत्रण होता है। मसलन ऐसा माना जाता है कि बिजली, पानी, गैस और रेलवे आदि की केंद्रीय आपूर्ति प्राकृतिक एकाधिकार का प्रतिनिधित्व करते हैं। हालांकि हाल के आर्थिक अध्ययनों के मुताबिक ज़्यादातर प्राकृतिक एकाधिकारों का जन्म प्रवेश पर राज्यों द्वारा लगाई गईं बाधाओं के कारण होता है और बाधाओं की अनुपस्थिति में प्राकृतिक एकाधिकार का कोई उदाहरण नहीं मिलता है। देखिये एकाधिकार, कीमत नियंत्रण।

Natural Resources *(प्राकृतिक संसाधन)* : प्रकृति में पाए जाने वाले स्रोत जिनका प्रसंस्करण लोगों ने अब तक न किया हो तथा जिनका उपयोग वस्तुओं की निर्माण प्रक्रिया में किया जा सके। पानी, तेल, कोयला आदि प्राकृतिक संसाधनों के उदाहरण हैं।

Near Money *(क़रीबी मुद्रा)* : नकदी जैसी विशेषताओं के साथ एक तरह के शेयर जो या तो विनिमय के माध्यम के तौर पर काम करते हैं या जिन्हें नकदी में आसानी से परिवर्तित किया जा सकता है।

Negative Externality, External Costs *(ऊपरी लागत)* : भागीदार की किसी प्रक्रिया या क्रिया से होने वाला नुकसान जिसे उस प्रक्रिया की बाज़ार लागत में शामिल न किया गया हो। अक्सर ऊपरी लागत को समायोजित करने की कोशिश की जाती है। यह तभी संभव है जब राज्य नियामक नुकसान करने वाले की ज़िम्मेदारी तय करें। यह प्रदूषण करों, पर्यावरणीय ज़रूरतों का स्रोत हैं। देखिये बाहरी कारण।

Negative Income Tax *(नकारात्मक आयकर)* : व्यक्ति को राज्य बजट से किया जाने वाला सामाजिक भुगतान जब उसकी आय एक निश्चित राशि से कम होती है। समाज और कर प्रणाली का यह एकीकरण वर्ष 1962 में मिल्टन फ्रीडमैन द्वारा प्रस्तावित किया गया था।

Negligence *(लापरवाही)* : उस तरह की सेवा देने में विफल रहना जैसा एक सामान्य व्यक्ति उम्मीद करता हो।

Negotiation *(मोलतोल)* : आपसी हितों को पूरा करने वाले एक समझौते तक पहुंचने के लिए की जाने वाली चर्चा।

N

Neoclassical School of Economics *(अर्थशास्त्र की नवशास्त्रीय विचारधारा)* : 19वीं सदी के मध्य में एलफ्रेड मार्शल के कार्यों के आधार पर बनाई गई आर्थिक विचारों की समग्रता। इसने अर्थशास्त्र की शास्त्रीय विचारधारा के प्रतिनिधियों के विचारों में सुधार किया। इसने अर्थशास्त्र के शास्त्रीय सिद्धांत में मूल्यों की समझ को शामिल किया और लागत व श्रम मूल्य सिद्धांत को हटाकर व्यक्तिपरक मूल्य और सीमांत विश्लेषण के सिद्धांत (यही वजह है कि इसे 'सीमांत क्रांति' भी कहते हैं) को जगह दिया। नवशास्त्रीय सिद्धांत पूंजी और भूमि को उत्पादन के एक कारक के रूप में स्वीकार करता है और तीन की जगह उत्पादन के दो कारकों का समीक्षा के लिए चुनाव करता है। देखिये कैंब्रिज विचारधारा।

Neoliberalism *(नवउदारवाद)* : 20वीं सदी के अंत में तैयार हुआ राजनीतिक उन्मुखीकरण। यह मुक्त बाज़ार और राज्य के लिए न्यूनतम कार्यों की वकालत करता है। नवउदारवाद मार्गेरेट थैचर और रोनाल्ड रीगन की आर्थिक नीतियों का आधार था। देखिये रीगनॉमिक्स।

Neoliberalism *(नवउदारवाद)* : (i) उदारवाद की विभिन्न विचारधाराओं (आस्ट्रेलियाई विचारधारा, शिकागो विचारधारा आदि), अंतरराष्ट्रीय संस्थान जैसे अंतरराष्ट्रीय मुद्रा कोष और विश्व व्यापार संगठन और कुछ राजनीतिक दलों की नीतियों या राजनीतिक नेताओं को बदनाम करने की कोशिश के तहत उदारवाद के विरोधियों द्वारा प्रयोग किया जाने वाला शब्द। पूर्व अमेरिकी राष्ट्रपति रोनाल्ड रीगन और जर्मनी के पूर्व सामाजिक लोकतांत्रिक चांसलर ग्रेहार्ड श्रोडर जैसे लोगों पर नव-उदारवादी होने का ठप्पा लगा है। (ii) सामाजिक बाज़ार अर्थव्यवस्था के विचार को बढ़ाने वाले 'फ्रेबर्ग विचारधारा' (आर्डो-लिबरल्स) के सदस्यों और जर्मनी के अन्य अर्थशास्त्रियों और राजनीतिज्ञों के विचारों को परिभाषित करने के लिए प्रयोग किया जाने वाला शब्द। इस शब्द का प्रयोग आधुनिक उदारवाद और 19वीं शताब्दी के 'पुराने उदारवाद' के बीच अन्तर स्पष्ट करने के लिए किया जाता है, जिसमें उनके हिसाब से 19वीं शताब्दी की जनता की व्यावसायिक समूहन, एकाधिपत्य और दरिद्रता की पूंजीवाद की प्रवृत्तियों को नज़रंदाज़ किया गया। सामाजिक बाज़ार अर्थव्यवस्था शब्द को गढ़ने वाले अल्फ्रेड मुलर-आर्मैक ने दावा किया कि यह बाज़ार में स्वतंत्रता के सिद्धांत को सामाजिक संतुलन के साथ जोड़ता है। आर्डो-लिबरल्स का जहाँ यह मानना था कि प्रतियोगिता बढ़ाने की नीति का सामाजिक स्थितियों पर लाभदायी प्रभाव पड़ेगा वहीं मुलर-अर्मैक और उनके कुछ समकालीन विद्वानों का यह मानना था कि न्याय और सामाजिक विकास को हासिल करने के लिए अलग प्रयारों की ज़रूरत होती है जो पूरी तरह सामाजिक नीतियों पर केंद्रित हो। राज्यों को बाज़ार के परिणामों को अनिवार्यतः वृद्धावस्था बीमा और निशुल्क शिक्षा व्यवस्था जैसी योजनाओं के माध्यम से सुधारने की ज़रूरत पड़ती है। आज सामाजिक बाज़ार अर्थव्यवस्था का नव-उदारवादी विचार उत्तरी यूरोप और यूरोपीय संघ के कई हिस्सों में फल-फूल रहा है। वहां सामाजिक बाज़ार अर्थव्यवस्था के विचार के प्रति मौन प्रतिबद्धता है।

N

Net Book Value *(नेट बुक वैल्यू, मौजूदा मूल्य)* : परिसंपत्ति का मौजूदा मूल्य जो परिसंपत्ति अधिग्रहण लागत और मूल्यह्रास के बीच का अंतर होता है।

Net Domestic Product *(शुद्ध घरेलू उत्पाद)* : देश में उत्पादित होने वाली सेवाओं और वस्तुओं के मूल्य (सकल घरेलू उत्पाद) में दीर्घावधि परिसंपत्तियों के मूल्यह्रास को घटाकर इसकी गणना की जाती है। ऐसा माना जाता है यह सकल घरेलू उत्पाद की तुलना में धन में बदलाव को ज्यादा अच्छी तरह से प्रदर्शित करने वाला संकेतक है।

Net Export *(शुद्ध निर्यात)* : निर्यात और आयात के बीच का अंतर यानी निर्यात की वह राशि जो आयात से अधिक हो।

Net Profitability, Net Profit Margin *(शुद्ध लाभ)* : कंपनी की कार्यकुशलता का आकलन करने वाला संकेतक जिसकी गणना टर्नओवर (कारोबार) के अनुपात में कुल मुनाफे के तौर पर की जाती है। यह एक यूरो (या अन्य किसी मुद्रा की इकाई) के बराबर की लागत की किसी चीज़ की बिक्री कर अर्जित किया जाने वाला लाभ है।

Net Revenue/Income *(शुद्ध राजस्वआय)* : की गणना कुल राजस्वआय में से कुल लागत को घटाकर की जाती है।

Net Sales *(शुद्ध बिक्री)* : परिचालन अवधि के भीतर कंपनी द्वारा की जाने वाली कुल बिक्री में से वापस हुई अनचाही या दोषपूर्ण वस्तुओं को घटाकर इसकी गणना की जाती है।

Net Value *(शुद्ध मूल्य)* : (1) अधिग्रहण (निर्माण, मूल्यवृद्धि) पर किये गए निवेश या उसके मूल्य में से निवेश जोखिम के लिए किये गए विशेष प्रावधानों और मूल्यह्रास को घटाने के बाद प्राप्त मूल्य। (2) बाज़ार भाव पर वित्तीय संस्थानों की वित्तीय परिसंपत्तियों का मूल्य या अधिग्रहण की लागत में से इन परिसंपत्तियों पर विशेष प्रावधानों को घटाकर निकाली गई राशि।

Net Worth, Equity Capital *(शुद्ध पूंजी, शेयर पूंजी)* : कंपनी के दायित्वों को घटाने के बाद बची उसकी कुल परिसंपत्तियां।

Neutrality of Money *(मुद्रा तटस्थता)* : एक विचार जो कहता है कि धन आपूर्ति का कीमतों के सापेक्ष स्तर पर कोई असर नहीं पड़ता है। ऐसा कहा जाता है कि कीमत का एक तय ढांचा होता है और धन की आपूर्ति में कोई भी बदलाव उसी समय उसी अनुपात में कीमतों में बदलाव लाता है। मुद्रा तटस्थता की वकालत करने वाले मानते हैं कि मुद्रा आपूर्ति में छल-कपट का कीमतों की संरचना पर कोई असर नहीं पड़ता और इससे समाज में धन का पुनर्वितरण नहीं होता। देखिये मुद्रा की गैर-तटस्थता।

New Institutional Economics *(नव संस्थागत अर्थशास्त्र)* : ओलिवर विलियमसन,

N

रोनाल्ड कोअस और डगलस नॉर्थ जैसे विद्वानों द्वारा विकसित किया गया एक आर्थिक विचार जो आर्थिक गतिविधि के लिए 'खेल के नियमों' या आर्थिक संस्थानों के महत्त्व को बताता है। लेन-देन की लागत और कुशल संस्थानों का विकास इसके मुख्य एजेंडे में शामिल हैं। आर्थिक निष्कर्षों की गणना करने में परंपरागत संस्थागत अर्थशास्त्रियों की तरह नए संस्थागत अर्थशास्त्री तुलनात्मक संस्थागत समीक्षा पर भरोसा करते हैं। लेन-देन की लागत को कैसे विभिन्न संस्थागत व्यवस्थाएं सुलझाती हैं, निष्कर्ष निकालने के लिए यह अहम होता है। बाज़ारों के आकलन में नए संस्थागत अर्थशास्त्री संपत्ति का अधिकार, कानून के नियम और सामाजिक मानकों के महत्त्व पर ज़ोर देते हैं।

NINJA *(निंजा ऋण)* : निंजा 'नो इन्कम, जॉब एंड एसेट्स' का संक्षेपण है। ये ऐसे ऋण होते हैं जो उन लोगों को दिए गए होते हैं जिनके पास वापस करने के लिए पर्याप्त साधन नहीं होते। ऐसे लोगों के पास एकमात्र सुरक्षा घरों का मूल्य होता है। हाल के दिनों में तब समस्या पैदा हो गई जब घरों की कीमतें बढ़ने की बजाय घटने लगीं। ऐसी स्थिति में गिरवी रखने वालों ने पाया कि उनकी उधारी घरों की कीमतों से अधिक हो गई है।

No Fault Insurance *(नो फॉल्ट इंश्योरेंस, कोई गलती नहीं बीमा)* : नो फ़ॉल्ट कानून के साथ लिखा गया एक तरह का प्रथम पक्ष बीमा। नो फॉल्ट कानून के अंतर्गत क्षति पहुंचाने वाले व्यक्ति को सुरक्षा या प्रतिरक्षा मुहैया कराई जाती है और जिस व्यक्ति को नुकसान होता है, उसकी भरपाई उसे अपनी बीमाकर्ता कंपनी से होती है।

No Lockout Clause *(नो लॉकआउट क्लॉज, बंद नहीं करने का प्रावधान)* : नियोक्ता और संघ के बीच किया गया करार जिसके तहत नियोक्ता इस बात पर सहमत होता है कि कर्मचारियों और नियोक्ता के बीच विवाद के दौरान नियोक्ता कंपनी को बंद नहीं करेगा।

Nominal (as in Nominal GDP or Interest Rate) *(मामूली, सांकेतिक, अवास्तविक)* : एक ऐसा माप, जो मुद्रास्फीति या अन्य मौसमी कारकों को शामिल करने में विफल रहा हो। उदाहरण के लिए सांकेतिक जीडीपी मौजूदा कीमतों पर राष्ट्रीय उत्पादन का मूल्य है। यह वास्तविक जीडीपी के उलट है जिसमें मूल्य को आधार वर्ष के हिसाब से मापा जाता है। इसमें मुद्रास्फीति को शामिल किया जाता है।

Nominal Value, Par Value, Par *(अंकित मूल्य)* : शेयरों पर अंकित मूल्य। शेयरों को पहली बार जारी करने पर अंकित मूल्य दिया जाता है। अंकित मूल्य का इस्तेमाल संयुक्त स्टॉक कंपनी में मतों की गणना के लिए किया जाता है। अंकित मूल्य शेयरों के बाज़ार भाव से अलग होता है। शेयरों का बाज़ार भाव अंकित मूल्य से अधिक या कम हो सकता है।

N

Non-fundamental Factor *(गैर बुनियादी कारक)* : अनियमित कारक जिनका उस प्रक्रिया पर बहुत थोड़ा असर पड़े जिसे समीक्षा के लिए निगरानी में रखा गया हो।

Non-governmental Organization (NGO) *(गैर-सरकारी संगठन [एनजीओ])* : ऐसे संगठन जिनका मुनाफा कमाना उद्देश्य न हो या जो राज्य सरकार में सीधे भागीदार न हों लेकिन जिनका मुख्य मिशन समाज-सुधार-सेवा हो। एनजीओ सार्वजनिक संस्थान या विधिक सहायता केंद्र के रूप में स्थापित किए जा सकते हैं। इन्हें 'थर्ड सेक्टर' भी कहा जाता है।

Non-listed Securities *(गैर-सूचीबद्ध शेयर)* : वे शेयर जो शेयर बाज़ार में सूचीबद्ध न हों।

Non-neutrality of Money *(मुद्रा की गैर-तटस्थता)* : एक विचार जिसके मुताबिक धन की आपूर्ति में बदलाव का कीमतों पर अलग-अलग, असंतुलित और धीरे-धीरे असर पड़ता है। उदाहरण के लिए केंद्रीय बैंक द्वारा अतिरिक्त मुद्रा जारी करने से वस्तुएं महंगी हो जाती हैं, लेकिन सभी वस्तुओं के साथ ऐसा हो यह ज़रूरी नहीं, न ही यह एक स्तर पर होता है और न ही एक समय में। ऐसे में मुद्रा आपूर्ति में बदलाव बाज़ार में धन को पुनर्वितरित करता है और इससे सबसे पहले अतिरिक्त मुद्रा प्राप्त करने वाले और इस मुद्रा के बदले वस्तुओं की बिक्री करने वाले धनी बन जाते हैं। इस अतिरिक्त धन को प्राप्त करने वाली कड़ी के सबसे निचले पायदान पर वे होते हैं जिनकी आय तय होती है—मसलन पेंशनधारक और छात्र, उन्हें इससे नुकसान होता है। देखिये मुद्रा तटस्थता।

Non-profit Organization *(गैर-लाभकारी संगठन)* : एक सांगठनिक ढांचा जहां परिसंपत्तियां रिटर्न अर्जित कर सकती हैं, लेकिन उनका इस्तेमाल संगठन द्वारा तय किए गए आगे के लक्ष्यों को हासिल करने में किया जाए बजाय इसके कि उन्हें मुनाफे के तौर पर व्यक्तियों में बांट दिया जाए।

Non-specific Factors of Production *(उत्पादन के गैर-विशिष्ट कारक)* : व्यापक उपयोग वाले उत्पादन के कारक। किसी उत्पादन प्रक्रिया के लिए सबसे कम विशिष्ट कारकों में श्रम आता है, जो किसी उत्पादन प्रक्रिया के लिए सबसे ज़रूरी है। देखिये उत्पादन के विशिष्ट कारक।

Non-tariff Trade Barriers *(शुल्क रहित व्यापार बाधाएं)* : आयात को सीमित करने के वैकल्पिक साधन। खासतौर से जिन्हें व्यापार समझौतों का उल्लंघन किए बगैर आयात को कम करने के तौर पर इस्तेमाल किया जाए। एंटी-डंपिंग कानून इसका एक उदाहरण है। इसके अलावा गुणवत्ता या सेहत मानकों को भी शुल्क रहित व्यापार बाधाओं के तौर पर इस्तेमाल किया जा सकता है। प्रतिकारी शुल्क यानी काउंटरवेलिंग ड्यूटी भी इसी में आते हैं।

N

Normal Distribution *(सामान्य वितरण)* : संभाव्यता (प्रोबेबिलिटी) को वितरित करना जो अक्सर वास्तविक घटना में प्रकट हो। इसे बेल (घंटी) के रूप में रेखांकित किया जाता है। यह कई पैमानों पर समरूप बैठता है।

Normal Good *(सामान्य वस्तु)* : सकारात्मक आय लोच वाली वस्तु। आय बढ़ने के साथ इनका उपभोग भी बढ़ता है।

O

O

OAS (Organization of American States) (ओएएस [अमेरिकी राष्ट्रों का संगठन]) : क्षेत्रीय वार्ता और सहयोग के लिए ओएएस पश्चिमी गोलार्ध का प्रमुख मंच है। यह जनतंत्र, बेहतर प्रशासन, मानवाधिकारों, शांति और व्यापार को बढ़ावा देने का काम करता है। इसके साथ ही यह गरीबी, मादक पदार्थों और भ्रष्टाचार की वजह से पैदा होने वाली समस्याओं का समाधान करता है। ओएएस की आम सभा की साल में एक बार बैठक होती है, जबकि इसकी स्थायी परिषद, जिसमें हर राष्ट्र द्वारा नियुक्त अधिकारी होते हैं, संगठन के रोज़मर्रा के कामों को अंजाम देती है। ओएएस के भीतर आर्थिक विकास को बढ़ावा देने और गरीबी से लड़ने के लिए दो विशेष निकाय हैं : संपूर्ण विकास के लिए अंतर-अमेरिकी परिषद (सीआईडीआई) और सहयोग एवं विकास के लिए अंतर-अमेरिकी एजेंसी (आईएसीडी)। ओएएस की स्थापना सन 1948 में हुई थी। इसका मुख्यालय वॉशिंगटन, डीसी में है। इसकी चार आधिकारिक भाषाएं हैं : अंग्रेज़ी, स्पेनिश, फ्रेंच और पुर्तगाली। उत्तरी, मध्य और दक्षिणी अमेरिका के साथ ही कैरिबियाई क्षेत्र के 35 देश इसके सदस्य हैं।

Object Insured *(बीमित वस्तु)* : किसी व्यक्ति के जीवन, स्वास्थ्य, संपत्ति या दीवानी देनदारी से जुड़े संपत्ति के हित। जीवन, स्वास्थ्य, संपत्ति या देनदारियां बीमित वस्तु हो सकती हैं। ऐसी भी वस्तुएं हो सकती हैं, जिनका बीमा नहीं किया जा सकता, जैसेकि दीवालियापन।

Objectivism *(निष्पक्षतावाद, उद्देश्यवाद)* : सिद्धांत का विकास अयन रैंड (1905-1982) ने किया था। इस पर आधारित एक आंदोलन अभी भी सक्रिय है, जो वस्तुनिष्ठ वास्तविकता की मौजूदगी का दावा करता है। यह मानव मस्तिष्क को अनुभूति या संज्ञान के एकमात्र

साधन के रूप में प्रचारित करता है। इसके मुताबिक मनुष्य मात्र का अकेला उद्देश्य अपने आपको और अपने कल्याण को आगे बढ़ाना है। उद्देश्यवादी या निष्पक्षतावादी मुक्त बाज़ार की भी ज़ोरदार वकालत करते हैं।

O

Odd Lot *(विषम संख्या, सौ से कम संख्या में शेयर)* : प्रतिभूतियों का वह लेन-देन जिसमें प्रतिभूतियों की संख्या सम संख्या से कम (या विभाजित करने पर शेष ज़रूर बचता है) होती है। सम संख्या यानी राउंड लॉट्स में आम तौर 100 इकाई होती हैं। यानी 100 की संख्या में शेयर या अन्य प्रतिभूतियां।

OECD (Organization for Economic Co-operation and Development) *(ओईसीडी [आर्थिक सहयोग एवं विकास संगठन])* : ओईसीडी लोकतांत्रिक सिद्धांतों और बाज़ार अर्थव्यवस्था के प्रति प्रतिबद्धता रखने वाले 30 सदस्य राष्ट्रों वाला एक समूह है। इसके 70 अन्य देशों से भी संबंध हैं। सदस्य एक साथ मिलकर सर्वोत्तम रीतियों को साझा करके, नीतियों का समन्वय करके और आर्थिक व सामाजिक मुद्दों का समाधान करके वैश्वीकरण की चुनौतियों का अन्वेषण करते हैं। इसके लिए धन की व्यवस्था सदस्य देशों के योगदान के ज़रिये की जाती है। योगदान का निर्धारण उनकी अपनी-अपनी राष्ट्रीय अर्थव्यवस्थाओं के आकार के आधार पर होता है। ओईसीडी फंड को वितरित नहीं करता, बल्कि इसका मकसद विचारों को साझा करने और उन पर चर्चा करने के एक मंच के रूप में काम करना है। इसके विशिष्ट विभागों में विकास, अर्थव्यवस्थाएं, शिक्षा, रोज़गार, श्रम, सामाजिक मामले, उद्यमिता, लघु एवं मध्यम उद्यम (एसएमई), पर्यावरण, ऊर्जा, वित्तीय मामले, खाद्य, कृषि, मात्स्यिकी, विज्ञान, प्रौद्योगिकी, उद्योग, व्यापार और कर नीति शामिल हैं। शुरू में यह सन 1947 में ओईईसी (यूरोपीय आर्थिक सहयोग संगठन) के रूप में नाटो के आर्थिक समकक्ष के तौर पर स्थापित किया गया था। इस नाम को सन 1961 में बदलकर ओईसीडी कर दिया गया। ओईसीडी का सचिवालय पेरिस में है। अंग्रेज़ी और फ्रेंच इसकी आधिकारिक भाषाएं हैं। इसके सदस्य राष्ट्रों में ऑस्ट्रेलिया, ऑस्ट्रिया, बेल्जियम, कनाडा, चेक गणराज्य, डेनमार्क, फिनलैंड, फ्रांस, जर्मनी, यूनान, हंगरी, आइसलैंड, आयरलैंड, इटली, जापान, कोरिया, लक्जमबर्ग, मेक्सिको, नीदरलैंड, न्यूजीलैंड, नॉर्वे, पोलैंड, पुर्तगाल, स्लोवाक गणराज्य, स्पेन, स्वीडन, स्विट्ज़रलैंड, तुर्की, यूनाइटेड किंगडम और संयुक्त राज्य अमेरिका शामिल हैं। हाल के वर्षों में कुछ सरकारें और लोक नीति संगठन ओईसीडी की इस बात के लिए आलोचना करते रहे हैं कि यह आर्थिक विकास को बढ़ावा देने के अपने मूल उद्देश्य से भटक गया है। खासकर, आलोचकों का आरोप है कि इसकी वित्तीय नीति समिति उन ऊंचे कर वाले राष्ट्रों के अनुचित प्रभाव में रही है, जो अपनी कर सामंजस्य की संकल्पना और 'हानिकारक कर प्रतिस्पर्धा' को कम कर वाले देशों पर थोपने का प्रयास कर रहे हैं।

O

Off-balance Sheet Finance *(बैलेंस शीट बाह्य वित्त) :* किसी कंपनी की गतिविधियों के लिए बैलेंस शीट में दर्ज संपत्ति के बजाय किराये की संपत्ति (जैसे उपकरण, इमारत या फंड) का इस्तेमाल या फिर उन फंडों का इस्तेमाल जो बैलेंस शीट में दर्ज नहीं हैं।

Offer *(प्रस्ताव) :* किसी अनुबंध को समाप्त करने के लिए प्रस्ताव।

Officially Undeclared Economy *(आधिकारिक रूप से अघोषित अर्थव्यवस्था) :* किसी देश की अर्थव्यवस्था का वह हिस्सा, जो आधिकारिक सांख्यिकी (गणना) में शामिल नहीं है, यानी छाया (शैडो) अर्थव्यवस्था। आधिकारिक रूप से अघोषित अर्थव्यवस्था के अंतर्गत अघोषित और गैरकानूनी गतिविधियां शामिल हैं।

OGBS (Offshore Group of Banking Supervisors) *(ओजीबीएस [ऑफशोर ग्रुप ऑफ बैंकिंग सुपरवाइजर्स]) :* यह सदस्यों के बीच पारस्परिक हितों के मुद्दों पर चर्चा के एक मंच के रूप में कार्य करता है और जहां सदस्य हवाला (मनीलांड्रिंग) और आतंकवाद को वित्त पोषण के खिलाफ लड़ाई में स्वीकार्य मानदंडों को बनाए रखने के लिए अंतरराष्ट्रीय संगठनों के साथ बातचीत कर सकते हैं। यह सदस्यों को ऊंचे नियामक मानदंडों व सर्वोत्तम रीतियों को अपनाने के लिए प्रोत्साहित करता है और इसे समान समूह (पीयर ग्रुप) नज़रिये एवं परस्पर स्वतंत्र मूल्यांकनों के ज़रिये हासिल करता है। ओजीबीएस की स्थापना बैंकिंग निगरानी पर बेसल कमेटी के आग्रह पर सन 1980 में की गई थी। इस कमेटी ने महसूस किया कि ऑफशोर बैंकिंग में तेज़ी से बढ़ोतरी को देखते हुए पर्यवेक्षण यानी निगरानी के लिए पर्याप्त मानकों को बनाए रखने के लिए एक संस्था का होना ज़रूरी हो गया है। इसके सदस्य राष्ट्रों की संख्या 19 है और तीन राष्ट्र पर्यवेक्षक हैं।

OIC (Organization of the Islamic Conference) *(ओआईसी [इस्लामी सम्मेलन संगठन]) :* ओआईसी एक अंतर-सरकारी संगठन है, जो अपने नागरिकों व विश्व भर के मुसलमानों के हितों को सुरक्षित रखने और उनकी प्रगति के लिए काम करता है। राजनीतिक, आर्थिक, सामाजिक और वैज्ञानिक प्रयासों के क्षेत्र में इस्लामी एकजुटता और सहयोग को सुदृढ़ करना इसका उद्देश्य है। पवित्र स्थानों को सुरक्षित रखने और फिलिस्तीनियों को उनके अधिकारों व इज़रायली कब्ज़े वाले क्षेत्रों को फिर से हासिल करने के संघर्ष के लिए कार्रवाइयों का समन्वय करना इसके उद्देश्यों में शामिल है। इसके अलावा नस्लवादी भेदभाव और उपनिवेशवाद को समाप्त करना भी इसका मकसद है। इसके मुख्य सिद्धांत सदस्य राष्ट्रों के आत्मनिर्णय और संप्रभुता की अवधारणा पर आधारित हैं। इसके साथ ही सभी सदस्य देशों के बीच पूर्ण समानता और विवादों का शांतिपूर्ण समाधान भी इसके मार्गदर्शक सिद्धांत हैं। ओआईसी की स्थापना सन 1969 में की गई थी। इसका सचिवालय जेद्दा (सऊदी अरब) में है। 57 देश इसके सदस्य हैं। अरबी, अंग्रेज़ी और फ्रेंच इसकी आधिकारिक भाषाएं हैं। इसका नेतृत्व राजाओं और राष्ट्राध्यक्षों का सम्मेलन करता है, जो ओआईसी की नीति निर्धारित करने के लिए हर तीन साल में आयोजित किया

जाता है। ओआईसी के नीतिगत निर्णयों के क्रियान्वयन में हुई प्रगति पर चर्चा करने के लिए विदेश मंत्रियों का सम्मेलन साल में एक बार होता है, जबकि आम सचिवालय अन्य दोनों संस्थाओं के निर्णयों को लागू करने का काम करता है।

Oligarchy *(कुलीनतंत्र)* : सरकारों का वह स्वरूप जिसमें शासन सत्ता रसूखदार (दौलतमंद) लोगों के एक छोटे-से समूह के हाथ में होती है।

Oligopoly *(अल्पाधिकार)* : बाज़ार की वह स्थिति जहां कुछ निश्चित सेवाओं व वस्तुओं की आपूर्ति के बड़े हिस्से पर उत्पादकों के एक छोटे से समूह का कब्ज़ा होता है।

Oligopsony *(क्रेता अल्पाधिकार)* : बाज़ार में वह स्थिति जहां चुनिंदा वस्तुओं और सेवाओं के बड़े हिस्से की मांग क्रेताओं के एक छोटे-से समूह में होती है। उदाहरण के लिए, किसी देश में ऑटो पार्ट्स बनाने वालों की संख्या तो बहुत ज्यादा है, जबकि इनकी मांग करने वाली कंपनियां कुछ गिनी-चुनी ही हैं।

Ombudsman *(लोकपाल)* : (1) शिकायतों का निपटारा करने वाला एक संस्थान (2) यूरोपीय संसद द्वारा नियुक्त यूरोपीय संघ का एक अधिकारी, जिसका कार्य ईयू संस्थाओं की गतिविधियों से जुड़ी शिकायतों का निपटारा करना है। लोकपाल का पद यूरोपीय समुदाय स्थापित करने वाली संधि के आधार पर सृजित किया गया है। इस संधि में यह व्यवस्था रखी गई है कि यूरोपीय संसद को एक लोकपाल नियुक्त करना चाहिए, जो यूरोपीय संघ के नागरिकों यानी सभी प्राकृतिक और कानूनी संस्थाओं की ईयू संस्थानों या निकायों में प्रशासन के अनुचित मामलों से संबंधित शिकायतों को स्वीकार करने के लिए अधिकृत हो। हालांकि, वह यूरोपीयन कोर्ट ऑफ जस्टिस और प्रथम दृष्ट्या न्यायालय के अधिकार क्षेत्र वाले मामलों की शिकायतें नहीं स्वीकार कर सकता। लोकपाल की नियुक्ति पांच वर्षों के लिए होती है। लोकपाल को केवल यूरोपीयन कोर्ट ऑफ जस्टिस ही पद से हटा सकती है।

One-off Production *(उत्पादन को मामूली स्तर पर रखना)* : उत्पादन को मामूली स्तर पर रखना, सामान्य तौर पर विलासी वस्तुओं का। देखिये बैच उत्पादन, बड़े पैमाने पर उत्पादन।

OPEC (Organization of Petroleum Exporting Countries) *(ओपेक[पेट्रोलियम निर्यातक देशों का संगठन])* : ओपेक एक उत्पादन संघ है, जिसका मुख्य मकसद सदस्य देशों के बीच पेट्रोलियम नीति और कीमतों का समन्वय व एकीकरण करना है, ताकि व्यक्तिगत और सामूहिक हितों को सुरक्षित रखा जा सके। यह कीमतों के उतार-चढ़ाव को खत्म करने और उपभोक्ता देशों को तेल की स्थायी आपूर्ति सुनिश्चित रखने के लिए कार्य करता है। इसके साथ ही यह उत्पादक देशों को स्थायी आय और पेट्रोलियम निवेशकों

O

को 'उचित दर' से प्रतिफल प्रदान करने का काम भी करता है। यह लंबी समय अवधियों तक तेल की ऊंची कीमतें बनाए रखने में सफल रहा है, हालांकि ऐसा विश्व उत्पादकता की कीमत पर हुआ है। अंतरराष्ट्रीय तेल बाज़ार का कारोबार डॉलर में होता है, इसलिए अन्य मुद्राओं की तुलना में डॉलर के मूल्य में परिवर्तनों का असर तेल उत्पादन की मात्रा तय करने संबंधी ओपेक के फैसलों पर भी पड़ता है। ओपेक की स्थापना सन 1960 में तेल कंपनियों के तेल की कीमतें घटाने संबंधी दबावों का मुकाबला करने के लिए की गई थी। तब यह एक अनौपचारिक व्यवस्था थी और इसने अपनी गतिविधियों को बाज़ार हिस्सेदारी बढ़ाने तक सीमित रखा था, लेकिन इसने सन 1970 से अपने प्रभाव का गंभीर इस्तेमाल करना शुरू किया। इसके सदस्य देशों में अल्जीरिया, इंडोनेशिया, ईरान, इराक, कुवैत, लीबिया, नाइजीरिया, कतर, सऊदी अरब, वेनेजुएला और संयुक्त अरब अमीरात शामिल हैं। ओपेक के सदस्य देशों के पास विश्व के तेल भंडारों का दो तिहाई हिस्सा मौजूद है। इसका मुख्यालय वियना (ऑस्ट्रिया) में है।

Open Economy, Open Market *(मुक्त अर्थव्यवस्था, मुक्त बाज़ार)* : वह विश्व व्यापार प्रणाली जहां देश व्यक्तिगत तौर पर प्रत्यक्ष या परोक्ष आयात और निर्यात बंदिशें लगाने या पूंजीगत नियंत्रणों का उपयोग करने से परहेज़ करते हैं और जहां श्रम यानी मज़दूरों की मुक्त आवाजाही की अनुमति होती है।

Open Market Operation (OMO) *(मुक्त बाज़ार परिचालन [ओएमओ])* : यह केंद्रीय बैंकों द्वारा इस्तेमाल किया जाने वाला एक मौद्रिक नीति उपकरण है, जिसका मकसद बाज़ार में मुद्रा की आपूर्ति के ज़रिये ब्याज दर या बैंकिंग प्रणाली में तरलता का नियमन करना है। आम तौर पर इस ओएमओ का इस्तेमाल किया जाता है। मुद्रा आपूर्ति बढ़ाने और ब्याज दर घटाने के लिए पुनर्खरीद अनुबंध, मुद्रा आपूर्ति घटाने के लिए सरकारी प्रतिभूतियों की नीलामी और तरलता की तंगी से जूझ रहे किसी वाणिज्यिक बैंक को व्यक्तिगत तौर पर दिन-भर के लिए अल्पकालिक ऋण।

Open Peril *(खुली क्षति)* : टर्म का इस्तेमाल संपत्ति बीमा के उस व्यापक रूप का वर्णन करने के लिए किया जाता है, जिसमें विशिष्ट तौर पर उल्लिखित क्षतियों और कारणों को छोड़कर अन्य सभी तरह के नुकसानों पर यह कवरेज लागू होता है। यह उन पॉलिसियों से ठीक उलट है, जिनमें बीमा के दायरे में आने वाली क्षति या क्षतियों का नाम दिया जाता है।

Operating Lease *(चालू पट्टा, ऑपरेटिंग लीज)* : किसी उपकरण से जुड़ा एक ऐसा पट्टा, जिसे उस उपकरण के जीवनकाल के मुकाबले एक छोटी अवधि के लिए लिखा जाता है। इसके तहत ग्राहक को पट्टे में तय अवधि तक उपकरण के इस्तेमाल करने की अनुमति होती है और पट्टा देने वाला ही खासतौर पर सेवा और रखरखाव के लिए ज़िम्मेदार होता है। पट्टे की समाप्ति पर यह उपकरण पट्टा देने वाले को लौटा दिया

जाता है या फिर अगर पट्टे की शर्तों में प्रावधान होता है तो ग्राहक उसे खरीद लेता है।

Operating Leverage *(परिचालन लीवरेज)* : किसी कंपनी के परिचालन जोखिम का एक माप। इसकी गणना दो रूपों में की जाती है। पहला, स्थिर लागतों के एक अनुपात के रूप में और दूसरा, बिक्री में बदलाव (प्रतिशत में) के मुकाबले अर्जित लाभ (ब्याज और कर पूर्व भुगतान प्रतिशत में) में परिवर्तन के अनुपात के रूप में। यह दिखाता है कि बिक्री की मात्रा में अगर एक फीसदी बदलाव होता है तो कंपनी के मुनाफे में कितना परिवर्तन होगा।

Operating Ratio *(परिचालन अनुपात)* : वह संयुक्त अनुपात जिसे अर्जित प्रीमियम के मुकाबले आवंटित निवेश में वृद्धि के द्वारा समायोजित किया जाता है। अन्य संबंधित परिभाषाएं हैं : संयुक्त अनुपात, आवंटित निवेश आय।

Operational Risk *(परिचालनगत जोखिम)* : वह जोखिम जो प्रणाली, आंतरिक प्रक्रियाओं और नियंत्रणों की विफलता से उत्पन्न होता है। इसका नतीजा वित्तीय हानि के रूप में सामने आता है। परिचालनगत जोखिम में रखवाली जोखिम भी शामिल होता है।

Opportunity Costs *(अवसर लागत)* : अगर फंड कुछ चयनित वस्तुओं या सेवाओं या अन्य उद्देश्यों पर न खर्च किए जाएं तो इस धनराशि से खरीदी जा सकने वाली संभावित कुल वस्तुएं या सेवाएं। यह पीछे छूटी वस्तुओं या खोए हुए अवसरों की कीमत है, उदाहरण के लिए–कोई व्यक्ति पर्यटन स्थल जाने के लिए फर्नीचर नहीं खरीदने का फैसला कर सकता है या उसी अवधि में रोज़गार में लगकर कमाई करने के लिए विश्वविद्यालय की शिक्षा छोड़ सकता है। अवसर लागतें इसलिए उपस्थित होती हैं, क्योंकि मनुष्य का बाज़ार में व्यवहार मूलतः विकल्पों के बीच चुनाव करने का मसला है। अवसर लागतें स्वतः प्रकट हो सकती हैं, जैसे कि मौद्रिक शब्दावलियों के रूप में व्यक्त की जाने वाली या कई मामलों में ये केवल निहित होती हैं, जैसे कि उन मामलों में जब इन्हें खर्च किए गए समय या प्रयास के रूप में व्यक्त किया जाता है।

Optimization *(इष्टतम उपयोग)* : आर्थिक विश्लेषण में इष्टतम उपयोग एक महत्त्वपूर्ण संकल्पना है, जो गणितीय मॉडलिंग पर आधारित है। इष्टतम उपयोग में विकल्पों के बीच सर्वोत्तम समाधान की तलाश की जाती है अथवा किसी चर या फलन के चरम मूल्य को ढूंढ़ा जाता है। उदाहरण के लिए लाभ अधिकतमकरण या लागत न्यूनतमकरण को ही ले लीजिए।

Option *(विकल्प, ऑप्शन)* : एक निश्चित संख्या में जिंसों या प्रतिभूतियों को एक तय कीमत पर खरीदने या बेचने का वह अधिकार (एक विकल्प न कि कोई उत्तरदायित्व) जिसे एक निश्चित शुल्क (प्रीमियम) देकर अर्जित किया जाता है। यह

O

एक निश्चित अवधि के लिए होता है। अगर इस अधिकार का तय अवधि में इस्तेमाल नहीं किया जाता, तो प्रीमियम का पुनर्भुगतान भी नहीं किया जाता।

Ordinal Utility *(क्रमवाचक उपयोगिता)* : किसी उत्पाद की उपयोगिता का एक माप जिसे संतुष्टि प्रदान करने की एक तुलनात्मक या सापेक्षिक योग्यता के द्वारा व्यक्त किया जाता है। क्रमवाचक उपयोगिता प्राप्त संतुष्टि की मात्रा को नहीं बताती, बल्कि केवल यह संकेत करती है कि कोई खास वस्तु या वस्तु समूह किसी अन्य की तुलना में अधिक या कम संतुष्टिदायक है। देखिये गणनावाचक उपयोगिता।

Ordinary Life Insurance *(सामान्य जीवन बीमा)* : संपूर्ण जीवन बीमा का एक रूप जिसे आमतौर पर 1000 डालर या अधिक की राशियों में जारी किया जाता है। इसका प्रीमियम सालाना, छमाही, तिमाही और मासिक आधार पर बीमित व्यक्ति की मृत्युपर्यंत या फिर मृत्यु दर तालिका के मुताबिक तय अवधि तक देय होता है, और मृत्यु या निर्धारित अवधि में से जो भी पहले आता है उस वक्त इसके फायदे प्राप्त होते हैं। जीवन बीमा के लिए भी इस शब्दावली (टर्म) का उपयोग किया जाता है।

Orthodox School *(रूढ़िवादी विचारधारा)* : परंपरागत रूढ़ियों पर बल देने वाली विचारधारा। देखिये अर्थशास्त्र की शास्त्रीय विचारधारा।

Outsourcing *(आउटसोर्सिंग)* : जब कोई कंपनी किसी बाहरी प्रदाता को कुछ निश्चित कार्य हस्तांतरित करके लागतें घटाने अथवा बेहतर गुणवत्ता की सेवा प्राप्त करने की कोशिश करती है, तो इसे आउटसोर्सिंग कहा जाता है। किसी कंपनी द्वारा अपने शोध केंद्र पर अपने सुरक्षा गार्ड रखने के बजाय सुरक्षा मुहैया कराने का काम भुगतान के आधार पर किसी सिक्योरिटी फर्म को सौंपना इसका बढ़िया उदाहरण माना जा सकता है।

Overdraft *(ओवरड्रॉफ्ट)* : किसी बैंक खाते में शेष राशि से अधिक धन की निकासी या फिर किसी व्यक्ति या ग्राहक का निर्धारित क्रेडिट सीमा से परे जाकर धन खर्च करना।

Over-the-counter Contract (OTC) *(दो पक्षों के बीच प्रत्यक्ष अनुबंध [ओटीसी])* : स्टॉक एक्सचेंज से बाहर दो पक्षों के बीच किया गया एक सीधा अनुबंध।

Overtime *(ओवरटाइम, अधिक समय तक कार्य करना)* : निर्धारित सामान्य कार्यघंटों से अधिक किसी भी अवधि तक किया गया कार्य। 'सामान्य' कार्यघंटे की यह अवधि भिन्न-भिन्न देशों में अलग-अलग होती है। आमतौर पर नियोक्ताओं को ओवरटाइम के घंटों के लिए ज्यादा मज़दूरी देनी होती है।

Ownership, Property *(स्वामित्व, संपत्ति)* : एक व्यक्ति विशेष की वास्तविक और अवास्तविक परिसंपत्तियों की होल्डिंग, जिसके पास परिसंपत्ति को अनंतकाल तक अपने पास रखने का कानूनी अधिकार होता है। देखिये बौद्धिक संपदा।

P

P

Paid-in Capital *(प्रदत्त पूंजी)* : अधिकृत पूंजी का वह हिस्सा, जिसके लिए भुगतान प्राप्त हो गया है। प्रदत्त पूंजी और अधिकृत पूंजी के बीच का अंतर वह होता है जिसका इस्तेमाल सब्सक्राइब्ड शेयरों के लिए कई तरह के आंशिक भुगतान में किया गया होता है। देखिये अधिकृत पूंजी।

Paradox of Savings, Paradox of Thrift *(बचत का विरोधाभास, किफायत का विरोधाभास)* : जॉन एम. कीन्स द्वारा दी गई इस परिकल्पना के मुताबिक बचत बढ़ाने के लिए दिए जाने वाले प्रोत्साहनों और अपने स्तर पर की गईं बचतें बाद में कुछ दशाओं में बचतों में कमी लाती हैं। कीन्स के अनुसार, जब लोगों का रुझान बचत की तरफ होता है और अर्थव्यवस्था में गिरावट आती है, तो उपभोग के लिए काफी कम धन बचता है। कम उपभोग का मतलब है कि उत्पादकों की कम कमाई। दीर्घकाल में यह उत्पादन और रोज़गार में कमी लाता है। बचत के विरोधाभास का उपयोग उपभोग को बढ़ावा देने और बचत की निंदा करने के लिए किया जाता है, जैसा कि विख्यात है, यह निवेश और आर्थिक विकास के आधार के तौर पर कार्य करता है।

Paradox of Value *(मूल्य का विरोधाभास)* : वह स्थिति जहां बुनियादी ज़रूरतों को संतुष्ट करने वाली वस्तुएं (जैसे लोहा या पानी) कम उपयोगी वस्तुएं (टाइटैनियम) या विलासिता की वस्तुओं (हीरे) के मुकाबले सस्ती होती हैं। इस विरोधाभास की गुत्थी विलियम स्टैनले जेवन्स, कार्ल मेंगर और लियोन वालरस ने सुलझाई, जिन्होंने साबित किया कि किसी वस्तु की कीमत उसकी सीमांत उपयोगिता द्वारा निर्धारित होती है। उन्होंने इस सिद्धांत का सीमांत उपयोगिता सिद्धांत के साथ अनुसरण किया, जो यह तर्क देती है कि प्रचुर आपूर्ति वाली जिंसों की सीमांत उपयोगिता कम होती है, इसलिए उनकी कीमत भी कम होती है।

P

Parent Company *(मूल कंपनी)* : वह कंपनी जो किसी दूसरी सहयोगी कंपनी पर नियंत्रण रखती है। देखिये नियंत्रण।

Pareto Optimality *(पैरेटो इष्टतम, पैरेटो अनुकूलतम)* :इतालवी इंजीनियर विल्फ्रेडो पैरेटो (1848-1923) द्वारा विकसित आर्थिक कल्याण बढ़ाने वाला सिद्धांत। पैरेटो ने इष्टतम को उस बिंदु के रूप में परिभाषित किया, जहां किसी भी व्यक्ति के कल्याण में तब तक सुधार नहीं लाया जा सकता जब तक कि किसी अन्य के कल्याण में कमी न की जाए।

Pareto Principle, the 80/20 Rule *(पैरेटो सिद्धांत, 80/20 नियम)* : 1930 के दशक में जोसेफ एम. जुरान (1904-2008) द्वारा परिभाषित प्रबंधन सिद्धांत। इसे '80/20 नियम' के रूप में भी जाना जाता है। जुरान के अनुसार, किसी प्रक्रिया के कम से कम 80 प्रतिशत परिणाम, ऐसे नतीजे प्राप्त करने के लिए किए गए 20 प्रतिशत प्रयासों के फल होते हैं। इस नियम के मुताबिक प्रमुख कार्यों पर 20 प्रतिशत तक ध्यान केंद्रित करने से 80 प्रतिशत परिणाम सुनिश्चित हो जाते हैं। हालांकि पैरेटो इस नियम के लेखक नहीं थे, फिर भी पैरेटो के इष्टतम सिद्धांत में वर्णित आंकड़ों से इन संख्याओं के संयोग के कारण इस नियम को उनका नाम दिया गया।

Partial Equilibrium Model *(आंशिक संतुलन मॉडल)* : किसी वस्तु की संतुलन कीमत की गणना तब आसान हो जाती है, जब विश्लेषण को सिर्फ एक वस्तु तक सीमित रखा जाता है और यह मान लिया जाता है कि 'अन्य बातें समान रहें' (अन्य वस्तुओं की कीमतें स्थिर रखी जाती हैं)। इसमें अन्य बाज़ारों के परोक्ष प्रभावों (स्पिल ओवर) को ध्यान में नहीं रखा जाता है।

Participant of a Pension Fund *(पेंशन फंड के सहभागी)* : वह व्यक्ति जिसके साथ या जिसके पक्ष में कोई पेंशन संचय समझौता किया जाता है और जिसके नाम से एक व्यक्तिगत पेंशन खाता खोला जाता है।

Partnership *(साझेदारी)* : के तहत दो या दो से अधिक व्यक्ति या संस्थाएं आपसी लाभ के लिए एक समझौते के ज़रिये जुड़ते हैं। व्यवसाय में, हर संस्था अक्सर पूंजी लगाती है और कंपनी के मुनाफे व घाटे में एक हिस्से की भागीदार होती है। सीमित साझेदारी में कोई संस्था भविष्य में लाभ के बदले पूंजी लगा सकती है और उसका दायित्व केवल शुरुआती निवेश के नुकसान तक ही सीमित होता है।

Partnership *(साझेदारी)* : के तहत दो या दो से अधिक व्यक्ति या संस्थाएं आपसी लाभ के लिए एक समझौते के ज़रिये जुड़ते हैं। व्यवसाय में, हर संस्था अक्सर पूंजी लगाती है और कंपनी के मुनाफे व घाटे में एक हिस्से की भागीदार होती है। सीमित साझेदारी में कोई संस्था भविष्य में लाभ के बदले पूंजी लगा सकती है और उसका दायित्व

केवल अपने शुरुआती निवेश के नुकसान तक ही सीमित होता है।

Patent *(पेटेंट, स्वत्वाधिकार)* : वह दस्तावेज़ जो किसी आविष्कारक के आविष्कार की पुष्टि करता है और पेटेंट धारक को इसे बेचने या काम में लाने का अनन्य (एक्सक्लूसिव) अधिकार देता है। आविष्कार अगर नए हों, आदिम ज़माने के न हों और जो अमल में यानी उत्पादन में लाए जा सकें, तभी उन पर पेटेंट दिया जाता है। पेटेंट कानून द्वारा एक निश्चित अवधि (अधिकतर 20 वर्ष) के लिए संरक्षित होते हैं, क्योंकि माना जाता है कि इस अवधि में आविष्कारक इसका पूरा इस्तेमाल कर लेगा। यह एक्सक्लूसिव (एकाधिकारी) अधिकार राज्य द्वारा किसी वस्तु या प्रक्रिया के प्रथम निर्माता या आविष्कारक को दिया जाता है।

Paternalism *(पितृत्ववाद)* : जीवन के कई क्षेत्रों में हस्तक्षेप करने वाले राज्य नियमन (सरकारी नियम)। ये नियमन अपना औचित्य विशेषकर इस तर्क से साबित करते हैं कि लोगों को अपना नुकसान करने से रोका जाए। इस तरह की देखभाल या परवाह के उदाहरण हैं—सीट बेल्ट बांधने की अनिवार्यता या अनिवार्य थर्ड पार्टी देयता बीमा, इत्यादि। ऐसे पितृत्ववाद या पैटर्नलिज्म नैतिक जोखिम उत्पन्न करते हैं। देखिये नैतिक खतरा।

Pay-as-you-go, Pay-as-you-earn *(पे ऐज़ यू गो, पे ऐज़ यू अर्न)* : राज्य यानी सरकार की सामाजिक सुरक्षा योजनाओं के वित्तीयन का एक तरीका, जिसमें योजनाओं के दायरे में आने वाले व्यक्तियों को किए गए भुगतान चालू योगदानों से पूरे किए जाते हैं। इस सिद्धांत पर आधारित सामाजिक सुरक्षा प्रणाली में राजस्वों को संचित या निवेशित नहीं किया जाता। इससे यह प्रणाली जनांकिकीय (आबादी की) स्थिति और एक निश्चत अवधि के दौरान योगदान करने वालों की मज़दूरी पर निर्भर हो जाती है। किसी पे ऐज़ यू गो प्रणाली में, पात्र सेवानिवृत्त आबादी की पेंशन का बोझ उस अवधि के दौरान रोज़गार में लगी जनसंख्या उठाती है। इस प्रणाली की एक बड़ी आलोचना यह है कि इसके तहत किसी व्यक्ति का योगदान या अंशदान प्राप्त भुगतानों से कतई संबद्ध नहीं होता है। यह जनांकिकीय स्थिति पर निर्भर होती है और इसे बदलना मुश्किल व महंगा काम है। पे ऐज यू गो प्रणाली की जड़ें ओटो वॉन बिस्मार्क (1815-1898) के शासनकाल के दौरान प्रशा (अब जर्मनी) के अध्ययन के ज़रिये ढूंढ़ी जा सकती हैं। बाद में वित्तीयन का यह तरीका अन्य देशों में फैल गया। इस सिद्धांत का अब भी उपयोग कर रहे तमाम देश इससे निकलकर पेंशन संचय प्रणाली की ओर बढ़ने का प्रयास कर रहे हैं। देखिये पेंशन संचय प्रणाली, पेंशन फंड।

Payback Period *(वापसी अवधि)* : वर्ष में व्यक्त वह अवधि, जिसके बाद किसी निवेश से प्रतिफल प्राप्त होना चाहिए। इस प्रतिफल की गणना वार्षिक नकदी प्रवाह से निवेश के अनुपात के रूप में की जाती है। वापसी अवधि संकेतक परियोजना की लाभप्रदता या मुद्रा के मूल्य में किसी बदलाव का कोई ध्यान नहीं रखता।

P

Penalty *(जुर्माना, पेनाल्टी, अर्थदंड)* : एक अनुबंध में तय वह धनराशि, जो अदालत द्वारा या कानून के तहत निर्धारित होती है, जिसे किसी दायित्व के पालन में विफल रहने या इसका अनुचित तरीके से निर्वाह करने यानी पूरी तरह नहीं या फिर देरी के साथ पालन करने पर ऋणी द्वारा कर्ज़दाता को देना होता है। कोई पेनाल्टी अर्थदंड या फिर बकाये के रूप में भी अदा की जा सकती है। देखिये जुर्माना, पेनाल्टी, अर्थदंड।

Penetration Price *(प्रवेश कीमत, आमंत्रण मूल्य)* : वह कीमत जो बाज़ार में प्रवेश करने वाला कोई नया खिलाड़ी अपनी वस्तुओं या सेवाओं के लिए बाज़ार में एक निश्चित हिस्सेदारी हासिल करने के लिए तय करता है। यह कीमत समान वस्तुओं या सेवाओं के मौजूदा मूल्य से खासतौर पर कम होती है। प्रवेश कीमत का इस्तेमाल अक्सर तब किया जाता है, जब उपभोक्ता कीमतों में बदलाव के लिए विशेष रूप से संवेदनशील होते हैं यानी वे कीमतों में परिवर्तनों से अधिक प्रभावित होते हैं।

Pension Account *(पेंशन खाता)* : किसी पेंशन फंड के प्रतिभागी का एक व्यक्तिगत खाता। इसे एक पेंशन समझौते के तहत खोला जाता है, जिसके मुताबिक प्रतिभागी के नाम वाले खाते में पेंशन फंड यूनिटें दर्ज की जाती हैं। ये यूनिटें प्रतिभागी या अंशदाता के स्वामित्व वाली पेंशन परिसंपत्तियों के मूल्य का एक तुलनात्मक माप हैं।

Pension Accumulation System *(पेंशन संचय प्रणाली)* : वह सेवानिवृत्ति बचत योजना, जिसके तहत एक पूर्व निर्धारित आयु तक निश्चित अंतराल पर धन का संग्रह और निवेश (संचय) किया जाता है। इस उम्र के बाद इससे एक निश्चित अंतराल पर लाभार्थी को धनराशि का भुगतान किया जाता है। देखिये वार्षिक भत्ता, वार्षिक वृत्ति।

Pension Annuity *(वार्षिक पेंशन वृत्ति)* : पेंशन फंड के प्रतिभागी या अंशदाता को जीवन-भर के लिए एक निश्चित अंतराल पर किया जाने वाला पेंशन भुगतान। इस भुगतान का जोखिम दाता वहन करता है, यह दाता जीवन बीमा उपलब्ध करा रही बीमा कंपनी होती है।

Pension Fund *(पेंशन फंड)* : पेंशन योजना के प्रतिभागी के लिए खोले गए खाते में फंडों यानी धनराशियों का संचय। नियोक्ता इन फंडों को एक निवेश पोर्टफोलियो में निवेश करता है और प्रतिभागी को पहले से तय शर्तों के मुताबिक पेंशन का भुगतान करता है। पेंशन कोषों (फंडों) का प्रबंधन आमतौर पर लाइसेंस प्राप्त पेंशन फंड मैनेजमेंट कंपनियां करती हैं।

Per Capita *(प्रति व्यक्ति)* : लैटिन मुहावरे 'पर कैपिटा' का अर्थ 'हर सिर के लिए' होता है। अर्थशास्त्र में, इस पद का उपयोग किसी संकेतक के अर्थ बताने के लिए किया जाता है, क्योंकि यह जनसंख्या के आकार से संबंधित है। इसे किसी भी आर्थिक संकेतक को रहने वालों की संख्या से भाग देकर निकाला जाता है। उदाहरण

के लिए, चीन का जीडीपी अधिक हो सकता है, लेकिन प्रति व्यक्ति जीडीपी तुलनात्मक रूप से कम है, क्योंकि इस देश की आबादी बहुत बड़ी है।

P

Perfect Competition *(पूर्ण प्रतियोगिता)* : वह दशा, जहां बाज़ार में बड़ी संख्या में क्रेता और विक्रेता होते हैं, बाज़ार में प्रवेश की आज़ादी होती है और बाज़ार प्रतिभागियों को उत्पादों की कीमतों और उनकी विशेषताओं की पूरी जानकारी होती है। पूर्ण प्रतियोगिता एक तार्किक संकल्पना है न कि बाज़ार की असली दशा। देखिये प्रतिस्पर्धा, अपूर्ण प्रतियोगिता।

Perfect Knowledge, Perfect Information *(पूर्ण ज्ञान, पूरी जानकारी)* : सभी बाज़ार प्रतिभागियों के पास पूर्ण जानकारी उपलब्ध होती है। पूर्ण ज्ञान एक सैद्धांतिक पूर्व-धारणा है, जिसका इस्तेमाल तार्किक संकल्पनाओं, जैसे कि पूर्ण प्रतियोगिता को परिभाषित करने में किया जाता है।

Permanent Establishment *(स्थायी प्रतिष्ठान, स्थायी स्थापना)* : किसी आर्थिक व्यावसायिक गतिविधि का वह स्थायी स्थान, जहां से कोई विदेशी कंपनी किसी देश में परिचालन करती है। स्थायी प्रतिष्ठान प्रबंधन का ठिकाना हो सकता है, कोई शाखा, दफ्तर, कारखाना, कार्यशाला, संसाधन निकासी स्थल, निर्माण स्थल या गतिविधि के अन्य कोई स्थल यानी साइट हो सकता है। स्थायी प्रतिष्ठान शब्द का इस्तेमाल कर कानून में किया जाता है। इसका मकसद किसी देश में अर्जित आय पर कर लगाने में मदद करना है।

Permanent Life Insurance *(स्थायी जीवन बीमा)* : टर्म प्लान को छोड़कर जीवन बीमा के किसी भी रूप को कवर करने वाला एक वाक्यांश, आमतौर पर वह बीमा जैसे संपूर्ण जीवन या एन्डोमेंट, जिसके तहत धनराशि एकत्र होती रहती है।

Personal Income Tax *(व्यक्तिगत आय कर)* : यह मज़दूरी, रॉयल्टी, संपत्ति की बिक्री से प्राप्त धन, मुआवज़ा, इत्यादि से प्राप्त आय पर लगने वाला कर है। व्यक्तिगत आय कर एक समानुपातिक कर, प्रगतिशील कर या अधोगामी कर हो सकता है। देखिये समान दर का कर, प्रगतिशील कर, प्रतिगामी कर।

Persuasion *(प्रोत्साहन, समझाना-बुझाना)* : लोगों को उनके विकल्प बढ़ाने का वादा करके सहयोग के लिए प्रेरित करना।

Philanthropy *[Gr. philanthropia – love of mankind] (लोकोपकार, परोपकार [ग्रीक में फिलांथ्रॉपिया - मानवता के प्रति प्रेम])* : बिना भौतिक लाभ की इच्छा किए व्यक्तियों, समूहों के कल्याण या किसी ध्येय के लिए काम करना। देखिये दान, चैरिटी, सहायता।

Phillips Curve *(फिलिप्स वक्र)* : ब्रिटिश अर्थशास्त्री एल्बान विलियम फिलिप्स द्वारा आनुभविक प्रमाणों के आधार पर मज़दूरी और बेरोज़गारी के बीच परस्पर-निर्भरता का रेखाचित्रीय निरूपण। इस परस्पर-निर्भरता को बाद में मुद्रास्फीति और बेरोज़गारी

P

के बीच संबंध के रूप में निरूपित किया गया। यह वक्र दिखलाता है कि मुद्रास्फीति दर जितनी ऊंची होगी, बेरोज़गारी दर उतनी ही कम होगी। इसी तरह मुद्रास्फीति दर जितनी कम होगी, बेरोज़गारी दर उतनी अधिक होगी। पहले ऐसा माना जाता था कि फिलिप्स की यह परस्पर-निर्भरता पूरी तरह से साबित हो चुकी है। हालांकि, हाल के आनुभविक आंकड़े यह दिखाते हैं कि मुद्रास्फीति और बेरोज़गारी एकसाथ बढ़ सकते हैं। 1960 के दशक में मिल्टन फ्रिडमैन और एडमंड फेल्प्स ने एक प्रत्याशा-संवर्धित फिलिप्स वक्र प्रस्तावित किया। यह वक्र इस मान्यता पर आधारित था कि आबादी यानी लोग केंद्रीय बैंक की नीति का सटीक पूर्वानुमान लगा सकते हैं और वे इन पूर्वानुमानों को ध्यान में रखते हुए अपनी मज़दूरी को लेकर नियोक्ता के साथ सौदेबाज़ी कर सकते हैं।

Physiocracy *(प्रकृतिवाद)* : 18वीं सदी में आर्थिक चिंतन की वह धारा, जिसका मानना था कि भूमि यानी ज़मीन ही आय और धन का एकमात्र स्रोत है, यही आर्थिक विकास का मुख्य और सबसे महत्त्वपूर्ण कारक है और यही अकेली परिसंपत्ति है, जो 'शुद्ध उत्पाद' पैदा कर सकती है। प्रकृतिवादियों के अनुसार, उद्योग अर्थशास्त्र की व्युत्पन्न शाखा है, जिसमें केवल कृषि उत्पादन ही समाहित है। वे समाज में 'प्राकृतिक व्यवस्था' के विचार में विश्वास रखते थे। इसी संकल्पना का बाद में एडम स्मिथ ने बाज़ार प्रणाली की व्याख्या करने के लिए 'अदृश्य हाथ' के रूप में इस्तेमाल किया। फ्रैंकोइस क्वेस्ने (1694-1774) और जैक्स टर्गोट (1727-1781) इस विचारधारा के मुख्य प्रतिनिधि थे।

Pie Chart *(पाई चार्ट)* : इसमें एक वृत्त को कई भागों या सेक्टर में बांटकर श्रेणीबद्ध यानी वर्गीकृत आंकड़ों का आरेखीय निरूपण किया जाता है। किसी सेक्टर का तुलनात्मक आकार पाई के उस 'टुकड़े' का प्रतिनिधित्व करता है, जो वृत्त में उस सेक्टर को आवंटित किया गया है।

Pigouvian Tax *(पीगूवादी कर, पीगू का कर)* : नकारात्मक बाह्य प्रभाव को दूर करने के लिए सेसिल पीगू (1877-1959) द्वारा ईजाद किया गया एक कर। पीगू के अनुसार, पर्यावरण को प्रदूषित करने वालों को हर हालत में एक कर अदा करना चाहिए जो किसी वस्तु का उत्पादन करते समय या कोई प्रदूषक तकनीकी उपयोग करते समय वास्तविक और सामाजिक लागतों के अंतर के बराबर हो। पीगू कल्याणकारी राज्य (उनकी प्रमुख रचना *द इकोनॉमिक्स ऑफ वेल्फेयर* 1919 ने कल्याणकारी अर्थव्यवस्था के सिद्धांत को विकसित किया) के समर्थक थे। उनका मानना था कि बाजार विफलताओं से ग्रस्त है और उन्होंने कर लगाकर इन्हें दुरुस्त करने का सुझाव दिया। देखिये बाज़ार विफलता।

Pillar *(स्तंभ, आधार, पिलर)* : पेंशन प्रदान करने के अलग-अलग तरीके। तीन पेंशन पिलर यानी स्तंभ होते हैं : पहला स्तंभ, अनिवार्य राज्य सामाजिक बीमा। दूसरा

P

स्तंभ भी अक्सर अनिवार्य होता है और इसके अंतर्गत राज्य सामाजिक बीमा के धारक को सामाजिक बीमा भुगतान का कुछ हिस्सा किसी चुने गए निजी पेंशन फंड को हस्तांतरित करने की अनुमति होती है। तीसरा स्तंभ बुढ़ापे के लिए फंडों के अतिरिक्त ऐच्छिक संचय का है, जिन्हें जीवन बीमा कंपनियों के पास जमा किया जाता है।

Planned Economy *(नियोजित अर्थव्यवस्था)* : बाज़ार अर्थव्यवस्था के विपरीत एक नियोजित अर्थव्यवस्था में कितनी वस्तुओं का उत्पादन किया जाए और कितनी सेवाएं मुहैया कराई जाएं, इसका निर्धारण एक केंद्रीय सरकारी निकाय द्वारा बनाई गई योजना के अनुसार होता है। ऐसी अर्थव्यवस्था में वस्तुओं का विनिमय यानी लेन-देन मुक्त या ऐच्छिक नहीं होता है। समाजवादी अर्थव्यवस्था किसी नियोजित अर्थव्यवस्था का सामान्य उदाहरण है।

Plough Investment, Reinvestment *(पुनर्निवेश)* : (1) कंपनी के अर्जित लाभ या अनावंटित कोषों का कंपनी की गतिविधियों के विस्तार में इस्तेमाल (2) शेयरधारकों द्वारा लाभांश का इस्तेमाल नए शेयरों की खरीद में करना।

Policy *(पॉलिसी)* : बीमा का लिखित अनुबंध, जिसे बीमा कंपनी द्वारा पॉलिसीधारक को जारी किया जाता है।

Policyholder *(पॉलिसीधारक)* : किसी बीमा कंपनी के साथ बीमा अनुबंध करने का इरादा रखने वाला या वह व्यक्ति जिसने अनुबंध कर लिया है और उसने बीमा प्रीमियम अदा करने का वादा किया है, हालांकि, ज़रूरी नहीं कि वही बीमा भुगतान प्राप्त करे।

Poll Tax, Capitation Tax *(मतदान कर, प्रति व्यक्ति कर)* : वह विशिष्ट कर जिसे व्यक्ति की आय का प्रतिशत देखे बगैर प्रति व्यक्ति नियत धनराशि के रूप में व्यक्त किया जाता है। 19वीं सदी में यह कर देश के राजस्व के लिए महत्त्वपूर्ण था। संयुक्त राज्य अमेरिका में मतदान कर मताधिकार से जुड़ा रहा है।

Pool *(पूल, साझा समूह)* : जोखिम वहन करने की एक प्रणाली, जिसके अंतर्गत किसी समूह के सदस्य हानियों की सामूहिक ज़िम्मेदारी के लिए राज़ी होते हैं।

Portfolio *(पोर्टफोलियो)* : किसी व्यक्ति या कानूनी संस्था के पास संचित प्रतिभूतियां।

Portfolio At Risk (PAR) *(शेयर समूह को जोखिम [पीएआर])* : पोर्टफोलियो एट रिस्क (पीएआर) यानी शेयर समूह को जोखिम किसी शेयर समूह के सामने मौजूद जोखिम की माप का अंतरराष्ट्रीय पैमाना है। इसका प्रयोग समूह के उस हिस्से को इंगित करने में होता है जो भुगतान बकाया होने के कारण जोखिम में दिखता है। पीएआर 30 समूह के उस हिस्से के सन्दर्भ में प्रयुक्त होता है जिसका भुगतान 30 दिनों से अधिक तक

P

बकाया होता है। यदि पीएआर 30 का अनुपात 5 प्रतिशत से अधिक हो तो उसे परेशानी का संकेत माना जाता है।

Position *(पोजीशन, स्थिति)* : (1) परिसंपत्तियों और दायित्वों की होल्डिंग्स। कोई पोजीशन लांग (लंबी) या शॉर्ट (छोटी) हो सकती है। किसी प्रतिभूति या मुद्रा (करेंसी) जैसी अन्य परिसंपत्ति की सामान्य खरीदारी का परिणाम लांग पोजीशन के रूप में सामने आता है। किसी परिसंपत्ति की बिक्री या कोई दायित्व स्वीकार करने का नतीजा शॉर्ट पोजीशन के रूप में सामने आता है। उदाहरण के लिए–जब किसी बैंक की अमेरिकी डॉलर में लांग पोजीशन होती है तो इसका मतलब है कि इसकी इस मुद्रा में परिसंपत्तियां इसमें इसके दायित्वों से ज्यादा हैं। (2) परिसंपत्तियों और दायित्वों यानी देयताओं की होल्डिंग्स का वित्तीय लेखांकन। इसके उदाहरण हैं : कर पोजीशन, लाभांश पोजीशन।

Positioning *(पोजीशनिंग, स्थापन)* : किसी वस्तु या सेवा के असाधारण या अद्वितीय गुणों पर ज़ोर देना। आमतौर पर ऐसा विपणन के उद्देश्यों से मिलती-जुलती पेशकशों से इसकी अलग पहचान स्थापित करने के लिए किया जाता है।

Positive Externality *(सकारात्मक बाह्यता)* : किसी ऐसे कार्य से होने वाले लाभ, जिन पर निर्णय करने वाला ध्यान नहीं देता।

Post Stamp Principle *(डाक स्टांप सिद्धांत)* : अलग-अलग लागतों वाली सेवाओं के लिए एक समान कीमत के सिद्धांत पर अमल करना, जैसे, किसी दूर देश में पत्र पहुंचाना किसी नज़दीक देश के मुकाबले महंगा पड़ता है, लेकिन पत्रों को पहुंचाने के लिए एक समान शुल्क लिया जाता है। डाक स्टांप सिद्धांत का उपयोग ऊर्जा क्षेत्र में भी किया जाता है, जिसमें समूची आबादी को ईंधन की एक ही कीमत चुकानी पड़ती है, जबकि अलग-अलग स्थानों पर इसकी आपूर्ति लागतों में काफी अंतर होता है। डाक स्टांप सिद्धांत का इस्तेमाल उस वक्त किया जाता है, जब किसी सेवा के बड़े पैमाने पर उपभोक्ता होते हैं और हर व्यक्ति के लिए सेवा की कीमत की गणना खासी जटिल होती है।

Poverty Level *(गरीबी का स्तर, निर्धनता स्तर)* : आबादी का गरीबी की रेखा से नीचे जीवन बिताने वाला हिस्सा।

Poverty Line *(गरीबी रेखा)* : सरकार द्वारा तय की गई वह निश्चित आमदनी, जिसके नीचे की आमदनी पर गुज़ारा करने वाले लोगों को माना जाता है कि वे गरीबी रेखा के नीचे जी रहे हैं यानी वे एक 'सम्मानजनक जीवन' की ज़रूरतों को पूरा करने में असमर्थ हैं।

Poverty Trap *(गरीबी का ज़ाल, निर्धनता जाल)* : (1) वह स्थिति जहां कोई व्यक्ति

P

कम सामाजिक लाभों पर गुज़ारा करता है, लेकिन वह रोज़गार की तलाश नहीं करता, क्योंकि उसे मिलने वाली संभावित मज़दूरी (खासकर करों और अंशदानों को घटाने के बाद) राज्य द्वारा दिए जाने वाले इन लाभों से भी कम होगी। (2) वह स्थिति जहां किसी व्यक्ति की मज़दूरी बढ़ाने का नतीजा उसके सामने और खराब वित्तीय हालत के रूप में सामने आता है, क्योंकि वह पूर्व में मिलने वाले लाभ गंवा देता है या वे घट जाते हैं।

Praxeology *[Gr. praxis – action, habit, practice] (प्रेक्सिओलॉजी [ग्रीक-मानव व्यवहार का अध्ययन])* : मनुष्य के कार्य व्यवहार के सामान्य सिद्धांत यानी मनुष्यों द्वारा वांछित लक्ष्यों को प्राप्त करने के लिए उठाए गए कदमों का अध्ययन। प्रेक्सिओलॉजी एक लंबे समय तक किया जाने वाला अध्ययन है। इस शब्द यानी टर्म का पहले-पहल इस्तेमाल सन 1890 में एस्पिनास ने अपने लेख और पुस्तक में किया था, दोनों का शीर्षक एक ही था–लेस ओरिजिंस डे ला टेक्नोलॉजी। बाज़ार में मानव व्यवहार का अध्ययन करने वाले अर्थशास्त्री प्रेक्सिओलॉजी का उपयोग करते हैं।

Predatory Pricing *(आक्रामक कीमत निर्धारण)* : वह आर्थिक सिद्धांत जिसके तहत कम्पनियां कीमत युद्ध में लिप्त होती हैं और प्रतियोगियों को बाज़ार से बाहर करने के प्रयास में बाज़ार लागत से भी कम कीमत पर बिक्री करती हैं। जब एक बार कंपनी बाज़ार पर कब्ज़ा कर लेती है, तो वह एकाधिकारी लगान वसूलने के लिए कीमतें बढ़ा देती है। व्यवहार में सफल आक्रामक कीमत निर्धारण दुर्लभ या अस्तित्वहीन है। कोई भी कंपनी संभावित एकाधिकार की उम्मीद में लागत से कम मूल्य पर बिक्री करेगी तो उसे घाटा उठाने के लिए तैयार रहना चाहिए। इस बात की कोई गारंटी नहीं होती कि कंपनी बाद में बिना नए प्रवेश को आकर्षित किए कीमत बढ़ा सकती है। इस तरह नए प्रवेश की आशंका के चलते आक्रामक कीमत निर्धारक यानी प्रीडेटरी कंपनी के लिए यह संभावना नहीं रह जाती कि वह घाटे की भरपाई कर सके।

Pre-existing Condition *(पूर्ववर्ती स्थिति)* : वह भौतिक स्थिति जो किसी अनुबंध या नीति के प्रभावी होने से पहले मौजूद थी।

Preferred Stock *(तरजीही शेयर)* : एक तरह का वह शेयर जिसमें धारक के पास कंपनी की आय के निश्चित हिस्से (लाभांश) को प्राप्त करने का अधिकार होता है, इससे पहले कि लाभांश साधारण शेयरधारकों में बंटे। दिवालियापन या परिसमापन की दशा में तरजीही शेयर धारकों के अधिकारों को साधारण शेयरधारकों के ऊपर वरीयता मिलती है। तरजीही शेयरधारकों के पास आमतौर पर मताधिकार नहीं होता है।

Premium *(प्रीमियम)* : (1) कोई धनराशि जो निर्दिष्ट मूल्य से अधिक कीमत पर बांडों या तरजीही शेयरों की बिक्री से प्राप्त होती है। (2) बांड या तरजीही शेयर

P

की खरीद की वह कीमत जो अंकित मूल्य से अधिक होती है। (3) विकल्पों यानी ऑप्शंस में, क्रेता द्वारा किसी विकल्प के लिए किया गया भुगतान। (4) बीमा में, बीमा प्रीमियम। (5) श्रम संबंध में, कर्मचारी को अच्छे प्रदर्शन के लिए किया जाने वाला अतिरिक्त भुगतान। देखिये बीमा प्रीमियम, विकल्प, ऑप्शन।

Presumption *(पूर्वमान्यता, परिकल्पना)* : आर्थिक सिद्धांत में, विशेष रूप से विश्लेषण और पूर्वानुमान के क्षेत्र में, जिन अंतर्निहित तार्किक, कानूनी और अन्य शर्तों का इस्तेमाल किया जाता है। किसी सिद्धांत या विश्लेषण के निष्कर्ष और पूर्वानुमान इन्हीं पूर्वमान्यताओं की सटीकता पर बहुत हद तक निर्भर करते हैं।

Price *(कीमत)* : किसी वस्तु या सेवा को हासिल करने के लिए आवश्यक मूल्य, जिसे आपूर्ति और मांग द्वारा निर्धारित किया जाता है। बाज़ार कीमत उपभोक्ताओं और उत्पादकों के लिए जानकारी का महत्त्वपूर्ण हिस्सा है, क्योंकि यही निर्धारित करती है कि कितना उपभोग किया जाएगा और इसलिए कितना उत्पादन किया जाएगा। कुछ मामलों में, कीमतें राज्य द्वारा नियंत्रित होती हैं और इसलिए ये उत्पादकों के लिए उत्पादों या उत्पादन स्तर को समायोजित करने में इस्तेमाल के लिए अर्थपूर्ण फीडबैक प्रेषित नहीं करतीं। देखिये बाज़ार भाव, कीमत नियंत्रण।

Price Bubble *(कीमत बुलबुला)* : जब जिंसों या परिसंपत्तियों की कीमतें (ग्राहकों की खरीद क्षमता से) बहुत ऊंची चली जाती हैं तो कीमत बुलबुला बनता है। देखिये बुलबुला।

Price Ceiling *(कीमत की ऊपरी सीमा)* : बाज़ार के बाहर के किसी एजेंट द्वारा तय वह सीमा जो किसी वस्तु या सेवा की कीमत को सीमित करती है। 'सीलिंग' यानी ऊपरी सीमा शब्द का प्रयोग इसलिए किया जाता है, क्योंकि कीमतें इस तय सीमा से ऊपर नहीं बढ़ सकती। अगर कीमतें बढ़ती रहती हैं तो एक स्थिति यह आती है कि वे सीलिंग (छत) से टकरा जाती हैं यानी उनमें अब ऊपर जाने की गुंजाइश नहीं रहती है। देखिये कीमत नियंत्रण।

Price Competition *(मूल्य प्रतियोगिता)* : प्रतियोगिता का वह रूप जो उपभोक्ताओं को लुभाने के लिए आपूर्तिकर्ताओं के बीच देखा जाता है। इसमें आपूर्तिकर्ता कीमतों में कमी करते जाते हैं। यदि मूल्य प्रतियोगिता ज्यादा बढ़ती है तो यह कीमत युद्ध का रूप ले सकती है। देखिये कीमत युद्ध।

Price Control *(कीमत नियंत्रण)* : बाज़ार के बाहर के किसी एजेंट द्वारा किसी वस्तु या सेवा की कीमतों के ऊपर लगाई गई अधिकतम और न्यूनतम की सीमा। न्यूनतम मज़दूरी और किराया नियंत्रण नियम कीमत नियंत्रण के आम उदाहरण हैं। बाज़ार संतुलन कीमत से नीचे किसी वस्तु की कीमत के निर्धारण का नतीजा आमतौर पर वस्तु की

किल्लत के रूप में सामने आता है, क्योंकि उत्पाद या सेवा की मांग उत्पादकों द्वारा इसे आपूर्ति करने की इच्छा के मुकाबले कहीं आगे निकल जाती है। बाज़ार संतुलन कीमत से ऊपर कीमत निर्धारण की दशा में आपूर्ति की अधिकता हो जाती है, क्योंकि इस ऊंची कीमत पर उपभोक्ता जितना खरीदेंगे, उसके मुकाबले उत्पादक वस्तु की ज्यादा मात्रा की आपूर्ति करना चाहते हैं। कीमत नियंत्रण के पैरोकार यह समझने में अक्सर विफल होते हैं कि कीमतें सूचनाएं हैं और ये दुर्लभ संसाधनों के आवंटन और भविष्य के उत्पादन को प्रेरित करने के लिए आवश्यक हैं। इस तरह कीमत नियंत्रण के ज़रिये यह आवश्यक सूचना या जानकारी नष्ट कर दी जाती है।

Price Discrimination *(कीमत विभेद)* : एक ही वस्तु के लिए अलग-अलग खरीदारों से अलग-अलग कीमतें वसूलना। ऐसा अक्सर उपभोक्ताओं के खास वर्गों की कीमत संवेदनशीलता का फायदा उठाने के लिए किया जाता है, जैसे कि बुज़ुर्गों का बाज़ार, युवा बाज़ार, उनके लिए बाज़ार जिनके पास समय की कमी है, इत्यादि।

Price-earnings Ratio (P/E Ratio) *(कीमत-कमाई अनुपात [पी/ई अनुपात])* : किसी कंपनी के एक शेयर की मौजूदा बाज़ार कीमत में उसी कंपनी की प्रति शेयर प्राप्त आय से भाग देने पर हासिल भागफल। इसकी गणना कंपनी की कर पश्चात आय को कंपनी द्वारा जारी सभी शेयरों की संख्या से भाग देकर की जाती है। पी/ई अनुपात कंपनी के वास्तविक मूल्य के अनुपात में कंपनी के कथित शेयर मूल्य की ओर इशारा करता है।

Price Elasticity of Demand *(मांग की कीमत लोच)* : वह मापक जो कीमत में बदलाव के चलते मांगी गई मात्रा में होने वाले परिवर्तन की दर की गणना करता है। मांग की कीमत लोच कीमत में (प्रतिशत) परिवर्तन के सापेक्ष मांग में (प्रतिशत) बदलाव का अनुपात है। मांग को तब कीमत के सापेक्ष लोचदार कहा जाता है, जब कीमत में बदलाव के चलते मांग में कहीं अधिक अनुपात में परिवर्तन होता है। इस स्थिति में यह अनुपात 1 से अधिक होता है। कीमत के सापेक्ष मांग तब बेलोचदार कही जाती है, जब कीमत में परिवर्तन से मांग में होने वाला बदलाव आनुपातिक परिवर्तन से कम होता है। इस स्थिति में यह अनुपात एक से कम होता है। मांग पूर्णतया बेलोचदार या बेलोच तब हो सकती है, जब कीमत में बदलावों का मांग पर कोई असर नहीं पड़ता है या उस समय पूर्णतया लोचदार होती है, जब वस्तु या सेवाएं एक ही स्थिर कीमत में खरीदी जाती हैं।

Price Index *(मूल्य सूचकांक)* : कुछ निश्चित वस्तुओं और सेवाओं की कीमतों में तय अवधि के दौरान हुए बदलाव का एक मापक। मूल्य सूचकांकों की गणना के तरीके अलग-अलग हो सकते हैं, लेकिन इसमें आम तौर पर किसी वस्तु की वर्तमान कीमतों की आधार मूल्य से तुलना की जाती है। देखिये उपभोक्ता मूल्य सूचकांक, सूचकांक।

P

Price Level *(मूल्य स्तर)* : किसी वस्तु की कीमतों में एक निर्दिष्ट समयावधि के दौरान आधार कीमत की तुलना में हुआ औसत परिवर्तन। देखिये मूल्य सूचकांक।

Price Searcher *(कीमत तय कर्ता)* : कीमत तय करने में सक्षम किसी विक्रेता का मांग की लोच से प्रतिलोम संबंध होता है। उन्हें हर हाल में वह कीमत तय करनी पड़ती है, जो उनके लिए सर्वाधिक लाभदायक हो, क्योंकि ऊंची कीमतों का मतलब होगा कम बिक्री। कभी-कभी गलती से इन्हें एकाधिकारी भी मान लिया जाता है।

Price Skimming *(कीमत दोहन)* : किसी उत्पाद या सेवा के मूल्य निर्धारण की रणनीति जिसके तहत वस्तु की वह उच्चतम कीमत वसूल की जाती है, जो उपभोक्ता चुकाने के लिए तैयार होते हैं। जब एक खंड के उपभोक्ताओं की मांग पूरी हो जाती है, तो दूसरे खंड को आकर्षित करने के लिए कीमत कम कर दी जाती है। इस रणनीति का इस्तेमाल उपभोक्ता अतिरेक (आधिक्य) को कम करने और उत्पादक अतिरेक बढ़ाने के मकसद से किया जाता है। देखिये उपभोक्ता अतिरेक, उपभोक्ता की बचत।

Price Stability *(कीमत स्थिरता)* : किसी निश्चित समयावधि में कीमत स्तरों में सापेक्षिक स्थिरता। अगर मुद्रास्फीति की दर 2 फीसदी प्रति वर्ष से ऊपर नहीं जाती है तो ऐसा माना जाता है कि कीमतें स्थिर हैं (यूरोपीय केंद्रीय बैंक के अनुसार)। देखिये केंद्रीय बैंक।

Price Taker *(कीमत अनुगामी)* : वह बाज़ार प्रतिभागी जो अपनी कार्रवाइयों से कीमत को प्रभावित नहीं कर सकता है।

Price War *(कीमत युद्ध)* : आपूर्तिकर्ताओं के बीच उत्पन्न होने वाली प्रतियोगिता की वह अतिरंजित दशा, जहां हर आपूर्तिकर्ता प्रतियोगी के मुकाबले अपनी कीमतों को कम करने का प्रयास करता है। कीमत युद्ध में दामों में कटौती का खेल कई दौर तक चल सकता है और इसके चलते कीमतें तेज़ी से निचले स्तर पर चली जाती हैं। यह 'युद्ध' उस वक्त समाप्त होता है, जब एक या अधिक आपूर्तिकर्ता अपने नुकसान के चलते बाज़ार से बाहर हो जाते हैं। इसके बाद बचने वाले अधिक दक्ष आपूर्तिकर्ता प्रतियोगिता के अभाव में कीमतें बढ़ा सकते हैं। ऐसे आंकड़ों की तादाद बहुत कम है, जिनसे यह पता चलता हो कि इस तरह के कीमत युद्धों का नतीजा प्रतियोगी बाज़ार में अधिक ऊंची उपभोक्ता कीमतों के रूप में सामने आता है। देखिये आक्रामक कीमत निर्धारण, मूल्य प्रतियोगिता।

Pricing/Price Formation *(कीमत निर्धारण/कीमत निर्माण)* : सामान्य बाज़ार कीमतों और प्रतियोगियों की प्रत्याशित प्रतिक्रियाओं को ध्यान में रखने के साथ संचालन लागत को शामिल करते हुए किसी वस्तु या सेवा के लिए एक कीमत निर्दिष्ट करने का कार्य।

P

Primary Beneficiary *(प्राथमिक लाभार्थी)* किसी बीमा पॉलिसी की आय को प्राप्त करने के लिए प्रथम नामित व्यक्ति।

Primary Market *(प्राथमिक बाज़ार)* : जारीकर्ता या प्रतिभूतियों के सार्वजनिक कारोबार करने वाले किसी मध्यस्थ द्वारा निर्गम जारी होने के साथ प्रतिभूतियों को खरीदने के लिए किया गया व्यापार। प्राथमिक बाज़ार में ही शेयर जारी किए जाते हैं। इसमें शेयर जारी करने वाली कंपनियां या अन्य निकाय जनता को सीधे प्रतिभूतियां जारी करते हैं। जारी की गईं ये प्रतिभूतियां बाद में द्वितीय यानी सेकंडरी बाज़ार में खरीदी-बेची जाती हैं। देखिये द्वितीयक बाज़ार या सेकेंडरी मार्केट।

Principal-agent Problem *(मालिक-मुनीम समस्या)* : वह आर्थिक परिघटना जिसमें कोई नियत कार्य इसलिए पर्याप्त रूप से अंजाम नहीं पाता, क्योंकि इसे करने वाले मुनीम यानी एजेंट की सोच उस पक्ष से भिन्न होती हैं, जिसने उसे काम को पूरा करने के लिए रखा है। उदाहरण के लिए, किसी कंपनी में प्रबंधकों के लक्ष्य उन शेयरधारकों से अलग होते हैं, जिन्होंने अधिकतम लाभ अर्जित करने के लिए प्रबंधक को नौकरी दी है।

Principles of Taxation, Canons of Taxation *(कराधान के सिद्धांत, कराधान के सूत्र)* : वे कारक जो कराधान के लिए ज़मीन तैयार करते हैं (और कराधान की खासियतों को चिह्नित करते हैं), जैसे कि तटस्थता, न्याय, समानता, स्पष्टता, लोक-प्रसिद्धि और प्रशासन में दक्षता। करों की तटस्थता का अभिप्राय यह है कि करों का उद्देश्य राज्य के बजट के लिए राजस्व संग्रह करना है, इसलिए इसमें छूटें और रियायतें नहीं दी जानी चाहिए और कराधान के इन सिद्धांतों को प्रतियोगी माहौल के कारण नहीं बिगाड़ना चाहिए। कर न्याय को आय के आनुपातिक कराधान (कथित क्षैतिज न्याय) या कर देय क्षमता के सिद्धांत के क्रियान्वयन (कथित ऊर्ध्वाधर न्याय) के रूप में समझा जाना चाहिए। कर समानता का आशय सभी करदाताओं और आर्थिक गतिविधियों से समान व्यवहार से है। स्पष्टता का अर्थ है करों में तर्कसंगतता हो और व्याख्या यानी स्पष्टीकरण के लिए कोई जगह नहीं हो। लोक-प्रसिद्धि के सिद्धांत के तहत करों को परिभाषित करने वाले कानूनों की ज़रूरत होती है, जो सार्वजनिक बहस के विषय हों और जिन्हें करदाताओं को बदलाव के मुताबिक तैयार होने के लिए पर्याप्त समय देने के बाद ही लागू किया जाए। प्रशासन की दक्षता के सिद्धांत के लिए ज़रूरी है कि करदाताओं के लिए कर संग्रहण यथासंभव सस्ता हो और धन संपत्ति न कि मुख्य अनुदान कर प्रशासक के अधिकार तय करते हों, ताकि वह कर आधार को निर्धारित करने के लिए औपचारिक के बजाय मूल्यांकनपरक कसौटियों का प्रयोग करे।

Prisoner's Dilemma *(कैदी की दुविधा)* : मूल रूप से इसकी व्याख्या खेल सिद्धांत में की गई है। यह स्थिति उस वक्त पैदा होती है, जब व्यक्ति एक दूसरे का सहयोग

P

करके परस्पर लाभ उठा सकते थे, तो भी बजाय इसके वे निजी हितों के लिए कार्य करते हैं, नतीजतन उनका फायदा घट जाता है। कैदी की दुविधा को दिखाने के लिए जिस बेहतरीन मिसाल का इस्तेमाल किया जाता है, वह है दो कैदियों का किस्सा। इन्हें यह चुनना है कि या तो वे एक साथ अपना अपराध स्वीकार कर लें या फिर इसे लेकर खामोश रहें। अगर एक कैदी जुर्म कबूल करता है और दूसरा नहीं, तो कबूल करने वाले कैदी को ईमानदारी दिखाने की वजह से कम सज़ा मिलेगी। जबकि खामोश रहने वाले कैदी को बेईमानी के चलते अधिक कड़ी सज़ा मिलेगी। अगर दोनों कैदी खामोश रहते हैं, तो उन पर लगे आरोप हटा लिए जाएंगे और वे दोनों बग़ैर सज़ा कैद से आज़ाद हो जाएंगे। दोनों के बीच आपस में कोई संपर्क नहीं है। ऐसे में दोनों ही कैदी इस डर से जुर्म कबूलने का विकल्प चुनते हैं कि कहीं दूसरे के जुर्म कबूल करने से उसकी सज़ा कड़ी न हो जाए। इसलिए इस कबूलनामे की वजह से दोनों ही कैदियों को कम अवधि की सज़ा मिलती है, जबकि अगर दोनों खामोश रहते तो दोनों को ही कोई सज़ा नहीं होती। इस दुविधा का पूरी तरह विश्लेषण जॉन नैश ने किया है। देखिये नैश समतुल्यता।

Private Ownership, Private Property *(निजी स्वामित्व, निजी संपत्ति)* : व्यक्तियों के प्राकृतिक स्वामित्व वाली कोई भी चीज़ और ऐसे व्यक्तियों द्वारा भौतिक या कानूनी रूप से निर्मित चीज़ें। उदाहरण के लिए निजी कंपनियां, जो राज्य या सरकार के स्वामित्व वाली चीज़ों से पूरी तरह अलग हों। ऑस्ट्रियन विचारधारा के अनुसार व्यक्तिगत संपत्ति का स्वामित्व किसी स्वस्थ अर्थव्यवस्था की आधारशिला है। इसके बिना पूंजी, व्यापार, मूल्य और मुक्त बाज़ार का कोई आधार ही नहीं है।

Private Placement *(प्राइवेट प्लेसमेंट)* : केवल निवेश के उद्देश्य से किसी निजी निकाय को प्रतिभूतियों की बिक्री। यह सार्वजनिक शेयर कारोबार का एक विकल्प है। देखिये सार्वजनिक निर्गम।

Privatisation *(निजीकरण)* : सार्वजनिक संपत्ति का (पैसे, वाउचर के लिए या मुफ्त में) किसी निजी स्वामी को हस्तांतरण। हालांकि, इसे लेकर विवाद है कि किसी सार्वजनिक कंपनी द्वारा सार्वजनिक संपत्ति के अधिग्रहण की प्रक्रिया को निजीकरण माना जाए या नहीं। निजीकरण की प्रक्रिया तब तक पूरी नहीं होती, जब तक कि बेची गई संपत्ति से प्राप्त धनराशि का नई वस्तुओं या परियोजनाओं में निवेश न कर दिया जाए। कई अलग-अलग तरीकों से निजीकरण किया जा सकता है, जैसे—सार्वजनिक निविदा, सार्वजनिक नीलामी, सीधे सौदेबाज़ी इत्यादि के रूप में।

Privilege *(विशेषाधिकार)* : किसी बाज़ार प्रतिभागी, या प्रतिभागियों के समूह के लिए लागू होने वाली बेहतर शर्तें या तरजीही नियम, जिन्हें आमतौर पर बाकी बाज़ार प्रतिभागियों की तुलना में कुछ लाभकारी सुविधा के आधार पर प्रदान किया जाता है।

कोई विशेषाधिकार उस तरजीही नियम से अलग होता है जो बिना किसी अपवाद के सभी पर लागू होता है।

Producer Price Index (PPI) *(उत्पादक कीमत सूचकांक [पीपीआई])* : वह सूचकांक जो किसी उत्पादक द्वारा एक निश्चित समय में बेची गई वस्तुओं की कीमतों में हुए परिवर्तनों को दिखाता है। देखिये उपभोक्ता मूल्य सूचकांक, सूचकांक, मूल्य सूचकांक।

Producer Surplus *(उत्पादक अतिरेक, उत्पादक का आधिक्य)* : (1) किसी अधिक दक्ष या प्रभावशाली उत्पादक द्वारा सबसे कम प्रभावशाली उत्पादक की तुलना में अर्जित लाभ अतिरेक या आधिक्य होता है या (2) किसी उत्पादक द्वारा उत्पादन के लिए स्वीकार्य न्यूनतम राशि के अलावा प्राप्त राजस्व।

Production *(उत्पादन)* : वस्तुओं और सेवाओं का उत्पादन करने के लिए उत्पादक संसाधनों (श्रम, पूंजी, प्राकृतिक संसाधन, इत्यादि) का इस्तेमाल।

Productivity *(उत्पादकता)* : उत्पादन के कारकों पर लागत की तुलना में उत्पादन का अनुपात। उत्पादकता को अक्सर इस रूप में मापा जाता है कि प्रति व्यक्ति के प्रति घंटे श्रम से उत्पादन या आउटपुट की कितनी मात्रा प्राप्त हुई।

Profit *(लाभ, मुनाफा)* : किसी कंपनी द्वारा अर्जित आय और सभी अवसर लागतों समेत उठाए गए खर्चों का अंतर। लाभ उद्यमी के लिए बाकी बचा हिस्सा है, जो इस विश्वास से संसाधनों को पुनर्गठित करता है कि ऐसा करने से लागतों से कहीं अधिक लाभ उत्पन्न होंगे। यह शेष या लाभ वह राशि है, जो उद्यमी की परियोजना पूरी करने के लिए उपयोग किये गए सभी साधनों के लिए भुगतान करने के बाद बची रह जाती है।

Profitability *(लाभप्रदता)* : किसी कंपनी की परिचालन दक्षता, प्रतिभूतियों या किसी पोर्टफोलियो के प्रतिफल (यील्ड) की एक माप, जिसे अर्जित मुनाफे या आय (लाभांश, ब्याज) के एक निश्चित चयनित मूल्य जैसे कारोबार यानी टर्नओवर, पूंजी, शेयर के अंकित मूल्य, इत्यादि से तुलना करके निकाला जाता है। लाभप्रदता की माप शुद्ध लाभप्रदता, परिसंपत्ति पर प्रतिफल या यील्ड की गणना करके की जाती है। देखिये प्रतिफल, यील्ड।

Profit and Loss Account *(लाभ-हानि खाता)* : किसी कंपनी द्वारा अर्जित आय व इसे अर्जित करने के लिए आई लागतों को दिखाने वाला वित्तीय विवरण है, जिसमें साथ ही इन दोनों के अंतर यानी लाभ या हानि को भी दिखाया जाता है।

Profit Sharing *(लाभ साझेदारी)* : कर्मचारियों को प्रेरित करने की एक रणनीति, जिसके तहत कर्मचारियों को कंपनी द्वारा अर्जित मुनाफे का हिस्सा मिलता है। इसे

P

मालिक-मुनीम समस्या के संभावित निदान के तौर पर पेश किया जाता है।

Programme Budgeting *(कार्यक्रम बजट, प्रोग्राम बजटिंग)* : राज्य और नगरपालिका के काम-काज को प्रस्तुत कार्यक्रमों के आधार पर वित्तीयन। इसमें कार्यक्रम के लक्ष्य, उपाय, विशिष्ट कार्य और उन्हें पूरा करने के लिए वित्तीयन की ज़रूरत का ज़िक्र होता है। कार्यक्रम के बजट तैयार करना संस्थागत वित्तीयन से भिन्न है। संस्थागत वित्तीयन विधि में विनियोग प्रबंधक (अप्रोप्रिएशन मैनेजर्स) कार्य को पूरा करने के लिए लागत अनुमानों के आधार पर कोष प्राप्त करते हैं।

Progressive Tax *(प्रगतिशील कर)* : वह कर जो कर आधार की तुलना में तेज़ी से बढ़ता है, उदाहरण के लिए, आय की करमुक्त सीमा के साथ एकल दर वाला आयकर, या वह आयकर जिसमें कर की दर आय बढ़ने के साथ बढ़ती है। संपूर्ण कर आधार की बजाय एक निश्चित सीमा के पार जाने वाले हिस्से पर ही कर की उच्चतर दर लागू की जाती है। प्रगतिशील करों का बहुत व्यापक इस्तेमाल किया जाता है, हालांकि, हाल में कर की प्रगतिशीलता घटाने के पक्ष में एक रुझान सामने आया है, इसमें निचली और ऊपरी दरों को बढ़ाने या कर छूटों के साथ एकल दर की ओर बढ़ने या इसकी तलाश करने की कोशिश हो रहीं है। देखिये समान दर का कर, प्रतिगामी कर।

Prohibited Risks *(निषिद्ध जोखिम)* : असामान्य व्यावसायिक एक्सपोज़र (जोखिम) या गैर-बीमायोग्य भौतिक या नैतिक परिस्थितियों की वजह से किसी कंपनी द्वारा नहीं लिखे जाने वाले जोखिम।

Property Insurance *(संपत्ति बीमा)* : किसी व्यक्ति के संपत्ति हितों का वह बीमा, जिसके तहत बीमा भुगतान की राशि का आकार इस पर निर्भर करता है कि उस व्यक्ति पर हानियों और अन्य खर्चों का कितना बोझ पड़ा है, लेकिन इन सबका जोड़ बीमित राशि से ज्यादा नहीं होना चाहिए।

Property Rights *(संपत्ति अधिकार)* : स्वामित्व को परिभाषित करने वाली अधिकारों की वह व्यवस्था, जो बाज़ार आधारित अर्थव्यवस्था की बुनियाद है। ये वे अधिकार हैं, जो खास संसाधनों के उपयोग के तरीके को नियंत्रित करते हैं और अंतिम लागतों एवं लाभों को निर्दिष्ट करते हैं। संसाधनों को दक्षता से आवंटित करने के लिए स्पष्ट रूप से परिभाषित संपत्ति अधिकार चाहिए। कम से कम, संपत्ति अधिकार ऐसे हों कि संपत्ति पर स्वामी के नियंत्रण को परिभाषित करें, वह संपत्ति को मुक्त रूप से हस्तांतरित या बिक्री कर सके, संपत्ति से दूसरों को बाहर रख सके और संपत्ति से उत्पन्न लाभों का आनंद ले सके। "संपत्ति अधिकार व्यक्तियों के बीच वे संबंध हैं, जो दुर्लभ वस्तुओं की मौजूदगी से उत्पन्न होते हैं और उनके उपयोग से संबंधित हैं।" *(स्वेतोजार पेजोविच, इकोनॉमिक एनालिसिस ऑफ इंस्टीट्यूशंस एंड सिस्टम्स, क्लुवर एकेडमिक पब्लिशर्स,*

डोरद्रेख्त, 1995, पृष्ठ 65)

P

Property Tax *(संपत्ति कर)* : संपत्ति पर लगाए जाने वाले वे कर जिनकी गणना संपत्ति के मूल्य के आधार की जाती है। संपत्ति करों में भूमि कर, स्थायी संपदा कर (रीयल एस्टेट टैक्स), उत्तराधिकार कर और उपहार कर शामिल हैं।

Prospectus *(प्रतिभूति विवरण-पत्र, प्रॉस्पेक्टस)* : प्रतिभूतियों के नए निर्गम यानी इश्यू के बारे में विस्तृत जानकारी देने वाला एक दस्तावेज़। प्रतिभूति विवरण-पत्र में जारीकर्ता के विस्तारित वित्तीय विवरण, परिचालन पूर्वानुमानों और निवेशक को कोई निवेश निर्णय लेने में अहम मदद करने वाली अन्य प्रासंगिक जानकारी पेश की जाती है।

Protectionism *(संरक्षणवाद)* : घरेलू बाज़ार, स्थानीय उत्पादक, अर्थव्यवस्था की विभिन्न शाखाओं या व्यक्तिगत कंपनियों को प्रतियोगिता से संरक्षण देने के लिए राज्य द्वारा उठाए जाने वाले कदम। संरक्षणवाद का परिणाम अक्सर ऊंची कीमतों के रूप में सामने आता है। संरक्षणवाद के अंतर्गत अक्सर इस्तेमाल होने वाले उपकरणों में कर और शुल्क शामिल हैं। इन्हें लगाने से विशिष्ट संस्थाओं या फर्मों को संरक्षण मिलता है और बाज़ार के असुरक्षित खिलाड़ियों के प्रति भेदभाव होता है। हालांकि, संरक्षणवादी नीतियां कई देशों में इस्तेमाल की जाती हैं, लेकिन आर्थिक रूप से वे अक्सर अनुत्पादक होती हैं, क्योंकि इन्हें लागू करने वाले देश को आय की शुद्ध हानि होती है, यह घाटा तब भी होता है, जब इनका इस्तेमाल किसी दूसरे देश की संरक्षणवादी नीतियों, जैसे कृषि शुल्कों या कोटा के मामले, के प्रतिकार स्वरूप किया जाता है।

Provisions *(प्रावधान, प्रॉविजन)* : वह नकदी जो तमाम जोखिमों से हानियों की भरपाई करने या उन्हें कवर करने के लिए जमा और निर्दिष्ट की जाती है। कर लेखांकन में आय में से अक्सर प्रावधानों की राशि को घटाने की अनुमति दी जाती है। ये प्रावधान सामान्य या विशिष्ट हो सकते हैं। देखिये सामान्य प्रावधान।

Proxy *(प्रतिनिधि-पत्र, मुख्तारी)* : किसी दूसरे की ओर से गतिविधियां या कार्य करने की अनुमति देने वाला दस्तावेज़। जब कोई शेयरधारक किसी अन्य व्यक्ति या कंपनी को शेयरधारक सभा में अपना प्रतिनिधित्व करने और अपनी ओर से वोट देने के लिए अधिकृत करता है, तो यह मुख्तारी का उदाहरण होगा।

Prudent Man Rule *(विवेकी व्यक्ति नियम)* : निवेश प्रबंधन का वह सिद्धांत जिसमें किसी सुपुर्द फंड के प्रबंधक को विवेकपूर्ण और सुविचारित निर्णय करने की आवश्यकता होती है जो जोखिमों पर गौर करता है और निवेशित पूंजी व अर्जित आय के लिए खतरा नहीं मोल लेता है। विवेकी व्यक्ति नियम का उद्देश्य निवेश के जोखिमों को कम करना है। यह नियम पहली बार जज सैमुअल पुतनाम द्वारा सन 1830 में

P

तैयार किया गया था।

Public and Private Partnerships (PPP) *(सार्वजनिक-निजी साझेदारी, सरकारी-निजी साझेदारी [पीपीपी])* : सार्वजनिक सेवाओं या सरकारी कार्यों की प्रबंध-व्यवस्था किसी निजी संस्था द्वारा सरकार के साथ संयुक्त रूप से करना। इसके उदाहरणों में स्वास्थ्य, शिक्षा, आधारभूत ढांचे का निर्माण, इत्यादि शामिल हैं। इसे अक्सर उस वक्त लागू किया जाता है, जब सेवा या कार्य को अंततः निजी क्षेत्र को दिया जाना होता है। यह सरकारी से निजी में संक्रमण को आसान बनाता है। देखिये विशेष रियायत, कंसेशन।

Public Choice Theory *(सार्वजनिक पसंद सिद्धांत)* : वह विचारधारा जिसका मानना है कि अनेक सामूहिक निर्णय (सरकारी अधिकारियों और नौकरशाहों द्वारा किए गए निर्णयों समेत) संकीर्ण व्यक्तिगत हितों के आधार पर लिये जाते हैं। जेम्स एम. बुचानैन और गॉर्डन टुलॉक की रचनाएं सन 1960 में विकसित इस सिद्धांत की सर्वोत्तम प्रतिनिधि हैं। बुचानैन को इसी क्षेत्र में कामों के लिए सन 1986 का नोबेल पुरस्कार मिला था। इस सिद्धांत को राजनीति के आर्थिक सिद्धांत के रूप में भी जाना जाता है।

Public Consumption *(सार्वजनिक उपभोग)* : वे खर्चे जो राज्य यानी सरकार की परिचालन संबंधी ज़रूरतें पूरी करने के लिए किए जाते हैं, जैसे—वेतन, सरकारी खरीद, राष्ट्रीय रक्षा, इत्यादि। देखिये सार्वजनिक निवेश।

Public Debt *(सार्वजनिक ऋण, लोकऋण)* : सरकार के ऊपर देशी-विदेशी कर्ज़दाताओं की समग्र देनदारियां।

Public Goods *(सार्वजनिक वस्तुएं)* : वे वस्तुएं जिनके उपभोग यानी इस्तेमाल के लिए कोई होड़ नहीं होती और न ही इनके उपभोग से किसी को बाहर रखा जा सकता है। इसका मतलब यह हुआ कि वे वस्तुएं जिनका बड़े पैमाने पर आनंद लिया जा सकता है, इसके बाद भी वे दूसरों के उपभोग के लिए कम नहीं होतीं। साथ ही इन वस्तुओं का स्वभाव ही ऐसा होता है कि इन्हें दूसरों को उनके व्यक्तिगत उपभोग से रोकना मुश्किल है। इसके उदाहरणों में ताज़ी हवा, ज्ञान, राष्ट्रीय रक्षा इत्यादि शामिल हैं।

Public Investment *(सार्वजनिक निवेश)* : सरकार द्वारा दीर्घकालीन परिसंपत्तियों का अधिग्रहण या निर्माण, जैसे कि शहर की भूमिगत मार्ग प्रणाली।

Public Offering *(सार्वजनिक निर्गम)* : (1) जनता को नवनिर्गमित प्रतिभूतियों की बिक्री के लिए पेशकश। यह आमतौर पर किसी निगम की ओर से निवेश बैंक द्वारा की जाती है। (2) पहले से ही निर्गमित प्रतिभूतियों का जनता में द्वितीयक वितरण।

देखिये प्राइवेट प्लेसमेंट।

Public Ownership *(सार्वजनिक स्वामित्व, सरकारी स्वामित्व)* : कंपनियों या भूमि पर सरकार का स्वामित्व। देखिये राज्य स्वामित्व, सरकार का स्वामित्व, सरकारी।

Public Procurement *(सार्वजनिक खरीद, सरकारी खरीद)* : सरकार या सरकार नियंत्रित संस्थाओं द्वारा वस्तुओं या सेवाओं की खरीद। करदाताओं के धन का अपव्यय और दुरुपयोग रोकने के लिए इस प्रक्रिया को अत्यधिक विनियमित रखा जाता है।

Public Sector *(सार्वजनिक क्षेत्र)* : राज्य के नियंत्रण वाली संस्थाओं का कार्यक्षेत्र। देखिये सार्वजनिक उपभोग।

Public Sector Comparator (PSC) *(सार्वजनिक क्षेत्र तुलनाकार [पीएससी])* : सार्वजनिक साझेदारी परियोजनाओं के ज़रिए प्राप्त सार्वजनिक मूल्य का मूल्यांकन करने वाला एक मॉडल। इस मॉडल की यह तय करने की कोशिश होती है कि क्या कुल लागतों पर कुल लाभ भारी पड़ते हैं। साथ ही यह वैकल्पिक परियोजनाओं का सुझाव दे सकता है।

Public Works *(लोक निर्माण)* : सरकारों द्वारा समन्वित और वित्त पोषित बुनियादी ढांचे में सुधार या अन्य रोज़गार। अक्सर इनका मकसद आबादी के अल्प-रोज़गार की श्रेणी में आने वाले लोगों को नौकरी देना होता है। इसके अंतर्गत राजमार्ग निर्माण, आवास निर्माण, राष्ट्रीय पार्कों की सफाई, इत्यादि काम आते हैं।

Punitive Damages *(दंडात्मक क्षतिपूर्ति)* : वे हर्जाने जो अलग से लगाए जाते हैं और प्रतिपूरक क्षतिपूर्तियों के अलावा होते हैं। इन्हें आमतौर पर दुर्भावनापूर्ण और अनियंत्रित कदाचार के मामले में लगाया जाता है। ये गलत काम करने वाले के लिए सज़ा का काम करते हैं और शायद अन्य लोगों के लिए निवारक का भी।

Purchasing Power *(क्रयशक्ति, खरीद क्षमता)* : यह वस्तुओं और सेवाओं की उस मात्रा को बताती है, जो एक निश्चित धनराशि के बदले खरीदी जा सकती है। मुद्रा इक़ाई की क्रयशक्ति जितनी ज्यादा होती है, इससे उतनी ही अधिक वस्तुएं खरीदी जा सकती हैं। क्रयशक्ति का उपयोग अलग-अलग मुद्रा की इकाइयों या एक ही मुद्रा की इकाई की भिन्न-भिन्न अवधियों में तुलना करने के लिए किया जाता है। देखिये क्रयशक्ति समता।

Purchasing Power Parity *(क्रयशक्ति समता)* : यह भिन्न-भिन्न मुद्राओं के द्विपक्षीय विनिमय दर की माप करने और अलग-अलग देशों में कीमतों के अंतर को खत्म करके जीवन स्तरों की तुलना करने की एक विधि है। क्रयशक्ति समता दिखाती है कि किसी खास देश की मुद्रा को कितनी इकाइयों की ज़रूरत होगी अगर किसी दूसरे देश

P

में उतनी ही वस्तुओं व सेवाओं की खरीद करनी हो, या फिर देशों के किसी समूह की एक साझा डेरिवेटिव मुद्रा खरीदनी हो। चुनिंदा देशों में वस्तुओं और सेवाओं की राष्ट्रीय मुद्रा में व्यक्त तुलनात्मक कीमतों के बीच अनुपातों के औसत के रूप में क्रयशक्ति समता की गणना की जाती है। पहले प्रत्येक वस्तु या सेवा के लिए क्रयशक्ति समता यानी कीमत अनुपात की गणना की जाती है और उसके बाद एक विशेष पद्धति का उपयोग करते हुए इन अनुपातों का औसत निकाला जाता है। उदाहरण के लिए, बिग मैक (लोकप्रिय हैम्बर्गर का नाम) सूचकांक की गणना क्रयशक्ति समता का उपयोग करते हुए की जाती है। इसमें अलग-अलग देशों में एक हैम्बर्गर की कीमतों की तुलना शामिल होती है। इसमें एक मान्यता ली जाती है कि समरूप या एक जैसी वस्तुओं की कीमतें अलग-अलग देशों में भी समान होती हैं। लिथुआनिया में एक बर्गर की कीमत 2 यूरो है और अमेरिका में 3 डॉलर। इसलिए बिग मैक क्रयशक्ति समता सूचकांक के अंतर्गत यूरो और डॉलर के बीच विनिमय दर 3 डॉलर के लिए 2 यूरो होगी यानी 1.5 डॉलर एक यूरो के बराबर होगा। अगर यह दर बाज़ार विनिमय दर से अलग है, तो कहा जाता है कि मुद्रा अधिमूल्यित या अवमूल्यित है और ऐसा माना जाता है कि कीमत या विनिमय दर में समायोजन होना चाहिए। हालांकि, इस तरह निकाली गई विनिमय दर की बाज़ार दर के साथ तुलना करते समय क्रयशक्ति समता से जुड़ी सभी आपत्तियों और सीमाओं को ध्यान में अवश्य रखना चाहिए, क्योंकि इसमें विभिन्न देशों में मांग व आपूर्ति की खासियतें तथा अंतर शामिल नहीं होते और न ही यह कीमतों को प्रभावित करने वाली परिवहन लागतों को शामिल करती है। यह रीयल एस्टेट के लिए उपयुक्त नहीं है। क्रयशक्ति समता निरपेक्ष या सापेक्ष हो सकती है। निरपेक्ष क्रयशक्ति समता तुलना में शामिल देशों में कीमतों के समानीकरण को दिखाती है, जबकि सापेक्षिक क्रयशक्ति समता कीमतों में परिवर्तन के विनिमय दर पर प्रभाव को प्रदर्शित करती है और इस तथ्य को भी कि विनिमय दरों में परिवर्तन देशों के बीच मुद्रास्फीति दरों में अंतर के बराबर होता है। उदाहरण के लिए, अगर यूरोप में मुद्रास्फीति की दर 2 प्रतिशत है, जबकि अमेरिका में यह 4 प्रतिशत है, तो इसका मतलब है कि अमेरिकी डॉलर का यूरो के मुकाबले एक साल में 2 फीसदी अवमूल्यन होगा।

Purchasing Power Parity Theory *(क्रय शक्ति समता सिद्धांत)* : विनिमय दरों और वस्तुओं की कीमतों के बीच संबंध का विश्लेषण करने वाला सिद्धांत। यह दावा करता है कि देशों में विनिमय दरें उस समय संतुलन में पहुंच जाती हैं, जब इन विनिमय दरों पर मुद्राओं की क्रयशक्ति समान होती है। यह सिद्धांत 'एकल कीमत' नियम पर आधारित है, जिसके अंतर्गत अलग-अलग देशों में समरूप यानी एक जैसी वस्तुओं की कीमतों में समानीकरण की प्रवृत्ति पाई जाती है। अगर संतुलन से कोई भी विचलन उत्पन्न होते हैं, तो फिर से संतुलन बहाल करने के लिए विनिमय दर समायोजन होंगे। देखिये क्रयशक्ति समता।

P

Purchasing Power Standard (PPS) *(क्रय शक्ति मानक [पीपीएस])* : देशों के बीच मौजूदा कीमत अंतरों को खत्म करने वाली एक कृत्रिम मुद्रा इकाई, जिसका इस्तेमाल यूरोपीय संघ के सदस्यों के बीच आर्थिक संकेतकों की तुलना के लिए किया जाता है। क्रयशक्ति समता मानक में व्यक्त आर्थिक संकेतकों की गणना राष्ट्रीय मुद्रा में आकलित संकेतक में तदनुरूपी क्रयशक्ति समता से भाग देकर की जाती है। सभी देशों में कोई एकल क्रयशक्ति मानक वस्तुओं और सेवाओं के एक ही समूह से संबंधित होता है। हालांकि, कीमत स्तर को ध्यान में रखते हुए प्रत्येक देश को इसी समूह की वस्तुएं व सेवाएं खरीदने के लिए राष्ट्रीय मुद्रा की एक अलग राशि की ज़रूरत होती है।

Pure Risk *(शुद्ध जोखिम)* : वह स्थिति जिसमें नुकसान ही संभव परिणाम होता है।

Put Option *(पुट ऑप्शन)* : जिंसों या प्रतिभूतियों की एक निश्चित संख्या को भविष्य में एक निश्चित कीमत पर बेचने का अधिकार (विकल्प न कि कोई दायित्व), जो एक निश्चित शुल्क (प्रीमियम) देकर हासिल किया जाता है।

Pyramid Scheme, Ponzi Scheme *(पिरामिड योजना, पोंजी स्कीम)* : वह वित्तीय योजना जिसमें निवेशक (जमाकर्ता) निवेशों पर अत्यधिक रिटर्न प्राप्त करते हैं। यह मोटा प्रतिफल मुख्य रूप से नए निवेशकों के योगदान से आता है। पिरामिड स्कीम खुली हो सकती है, जिसमें निवेशक को तभी प्रतिफल मिलता है, जब वह नए निवेशक लेकर आता है, या फिर प्रच्छन्न, जहां निवेशक को यह पता नहीं होता कि उसको मिलने वाले रिटर्न का भुगतान निवेश आय के बजाय नए अंशदान से किया जाता है। सभी मामलों में पिरामिड सिद्धांत कपटपूर्ण होता है और जैसे ही नए योगदानों का प्रवाह बाधित होता है, यह उतनी जल्दी विफल होने के लिए अभिशप्त है। धोखेबाज़ पिरामिड योजना का इस्तेमाल, अधिकतर उभरते देशों में, अनुभवहीन निवेशकों को ऊंचे रिटर्न का लालच देकर फंसाने के लिए करते हैं। जैसे ही पिरामिड ढहता है, तो सबसे ज्यादा नुकसान अंत में योगदान करने वाले उठाते हैं। राज्य प्राधिकरणों द्वारा भी पिरामिड स्कीम को तैयार किया जा सकता है।

Q

Q

Qualified Capital, Qualified Voting *(अर्हताप्राप्त पूंजी, योग्य मताधिकार)* : किसी कंपनी की अधिकृत पूंजी और मतदान अधिकार का अनुपात जो प्रत्यक्ष या अपरोक्ष रूप से किसी व्यक्ति के पास होता है, या फिर व्यक्तियों और कंपनी के बीच इस तरह का संबंध, जहां एक व्यक्ति के पास अधिकृत पूंजी और मताधिकार में से दस फीसदी या उससे ज्यादा का हिस्सा होता है, ऐसे व्यक्ति के पास प्रबंधन निकाय के एक तिहाई या उससे ज्यादा सदस्यों को नियुक्त और बर्खास्त करने का अधिकार होता है और कंपनी के एसोसिएशन के लेख के अनुसार या लेन-देन की शर्तों के अनुसार ऐसे व्यक्ति कंपनी के संचालन और प्रबंधन इकाइयों के फैसलों में निर्णायक प्रभाव डाल सकते हैं।

Qualified Majority *(योग्य बहुमत)* : वह विशेष मतदान प्रक्रिया, जब बहुत महत्त्वपूर्ण फैसले मतों के एक निश्चित बहुमत से लिये जाते हैं, जो कि आमतौर पर सामान्य बहुमत, यानी, मतों के आधे से अधिक होते हैं। यूरोपीय संघ में योग्य बहुमत मतदान के तहत प्रत्येक देश के पास निश्चित मत यानी वोट होते हैं। कई अहम मसलों को सुलझाने या अमल में लाने के लिए कंपनियों द्वारा भी योग्य बहुमत मतदान का इस्तेमाल किया जाता है। देखिये वीटो।

Qualitative Analysis *(गुणात्मक विश्लेषण)* : न्याय, समता जैसे गैर-मात्रात्मक समझे जाने वाले गुणों के आधार पर आर्थिक मुद्दों का विश्लेषण।

Quango (Quasi-autonomous Non-governmental Organization) *(क्वांगो [अर्ध-स्वायत्त, गैर-सरकारी संगठन])* : राज्य या नगरपालिका संस्थाओं द्वारा गठित। इसे सरकार (नगरपालिका) के बजट और कोष से वित्तीय सहायता मिलती है। यह सरकारी

संस्थानों के प्रति उत्तरदायी और उनके अधीन होते हैं। क्वांगो सरकारी निकाय होते हैं और यह इनका प्रारूप या संगठन (अधिकतर सार्वजनिक संस्थानों जैसा) है, जिसके कारण इन्हें गैर सरकारी संगठन समझा जाता है।

Q

Quantitative Analysis *(मात्रात्मक विश्लेषण, परिमाणात्मक विश्लेषण)* : आर्थिक रुझानों का आकलन करने के लिए गणित का इस्तेमाल। देखिये गुणात्मक विश्लेषण।

Quantity Equation, Equation of Exchange, Fisher's Equation *(मात्रा समीकरण, विनिमय का समीकरण, फिशर का समीकरण)* : मुद्रा का परिमाण सिद्धांत के तहत, मात्रा समीकरण यह बताता है कि कैसे मुद्रा की मात्रा का संबंध इसकी कीमत से है। MV=PT, जहां M मुद्रा आपूर्ति है, V मुद्रा का वेग, P उत्पाद की औसत कीमत और T बेचे गए उत्पादों की संख्या है। देखिये मुद्रा का परिमाण सिद्धांत।

Quantity Theory of Money *(मुद्रा का परिमाण सिद्धांत)* : वह वित्तीय सिद्धांत जो यह पूर्वानुमान करता है कि मुद्रा की कीमत बाज़ार में मौजूद मुद्रा की मात्रा पर निर्भर करती है। यानी जितनी ज़्यादा मुद्रा उपलब्ध होगी, उसकी कीमत उतनी कम होगी।

Quartile *(चतुर्थक)* : यह उस वितरण की चार श्रेणियों में से एक का प्रतिनिधित्व करता है, जिसे चार भागों में बांटा जाता है। उदाहरणार्थ, किसी आय वितरण के निम्नतम चतुर्थक में उन्हें शामिल किया जाता है, जिनकी आय निचले स्तर पर मौजूद 25 फीसदी आबादी की आय में शुमार है।

Quasimoney *(अर्धमुद्रा)* : वाणिज्यिक बैंकों में समय व बचत जमा और विदेशी मुद्रा जमा का कुल योग। इन्हें अर्धमुद्रा कहा जाता है, क्योंकि वे पूरी तरह तरल नहीं हैं, क्योंकि समय जमा यानी मियादी जमा राशि परिपक्वता से पहले निकाले जाने पर इस पर मिलने वाले पूरे ब्याज या इसके कुछ हिस्से की हानि होती है। देखिये एम3, मुद्रा आपूर्ति।

Quintile *(पंचक)* : यह पांच हिस्सों में बांटे गए किसी वितरण में से एक का प्रतिनिधित्व करता है। उदाहरण के लिए, आय वितरण के निम्नतम पंचक में वे शामिल होते हैं, जिनकी आमदनी सबसे कम आय वाली 20 फीसदी आबादी की श्रेणी में आती है।

Quota *(कोटा)* : उत्पादन और व्यापार को प्रतिबंधित करने का एक तरीका, जिसमें उत्पादित वस्तुओं की एक निश्चित संख्या या मात्रा को एक तय अवधि के लिए उत्पादित या आयातित करने की अनुमति दी जाती है। यदि कोटा निरपेक्ष या पूर्ण होगा, तब माल के आयात की सीमा पूरी होने के बाद इसके आयात पर प्रतिबन्ध लग जायेगा और यदि यह सशर्त होगा, तो सीमा से अधिक होने पर इसपर दी गयी सब्सिडी हटाई

Q

जा सकती है। व्यापार कोटा सीधे तौर पर मुक्त व्यापार को प्रतिबंधित करता है, जो ग्राहकों के लिए उपलब्ध वस्तुओं के विकल्पों को कम करता है या उनकी कीमत काफी बढ़ा देता है। उत्पादन कोटा उन क्षेत्रों में इस्तेमाल किया जाता है, जहां राज्य द्वारा उत्पादन पर सब्सिडी दी जाती है। बाद वाले मामले में, कोटा का लक्ष्य समर्थन और संभावित समर्थन के कारण होने वाले अधिक उत्पादन को सीमित करना होता है। देखिये लाइसेंस कोटा, टैरिफ कोटा, शुल्क कोटा।

Quoting *(भाव)* : एक्सचेंज (बाज़ार) पर वस्तु या सेवा या फिर जिंस या प्रतिभूति के लिए कीमत निर्धारित करना।

R

R

Rahn Curve *(राहन वक्र)* : जीडीपी के हिस्से के तौर पर सरकारी खर्च जितना बढ़ता है, आर्थिक विकास की दर एक सीमा तक बढ़ती है, इसके बाद सरकारी खर्च बढ़ने के साथ विकास दर घटने लगती है और एक सीमा के बाद नकारात्मक हो जाती है। वक्र का नामकरण फोर्ब्स पत्रिका ने रिचर्ड डब्ल्यू राहन के कार्य के आधार पर किया था, जो समय शृंखला और सरकारी खर्च में बदलाव की समीक्षा पर आधारित हैं।

Range *(दायरा)* : डेटासेट के भीतर उतार-चढ़ाव को दर्शाने के लिए इस्तेमाल की जाने वाली एक गणना। इसकी गणना सबसे बड़ी संख्या से सबसे छोटी को घटा कर करते हैं।

Rated Policy *(रेटेड पॉलिसी)* : अधिक जोखिम को कवर करने के लिए मानक प्रीमियम दर से अधिक पर जारी की गई बीमा योजना, जहां बीमाकृत व्यक्ति ज़रूरी मानकों को पूरा नहीं करता है। उदाहरण के लिए लिए बेहद खराब स्वास्थ्य या कोई खास जोखिम-भरा व्यवसाय।

Rate Regulation *(दर विनियमन)* : जनोपयोगी सेवाओं को नियंत्रित करने का पारंपरिक तरीका। सरकार द्वारा दिए गए एकाधिकार के बदले में जनोपयोगी सेवाएं कीमतों या उत्पादन पर अंकुश लगाने पर सहमत हो जाती हैं। परंपरागत रूप से यह माना जाता रहा है कि इससे प्राकृतिक एकाधिकार तो बढ़ेगा लेकिन यह उपभोक्ताओं को गैर विनियमित एकाधिकार से बचाएगा। हालांकि विनियमन से सम्बंधित अध्ययन दर्शाते हैं कि अक्सर दर विनियमन से निर्माताओं को ही लाभ पहुँचता है। वस्तुओं की कीमत बाज़ार भाव से अधिक होती है। इससे उपभोक्ताओं को नुकसान होता है। इन्हीं नतीजों को देखते हुए अमेरिका में वर्ष 1970 में विनियमन आंदोलन शुरू हुआ।

R

तब से एयरलाइन्स, ट्रकिंग, प्राकृतिक गैस उद्योग पर से ज्यादातर विनियमन हटाए गए।

Rating Agency *(रेटिंग एजेंसी)* : कर्ज़ लेने वाली संस्थाओं को क्रेडिट रेटिंग देने में विशेषज्ञता रखने वाली संस्था या कंपनी।

Rating Bureau *(रेटिंग ब्यूरो)* : संगठन जो उन दरों को निर्धारित करता है जिन पर कंपनियां अपनी पॉलिसी के लिए शुल्क लेती हैं।

Rational *(तर्कसंगत)* : (1) तर्क के आधार पर। तर्कसंगत व्यक्ति का आर्थिक आकलन कहता है कि व्यक्ति तर्क के आधार पर फैसले लेता है। (2) निर्धारित लक्ष्यों को हासिल करने के लिए अपनाया जाने वाला न्यूनतम आवश्यक व्यवहार।

Rational Expectations Theory *(तार्किक प्रत्याशा सिद्धांत)* : आर्थिक सिद्धांत जो इस बात पर आधारित है कि बाज़ार भागीदार सभी संभावित जानकारियों की समीक्षा कर पर्याप्त सुनिश्चितता के साथ भविष्य की घटनाओं का आकलन कर सकते हैं। इस सिद्धांत के मुताबिक यह इसलिए संभव है क्योंकि व्यक्ति भविष्य का तर्क और मौजूद जानकारी के आधार पर आकलन करता है। यही वह वजह है जो इस सिद्धांत को भविष्य के आकलन करने वाले अन्य सिद्धांतों से अलग करती है, जो यह कहते हैं कि भविष्य का अनुमान पिछली घटनाओं के आधार पर लगाया जा सकता है या फिर इसका अनुमान नहीं लगाया जा सकता। यह सिद्धांत जॉन मेनार्ड केन्स द्वारा प्रस्तावित मांग को नियंत्रित करने की विधि का खंडन करता है। इस सिद्धांत की मूल बातें 1961 में जॉन मुथ (1930-2005) द्वारा दी गई थीं। रॉबर्ट लुकास को इस सिद्धांत के विकास के लिए 1995 में नोबेल पुरस्कार से सम्मानित किया गया था।

Rationing *(वितरण नियंत्रित करना)* : एक ऐसी व्यवस्था स्थापित करना, जो यह निर्धारित करे कि किसे कोई वस्तु कितनी मात्रा में मिले जो बेहद कम मात्रा में उपलब्ध है। बाज़ार अर्थव्यवस्था में यह अक्सर धन भुगतान की इच्छा है।

Reaganomics *(रीगनॉमिक्स)* : करों को घटा कर, सरकारी खर्च पर नियंत्रण कर और धन आपूर्ति पर अंकुश लगाकर वर्ष 1980 में अमेरिकी राष्ट्रपति रोनाल्ड रीगन (1911-2004) द्वारा संचालित आर्थिक नीति। इसका उद्देश्य महंगाई को घटाना और आर्थिक विकास तथा रोज़गार को बढ़ाना था।

Real Economy *(वास्तविक अर्थव्यवस्था)* : वास्तविक अर्थव्यवस्था का अर्थ अर्थव्यवस्था के उस हिस्से से है जो वित्तीय क्षेत्र से सम्बंद्ध नहीं है, जैसे, कृषि, खनन, विनिर्माण और सेवा (वित्त को छोड़कर)।

Real Estate Tax *(रीयल एस्टेट कर, ज़मीन-जायदाद कर)* : ज़मीन-जायदाद जैसी

संपत्ति के लिए राज्य (स्थानीय सरकार) को किया जाने वाला अनिवार्य भुगतान। रीयल एस्टेट कर का भुगतान आमतौर पर सालाना आधार पर होता है। ज़्यादातर परेशानी इस कर का आधार तय करने में आती है। संपत्ति के मूल्य का निर्धारण करने के लिए कई विधियां हैं। इनमें बुक वैल्यू, अलग-अलग क्षेत्र में प्रॉपर्टी की अलग-अलग कीमत, व्यक्तिगत आकलन आदि शामिल हैं। इन सबसे इस कर के लिए प्रशासनिक लागत में ख़ासा वृद्धि हो जाती है। रीयल एस्टेट कर आमतौर पर स्थानीय सरकार को चुकाए जाते हैं। उसके राजस्व में इनका बड़ा योगदान होता है।

Realisation *(विक्रय)* : बिक्री।

Real Property, Immovable Property, Real Estate *(वास्तविक संपत्ति, अचल संपत्ति या रीयल एस्टेट)* : अपनी प्रकृति के कारण ऐसी वस्तुएं जो एक जगह से दूसरी जगह नहीं जा सकती हैं। जैसे भूमि और इससे जुड़ी तमाम चीज़ें। इनका न स्वरूप बदलता है न ही इनकी कीमत घटती है। यदि इसे कहीं स्थानांतरित किया जाये, तो इसका स्वरूप बदल सकता है और इसकी कीमत घट सकती है।

Real Sector *(रीयल सेक्टर)* : अर्थव्यवस्था का वह क्षेत्र जो देश में वस्तु उत्पादित करता है और गैर वित्तीय सेवाएं मुहैया कराता है।

Recession *(मंदी)* : जीडीपी (सकल घरेलू उत्पाद) में गिरावट की अवधि। लगातार दो तिमाही में जीडीपी के नकारात्मक विकास को मंदी कहा जाता है। देखिये मंदी।

Refinancing *(रीफाइनेसिंग, पुनर्वित्तीयन)* : प्रक्रिया जिसमें कंपनी नए शेयर जारी करती है और उससे जुटाए गए धन से पुराने इश्यू की क्षतिपूर्ति करती है। पुराने लोन को चुकता करने के लिए लिया जाने वाला नया लोन भी रीफाइनेसिंग कहलाता है।

Refinancing, Refinancing Risk *(पुनर्वित्त, पुनर्वित्त में जोखिम)* : 1. सामान्य ऋण, गिरवी और उधार के अन्य रूप के सन्दर्भ में की जाने वाली कार्रवाई। इसमें एक नया ऋण लेकर मौजूदा ऋण का भुगतान किया जाता है और उसी या अन्य संपत्ति को सुरक्षा के रूप में रखा जाता है। उदाहरण के लिए एक घर का मालिक ब्याज दरों के बढ़ने की स्थिति में स्थिर दर अपनाने के लिए अपनी गिरवी का पुनर्वित्तीयन करना चाहेगा। ऐसा करने पर आने वाली लागत विचारणीय हो सकती है। पुनर्वित्त जोखिम, सामान्य जोखिम जिससे कि एक कर्ज़दार एक मौजूदा गिरवी पर पुनर्वित्त नहीं करा पाता है या अनुकूल शर्तों पर भविष्य की तारीख़ में ऋण हासिल नहीं कर पाता है। पुनर्वित्त जोखिम, गिरवी से संरक्षित प्रतिभूतियां, सामान्य तौर पर ब्याज दरों में गिरावट के कारण मौजूदा गिरवी के पुनर्वित्त के स्तर में वृद्धि—इसका मतलब यह हुआ कि उक्त प्रतिभूति तेज़ी से परिपक्व होती है और उसे निम्न दर पर पुनः निवेश करना पड़ेगा। 2. बैंक तब पुनर्वित्त में शामिल होते हैं जब उन्हें नया ऋण या निवेशकों या उन ग्राहकों को

R

पुनर्भुगतान करने के लिए धन प्राप्त होता है जिन्होंने अपना धन संस्थान के पास जमा करा रखा है। उदाहरण के लिए पुनर्वित्तीयन केन्द्रीय बैंक के संसाधनों का फायदा उठाकर या अन्य बैंक से ऋण लेकर किया जा सकता है। हाल में सरकार को अंतर बैंकिंग उधारी को पुनर्जीवित करने के लिए भारी वित्तीय गारंटी मुहैया करानी पड़ी थी। अंतर बैंकिंग उधारी आर्थिक मंदी के बाद लगभग पूरी तरह से रुक गई थी।

Regional Policy *(क्षेत्रीय नीति)* : विभिन्न क्षेत्रों में आर्थिक विकास में अंतर को घटाने के लिए राज्य द्वारा अपनाये जाने वाले उपाय। उदाहरण के लिए क्षेत्रीय नीति को रोज़गार सृजन, प्रति व्यक्ति आय बढ़ाने, बुनियादी ढांचे में सुधार आदि के लिए इस्तेमाल किया जा सकता है। आमतौर पर क्षेत्रीय नीति में क्षेत्र को वित्तीय इंसेन्टिव (कर से राहत) और सब्सिडी आदि शामिल होते हैं।

Regression *(प्रतिगमन)* : यह एक सांख्यिकी मॉडल होता है जो निर्भर चर राशि और एक या एक से अधिक व्याख्यात्मक या स्वतंत्र चर राशि के बीच संबंधों की गणना करते हैं।

Regression Theorem *(प्रतिगमन सिद्धांत)* : मुद्रा की कीमत की व्याख्या करने वाला एक तार्किक क्रम। यह सिद्धांत कहता है कि मुद्रा की मौजूदा और निकट भविष्य में जो कीमत होगी वह निकट भूत में मुद्रा की क्रय शक्ति द्वारा निर्धारित होती है। यदि इसी तर्क के आधार पर लगातार पीछे की ओर बढ़ा जाये, तो एक ऐसा बिंदु आ जाएगा जहां मुद्रा की कीमत का निर्धारण उस वस्तु की कीमत से होगा, जिनका इस्तेमाल बाद में धन के तौर पर हुआ, मसलन सोना। प्रतिगमन सिद्धांत को लुडविग वॉन मिसीस ने वर्ष 1912 में अपने कार्य 'द थ्योरी ऑफ मनी एंड क्रेडिट' में दिया था।

Regressive Tax *(प्रतिगामी कर)* : व्यक्तियों की आय जिस अनुपात में कम होती जाती है उसी अनुपात में अधिक लगने वाला कर। कई प्रतिगामी कर एक निश्चित शुल्क पर आधारित होते हैं और फलस्वरूप गरीबों पर अधिक भार (आय के प्रतिशत के रूप में) डालते हैं। देखिये समान दर का कर, प्रगतिशील कर।

Regulation *(नियंत्रण, विनियमन, नियमन, विनियम, नियम)* : सरकारी एजेंसियों के ज़रिये लगाई गईं कानूनी पाबंदियां।

Regulation (as in regulation of the economy) *(नियमन [अर्थव्यवस्था के नियमन जैसा])* : अर्थव्यवस्था और सरकार द्वारा लागू की गई व्यावसायिक गतिविधियों पर कानूनी और प्रशासनिक नियंत्रण करने की व्यवस्था। इसका उद्देश्य किसी विशेष उत्पाद को मंजूरी देना या उसपर प्रतिबन्ध लगाना है या कुछ विशेष प्रकार के व्यवहार पर प्रतिबन्ध लगाना या उसे बढ़ावा देना, रोकना या नियंत्रित करना है। नियमन बाज़ार की ताकतों को स्वतंत्र रूप से खेलने से रोकता है या हतोत्साहित करता है।

R

Reinsurance *(पुनर्बीमा)* : बीमा का एक प्रकार जहां विशेष तरह की बीमा कंपनी उस बीमाकर्ता के नुकसान के जोखिम के कुछ हिस्से को सुरक्षा कवच प्रदान करती है जो उसकी गतिविधियों के कारण उत्पन्न होते हैं। यह सुरक्षा कवच बीमा प्रीमियम के बदले में दिया जाता है।

Reinsurance Basis Risk *(पुनर्बीमा आधारित जोखिम)* : पुनर्बीमा ज़रूरतों की सही पहचान न हो सकने के कारण पुनर्बीमा कवच किसी खास जोंखिम के लिए अपर्याप्त साबित हो सकता है। फलस्वरूप पुनर्बीमा का कोई निश्चित क्लॉज नाकाफी साबित हो सकता है।

Reinsurance Credit Risk *(पुनर्बीमा ऋण जोखिम)* : संभव है कि पुनर्बीमा करने वाली कंपनी अपनी देनदारी चुकाने में विफल साबित हो। इससे बीमाकर्ता कंपनी के लिए तरलता का संकट खड़ा हो सकता है और यहां तक वह दिवालिया भी हो सकती है।

Reinsurance Risk *(पुनर्बीमा जोखिम)* : अपर्याप्त पुनर्बीमा कवच का जोखिम या अपनी देनदारी चुकाने में पुनर्बीमा कंपनी की विफलता।

Relative Price *(सापेक्ष मूल्य)* : किसी वस्तु के बाज़ार भाव और बाज़ार में मौजूद अन्य वस्तुओं के औसत भाव के बीच का अनुपात।

Remittance(s) *(भेजी हुई रकम)* : एक व्यक्ति या व्यापारी द्वारा दूसरे के पास नकदी, चेक, विनिमय बिल, बैंक हस्तांतरण और अन्य रूपों में धन भेजना। यह शब्द अक्सर एक से दूसरे देश में हस्तांतरित धन की व्याख्या करता है। उदाहरण के लिए विदेशों में नौकरी करने वाले लोगों द्वारा मूल देश में अपने परिवार के पास धन भेजना। कई देश बाहर से आने वाली रकम पर बहुत हद तक निर्भर रहते हैं क्योंकि विकास को प्रोत्साहित करने के लिए इसे एक साधन माना जाता है। हाल के वर्षों में इस तरह का धन काफी बढ़ गया है। इसका कारण काफी हद तक वैश्वीकरण और गतिशीलता का बढ़ना है। साथ ही कुछ हद तक एक से दूसरे देश में धन के हस्तांतरण पर आने वाली कम लागत है। वित्तीय संकट और आर्थिक मंदी/सुस्ती के फलस्वरूप विकासशील देशों में ऐसे धन की आवक महत्वपूर्ण रूप से घट जाती है।

Rent *(किराया)* : (1) मकान या किसी अन्य संपत्ति के इस्तेमाल के लिए उसके मालिक को किया जाने वाला नियमित भुगतान। (2) उत्पादन के किसी हिस्से की लागत और उससे मिलने वाले लाभ के बीच का अंतर, इसे आर्थिक किराया भी कहा जा सकता है। शास्त्रीय अर्थशास्त्री भूमि और प्राकृतिक संसाधनों के लिए भी किराया शब्द का इस्तेमाल करते हैं। देखिये लगान, ज़मीन का क़िराया।

Rent Seeking *(किराया चाहना)* : बाज़ार में प्रतिस्पर्धा के बजाय राजनीतिक प्रणाली

R

के ज़रिये मुनाफा कमाने की सोच। किराया चाहने वाली कंपनियां चाहती हैं कि उस तरह के शुल्क, नियंत्रण और सरकारी आदेश जारी हों, जो उनके प्रतिद्वंद्वी की लागत को बढ़ा दें, ताकि प्रतिस्पर्धा कम रहे और उनका मुनाफा बना रहे। इसके लिए कम्पनी को कानूनी और गुटबाज़ी जैसी गतिविधियों पर खर्च करना होता है, जिसे किराया चाहना की प्रत्यक्ष लागत माना जा सकता है।

Replacement Ratio *(प्रतिस्थापन अनुपात)* : प्रतिस्थापन अनुपात आय का वह हिस्सा (प्रतिशत) है, जिससे सेवानिवृत्त व्यक्ति उसी तरह का जीवन-स्तर बनाए रख सकता है, जिसकी उसे आदत पड़ चुकी होती है। आमतौर पर यह काम के दौरान व्यक्ति द्वारा कमाई जाने वाली आय का 60 से 90 प्रतिशत होता है।

Replacement Value, Replacement Cost *(प्रतिस्थापन लागत)* : वह राशि जो किसी वस्तु को उसी तरह से विकसित, उत्पादित, निर्मित या खरीदने के लिए ज़रूरत होती है जैसा वह है। इस शब्द का प्रायः संपत्ति का बीमा करने में इस्तेमाल होता है, जहां बीमा प्रीमियम की गणना प्रतिस्थापन लागत के आधार पर होती है।

Repurchase Agreement *(पुनर्खरीद समझौता)* : शेयरों या उत्पादों का लेन-देन जहां तय समय और निश्चित कीमत पर पहले बेची गई वस्तुओं को वापस खरीदने को लेकर करार होता है।

Reserve Currency *(आरक्षित मुद्रा)* : ऐसी मुद्रा जिसके भंडार का इस्तेमाल केंद्रीय बैंक द्वारा राष्ट्रीय मुद्रा की स्थिरता की गारंटी के तौर पर किया जाए। मांग होने पर राष्ट्रीय मुद्रा को आरक्षित मुद्रा में बदलने के लिए केंद्रीय बैंक के पास आरक्षित मुद्रा का 100 प्रतिशत भंडार होना चाहिए, जिसमें से कुछ तरल रूप में होना चाहिए।

Residual Claimant *(अवशिष्ट दावेदार)* : सभी अन्य तरह के भुगतान किए जाने के बाद बची राशि पर अधिकार रखने वाला व्यक्ति। उदाहरण के तौर पर फर्म की गतिविधियों के साथ जुड़ी सभी गतिविधियों का भुगतान किए जाने के बाद बची आय पर शेयरधारकों या मालिकों का अधिकार बनता है, इसलिए शेयरधारकों और मालिकों को अवशिष्ट दावेदार कहा जाएगा।

Resources *(संसाधन, स्रोत)* : वस्तु जिनका इस्तेमाल या उपभोग दूसरी वस्तुओं के निर्माण या उत्पादन में होता है। ज़्यादातर संसाधन आर्थिक संसाधन होते हैं। लिहाजा मात्रा, गुणवत्ता और पहुंच के मामले में ये सीमित होते हैं।

Respondent *(उत्तरदाता, जवाब देने वाला, प्रतिवादी, उत्तरदायी)* : सांख्यिकी सर्वेक्षण करने वाले व्यक्ति या संस्थान को आंकड़े मुहैया कराने वाला व्यक्ति या कम्पनी।

Responsible Lending *(ज़िम्मेदार उधारी)* : इस शब्द का प्रयोग वित्तीय संस्थाओं

की नीतियों के सन्दर्भ में किया जाता है। नीतियों को इस तरह तैयार किया जाता है जिससे कि ग्राहक के साथ सही व्यवहार किया जाए और उन्होंने जो ऋण लिया है उसका वे सही फायदा उठा सकें। वे ग्राहकों का सही तरीके से परीक्षण करने, सही तरीके से सूचित करने और उन्हें क्षमता से अधिक कर्ज़ में डूबने के प्रति सचेत करने के लिए विभिन्न चरणों को अपनाते हैं।

Restitution *(क्षतिपूर्ति, वापसी)* : गैर कानूनी तरीके से किसी संपत्ति का अधिग्रहण करने पर उसे पुराने मालिक को लौटाया जाना। ऐसा भूलवश या संपत्ति हस्तांतरण करार के अचानक अवैधानिक करार दिए जाने से भी होता है। क्षतिपूर्ति या तो उसी वस्तु को लौटा कर की जाती है या फिर उसके बराबर की कीमत चुका कर भी की जा सकती है।

Restriction *(प्रतिबन्ध, पाबन्दी)* : किन्हीं खास मकसद से मुद्रा आपूर्ति, उत्पादन या निर्यात पर रोक लगाना। ऐसा घरेलू बाज़ार की सुरक्षा, ब्याज दर में बढ़ोतरी या मुद्रास्फीति कम करने के मकसद से किया जा सकता है।

Restructuring *(पुनर्गठन)* : वित्तीय स्थितियों को सुधारने और दीवालियेपन से बचाने के लिए कंपनी की गतिविधियों को पुनः व्यवस्थित करना। पुनर्गठन में उत्पादन का आधुनिकीकरण, श्रम का पुनर्गठन, परिसंपत्तियों का अधिग्रहण या हस्तांतरण, कंपनी का विलय या विभाजन आदि शामिल हो सकते हैं।

Retained Earnings, Undistributed Profit *(अवितरित आय)* : कर भुगतान के बाद मुनाफे का बचा रह गया हिस्सा जिसे लाभांश के तौर पर नहीं बांटा गया हो। अवितरित आय का पुनर्निवेश करने से कंपनी के शेयरों की कीमत बढ़ती है। लेखांकन में अवितरित आय मुनाफे का वो हिस्सा है जिसके आवंटन के बारे में शेयरधारकों द्वारा निर्णय लिया जाना बाकी हो।

Return on Assets (ROA) *(परिसंपत्तियों पर रिटर्न)* : यह कंपनी की कार्यकुशलता का संकेतक है, जिसकी गणना कुल परिसंपत्ति के मुकाबले हुए मुनाफे के तौर पर की जाती है। यह परिसंपत्तियों की प्रति एक मुद्रा इकाई पर कुल मुनाफे को प्रदर्शित करता है। परिसंपत्तियों पर रिटर्न जितना ज़्यादा होता है, उन परिसंपत्तियों का इस्तेमाल भी उतना ही प्रभावी माना जाता है। यह जानना बेहद महत्त्वपूर्ण है कि विभिन्न क्षेत्रों में इस संकेतक में बड़ा अंतर है। वजह है अलग तकनीकों का इस्तेमाल जो इसे अर्थव्यवस्था की विभिन्न शाखाओं की तुलना करने में अनुपयोगी बना देता है।

Return on Equity (ROE) *(इक्विटी पर रिटर्न, पूँजी पर लाभ)* : कंपनी की कार्यकुशलता का संकेतक, जिसकी गणना कुल मुनाफे और पूँजी के अनुपात में करते हैं। पूँजी पर ज़्यादा रिटर्न का मतलब होता है कि कंपनी शेयरधारकों की पूँजी का अधिक कुशलता से इस्तेमाल करती है।

R

Revaluation *(पुनर्मूल्यांकन)* : किसी मुद्रा के मुकाबले सोना या किसी दूसरी मुद्रा की कीमत को बढ़ाना, जिसका इस्तेमाल आरक्षित मुद्रा के तौर पर किया जा रहा हो। यह प्रक्रिया केंद्रीय बैंकों द्वारा की जाती है। देखिये अवमूल्यन।

Revisionism *(संशोधनवाद)* : मौजूदा सिद्धांतों या ऐतिहासिक घटनाओं के संशोधन या पुनर्मूल्यांकन करने का निमंत्रण। मार्क्सवादी सिद्धांत में भी संशोधनवाद का चलन है जो कार्ल मार्क्स के सिद्धांतों की पुनर्व्याख्या करने के लिए आमंत्रित करता है।

Revolving Credit, Open-end Credit *(चक्रीय ऋण)* : बैंक के साथ ऐसा करार जिसमें बैंक निश्चित समयावधि के लिए एक खास राशि का उपयोग करने की सुविधा देता है। चक्रीय ऋण की कोई निश्चित परिपक्वता अवधि नहीं होती। आपका क्रेडिट कार्ड और उसकी तय कर्ज़ सीमा चक्रीय ऋण का उदाहरण है।

Ricardian Equivalence *(रिकार्डियन इक्विवेलेंस)* : डेविड रिकार्डो द्वारा दी गयी अवधारणा कि बाज़ार में सरकारी घाटे का कुल मांग पर कोई असर नहीं पड़ता। ऐसा इसलिए होता है क्योंकि करदाता यह उम्मीद करते हैं कि कुछ भी हो राज्य अपने कर्ज़ का भुगतान करदाताओं के धन से ही करेगा। ऐसे में नागरिक भविष्य में कर चुकाने के लिए धन बचाते हैं।

Ricardo, David (1772–1823) *(डेविड रिकार्डो)* : ब्रितानी अर्थशास्त्री जिन्होंने तुलनात्मक लाभ (कम्पेरेटिड एडवांटेज) और किराये का सिद्धांत विकसित किया। राजनीतिक अर्थव्यवस्था और कराधान का सिद्धांत (1817) उनका प्रमुख कार्य माना जाता है। देखिये तुलनात्मक लाभ, किराया।

Rider *(राइडर)* : नीति को संशोधित करने वाले दस्तावेज़। यह नीति में लाभों को घटा या बढ़ा सकता है। इस तरह यह वास्तविक करार में बदलाव ला सकता है।

Risk *(जोखिम)* : प्रतिकूल नतीजों की संभावना। निवेशकों के समक्ष कर्ज़, बाज़ार और तरलता का जोखिम बना रहता है। जोखिम को सही शेयरों का चयन और हेजिंग कर प्रबंधित किया जा सकता है। देखिये देश का जोखिम, साख जोखिम, कर्ज़ जोखिम, तरलता जोखिम, बाज़ार जोखिम।

Risk Averse *(जोखिम बचाव)* : निवेशक जो एक ही जैसे रिटर्न देने वाले दो निवेश विकल्पों में से उस निवेश विकल्प को चुनते हैं जिसमें कम जोखिम होता है। देखिये जोखिम प्रेमी।

Risk Concentration *(जोखिम केंद्रीकरण)* : यह उस ऋण जोखिम को प्रदर्शित करता है जिसमें इतना नुकसान करने की क्षमता होती है कि उससे बीमा कंपनी की

सेहत को खतरा हो जाए या उसे अपने प्रमुख परिचालनों को बनाए रखने में दिक्कत हो।

R

Risk Lover *(जोखिम प्रेमी)* : समान रिटर्न देने वाले दो निवेश विकल्पों में से अधिक जोखिम से जुड़े निवेश विकल्प को चुनने वाले निवेशक। देखिये जोखिम बचाव।

Rothbard, Murray *(1926-1995) (मुरे रोथबार्ड)* : अराजकपूंजीवाद की वकालत करने वाले ऑस्ट्रियाई अर्थशास्त्री, इतिहासकार और दार्शनिक। मुरे ने आर्थिक सिद्धांतों, राजनीति और आर्थिक इतिहास पर 25 पुस्तकें और हज़ारों लेख लिखे। वे न्यूयॉर्क, नेवेडा और अलाबामा में कई यूनिवर्सिटियों के प्रोफेसर रहे। उनके प्रमुख कार्यों में *मैन, इकोनॉमी एंड स्टेट* (1962), *पावर एंड मार्केट* (1970), *अमेरिकाज़ ग्रेट डिप्रेशन* (1963), *फॉर अ न्यू फ्रीडम : द लिबरटेरियन मैनिफेस्टो* (1963) शामिल हैं।

Roundabout Methods of Production *(उत्पादन की घुमावदार विधि)* : उत्पादन की विधि जिसमें उपभोक्ता सामान का उत्पादन करने से पहले उत्पादन के संसाधनों को तैयार किया जाता है। इससे उपभोक्ता सामान के उत्पादन की कार्यकुशलता में उल्लेखनीय बढ़त होती है। मसलन कपड़ों को कोई दर्जी सुई और धागे से तैयार कर सकता है, लेकिन उन्हें अगर वह मशीन से सिलता है, यानी, उत्पादन की घुमावदार विधि का इस्तेमाल करता है, तो वह अपनी कार्यकुशलता को उल्लेखनीय ढंग से बढ़ा सकता है। इस शब्द को यूजेन बोहम-बावेर्क ने दिया था। ऑस्ट्रियाई विचारधारा के लोग इस शब्द का बहुधा इस्तेमाल करते हैं।

Royalty *(रॉयल्टी, अधिशुल्क, राजशुल्क, राजस्व)* : (1) लेखक की रचना, प्रदर्शन या रचना को हस्तांतरित करने के लिए लेखक को किया जाने वाला भुगतान। (2) रचना के वितरण से रचनाकार को मिलने वाला राजस्व, आमतौर पर यह रचना के मूल्य का कुछ प्रतिशत होता है। (3) निर्माता या आविष्कारक को किया जाने वाला भुगतान जो निर्माता को तीसरी पार्टी द्वारा किया जाता है जब वह अपने कार्य के इस्तेमाल का अधिकार तीसरी पार्टी को देता है।

Rule of Law *(कानून का शासन)* : जहां सभी व्यक्ति और कंपनियां समान रूप से एक लिखित कानून के अधीन हों। इस शब्द की उत्पत्ति एंग्लो-सैक्सन 'कॉमन लॉ' परंपरा से हुई है, जिसमें शासक को भी कानून के अधीन माना गया है।

S

S

Salary *(वेतन)* : रोज़गार करार के तहत कर्मचारी को मिलने वाला उसका मेहनताना। देखिये मज़दूरी दर, मज़दूरी, मेहनताना।

Salesperson *(सेल्सपर्सन)* : कंपनी का प्रतिनिधि जिसका मुख्य उद्देश्य क्षेत्र विशेष, ग्राहकों और बाज़ार में वस्तुओं की बिक्री करना होता है। इसके लिए कई बार वह सैंपल और केटेलॉग का भी इस्तेमाल करता है।

Sales Tax *(बिक्री कर)* : सेवा या वस्तु के अंतिम खरीदार पर लगने वाला कर। देखिये कारोबार कर, टर्नओवर टैक्स, कुल आय कर।

Salvage Value *(अवशिष्ट मूल्य)* : कुल मूल्यह्रास को दर्ज करने के बाद परिसंपत्ति की अंतिम कीमत।

Sample *(नमूना, बानगी)* : सांख्यिकी अनुसंधान के लिए सामान्य आबादी में से चुना गया एक हिस्सा।

Saving *(बचत)* : (1) आय का वो हिस्सा जिसे भविष्य में इस्तेमाल के लिए अलग रखा गया हो। (2) खर्च या लागत में कटौती।

Savings *(संचय, बचत)* : किसी उत्पादन प्रक्रिया से हुए मुनाफे से बचाया गया या छोड़ दिया गया हिस्सा।

Savings Bond, Savings Note *(बचत बॉन्ड, बचत नोट)* : ऐसे व्यक्ति के लिए सरकार द्वारा जारी किए जाने वाले सरकारी बॉन्ड जिसका कोई दूसरा कारोबार नहीं है।

Say's Law of Markets *('से' के बाज़ार के सिद्धांत)* : यह विचारधारा जीन बैपटिस्ट 'से' (1767-1832) ने विकसित की थी। इसके मुताबिक वस्तुओं के उत्पादन से बाज़ार में मांग बनती है। इसलिए मांग अनिवार्य रूप से कुल आपूर्ति के बराबर होती है। यानी किन्हीं बाज़ार भाव पर सामान्य रूप से वस्तुओं की अधिकता नहीं होती है। दूसरे शब्दों में आमतौर पर वस्तुओं का अत्युत्पादन नहीं हो सकता है, क्योंकि जो किसी वस्तु का उत्पादन करते हैं, वे अपनी उत्पादन की गतिविधियों से किसी अन्य वस्तु को खरीदने का साधन तैयार करते हैं। 'से' के सिद्धांत का अक्सर यह गलत अर्थ निकाल लिया जाता है कि आपूर्ति खुद अपनी मांग तैयार कर लेती है। लेकिन इसका यह आशय नहीं है कि सभी तरह के उत्पादन के लिए बाज़ार में मांग बन जाती है। ऐसा हो सकता है कि किसी खास बाज़ार में किसी वस्तु की आपूर्ति की अस्थायी अधिकता हो जाए और किसी अन्य बाज़ार में वस्तुओं के लिए मांग की अधिकता हो जाए। लेकिन यह प्रक्रिया मूल्यों में सापेक्ष बदलाव से अपने-आप सही हो जाती है। लिहाज़ा अर्थव्यवस्था में असंतुलन मौजूद हो सकता है क्योंकि उत्पादित वस्तु की मात्रा और गुणवत्ता उपभोक्ता की ज़रूरत के हिसाब से न हों, लेकिन यह कभी अत्युत्पादन के कारण नहीं होता है। साथ ही यदि कीमत और वेतन लचीला नहीं हों, तो बाज़ार में समन्वय कठिन हो जाता है जिससे असंतुलन पैदा हो जाता है। इस अर्थ में 'से' किसी ऐसे सिद्धांत का प्रतिपादन नहीं कर रहे थे, जो कहता हो कि कारोबार में घाटा नहीं हो सकता, बल्कि इस बात की व्याख्या करना चाह रहे थे कि मंदी क्यों वस्तुओं के अधिक उत्पादन से नहीं होती है।

Scarce Resources *(सीमित संसाधन)* : वस्तुओं के उत्पादन और सेवाओं के प्रावधान में इस्तेमाल किए जाने वाले सीमित संसाधन। सभी सीमित संसाधन आर्थिक संसाधन होते हैं। सभी आर्थिक संसाधन (श्रम, पूंजी) सीमित होते हैं। अर्थशास्त्र इस समस्या का समाधान खोजता है कि कैसे सीमित संसाधनों का बेहतर से बेहतर इस्तेमाल हो सके और उपभोक्ताओं की असीमित ज़रूरतों को पूरा किया जा सके।

Scarcity *(कमी, अभाव)* : यह आपूर्ति और मांग या इच्छा और उपलब्धता के बीच का संबंध है। किसी चीज़ की तब कमी होती है जब वह उतनी मात्रा में नहीं मिलती जितने की इच्छा होती है।

Schumpeter, Joseph Alois (1883–1950) *(जोसेफ एलोइस शुम्पीटर)* : हार्वर्ड यूनिवर्सिटी में प्रोफेसर तथा ऑस्ट्रियन विचारधारा के अर्थशास्त्री जिन्हें 'क्रिएटिव डिस्ट्रक्शन' की विचारधारा के लेखक के तौर पर भी जाना जाता है। जोसेफ के मुताबिक ऐसा कारोबारी जो लगातार नवाचार (इन्नोवेशन) लाया करता है, वह देश के कल्याण में अहम भागीदार बनता है। उन्होंने अनुमान जताया था कि बाज़ार अर्थव्यवस्था की सफलता बड़े नौकरशाही कॉरपोरेशन तैयार कर देगी, जिनका बाद में राज्य द्वारा अधिग्रहण

S

कर लिया जाएगा। फलस्वरूप इससे समाजवाद स्थापित होगा। उनकी रचनाओं में *कैपिटलिज़्म, सोशलिज़्म एंड डेमोक्रेसी* (1942), *हिस्ट्री ऑफ इकोनॉमिक एनालिसिस* (1954) आदि हैं।

Seasonal Business *(मौसमी कारोबार)* : व्यावसायिक गतिविधियां जो किसी खास अवधि या मौसम में ज़ोर पकड़ती हों। मसलन सर्दी या गर्मी में।

Seasonal Fluctuations *(मौसमी उतार-चढ़ाव)* : मौसम में बदलाव के चलते आर्थिक संकेतकों में होने वाला उतार-चढ़ाव। मौसमी उतार-चढ़ाव कृषि उत्पादन की विशेषता है।

Secondary Activity *(द्वितीयक गतिविधि, गौण गतिविधि)* : कंपनी की अनियमित गतिविधि जो उसकी आय का छोटा-सा हिस्सा हो। जैसे उत्पादन कार्य में उपयोग नहीं किये गए धन का निवेश शेयरों में करना।

Secondary Market *(द्वितीयक बाज़ार या सेकेंडरी मार्केट)* : शेयरधारकों (न कि शेयर जारी करने वाले) द्वारा अन्य व्यक्तियों को शेयर बेचा जाना, इसमें शेयर बाज़ारों में शेयरों की खरीद-बिक्री भी शामिल होती है। देखिये प्राथमिक बाज़ार।

Sector *(क्षेत्र या सेक्टर)* : आर्थिक गतिविधि का वर्ग।

Securities *(प्रतिभूति)* : स्वामित्व, कर्ज़, अधिकार या देनदारी, आदि को पुष्ट करने वाले दस्तावेज़। जैसे शेयर, बॉन्ड, स्टॉक, बिल, आदि। देखिये बॉन्ड, शेयर, हिस्सा, हिस्सेदारी।

Securities *(प्रतिभूतियां)* : शेयर, बॉन्ड, वचन पत्र, गिरवी, लदान बिल, विनिमय बिल जैसे प्रपत्र। ये इसके मालिक को धन और अन्य संपत्ति का अधिकार देते हैं।

Securities Account *(प्रतिभूति खाता)* : (1) केंद्रीय प्रतिभूति डिपॉजिटरी में रखा जाने वाला प्रतिभूति (शेयर या बॉन्ड) खाता, जिसका विशिष्ट आइएसआइएन कोड हो। (2) एक्सचेंज के ज़रिये खरीदे गए शेयरों को रखने के लिए वित्तीय ब्रोकरेज फर्म के साथ व्यक्तिगत खाता, जिसमें शेयरों की संख्या, उनके प्रकार, पार वैल्यू (सम मूल्य) और मौजूदा बाज़ार भाव का उल्लेख हो। देखिये अंतर्राष्ट्रीय सुरक्षा पहचान संख्या (आईएसआईएन)।

Securities Commission *(प्रतिभूति आयोग)* : नए निर्गमों और बाद में प्रतिभूतियों की बिक्री की देखरेख और नियंत्रण करने वाला संस्थान। हर राष्ट्र में प्रतिभूति आयोग की अलग-अलग तरह की ज़िम्मेदारी होती है।

Securitization (of mortgage finance) *(प्रतिभूतिकरण [गिरवी वित्त का])* : यह सबप्राइम आवास बाज़ार की विविधता के केंद्र में था जिसके कारण वर्ष 2008-09 में वित्तीय मंदी आई। प्रतिभूतिकरण की प्रक्रिया के तहत बड़े निवेश बैंकों ने सबप्राइम

S

और गिरवी को खरीद लिया, उसके बाद उन्हें इकट्ठा किया और उन्हें गिरवी संरक्षित प्रतिभूतियों के रूप में तैयार किया जिसे निवेशकों को बेचा जा सके। उन्हें इस तरह तैयार किया गया जिससे कि उन्हें संभावित सबसे बेहतर बाँड रेटिंग मिल सके। इस में उन्हें रेटिंग एजेंसियों से सहायता मिली।

Seigniorage *(सिक्का ढलाई मुनाफा)* : जारी की जाने वाली मुद्रा से प्रतिभूति बैंक को मिलने वाला राजस्व। यह राजस्व सिक्कों की ढलाई से अर्जित होता है। यह बैंक नोट या सिक्के के अंकित मूल्य और उसके उत्पादन लागत के बीच का अंतर होता है।

Self Insurance *(स्वबीमा)* : जोखिम अवरोधन कार्यक्रम जिसमें बीमा प्रणाली के तत्त्व शामिल हों।

Service *(सेवा)* : आर्थिक वस्तु जो ग्राहक की ज़रूरत को पूरा करती हो और जिसका कोई मूर्त प्रकार न हो, न ही उसकी बचत की जा सके। लिहाजा उसका उपभोग आमतौर पर उसके मिलने के समय ही किया जाता है। परामर्श, चिकित्सकीय उपचार या कार धुलाई आदि सेवाओं के उदाहरण हैं।

Settlement Option *(निपटान विकल्प)* : एकमुश्त तत्काल भुगतान के अलावा अन्य विकल्प जिसमें बीमाधारक टुकड़ों-टुकड़ों में भुगतान चाहता है।

Shadow Banking System *(छद्‌म बैंकिंग व्यवस्था)* : एक ऐसी बैंकिंग व्यवस्था जो उस जटिल वित्तीय व्यवस्था में भरोसा करती है जिसमें बैंकिंग को सुरक्षित बनाने के लिए तैयार किये गए नियमों को दरकिनार कर दिया जाता है। यह कड़े नियम-कायदों से नियमित पारंपरिक व्यवस्था से अलग होती है। छद्‌म बैंकिंग व्यवस्था ने अपना कारोबार तेज़ी से बढ़ाया है क्योंकि हाल के दिनों तक इसने पारंपरिक बैंकिंग की तुलना में बेहतर सौदों की पेशकश की है। वर्ष 2008-09 की आर्थिक मंदी के बाद बैंकिंग के इन तरीकों पर बारीक नज़र रखी जाने लगी है।

Shadow Economy *(काला बाज़ार)* : अघोषित या आंशिक रूप से घोषित की गई आर्थिक व्यावसायिक गतिविधि। देखिये काला बाज़ार।

Share *(शेयर, हिस्सा, हिस्सेदारी)* : कंपनी द्वारा किसी व्यक्ति को दी गयी स्वामित्व में हिस्सेदारी। यह शेयरधारक को कंपनी की पूंजी में हिस्सेदार बना देता है और उसे अपने प्रबंधन में हिस्सेदारी निभाने का अधिकार देता है। अपने मुनाफे में से लाभांश के रूप में हिस्सा देने के साथ कंपनी के बिकने पर हासिल होने वाली पूंजी में हिस्सेदार बनने का अधिकार देता है। शेयर पंजीकृत, धारक, सामान्य या तरजीही शेयर हो सकते हैं। शेयरों को स्टॉक सर्टिफिकेट के तौर पर प्रदर्शित किया जाता है। देखिये अमानतदार।

Share Book Value *(शेयर बही-मूल्य)* : शेयर का मूल्य निर्धारित करने की विधि।

S

इसकी गणना शेयरधारक की इक्विटी को जारी किए गए और बचे शेयरों को भाग देकर निकालते हैं।

Share Capital *(शेयर पूंजी)* : नकदी या अन्य किसी चीज़ के बदले में एक्सचेंज में शेयरों के जारी करने से तैयार होने वाली कंपनी की इक्विटी हिस्सेदारी। आमतौर पर यह भुगतान किए गए शेयरों के सममूल्य (पार वैल्यू) के योग के बराबर होता है। देखिये अधिकृत पूंजी।

Shareholder *(शेयरधारक)* : कंपनी में शेयर (स्टॉक सर्टिफिकेट) रखने वाला व्यक्ति जिसके पास इस हिस्सेदारी को रखने से इससे जुड़े सभी तरह के अधिकार हों। देखिये शेयर, हिस्सा, हिस्सेदारी।

Shareholders' Equity *(शेयरधारक की हिस्सेदारी)* : कंपनी की परिसंपत्तियों का मूल्य जिन पर शेयरधारक का अधिकार हो। शेयरधारक की इक्विटी की गणना परिसंपत्तियों और देनदारी के बीच के अंतर या परिसंपत्तियों और लाभ के योग के तौर पर की जाती है।

Shareholders' Meeting *(शेयरधारकों की बैठक)* : कंपनी के उच्चतम प्रबंधन निकाय की बैठक जिसमें कंपनी के प्रबंधन कार्यों से जुड़े सदस्य हिस्सा लेते हैं। इन्हीं में प्रबंधकों के चुनाव, वित्तीय वक्तव्यों को मंजूरी या अन्य अहम फैसले, जिसमें शेयरधारकों की वोटिंग की ज़रूरत होती है, लिए जाते हैं। आमतौर पर शेयरधारकों की आम बैठक बुलाई जाती है। लेकिन किसी आपातकालीन मुद्दे पर फैसला लेने के लिए असाधारण आम बैठक होती है।

Share Premium *(शेयर प्रीमियम)* : यह कंपनी द्वारा शेयरों की बिक्री से प्राप्त होने वाली नकदी और उसके शेयरों के सममूल्य के बीच का अंतर है। बैलेंस शीट पर शेयर प्रीमियम शेयर होल्डर की इक्विटी का हिस्सा होता है।

Share Price Index, Stock Index *(शेयर मूल्य सूचकांक, शेयर सूचकांक)* : शेयरों के भाव में होने वाले बदलाव को दर्शाने वाला सूचकांक। प्रत्येक सूचकांक का निर्माण विशेष विधि के आधार पर होता है। आमतौर पर इसकी गणना चुनिंदा शेयरों और पूर्व में किसी खास समयावधि के दौरान उनमें निश्चित आधार मूल्य पर होने वाले बदलाव को देखते हुए की जाती है, जैसे पिछले दिन के मूल्य के आधार पर। मुख्य शेयर सूचकांकों में एस एंड पी 500, डाउ जोंस, नास्डैक और अन्य शामिल हैं।

Shift System *(पाली प्रणाली)* : यह प्रणाली उन कंपनियों में लागू होती है जहां आमतौर पर 24 घंटे काम चलता है। पाली प्रणाली के ज़रिये कंपनी को बिना किसी बाधा के अपने परिचालनों को चलाने में मदद मिलती है।

S

Shock Therapy *(शॉक थेरेपी)* : तत्काल और तेज़ सुधार, जैसे कि समाजवादी व्यवस्था को त्याग कर बाज़ार आधारित प्रणाली अपनाना।

Shortage *(कमी)* : मूल्यों को बढ़ने की स्वतंत्रता न मिलने पर जब अपर्याप्त वस्तुओं की आपूर्ति आपस में प्रतिस्पर्धा कर रही कंपनियों को न हो सके। इसके फलस्वरूप लम्बा इंतज़ार, अधिक खोज जैसी गैर-मौद्रिक लागत बढ़ने लगती है।

Short Position *(शॉर्ट पोज़ीशन)* : (1) फ्यूचर और ऑप्शन के बाज़ार में जब व्यक्ति को कुछ खास मात्रा में वस्तुओं की डिलीवरी भविष्य में किसी तय कीमत पर करनी होती है, लेकिन उसके पास वास्तव में वह वस्तु मौजूद नहीं होती और वह मानता/मानती है कि वस्तु की वास्तविक अदायगी से पहले वह उस वस्तु को कम कीमत पर खरीद लेगा/लेगी, तो इसे शॉर्ट पोजीशन कहते हैं। (2) शेयरों की कुल संख्या जो किसी व्यक्ति ने उधार लेकर बेची हों, लेकिन एक तय समय पर उसके भुगतान के लिए उसने उतनी ही संख्या में दूसरे शेयर नहीं खरीदे हों। (3) किसी विदेशी मुद्रा में देनदारी का उसी मुद्रा में मौजूद संपत्ति से एक निश्चित सीमा से अधिक बढ़ जाना, उदाहरण के लिए किसी वाणिज्यिक बैंक में 'शॉर्ट यूरो' की स्थिति तब मानी जाएगी, जब बैंक में जमा किये गए यूरो का कुल मूल्य बैंक द्वारा उधार दिए गए कुल यूरो और उसके पास मौजूद अन्य यूरो परिसंपत्ति के योग से अधिक हो जाए। देखिये दीर्घावधि रणनीति।

Short Run *(अल्पावधि)* : (1) समयावधि जिसमें उत्पादन के कारकों की कीमत और मात्रा में बदलाव न हो। (2) एक साल के भीतर की अवधि।

Short Sale, Selling Short *(शॉर्ट सेल, सेलिंग शॉर्ट)* : एक करार के तहत किसी से उधार लेकर शेयर बेच देना और यह उम्मीद करना कि शेयरों के दाम गिरेंगे। इस तरह की बिक्री में शेयरों को पहले उधार में लेते हैं और उन्हें बेच देते हैं। जब भाव गिरते हैं, शेयरों को कम दामों में खरीद लिया जाता है और कर्ज़दाता को ब्याज के साथ लौटा दिया जाता है। यदि शेयरों के दाम नहीं गिरते हैं, तो सट्टेबाज़ को नुकसान होता है।

Short-selling *(शॉर्ट सेलिंग)* : रियल इस्टेट के मामले में शॉर्ट सेलिंग तब होता है जब कोई व्यक्ति संपत्ति बेचता है लेकिन बिक्री से जो धन प्राप्त होता है वह गिरवी पर बकाया राशि की भरपाई नहीं करता। उदाहरण के लिए यह तब होता है जब घरों की कीमत उसकी वास्तविक खरीद कीमत से कम हो जाती है। इस स्थिति में गिरवी रखने वाला मामले को अदालत में ले जाने और प्रक्रिया खत्म करने पर आने वाले खर्च को देखते हुए ऋण लेने वाले पर बकाया धन को छोड़ देता है। बकाया धन को कम करने का एक विकल्प यह होता है कि ऋण लेने वाले को एक मोटा-मोटी रकम भुगतान

S

करने का प्रस्ताव दिया जाय जिसे वह नई परिस्थिति में देने के लिए तैयार हो सके। यदि सभी पक्ष इस शॉर्ट सेल पर सहमत हो जाते हैं तो मामले के खत्म होने के परिणामस्वरूप किसी की साख रेटिंग कम नहीं होगी। निवेश के क्षेत्र में शॉर्ट सेल एक अग्रिम लेन-देन की रणनीति होती है जहाँ कोई व्यक्ति (सामान्य तौर पर कोई पेशेवर) दलाल (ब्रोकर) से एक प्रतिभूति या संपत्ति उधार लेकर उसे बेच देता है। लेकिन इसमें एक निश्चित अवधि में चीज़ों को खरीदनें और उसे बेचने की ज़िम्मेदारी होती है शॉर्ट सेलिंग का उद्देश्य कम कीमत पर वस्तुओं को वापस खरीद कर लाभ कमाना है। एक निवेशक को जब कीमत कम होने की संभावना होगी तो वह तेज़ी से बिक्री करेगा और अगली तारीख में कम कीमतों पर खरीद करेगा। यदि कीमत बढ़ जाती है तो निवेशक को नुकसान होगा। इसमें सफलता काफी हद तक बाज़ार की सटीक समीक्षा पर निर्भर करती है। इसके बिना धन गंवाने का खतरा काफी अधिक होता है। शॉर्ट सेलिंग को हेज रणनीति के तौर पर भी प्रयोग किया जा सकता है (हेजिंग देखें)। सेल शॉर्ट यानी तेज़ बिक्री से आशय स्टॉक को तेज़ी से कम करना है। यह लंबी अवधि तक बिक्री का उलटा है। वित्तीय मंदी के दौरान अमेरिका और जर्मनी सहित कुछ देशों में शॉर्ट सेलिंग पर अस्थायी तौर पर रोक लगा दी गई थी क्योंकि उन देशों के प्रशासन का मानना था कि इससे संकट और गहरा रहा है।

Short Tailed Business *(शॉर्ट टेल्ड कारोबार)* : बीमा कारोबार जिसमें दावा भुगतान की समयावधि और राशि को लेकर एक साल के भीतर निपटान हो जाए।

Short Term Disability *(लघु अवधि अयोग्यता)* : आमतौर पर स्वीकार्य दो साल या इससे कम की अवधि। यह कंपनी के मानकों के मुताबिक अलग-अलग हो सकती है।

Sickness Benefit *(बीमारी लाभ)* : राज्य बीमा योजना के अंतर्गत सुरक्षा कवच का लाभ हासिल करने वाले ऐसे व्यक्ति जो किसी गंभीर बीमारी या चोट के कारण काम करने के योग्य नहीं हैं या बेरोज़गार हैं। देखिये राज्य सामाजिक बीमा।

Significant Market Power *(बाज़ार का बड़ा खिलाड़ी, शक्तिशाली कंपनी)* : ऐसी आर्थिक शक्ति जिसके बल पर कोई कंपनी बाज़ार भावों को अकेले प्रभावित कर दे। इस शब्द का दूरसंचार बाज़ार में व्यापक इस्तेमाल होता है। यूरोपीय आयोग ने इस श्रेणी में उन कंपनियों को रखा है जिसकी बाज़ार में 25 फीसदी से ज़्यादा हिस्सेदारी हो।

Single Premium Whole Life *(एकल प्रीमियम जीवन बीमा)* : पूरे जीवन की पॉलिसी जिसमें ब्याज आय के साथ आरंभिक प्रीमियम पॉलिसी की पूरी अवधि की लागत चुकाने के लिए पर्याप्त हों।

Singularism *(एकलवाद)* : (1) एक विचार जिसके मुताबिक केवल किसी एक समझी गई वस्तु की ही सही व्याख्या हो सकती है। (2) संपूर्ण विश्लेषण के लिए किसी

S

चीज़ को उसके तत्त्वों, चरणों और अन्य विस्तृत ब्यौरों में विभक्त करना।

Sinking Fund *(डूब निधि)* : कंपनी की वह निधि जिसे कॉरपोरेट या सार्वजनिक कर्ज़ को चुकाने के लिए तैयार किया जाए।

Sin Tax, Sumptuary Tax *(सिन टैक्स, सम्प्ट्युअरी कर)* : राज्य को ऐसी गतिविधियों के लिए चुकाया जाने वाला कर जिसका समाज में सम्मान नहीं हो। मसलन जुए का आयोजन।

Small and Medium Business (SMB) *(लघु एवं मध्यम कारोबार)* : कंपनी जिसमें कर्मचारियों की संख्या, टर्नओवर और अन्य संकेतक एक निश्चित सीमा से कम हों। लघु एवं मध्यम कारोबार को अक्सर कर लाभ और अन्य सुविधाओं का फायदा मिलता है।

Smuggling *(तस्करी)* : देश में प्रतिबंधित वस्तुओं का आयात या बिना ज़रूरी कर चुकाए गैरकानूनी ढंग से वस्तुओं का आयात। तस्करी वस्तुओं के स्वतंत्र आवागमन में किसी तरह के प्रत्यक्ष या अप्रत्यक्ष प्रतिबंधों के खिलाफ प्रतिक्रिया है। यह प्रतिबंध ऊंचे कर या सख्त गुणवत्ता ज़रूरतों के रूप में हो सकते हैं।

Social Costs *(सामाजिक लागत)* : किसी प्रक्रिया की बाहरी या आंतरिक (निजी) लागत।

Social Exclusion *(सामाजिक बहिष्करण)* : समाज के कुछ सदस्यों का उनके जीवन जीने के तरीके के कारण बहिष्कार। यह इसलिए भी हो सकता है क्योंकि ऐसे लोगों को पर्याप्त शिक्षा न मिली हो या वे जीवन जीने के न्यूनतम स्तर से महरूम हों। इनमें बेघर, नशेड़ी, गरीब व्यक्ति आदि शामिल हो सकते हैं।

Socialism *(समाजवाद)* : आर्थिक प्रणाली जहां उत्पादन के साधनों पर राज्य का अधिकार हो।

Social Justice *(सामाजिक न्याय)* : समाज में सरकार के धन वितरण को लेकर न्याय की धारणा। आलोचक इस शब्द को विरोधाभासी मानते हैं।

Social Partners *(सामाजिक साझीदार)* : अभिरुचियाँ, जो कानूनी रूप से एक-दूसरे के लिए बाध्य न हों, लेकिन जिसमें सभी सम्बन्धित पक्ष साझीदार हों। शहर समुदाय, ट्रेड यूनियन, सार्वजनिक संगठन, अकादमिक संस्थान आदि कंपनी के सामाजिक साझीदारों में हो सकते हैं।

Solvency *(ऋण चुकाने की क्षमता)* : सभी करारों के अंतर्गत किसी भी समय पर कंपनी या बीमाकर्ता की कर्ज़ चुकाने की क्षमता।

S

Solvency Margin *(ऋण शोधन क्षमता मार्जिन)* : कर्ज़ की तुलना में परिसंपत्तियों की अधिकता।

Solvency Requirements *(ऋणशोधन क्षमता संबंधी आवश्यकताएं)* : यह ज़रूरी ऋणशोधन क्षमता यानी सॉल्वेंसी मार्जिन (आरएस) और मार्जिन को कवर करने के लिए अर्ह पूंजी घटकों से संबंधित वैधानिक आवश्यकताओं या नियमों का समूचा समूह है। इसमें इन आवश्यकताओं के अनुपालन को साबित करने के लिए ऋणशोधन क्षमता परीक्षण (सॉल्वेंसी टेस्ट) के निष्पादन को भी शामिल किया जाता है।

Special Purpose Vehicle *(विशेष उद्देश्य की इकाई)* : एक अर्ध-निर्भर कंपनी जिसका उद्देश्य सीमित हो या किसी प्रायोजित निगम की विशेष या अस्थायी गतिविधि को पूरा करना हो। लेकिन उसी समय प्रबंधन और मालिकाना हक दोनों स्तर पर यह दूरी बनाए रखती है। ऐसी इकाइयों का मूल कंपनी को शामिल किये बिना सामान्य तौर पर जोखिम भरी और बड़ी परियोजनाओं को पूरा करने के लिए इस्तेमाल किया जाता है। बैंकों के ऋण पोर्टफोलियो को इकट्ठा करने, क्रेडिट कार्ड की लेनदारियों को इकट्ठा करने और इस तरह की अन्य गतिविधियों के लिए ऐसी इकाई का गठन किया जाता है। ऐसी गतिविधियों में रियल स्टेट संबंधी गिरवी के साथ- साथ कर और कानूनी गतिविधियों को शामिल किया जा सकता है। कई इकाइयों का गठन उन जगहों पर किया जाता है जहां कर छूट प्राप्त होती है जैसे केमैन आइलैंड।

Specific Factors of Production *(उत्पादन के विशिष्ट कारक)* : उत्पादन के वे कारक, जिनका उपयोग बहुत सीमित हो। उदाहरण के तौर पर हल की ज़रूरत केवल ज़मीन की जुताई करने के लिए होती है। देखिये उत्पादन के गैर-विशिष्ट कारक।

Specific Taxes *(विशिष्ट कर)* : पूर्णांक में अभिव्यक्त किया जाने वाला कर। उदाहरण के लिए ईंधन पर उत्पाद शुल्क को प्रति टन पर मौद्रिक इकाई में निर्धारित किया जाता है।

Speculation *(सट्टा, सट्टेबाज़ी, कयास, अटकलबाज़ी)* : सभी मौजूद अवसरों के भविष्य के परिणामों के बारे में पूरी जानकारी के बगैर फैसला करने को कयास कहते हैं। सट्टेबाज़ी उस अवसर से जुड़े जोखिम को देखते हुए की जाती है। सट्टेबाज़ को इसमें नफ़ा या नुकसान दोनों हो सकते हैं। लेकिन दूसरों को इसका फायदा होता है क्योंकि उन्हें संबंधित विषय के बारे में अधिक जानकारी हो जाती है। सट्टेबाज़ उन लोगों की तुलना में मुनाफा कमाने की उम्मीद में अधिक जोखिम उठाता है, जो जोखिम लेने के लिए तैयार नहीं होते। अटकलबाज़ी व्यापार से इस मामले में अलग होती है कि व्यापार में मूल्यों के अंतर को देखा जा सकता है, जबकि अटकलबाज़ी में ऐसा संभव नहीं है। देखिये अंतरपणन, आर्बिट्रेज, विदेशी मुद्रा, हुंडी का क्रय-विक्रय कर कमाया गया लाभ, मुनाफा।

S

Speculation *(सट्टा, सट्टेबाज़ी, कयास)* : निवेश का ध्यान उच्च रिटर्न हासिल करने पर होता है और यह एक निश्चित गतिविधि, कमोडिटी या कंपनी के संभावित लाभ के बारे में पर्याप्त सूचनाओं के साथ अनुमान पर आधारित होता है। कयास किसी खोज की प्रेरक शक्ति होती है। इसे अक्सर निंदात्मक मायने में प्रयोग किया जाता है। ऐसी गतिविधियों में भाग लेने की लत का उद्देश्य शीघ्र लाभ कमाना होता है—जैसे कीमतों में उतार-चढ़ाव का फायदा उठाना। यह 'कमाई में हिस्सेदारी' के लिए 'फलदायी इकाई' में निवेश करने से अलग है।

Speculative Price *(प्रत्याशित मूल्य)* : किसी वस्तु या परिसंपत्ति की कीमत, जिसका भुगतान इस उम्मीद में किया गया हो कि भविष्य में उसके दाम बढ़ेंगे। देखिये बुलबुला।

Speculator *(सटोरिया, सट्टेबाज़)* : वस्तुओं को इस उम्मीद के साथ खरीदने वाला व्यक्ति कि भविष्य में उनके दाम और बढ़ेंगे। दूसरी तरह से वस्तुओं को इस उम्मीद में बेचने वाला व्यक्ति कि आगे उनके दाम घटेंगे।

Spin-off *(विभाजन)* : मूल कंपनी से दो अलग-अलग कंपनियों का सृजन। इसमें एक कम्पनी दूसरी की सहायक कम्पनी होती है। मूल कंपनी के शेयरधारकों को नई कंपनी के शेयरों पर उसी अनुपात में अधिकार होता है, जिसमें उनकी हिस्सेदारी मूल कंपनी में होती है।

Spoilage *(खराब होना)* : जब वस्तुएं और सेवाएं गुणवत्ता के मानकों पर खरी नहीं उतरती हैं और उनका इस्तेमाल अपेक्षित उद्देश्य में नहीं हो पाता।

Spontaneous Order *(सहज या स्वाभाविक अर्थव्यवस्था)* : अनियंत्रित बाज़ार, जिसमें मांग और आपूर्ति के आधार पर मूल्य निर्धारित होते हैं। सहज अर्थव्यवस्था बाज़ार भागीदारों के स्वतंत्र व्यवहार का नतीजा है। लिहाजा बाज़ार भागीदारों से अलग इसका अस्तित्व नहीं होता है। यह योजनाबद्ध अर्थव्यवस्था के उलट है जहां फैसले बाज़ार भागीदारों के बजाए केंद्रीय प्राधिकरणों द्वारा लिए जाते हैं।

Stagflation *(मुद्रास्फीतिजनित मंदी)* : बाज़ार में ऐसी स्थिति जब बेरोज़गारी की ऊंची दर और लगातार महंगाई के साथ अर्थव्यवस्था का विकास रुक जाए।

Stagnation *(स्थिरता, ठहराव)* : बाज़ार में ऐसी स्थिति जब कुछ समय के लिए आर्थिक विकास ठप्प पड़ जाए या कोई उल्लेखनीय विकास न हो।

Stamp Duty/Stamp Tax *(स्टांप शुल्क, स्टांप कर)* : वस्तुओं या दस्तावेजों पर कर जिसे स्टांप या सील द्वारा सत्यापित किया गया हो। इसका मतलब होता है कि शुल्क को चुकाया जा चुका है। इस तरह का कराधान फॉर्म करीब 18वीं सदी से चलन में है। यह आधुनिक उत्पाद करों का पूर्ववर्ती है। देखिये आरक्षित कर।

S

Standard & Poor's (S&P) *(स्टैंडर्ड एंड पुअर्स [एस एंड पी])* : सिक्योरिटी मूल्य सूचकांक (एसएंडपी सूचकांक) प्रकाशित करने वाली दुनिया में तीन प्रमुख क्रेडिट रेटिंग एजेंसियों में एक।

Standard Deviation *(मानक विचलन)* : यह दायरा विभिन्न गणनाओं में से एक है जिसका इस्तेमाल किसी आंकड़े के समुच्चय में विचलन को दिखाने के लिए किया जाता है। इसकी गणना किसी आंकड़े के मध्य के सभी विचलनों के वर्ग के औसत का वर्गमूल निकाल कर की जाती है।

Stars *(स्टार, सितारा)* : तेज़ी से बढ़ने वाले कारोबार या बाज़ार को अधिक भाने वाले उत्पाद। देखिये डॉग्स (सुस्त कारोबार)।

Starting Capital *(शुरुआती पूंजी)* : किसी आर्थिक गतिविधि को शुरू करने के लिए ज़रूरी धन। शुरुआती पूंजी में न्यूनतम अधिकृत पूंजी भी शामिल होती है जिसकी आवश्यकता कंपनी चार्टर के मुताबिक संयुक्त स्टॉक कंपनी को स्थापित करने के लिए होती है।

State Guarantee *(राज्य गारंटी)* : यह गारंटी राज्य द्वारा अंतरराष्ट्रीय कर्ज़ पर ली जाती है। इससे सुनिश्चित होता है कि विदेशी सरकार से जो कर्ज़ लिया गया है उसके चूक होने पर राज्य वह भुगतान करेगा।

State Monopoly *(राष्ट्र एकाधिकार, सरकार का एकाधिकार)* : यह स्थिति तब उत्पन्न होती है जब सिर्फ सरकारी कंपनियों को ही बाज़ार में वस्तु और सेवाएं मुहैया कराने की अनुमति होती है। इस तरह का एकाधिकार आमतौर पर लोगों के हितों को ध्यान में रखकर बनाया जाता है। ये और बात है कि प्रतिस्पर्धा की कमी के चलते इससे आमतौर पर कम गुणवत्ता वाली और महंगी वस्तुएं प्राप्त होती हैं।

State Ownership *(राज्य स्वामित्व, सरकार का स्वामित्व, सरकारी)* : सरकारी संपत्ति मसलन राष्ट्रीय पार्क, राष्ट्रीय धरोहर आदि।

State Regulation *(राज्य नियंत्रण, सरकारी विनियमन)* : समाज में विभिन्न समूहों के हितों की रक्षा करने के लिए सरकार द्वारा उठाए जाने वाले कदम या उपाय। इन उपायों में कीमतों का नियंत्रण, बाज़ार की निगरानी, कराधान, छूट, विशेष पैकेज और कई अन्य कार्यक्रम शामिल हैं। नियंत्रण के ज़रिये अक्सर सरकार अपने उद्देश्यों को हासिल करने में विफल रहती है। देखिये कीमत नियंत्रण।

State Social Insurance *(राज्य सामाजिक बीमा)* : राज्य द्वारा गठित और प्रबंधित बीमा योजना जो बुजुर्गों, बेरोज़गारों और बीमारों के लिए चलाई जाती है। यह बीमा योजना अलग-अलग देशों में अलग-अलग तरह की होती है। देखिये राज्य सामाजिक बीमा योगदान।

S

State Social Insurance Contribution *(राज्य सामाजिक बीमा योगदान)* : राज्य सामाजिक बीमा फंड में नियोक्ता और कर्मचारियों द्वारा किया जाने वाला अनिवार्य योगदान। अलग-अलग देशों में योगदान का आकार और इसकी गणना की विधि अलग-अलग होती है। लेकिन मूल विचार एक ही होता है। जो लोग प्रणाली में अंशदान करते हैं उन्हें बेरोज़गारी भत्ता, पेंशन और अन्य लाभ मिलते हैं। यह योगदान अक्सर कर के रूप में होता है बजाय इंश्योरेंस प्रीमियम के, क्योंकि भुगतान योगदान के अनुरूप नहीं होता है। देखिये राज्य सामाजिक बीमा।

Statistical Survey *(सांख्यिकी सर्वेक्षण)* : उन सांख्यिकी आंकड़ों का संग्रहण, भंडारण और समीक्षा जिन्हें सर्वेक्षण के ज़रिये जुटाया गया हो।

Statistics *(सांख्यिकी)* : अर्थव्यवस्था और समाज एवं पर्यावरण में जनसांख्यिकीय संबंधी बदलाव पर आंकड़ों के संग्रहण और संकलन के साथ उनका प्रकाशन।

Stock Insurance Company *(स्टॉक बीमा कंपनी)* : शेयरधारकों की बीमा कंपनी जिसे मुनाफा कमाने के लिए शुरू किया गया हो।

Stock Split *(शेयर विभाजन)* : शेयर के सममूल्य को घटाते हुए और प्रत्येक शेयरधारक की आनुपातिक हिस्सेदारी को बनाए रखते हुए कंपनी द्वारा जारी किए गए शेयरों की संख्या में बढ़ोतरी। उदाहरण के लिए 'एक के लिए दो' शेयर विभाजन पर शेयरों की संख्या दोगुनी हो जाती है। इस तरह ऐसे शेयरधारक जिनके पास 100 रुपये मूल्य के दो शेयर हैं, उनके पास 50 रुपये मूल्य वाले चार शेयर हो जाते हैं। शेयर विभाजन शेयरों के सममूल्य को घटाने के उद्देश्य से किया जाता है ताकि उसमें निवेश करने वालों की संख्या बढ़ सके। कभी-कभार शेयर विभाजन मनोवैज्ञानिक स्तर पर भी किया जाता है, जब शेयरधारक कम मूल्य वाले अधिक शेयरों को रखना चाहते हैं।

Straight Line Method *(स्ट्रेट लाइन विधि)* : दीर्घावधि परिसंपत्तियों के मूल्यह्रास की गणना की सर्वाधिक साधारण विधि जिसके अंतर्गत परिसंपत्ति अधिग्रहण लागत को परिसंपत्ति के जीवनकाल के हिसाब से समान रूप से बांटा जाता है। इस समयावधि के दौरान मूल्यह्रास के कुल योग की गणना अधिग्रहण लागत और तरलता मूल्य के बीच के अंतर को वस्तु के इस्तेमाल की अवधि को भाग देकर निकाला जाता है।

Strengths, Weaknesses, Opportunities, Threats (SWOT) Analysis *(मज़बूती, कमज़ोरी, अवसर, जोखिम समीक्षा, [एसडब्ल्यूओटी समीक्षा])* : प्रक्रिया, घटना, निर्णय, संस्था, स्थिति आदि की रणनीतिक समीक्षा की विधि, जहां समीक्षाधीन वस्तु का आकलन उसकी मज़बूती (आंतरिक), कमज़ोरी (आंतरिक), अवसर (बाहरी) और जोखिम (बाहरी) के आधार पर किया जाता है।

S

Structured Finance *(व्यवस्थित या संरचित वित्त)* : यह एक वित्तीय खोज है। यह वाल स्ट्रीट यानी बड़ी कंपनियों की गिरवी से आरक्षित प्रतिभूतियों को विभिन्न गुणवत्ता वाले समूहों में विभाजित करता है। इन्हें 'अंश' कहा जाता है। ये अंश ऋण मद से जुड़े जोखिम को विभिन्न निवेशकों के बीच बांटने का अवसर देते हैं। प्रत्येक निवेशक प्रतिभूतियों के समूह में से एक हिस्से को प्राप्त करता है। शीर्ष स्तर के अंश उच्च गुणवत्ता के बॉन्ड्स होते हैं। ये आमतौर पर निम्न ब्याज वाले बॉन्ड्स होते हैं। यद्यपि ये संभवतः दोयम ऋण (सबप्राइम लोन) वाले समूह से वित्त पोषित हो सकते हैं। शीर्ष अंशों को उच्च निवेश रेटिंग मिला होता है क्योंकि सबसे पहले ब्याज का भुगतान उक्त समूह से किया जाता है। निम्न स्तरीय अंशों में जोखिम भरे और उच्च ब्याज भुगतान वाले बॉन्ड्स शामिल होते हैं। इनकी रेटिंग तुलनात्मक रूप से निम्न होती है और ब्याज का भुगतान तब किया जाता है जब उच्चस्तरीय अंशों का सौदा हो गया होता है यानी वे कतार में सबसे अंत में होते हैं।

Subjective Value Theory *(व्यक्तिपरक मूल्य सिद्धांत)* : यह सिद्धांत इस बात पर ज़ोर देता है कि मूल्य व्यक्तिसापेक्ष गणना है। यह व्यक्तिगत आकलन पर निर्भर करता है और इसकी गणना वस्तुसापेक्ष नहीं हो सकती है। यह सिद्धांत वस्तुसापेक्ष (श्रम) मूल्य सिद्धांत की प्रतिक्रिया से निकला है, जो कुछ खास आर्थिक प्रक्रियाओं की व्याख्या करने में विफल है। देखिये मूल्य का विरोधाभास।

Subordinated Loan *(सबॉर्डिनेट कर्ज़)* : ये कर्ज़ निम्नलिखित शर्तों को पूरा करते हैं : (1) यह कम से कम एक साल की अवधि के लिए दिया जाता है। (2) परिपक्वता से पहले कर्ज़दाता कर्ज़दार से मूल के पुनर्भुगतान के लिए नहीं कह सकता है। (3) पुनर्भुगतान सुनिश्चित करने के लिए कुछ बंधक नहीं रखा जाता है। (4) कर्ज़ करार में ऐसे प्रावधान शामिल होते हैं कि कर्ज़दार के दिवालिया होने या बिकने पर कर्ज़दाता का दावा तभी बनेगा जब कर्ज़दार द्वारा दूसरे बकायेदारों का कर्ज़ चुका दिया गया हो, हालाँकि हिस्सेदारों का दावा बनने से पहले उसके कर्ज़ का भुगतान किया जाएगा।

Subprime Loan or Mortgage *(दोयम ऋण या गिरवी)* : उच्च ब्याज दर पर ऋण या गिरवी उन ग्राहकों के समक्ष पेश करना जो उन ऋणियों की तुलना में कम महत्त्वपूर्ण होते हैं जो तथाकथित मुख्य ब्याज दर को पास कर गए होते हैं। ऐसे दोयम ऋणियों को पारंपरिक ऋणदाता उधार देने से मना कर देते हैं। साख रेटिंग निम्न होने और ऋण भुगतान में उनके विफल होने की संभावना अधिक होने के कारण वे ऐसा करते हैं।

Subscribed Capital *(सब्स्क्राइब्ड [अभिदत्त] पूंजी)* : शेयर पूंजी जिसके लिए शेयर जारी करने वाली कंपनी को वे व्यक्ति भुगतान करने का वादा करते हैं जो शेयरों को खरीदने जा रहे हों।

S

Subscription Agent *(सब्सक्रिप्शन एजेंट)* : शेयर जारी करने वाली कंपनी या शेयर जारी करने वाली कंपनी की ओर से कार्य करने वाली संस्था, जो जारी किये गए शेयरों के वितरण का काम करती है।

Subscription Rights *(अभिदान [सब्सक्रिप्शन] अधिकार)* : नए शेयरों को खरीदने के लिए कंपनी के शेयरधारक को दिए जाने वाले अधिकार को प्रमाणित करने वाले दस्तावेज। इस अधिकार के मुताबिक शेयरधारक उसी अनुपात में नए शेयर खरीद सकते हैं, जिस अनुपात में उसके पास किसी अन्य निवेशक से पहले कम्पनी के शेयर थे। शेयरधारक इन अधिकारों का इस्तेमाल निश्चित समयावधि में कर सकते हैं।

Subsidiary *(अनुषंगी, सहायक कंपनी)* : ऐसी कम्पनी जिस पर किसी दूसरी कम्पनी का स्वामित्व हो।

Substance vs. Form Principle *(वास्तविकता बनाम प्रारूप सिद्धांत)* : करार की औपचारिक अभिव्यक्ति के मुकाबले उसके विषय, गतिविधि, आदि को मिलने वाली वरीयता। कानूनन कर प्रबंधक को करों की पुनर्गणना की अनुमति होती है, यदि वह पाता है कि कोई गतिविधि कर लाभ पाने के लिए की गई है, जिससे देय कर कम हो गया है या भुगतान की अवधि आगे बढ़ गई है आदि।

Substitutes *(विकल्प)* : दो उत्पाद जिनमें कीमतों में बदलाव को लेकर आपस में विपरीत सम्बन्ध होता है। जब एक उत्पाद की कीमतें बढ़ती हैं तो दूसरे की मांग बढ़ जाती हैं या जब दूसरे की कीमतें बढ़ती हैं तो पहले की मांग बढ़ जाती है। उदाहरण के तौर पर यदि सेब के भाव ऊंचे हैं और इससे केले का उपभोग बढ़ता हो या सस्ते सेब के कारण केले का उपभोग घटता हो, तो ऐसी स्थिति में सेब और केले को एक-दूसरे का विकल्प कहा जाएगा। देखिये क्रॉस प्राइस एलास्टिसिटी ऑफ डिमांड, मांग की प्रति लोच।

Substitution Effect *(प्रतिस्थापन प्रभाव)* : ऐसी दो वस्तुओं के उपभोग पर सापेक्ष मूल्यों में बदलाव का असर जिन्हें एक-दूसरे का विकल्प माना जाता हो। यह असर दो वस्तुओं के बीच उस संबंध की व्याख्या करता है जहां एक वस्तु के मूल्य के बढ़ने से दूसरी वस्तु का उपभोग बढ़ जाता है। मसलन सॉफ्ट ड्रिंक्स के मुकाबले अपेक्षाकृत सस्ते जूस का अधिक उपभोग होता हो और महंगा होने के कारण अन्य सॉफ्ट ड्रिंक्स का कम उपभोग होता हो।

Sum Insured *(बीमित राशि)* : बीमा करार में अंकित राशि या इस तरह से जोड़ी गई राशि जो अधिकतम बीमा भुगतान के बराबर हो जिसे बीमा करार के अंतर्गत चुकाया जाना हो।

S

Sum of the Year's Digits Method *(सम ऑफ द इयर्स डिजिट्स विधि)* : दीर्घावधि परिसंपत्तियों के मूल्यह्रास की गणना की विधि जहां परिसंपत्तियों के योग में लगातार गिरावट को उत्पादन लागत या परिचालन लागत में शामिल किया जाता है जो सालाना आधार पर परिसंपत्तियों के इस्तेमाल पर निर्भर करता है। *सम ऑफ द इयर्स डिजिट्स* विधि का इस्तेमाल ऐसी परिसंपत्तियों के लिए किया जाता है जिनका शुरुआत में इस्तेमाल होने पर अधिक मूल्यह्रास होता है।

Sum T *(योग टी)* : इस्तेमाल के वर्षों की संख्या का योग। मसलन इस्तेमाल के तीन साल की अवधि का योग 123=6 होगा।

Sunk Costs *(डूब लागत)* : ऐसी लागत जिसकी वसूली न की जा सके। इसलिए आर्थिक निर्णयों को लेते वक्त इसे ध्यान में नहीं रखना चाहिए।

Supply *(आपूर्ति)* : निश्चित मूल्य पर बिक्री के लिए वस्तुओं और सेवाओं की पेशकश।

Supply Curve *(आपूर्ति कर्व)* : आपूर्ति के नियमों का आलेखीय निरूपण। आपूर्ति कर्व बाईं ओर से दाईं ओर ऊंचा होता जाता है और दिखाता है कि मूल्यों के बढ़ने के साथ आपूर्ति भी बढ़ती है क्योंकि यह कम उपयोगी निर्माताओं को अधिक वस्तु के उत्पादन की शक्ति देता है। मांग और आपूर्ति कर्व का अक्सर साथ में निरूपण होता है और ये एक-दूसरे को एक बिंदु जिसे साम्य मूल्य कहते हैं, पर काटती हैं। देखिये साम्य मूल्य।

Supply Shock *(आपूर्ति झटका)* : एकाएक ऐसी घटना जिससे उत्पादन के कारकों के मूल्यों और भंडार में उल्लेखनीय बदलाव हो। दूसरे शब्दों में यह अर्थव्यवस्था की उत्पादन प्रक्रिया में बदलाव है।

Supply-sided Economics *(आपूर्ति-पक्षीय अर्थशास्त्र)* : यह ऐसे विचार की संस्था को संबोधित करता है जिसे नोबेल पुरस्कार विजेता रॉबर्ट मुनडेल और आर्थर लाफर, नॉर्मन त्योर और अन्य ने विकसित किया। यह लोगों के लिए प्रोत्साहनों पर कर दरों के प्रभाव पर ज़ोर देता है ताकि उत्पादित वस्तुओं और संसाधनों का बेहतर इस्तेमाल हो सके। मुनडेल और लाफर ने निष्कर्ष निकाला कि कई सरकारों द्वारा लगाए गए उच्च मार्जिनल कर दर ने कार्य, बचत और निवेश के लिए प्रोत्साहनों को कम कर दिया जिसने 1970 के दशक में अमेरिका और अधिकांश यूरोप के आर्थिक प्रदर्शन के गिरावट में योगदान किया। रीगन प्रशासन ने मार्जिनल कर दरों में आपूर्ति पक्ष की ओर से तेज़ गिरावट के साथ नियंत्रित मुद्रा नीति को अपनाया। नतीजतन महंगाई में तेज़ गिरावट और आर्थिक विकास की दर और रोज़गार में बढ़ोतरी हुई।

Support *(सहायता)* : लाभार्थियों की सहायता के लिए नकदी, परिसंपत्ति या सेवा

S

का स्वैच्छिक मुफ्त प्रावधान। सहायता कानूनी संस्था द्वारा दी जा सकती है। इसे ऐसे गैर लाभकारी, गैर सरकारी संगठनों को दिया जाता है जिनका उद्देश्य समाज कल्याण हो। इनमें अंतरराष्ट्रीय सहयोग, मानवाधिकार सुरक्षा, अल्पसंख्यकों का समावेशन और सांस्कृतिक, धार्मिक और नैतिक मूल्यों को बढ़ावा देने वाली गतिविधियां शामिल हैं। यही नहीं, इनमें शिक्षा में सुधार, अनौपचारिक और सामाजिक विकास, खेल, सामाजिक सुरक्षा और श्रम, स्वास्थ्य देखभाल, राष्ट्रीय सुरक्षा, कानून और व्यवस्था, अपराध नियंत्रण, कॉपीराइट और पर्यावरण सुरक्षा और अन्य गतिविधियां भी शामिल हैं।

Surety Bond *(जमानती बांड)* : मौद्रिक भरपाई के लिए किया जाने वाला करार जो किसी निश्चित समयावधि के भीतर काम न हो पाने के प्रति सुरक्षा मुहैया कराता है। इसके लिए ज़िम्मेदारी जमानत लेने वाली कंपनी की होती है जो ठेकेदार के विफल होने पर करार की शर्तों को पूरा करती है।

Surplus *(अधिशेष)* : (1) ऐसी स्थिति जहां बाज़ार में मौजूद उत्पादों की संख्या मांग (एक निश्चित मूल्य पर) से अधिक हो। (2) ऐसी स्थिति जहां आय व्यय से ज़्यादा हो।

Sustainable Development *(सतत विकास)* : आर्थिक विकास की बाधामुक्त दीर्घावधि प्रक्रिया जो भविष्य की पीढ़ियों के लिए संभावनाओं को खतरे में न डालती हो तथा उनकी ज़रूरतों को पूरा करती हो।

Swap *(विनिमय या अदला-बदली)* : किसी एक शेयर को बेचते हुए ठीक उसी समय उसकी खरीदारी करने को स्वैप या अदला-बदली कहते हैं। इससे साफ है कि यहां दो तरह के लेन-देन साथ में होते हैं। स्वैप का इस्तेमाल शेयरों की परिपक्वता की अदला-बदली, उसकी प्रकृति को बदलने या देय करों को घटाने के लिए करते हैं। अदला-बदली का इस्तेमाल शेयरों पर ब्याज दरों को बदलने के लिए भी कर सकते हैं। इसे इंटरेस्ट रेट स्वैप कहा जाता है।

Syndicate *(सिंडिकेट)* : निवेश बैंकों, बीमाकर्ताओं या अन्य कंपनियों का समूह जिसे बढ़े स्तर की परियोजनाओं के क्रियान्वयन के लिए गठित किया गया हो।

Syndicated Loan *(सिंडिकेटेड लोन)* : व्यवसाय संघ (सिंडिकेट) द्वारा कर्ज़दार को दिया जाने वाला बड़ा कर्ज़। ऐसा लोन आमतौर पर पहले एक कर्ज़दार द्वारा दिया जाता है और बाद में इसे विभिन्न बैंक बांट लेते हैं। देखिये सिंडिकेट।

Synergy *(सहक्रिया)* : ऐसी स्थिति जब व्यक्तिगत इकाइयों की संयुक्त गतिविधि का कुल असर इन्हीं इकाइयों की स्वतंत्र गतिविधियों के योग से ज़्यादा हो।

Systemic Analysis *(सर्वांगी समीक्षा)* : अति जटिल विषय वस्तु की समीक्षा, निर्माण और मॉडलिंग के लिए इस्तेमाल की जाने वाली विधियों की समग्रता।

T

T

Take Home Pay *(टेक होम पे)* : करों, आमतौर पर व्यक्तिगत आयकर और राज्य सामाजिक सुरक्षा कर योगदान का भुगतान और कटौती के बाद बचा वेतन।

Tangible Benefits *(मूर्त लाभ)* : उत्पादन प्रकिया के फलस्वरूप मिलने वाला लाभ जो मूर्त हो और जिसका उपभोग किया जा सके। उदाहरण के लिए धन।

Tariff *(शुल्क, सीमा शुल्क)* : एक क्षेत्राधिकार या सीमा से दूसरी सीमा में वस्तुओं के आयात पर लगने वाला कर।

Tariff Quota *(टैरिफ कोटा, शुल्क कोटा)* : कुछ उत्पादों की निर्धारित मात्रा जिसे सामान्य से कम या शून्य शुल्क पर निश्चित समयावधि के भीतर देश में आयात किया जा सकता है। कोटा बढ़ने पर आयातित वस्तु अधिक शुल्क की पात्र बन जाती हैं। टैरिफ कोटे का इस्तेमाल यूरोपीय संघ के देशों में कुछ खास वस्तुओं के आयात पर होता है। टैरिफ कोटा लाइसेंस कोटा और पहले आओ पहले पाओ कोटा में विभाजित होता है। आयात लाइसेंसों के आधार पर कोटा आवंटन कर लाइसेंस कोटा को एडवांस में रखा जाता है। देखिये पहले आओ पहले पाओ, लाइसेंस कोटा, कोटा।

Tautology *(अनुलाप, पुनरुक्ति)* : विचार, परिभाषा, वक्तव्य या उसके हिस्से का इस्तेमाल करते हुए उन्हीं का वर्णन, चित्रण करना।

Taxable Income *(कर योग्य आय)* : वह आय जिसे आयकर की गणना के लिए आधार बनाया गया हो। इसे आयकर आधार कहा जाता है। उदाहरण के लिए जनसंख्या की कर योग्य आय की गणना कुल आय और कर छूट आय के बीच के अंतर को निकालकर की जाती है।

T

Tax Competition *(कर प्रतिस्पर्धा)* : पूंजी और श्रम उत्पादन के दो कारक हैं। इनमें से किसी एक या दोनों के कम कर क्षेत्राधिकार में पलायन करने की संभावना को देखते हुए राजनेता करों को बढ़ाने से झिझकते हैं। इस स्थिति को कर प्रतिस्पर्धा कहते हैं। वैश्वीकरण के कारण कर प्रतिस्पर्धा का महत्त्व बढ़ गया है। कई देशों ने व्यक्तिगत आयकरों को थैचर और रीगन द्वारा की गयी कर कटौती की प्रतिक्रिया में घटा दिया है। आयरलैंड में अभूतपूर्व कर कटौती के कारण अंतरराष्ट्रीय स्तर पर कॉरपोरेट करों में कमी का दौर शुरू हुआ। इसका दूसरा अच्छा उदाहरण पूर्वी यूरोप में फ्लैट (सपाट) कर क्रांति का है, जहां एस्टोनिया, रूस, स्लोवाकिया और रोमानिया जैसे देश फ्लैट कर प्रणाली को अपनाकर सर्वाधिक आकर्षक कर प्रशासन को स्थापित करने के लिए प्रतिस्पर्धा कर रहे हैं।

Tax Exemptions *(कर छूट)* : कर आधार की गणना करते हुए कुल आय में से काटी जाने वाली आय, जो कर की पात्र नहीं होती है।

Tax Harmonization *(कर सामंजस्य)* : जब करदाताओं पर समान कर दरें लागू होती हैं, भले ही वे कोई भी काम, कैसी भी बचत या निवेश कर रहे हों। कर सामंजस्य वित्तीय प्रतिस्पर्धा को समाप्त करती हैं। ठीक वैसे ही जैसे पेट्रोल पम्पों के बीच मूल्य-निर्धारण समझौते से पेट्रोल के लिए प्रतिस्पर्धा खत्म हो जाती है। कर सामंजस्य दो तरीके से हासिल किया जा सकता है : (1) प्रत्यक्ष कर सामंजस्य तब आता है जब राष्ट्र न्यूनतम कर दरें या समान कर दर को निर्धारित करने पर सहमत होते हैं। मिसाल के तौर पर यूरोपीय संघ को ही लें, तो सभी सदस्य देशों के लिए मूल्यवर्द्धित कर (वैट) की कम से कम 15 प्रतिशत दर निर्धारित की गई है। ईंधन, शराब और तंबाकू के लिए भी यूरोपीय संघ ने कर दरों में सामंजस्य किया है। व्यक्तिगत और कॉरपोरेट आयकर दरों में कर सामंजस्य बैठाने के लिए भी कोशिशें जारी हैं। कर सामंजस्य के इस प्रत्यक्ष स्वरूप के अंतर्गत करदाताओं को दूसरे राष्ट्रों में बेहतर कर नीति से लाभ नहीं मिल पाता है। (2) परोक्ष सामंजस्य की स्थिति तब उत्पन्न होती है, जब सरकारें अपने नागरिकों की उस आय पर कर लगाती हैं, जो वे दूसरे देशों में कमाते हैं। दुनियाभर में कराधान की इस नीति को लागू करने के लिए सरकारों को अनिवासी निवेशकों से वित्तीय सूचनाएं एकत्रित करने की ज़रूरत पड़ती है। इन सूचनाओं को कर संग्रह करने वाली विदेशी सरकारों के साथ साझा किया जाता है। सूचनाओं के आदान-प्रदान की यह प्रणाली अधिक कर वाले राष्ट्र से कम कर वाले राष्ट्र की ओर चलती है। परोक्ष कर सामंजस्य के अंतर्गत करदाताओं को दूसरे राष्ट्रों में बेहतर कर नीति से लाभ नहीं मिल पाता है।

Tax Incidence, Incidence of Taxation *(कर भार)* : कर भार जो निर्माता या उपभोक्ता पर वास्तविकता में पड़ता है।

Tender Offer *(निविदा पेशकश)* : अन्य शेयरधारकों से शेयरों को खरीदने के

T

लिए कंपनी के मालिकों द्वारा सार्वजनिक पेशकश। इसकी शर्तें निश्चित समयावधि के लिए वैध होती हैं। इसके अंतर्गत पेश की गयी कीमत अक्सर बाज़ार मूल्य से ज़्यादा होती है। कुछ मामलों में कानूनन कंपनी मालिक निविदा पेश करने के लिए बाध्य होते हैं। अनिवार्य निविदा पेशकश का मकसद छोटे शेयरधारकों के हितों की रक्षा करना होता है।

Term Insurance *(टर्म इंश्योरेंस)* : बीमित व्यक्ति की मौत पर लाभार्थी को मिलने वाली बीमा राशि, बशर्ते मौत निर्दिष्ट समयावधि मसलन 5 से 10 वर्ष में या निश्चित आयु से पहले हो जाए।

Theory of Second Best *(द्वितीय उत्तम का सिद्धांत)* : सिद्धांत जो कहता है कि बाज़ार में सर्वोत्कृष्ट स्थितियों की गैरमौजूदगी में सामाजिक और बाज़ार विफलता सामने आती है। यही वो स्थितियां होती हैं जब बाज़ार को नियंत्रित करने वाले उपायों को लाना चाहिए क्योंकि ये देश के कल्याण में होते हैं। यह ज़ोर देते हुए कि वास्तविकता में सर्वोत्कृष्ट या आदर्श स्थिति मौजूद नहीं होती है, द्वितीय उत्तम का सिद्धांत बाज़ार नियंत्रण, करों और अन्य सार्वजनिक हस्तक्षेप को सही ठहराता है। यह सिद्धांत 1956 में रिचर्ड लिप्से और केल्विन लैनकास्टर ने बनाया था। देखिये बाज़ार विफलता।

Third Party *(तीसरी पार्टी)* : बाज़ार विनिमय या अन्य प्रक्रियाओं में हिस्सेदारी नहीं निभाने वाले व्यक्ति लेकिन जिन पर इनका असर होता है। तीसरी पार्टी को अक्सर उन हिस्सेदारों के संदर्भ में भी इस्तेमाल किया जाता है जो सीधे संबंधित प्रक्रिया से नहीं जुड़े होते हैं।

Third Party Insurance *(थर्ड [तीसरी] पार्टी बीमा)* : वह इंश्योरेंस जिसके लिए बीमाधारक द्वारा किसी को नुकसान पहुंचाने के एवज में बीमा कंपनी को भुगतान भरना पड़ता है।

Third Sector *(थर्ड सेक्टर)* : लोक हितकारी संगठन जो न पूरी तरह सरकारी होते हैं न ही निजी।

Third World *(तीसरी दुनिया)* : आर्थिक रूप से पिछड़े देश जो न विकसित पूंजीवादी देशों (अमेरिका, यूरोपीय संघ, कनाडा, जापान, आदि) में आते हैं और न ही साम्यवादी देशों (पूर्व सोवियत ब्लॉक, क्यूबा, आदि) में। इनमें अफ्रीका, एशिया, दक्षिण और केंद्रीय अमेरिका के कुछ देश शामिल हैं।

Ti *(टीआइ)* : वर्ष जिसके लिए मूल्यह्रास की गणना की जाती है।

Tiger Economy *(टाइगर इकोनॉमी)* : यह तेज़ी से बढ़ती अर्थव्यवस्था के लिए इस्तेमाल होने वाला पर्याय है। सिंगापुर, दक्षिण कोरिया और इंडोनेशिया जैसी अर्थव्यवस्थाओं

को इस नाम से पुकारा जाता है, जिनमें बेहद तेज़ विकास दर्ज किया जा रहा है।

T

Time Deposit *(सावधि जमा)* : जमा जिसे जमाकर्ता निश्चित समयावधि के लिए बैंक के पास रखने के लिए सहमत होता है। आमतौर पर यह समयावधि कम से कम एक महीने की होती है। यदि जमाकर्ता करार का उल्लंघन करता है, तो वह जमा पर ब्याज का लाभ खो देता है।

Time Preference Theory *(समय वरीयता सिद्धांत)* : एक सिद्धांत जो ब्याज की आर्थिक उत्पत्ति की व्याख्या की कोशिश करता है। इसके अनुसार व्यक्ति हमेशा भविष्य के मुकाबले मौजूदा उपभोग को वरीयता देता है, फिर उसे भविष्य में उस चीज़ के उपभोग पर क्यों ही न ब्याज या लाभ हासिल हो रहा हो। इस प्रक्रिया को आमतौर पर सीमित जीवनकाल, व्यक्तिगत असुरक्षा, उपभोग की वस्तुओं में मामूली गिरावट आदि के साथ जोड़कर देखा जाता है। इस सिद्धांत को विलियम स्टैनले जीवोन्स ने प्रस्तावित किया था, बाद में इसे यूजेन वॉन बोहम-बावर्क ने विकसित किया।

Time Series *(समय-सारिणी)* : अंकों (संकेतक मूल्यों) की क्रमबद्ध सूची।

Time Series Data *(समय-सारिणी आंकड़ा)* : विभिन्न समयावधियों, मसलन वर्ष, छमाही, दिन के लिए एक ही चर राशि के लिए आंकड़े। इनका इस्तेमाल प्रचलन को स्थापित और नीतियों और घटनाओं के असर की समीक्षा के लिए किया जाता है।

Title Insurance *(टाइटल इंश्योरेंस)* : इंश्योरेंस जो ज़मीन-जायदाद (रीयल एस्टेट) के मालिक को तब क्षतिपूर्ति करता है जब संपत्ति पर उसके स्पष्ट मालिकाना हक पर टाइटल संबंधी खामियां उजागर हों। इन्हें देने वाली कंपनियों को इस श्रेणी में विशेषज्ञता हासिल होती है।

Token Money *(टोकन मनी)* : (1) बैंकनोट और सिक्के जिनका सांकेतिक मूल्य उस पदार्थ (कागज़ या धातु) से ज़्यादा होता है, जिनसे वे बने हुए होते हैं। सभी आधुनिक बैंकनोट और सिक्के टोकन मनी हैं। (2) कम मूल्यवर्ग वाले सिक्के। कम मूल्यवर्ग वाले टोकन मनी छोटे स्तर के लेनदेन में सुविधा मुहैया कराते हैं और आमतौर पर इसे बड़े करार में स्वीकार नहीं किया जाता है।

Toxic Assets *(विषाक्त परिसम्पत्ति)* : ऐसी परिसम्पत्ति जिसे ऋणी से वसूलना मुश्किल हो। यह शब्द लेनदेन, आमतौर पर ऋण को परिभाषित करने गें प्रयोग होता है, जिसका बड़े बैंकों और अन्य वित्तीय संस्थानों की व्यावसायिक गतिविधियों पर काफी गहरा नकारात्मक प्रभाव पड़ता है क्योंकि वे इसे जारी नहीं रख सकते। उदहारण के लिए ऋण का पुनर्भुगतान नहीं हो सकता क्योंकि इसे आरक्षित करने वाली संपत्ति की कीमत आश्चर्यजनक तरीके से घट गई होती है या पुनर्भुगतान में विफल ऋणी के साथ

T

वे कानूनी लड़ाई लड़ रहे होते हैं। वित्तीय संस्थान इस तरह की परिसम्पत्तियों में वृद्धि से निपटने में भारी परेशानियों का सामना करते हैं।

Trade Agent *(व्यापारिक एजेंट)* : किसी व्यक्ति या कंपनी के लिए मध्यस्थ के तौर पर लगातार कार्य करने वाला शख्स। शुल्क लेकर काम करने वाला यह व्यक्ति अपने हितों को देखते हुए कंपनी की ओर से करार को पूरा करता है।

Trademark *(ट्रेडमार्क)* : सेवा या उत्पाद का विशिष्ट नाम और पहचान जो उसे अन्य उत्पादों और सेवाओं से अलग करते हैं। ट्रेडमार्क के विभिन्न स्वरूप हो सकते हैं। उदाहरण के लिए इसे किसी खास तरह से लिखा जा सकता है या 'लोगो' के तौर पर प्रस्तुत किया जा सकता है। ट्रेडमार्क को स्थापित प्रक्रियाओं के मुताबिक पंजीकृत किया जाता है और इन्हें राज्य से सुरक्षा मुहैया कराई जाती है।

Trader, Dealer, Broker *(ट्रेडर, डीलर, ब्रोकर)* : स्टॉक एक्सचेंज में ग्राहकों की ओर से शेयरों को खरीदने और बेचने वाले ट्रेडर।

Trading Rules *(कारोबार के नियम [ट्रेडिंग नियम])* : स्टॉक एक्सचेंज के आंतरिक दस्तावेज जो उन शर्तों को नियंत्रित करते हैं जिनकी ज़रूरत शेयरों को शेयर बाज़ार में सूचीबद्ध करने या उन्हें हटाने के लिए होती है। इनमें एक्सचेंज पर शेयरों में कारोबार के तरीकों का भी विस्तृत ब्योरा होता है। साथ ही उसकी सदस्यता की ज़रूरतें, सदस्यों के अधिकार और ज़िम्मेदारी, शेयर मूल्यों को स्थापित करने के लिए व्यवस्था और एक्सचेंज के अन्य परिचालन नियमों का भी इसमें उल्लेख होता है।

Trading Session *(कारोबारी सत्र)* : स्टॉक एक्सचेंज द्वारा निर्धारित समय जिसमें एक्सचेंज के सदस्य खरीदारी और बिक्री के लिए बोली लगा सकते हैं। इसी समयावधि के अंदर शेयरों के मूल्य निर्धारण के साथ सौदे पूरे होते हैं।

Tragedy of the Commons *(सामूहिक संपत्ति या संसाधन की त्रासदी)* : स्पष्ट स्वामित्व न होने के कारण सामूहिक या अन्य संसाधनों का अनुचित दोहन, जो सार्वजनिक हित के उलट होता है। उदाहरण के लिए वनों की कटाई, अत्यधिक वायु प्रदूषण, आदि। ये उदाहरण सामूहिक भूमि पर मवेशियों के ज़रूरत से ज़्यादा चरने की ब्रितानी परंपरा से निकले हैं। मवेशियों को बढ़ाने से व्यक्तिगत रूप से किसान का लाभ बढ़ता है, जबकि उसे इसके लिए कोई कीमत नहीं चुकानी पड़ती है। वहीं चरागाह के नुकसान के कारण सभी किसानों को इसका खामियाजा भुगतना पड़ता है। इसका आधुनिक उदाहरण मछली व्यवसाय का है, जिसमें न तो समुद्र और न ही मछलियों पर कोई स्पष्ट संपत्ति अधिकार दिखता है।

Transaction Costs *(कारोबारी लागत या लेन-देन की लागत)* : आर्थिक लेन-देन में लगने वाली लागत। इसमें प्रत्यक्ष लागत मसलन कमीशन और अन्य शुल्क के साथ

T

कारोबार की अवसर लागत मसलन पंक्ति में इंतज़ार या आर्थिक लेन-देन के लिए सफर आदि शामिल होते हैं। आर्थिक निर्णय लेते हुए कारोबारी लागत को शामिल कर लेना चाहिए।

Transfer Pricing *(हस्तांतरण मूल्य निर्धारण)* : अंतरराष्ट्रीय कंपनियों द्वारा इस्तेमाल की जाने वाली कर प्रबंधन की विधि। इस विधि का उपयोग कर विभिन्न देशों में स्थित संबंधित कंपनियां परस्पर सौदे करती हैं, ताकि वे ऊंचे कर वाले देशों में थोड़ा लाभ हासिल कर सकें और कम कर वाले देशों में अधिक मुनाफा कमा सकें। देखिये आर्म्स लेंथ सिद्धांत।

Transit *(पारगमन)* : विदेश में बेची जाने वाली वस्तुओं का परिवहन या उन्हें लाना। उदाहरण के लिए लिथुआनिया के रास्ते जर्मनी से रूस आने वाली वस्तु पारगमन वस्तु कहलाएगी।

Transport *(यातायात, परिवहन)* : वायु, सड़क या रेल मार्ग के ज़रिये वस्तुओं या यात्रियों को लाने, ले जाने की सेवा।

Transport Costs *(परिवहन लागत)* : वस्तुओं को लाने ले जाने में लगने वाली लागत।

Traveller's Check *(ट्रैवलर्स चेक)* : पूर्व-अदायगी (प्री-पेड) वाला दस्तावेज़ जो विदेश में नकदी या वस्तु के रूप में बदला जा सकता है।

Treasury *(कोषागार)* : सभी सरकारी खातों या वित्तीय नीति की प्रभारी एजेंसी के लिए इस्तेमाल होने वाला शब्द।

Treasury Bill *(ट्रेजरी बिल)* : सरकार द्वारा जारी किए जाने वाले अल्पावधि डेट सिक्योरिटी। इन्हें अल्पावधि में नकदी प्रवाह और बजटीय घाटे की समस्या से निपटने के लिए जारी किया जाता है। ट्रेजरी बिल को अक्सर छूट पर जारी किया जाता है। यह छूट ब्याज दर के बराबर होती है और इन्हें पुनः भुनाया जा सकता है। देखिये सरकारी प्रतिभूतियां।

Treasury Bond/Note *(ट्रेजरी बांड/नोट)* : सरकार द्वारा तय ब्याज, दीर्घावधि के लिए जारी की जाने वाली डेट सिक्योरिटी। ट्रेजरी बांड की आमतौर पर एक साल की परिपक्वता अवधि होती है। ये कूपन बांड होते हैं। इस तरह की सिक्योरिटी का इस्तेमाल सरकार बजटीय घाटे का वित्त पोषण करने के लिए करती है। देखिये कूपन/कूपन दर, सरकारी प्रतिभूतियां।

Treasury Stock *(ट्रेजरी स्टॉक)* : कम्पनी के शेयर, जिसे जारी करने वाली कम्पनी वापस खरीद लेती है। ऐसे स्टॉक को प्रणाली से निकाला या बेचा जा सकता है। ट्रेजरी

T

स्टॉक के साथ कोई लाभांश नहीं जुड़ा होता है तथा कंपनी के पास रहने तक इसके साथ मताधिकार नहीं जुड़ा होता है।

Treaty of Amsterdam *(एम्स्टर्डम संधि)* : यूरोपीय संघ के समझौते में संशोधन पर सहमति। इस पर एम्स्टर्डम में 2 अक्टूबर, 1997 में हस्ताक्षर किए गए और यह संधि 1 मई, 1999 में लागू हुई।

Treaty of Rome *(रोम संधि)* : यूरोपीय आर्थिक समुदाय को स्थापित करने वाली इस संधि पर रोम में 25 मार्च, 1957 में हस्ताक्षर किए गए। इस संधि के तहत यूरोपीय संघ में चार आज़ादी के सिद्धांतों की नींव रखी गयी। इनमें वस्तुओं और सेवाओं का मुक्त आवागमन, पूंजी और व्यक्ति का स्वतंत्र आवागमन, सीमा शुल्क संघ की स्थापना और समान सीमा शुल्क का निर्धारण शामिल है।

Triple A (AAA) *(ट्रिपल ए [एएए])* : उच्चतम सुरक्षा और विश्वसनीयता वाली क्रेडिट रेटिंग। देखिये क्रेडिट रेटिंग, साख रेटिंग।

Trust *(ट्रस्ट, न्यास)* : स्वामी द्वारा तय नियम एवं शर्तों के अनुसार संपत्तियों के प्रबंधन, उपयोग और निपटाने का अधिकार। ट्रस्ट का उपयोग अक्सर राज्य द्वारा विभिन्न संस्थानों की सार्वजनिक संपत्तियों के प्रबंधन का अधिकार देने के लिए किया जाता है।

Trust Fund *(ट्रस्ट फंड)* : किसी व्यक्ति, कंपनी या कंपनियों के समूह (दानदाताओं) की निश्चित संपत्तियां धारण करने वाली वह कानूनी संस्था, जिसे पहले से तय व्यक्तियों (लाभार्थियों) के फायदे के लिए यह सौंपा गया है। किसी ट्रस्ट फंड का प्रबंधन एक ट्रस्टी (न्यासी), कंपनी या प्राकृतिक व्यक्ति द्वारा किया जाता है।

Turnkey *(टर्नकी)* : अनुबंध का एक रूप, जिसमें एक पक्ष (ठेकेदार) दूसरों के तय कामों (अधिकतर सुविधाओं के निर्माण) को करने का ज़िम्मा अपने जोखिम पर लेता है और काम को पूरा कर ग्राहक को सौंप देता है, जो बाद में इस काम को स्वीकार कर बदले में रकम का भुगतान करता है। टर्नकी का उपयोग कई क्षेत्रों में किया जाता है, खासकर निर्माण उद्योग में।

Turnover *(कारोबार, टर्नओवर, कुल आय)* : वस्तुओं और सेवाओं की बिक्री से एक तय अवधि जैसे तिमाही या एक साल के दौरान किसी कंपनी की कुल नकदी आवक। इसकी गणना बेची गई वस्तुओं की संख्या में बिक्री कीमत से गुणा करके की जाती है।

Turnover Tax *(कारोबार कर, टर्नओवर टैक्स, कुल आय कर)* : कंपनी की कुल आय या बिकी वस्तुओं की कीमत पर लगाया गया कर। आमतौर पर इसें प्रतिशत में व्यक्त किया जाता है। कारोबार कर का एक खास उदाहरण अमेरिका में लगने वाला बिक्री कर है। इस कर की सबसे बड़ी कमी यह है कि इसमें एक ही वस्तु या आइटम पर कई बार कर लगता है।

U

U

U.N. (United Nations) *(संयुक्त राष्ट्र)* : संयुक्त राष्ट्र विचार-विमर्श और बातचीत का एक वैश्विक मंच है, जिसकी सदस्यता लगभग दुनिया के सभी देशों के पास है। इसके छह मुख्य अंग हैं : महासभा, सुरक्षा परिषद, आर्थिक एवं सामाजिक परिषद, न्यासधारिता परिषद, सचिवालय और अंतरराष्ट्रीय न्यायालय। महासभा को 'अंतरराष्ट्रीय संसद' माना जा सकता है, जहाँ सदस्यों को प्रति राष्ट्र एक वोट देने का अधिकार है। इसमें कोई भी निर्णय दो तिहाई बहुमत से होता है। सुरक्षा परिषद अंतरराष्ट्रीय शांति और सुरक्षा बनाए रखने का माध्यम है। यह समस्याओं का समाधान राजनीतिक और सैन्य—दोनों तरीकों से करती है। आर्थिक एवं सामाजिक परिषद विकास के मामलों पर अंतरराष्ट्रीय सहयोग को बढ़ावा देती है और नीतिगत सिफारिशें तैयार करती है। न्यासधारिता परिषद सदस्य राज्यों द्वारा अधिग्रहीत प्रदेशों की निगरानी करती है और उन्हें स्वशासन के लिए तैयार करती है। सचिवालय यू.एन. का प्रशासनिक विभाग होता है। अंतरराष्ट्रीय न्यायालय संयुक्त राष्ट्र का मुख्य न्यायिक अंग है। यह सदस्य राष्ट्रों के बीच विवादों पर फैसला करता है। इसके अतिरिक्त, संयुक्त राष्ट्र के पास कई ऐसे ब्यूरो और विभाग हैं, जो अंतरराष्ट्रीय संबंधों के विशिष्ट पहलुओं, जैसे शरणार्थियों और बच्चों से जुड़े मुद्दे सुलझाता है। अंतरराष्ट्रीय सहयोग और सामूहिक सुरक्षा के माध्यम से शांति बनाए रखने के इरादे से संयुक्त राष्ट्र का गठन सन 1945 में हुआ था। इसकी छह आधिकारिक भाषाएं हैं : अंग्रेज़ी, फ्रेंच, चीनी, स्पेनिश, अरबी और रूसी। इस समय इसके 192 राष्ट्र सदस्य हैं, जिन्होंने संयुक्त राष्ट्र घोषणापत्र यानी चार्टर पर सहमति जताई है। यह चार्टर एक अंतरराष्ट्रीय संधि है, जो अंतरराष्ट्रीय संबंधों के बुनियादी सिद्धांतों को स्थापित करती है। यह सहकारी समझौते के ज़रिये आई.एम.एफ., डब्ल्यू.एच.ओ. और 11 अन्य संगठनों से जुड़ा है। संयुक्त राष्ट्र की प्रतिष्ठा को हाल के वर्षों में इसके कई वित्तीय घोटालों की वजह से नुकसान पहुँचा है। इसके अलावा आलोचकों का आरोप है कि मानवाधिकार

U

पर इसका दृष्टिकोण पाखंडपूर्ण और भ्रामक है। साथ ही, कई बार इसने विनाशकारी कर और आर्थिक नीतियों को बढ़ावा दिया है।

Umbrella Liability Insurance *(छतरी देयता बीमा)* : निगमों और व्यक्तियों को उपलब्ध अतिरिक्त देयता बीमा का वह रूप, जो उन्हें उनकी प्राथमिक पॉलिसियों से अतिरिक्त राशि के दावों या उनकी बीमा योजना में कवर नहीं होने वाले दावों के प्रति सुरक्षा मुहैया कराता है। इस बाद वाले कवरेज की खातिर बीमित को पर्याप्त राशि का स्वयं बीमाकर्ता होना ज़रूरी होता है।

Unanimity *(सर्वसम्मति, निर्विरोध)* : मतदान का वह रूप, जिसमें सभी सदस्यों की पूर्ण सहमति आवश्यक होती है।

Uncertainty *(अनिश्चितता)* : वह स्थिति जिसका उस बाज़ार प्रतिभागी को सामना करना पड़ता है, जो मानता हैं कि उसके पास सभी सूचनाएँ नहीं हो सकती हैं और इसलिए वह अपने कार्यों या फैसले के परिणामों या संभावनाओं की सही भविष्यवाणी नहीं कर सकता। अनिश्चितता इस मायने में जोखिम से अलग है कि जोखिम का मूल्यांकन किया जा सकता है, अनिश्चितता का नहीं।

Underwriting *(हामीदारी, अंडरराइटिंग)* : वह प्रक्रिया, जिसके द्वारा कोई बीमा कंपनी यह निर्धारित करती है कि बीमा के लिए कोई आवेदन स्वीकार करे या नहीं, अगर स्वीकार करे तो किस आधार पर।

Undistributed Losses *(अवितरित हानियाँ)* : किसी कंपनी द्वारा उठाए गए और हिसाब-किताब में शामिल वे नुकसान, जिन्हें अब तक कवर नहीं किया गया हो।

Unemployment *(बेरोज़गारी)* : आर्थिक गतिविधियों में श्रम का अधूरा इस्तेमाल। बेरोज़गारी के स्तर का आकलन नौकरी तलाश रहे सभी व्यक्तियों (बेरोज़गार) और कुल श्रम बल के बीच अनुपात के रूप में किया जाता है। घर्षणात्मक बेरोज़गारी व्यक्तियों के नौकरियाँ बदलने से उत्पन्न होती है। चक्रीय बेरोज़गारी किसी निश्चित गतिविधि की मौसमी प्रकृति या आर्थिक चक्रों की वजह से पैदा होती है। संरचनात्मक बेरोज़गारी का मतलब है कि श्रमिकों के पास सही या उचित योग्यता नहीं है, भौगोलिक स्थान अनुपयुक्त है या फिर उदार सामाजिक सहायता कार्यक्रमों के कारण काम करने की प्रेरणा नहीं है। मांग के ढांचे और उत्पादन तकनीकों की संरचना में परिवर्तन निश्चित योग्यताओं वाले श्रमिकों की मांग घटा देता है। इसके कारण उत्पन्न संरचनात्मक बेरोज़गारी पर अंकुश लगाना अन्य प्रकार की बेरोज़गारी की तुलना में कठिन है, क्योंकि इसमें कामगारों के प्रशिक्षण, उनकी विशेषज्ञता को बदलने या उनकी गतिशीलता में सुधार लाने की ज़रूरत पड़ती है। प्रच्छन्न यानी छिपी बेरोज़गारी भी हो सकती है, जब लोगों

के पास नौकरी तो होती है, जबकि एक कंपनी की खराब दक्षता से यह ज़ाहिर हो जाता है कि उन्हें जल्द नौकरी से निकाल दिया जाएगा। जब लोग गैरकानूनी कार्यों में लगे हों, तो बेरोज़गारी वास्तविकता से अधिक हो सकती है, क्योंकि ये लोग बेरोज़गारी लाभों या अन्य सामाजिक अधिकार या गारंटियों के लिए नाम रजिस्टर में दर्ज कराए रहते हैं।

Units-of-production Method *(इकाई उत्पादन विधि)* : परिसंपत्ति के उपयोग की तीव्रता के आधार पर मूल्यह्रास की गणना की एक विधि, जैसेकि समय की एक इकाई के दौरान उत्पादित उत्पाद या उपलब्ध कराई गई सेवाओं की संख्या के रूप में। जब इस पद्धति के तहत मूल्यह्रास की गणना की जाती है तो परिसंपत्ति के प्रत्याशित जीवनकाल का इस पर कोई असर नहीं पड़ता।

Universalism *(सार्वभौमिकता, सार्वभौमवाद)* : ओथमार स्पैन द्वारा समर्थित एक दार्शनिक सिद्धांत। सार्वभौमिकता का मतलब है कि एक सार्वभौमिक, निष्पक्ष सामाजिक व्यवस्था व्यक्तियों के बाहर मौजूद होती है। सार्वभौमिक व्यवस्था व्यक्तियों की भीड़ से कहीं अधिक समाज को जोड़ने वाले नियमों और हितों की एक व्यवस्था है। देखिये व्यक्तिवाद।

Universal Services *(सार्वभौमिक सेवाएँ)* : वे सेवाएँ, जिन्हें कंपनियों के लिए एक निर्दिष्ट आबादी को उपलब्ध कराना आवश्यक होता है। सार्वभौमिक सेवाएँ आम तौर पर मुफ्त होती हैं और दूरसंचार, जल आपूर्ति या डाक सेवाएँ जैसे उद्योग इसके अंतर्गत आते हैं। सार्वभौमिक सेवा का एक उदाहरण है—सभी टेलीफोन उपभोक्ताओं के लिए आपातकालीन टेलीफोन नंबरों तक निःशुल्क पहुँच।

Unlimited Liability *(असीमित देयता, असीमित दायित्व)* : वह कानूनी स्थिति, जिसमें किसी कंपनी का मालिक सभी दावों के लिए पूरी तरह उत्तरदायी होता है और कंपनी के खाली होने की सूरत में लेनदार उसकी निजी संपत्ति पर दावा कर सकते हैं। एकल स्वामित्व और कुछ प्रकार की साझेदारी असीमियत देयता वाली कानूनी संस्थाएँ हैं। देखिये सीमित दायित्व।

Usufruct *(इस्तेमाल का अधिकार, भोगाधिकार)* : दूसरे की संपत्ति का उपयोग करने और लाभ उठाने का अधिकार। यह अधिकार आम तौर पर पूर्व निर्धारित शर्तों के अधीन होता है।

Utilitarianism *(उपयोगितावाद)* : वह दार्शनिक विचार जिसमें सभी वस्तुओं और सेवाओं को उनकी उपयोगिता के द्वारा मात्रात्मक रूप में मापा जा सकता है। उपयोगिता किसी वस्तु या सेवा की खुशी या संतुष्टि उत्पन्न करने की क्षमता को व्यक्त करता है। कोई वस्तु या सेवा तब उच्च उपयोगिता वाली मानी जाती है, जब यह बड़ी संख्या में

U

लोगों को ऊँचे स्तर की खुशी या संतुष्टि प्रदान करती है। अंग्रेज़ दार्शनिक जेरेमी बेंथम (1748-1832) को उपयोगितावाद का जनक कहा जाता है।

Utility *(उपयोगिता)* : किसी वस्तु या सेवा का उपयोग करते समय व्यक्ति जिस लाभ या संतुष्टि का अनुभव करता है, उसे ही उपयोगिता कहा जाता है। आर्थिक उपयोगिता तकनीकी उपयोगिता से अलग होती है, जहाँ किसी वस्तु द्वारा उत्पन्न लाभ को इसके भौतिक गुणों द्वारा मापा और परिभाषित किया जा सकता है। आर्थिक उपयोगिता हमेशा व्यक्तिपरक होती है, क्योंकि इसका कोई निरपेक्ष मूल्य तय नहीं किया जा सकता। देखिये सीमांत उपयोगिता।

Utopia *(आदर्शलोक, यूटोपिया)* : सामाजिक, नैतिक, राजनीतिक और आर्थिक पूर्णता की एक आदर्श स्थिति को व्यक्त करने के लिए इस शब्द का उपयोग किया जाता है।

V

V1 *(वी1)* : प्रारंभिक मूल्य

Vacancy *(रिक्त पद, रिक्ति)* : एक खाली पद जिसे कोई नियोक्ता भरना चाहता है।

Value (मूल्य) : किसी व्यक्ति के लिए किसी आर्थिक वस्तु का महत्त्व। मूल्य निर्धारण की व्यक्तिपरक या सापेक्ष विधि का तर्क है कि मूल्य पूरी तरह से उपभोक्ता की धारणाओं पर निर्भर है और इसमें कोई आंतरिक मूल्य नहीं होता है। निरपेक्ष विधि का तर्क है कि उपभोक्ता वस्तु का मूल्य उसकी उपयोगिता और उस वस्तु के बनाने में उपभोग हो गए मूल्य के आधार पर उसका मूल्य आंकते हैं। देखिये मूल्य का श्रम सिद्धांत, मूल्य का विरोधाभास, व्यक्तिपरक मूल्य सिद्धांत।

Value Added *(मूल्य वर्धन, मूल्यवर्धित)* : उत्पादन के हर चरण में वस्तुओं और सेवाओं के मूल्य में होने वाली वृद्धि। मूल्यवर्धन की गणना कंपनी की बिक्री से प्राप्त आय और खरीदी गई सामग्रियों और सेवाओं की लागतों के बीच अंतर के रूप में की जाती है। दूसरे शब्दों में, इस बढ़े हुए मूल्य में चुकाई गई मज़दूरी, अर्जित लाभ, मूल्यह्रास और उत्पादन कर शामिल होते हैं। देश के पैमाने पर की गई मूल्यवर्धन की गणना सकल घरेलू उत्पाद यानी जीडीपी में दिखाई देती है।

Value Added Tax (VAT) *(मूल्यवर्धित [कर, वैट])* : किसी उत्पाद या सेवा के वर्धित मूल्य पर लगाया गया अप्रत्यक्ष कर। सुविधा की खातिर, कर आधार की लाभ और मज़दूरी की कुल राशि के तौर पर सीधे गणना नहीं की जाती है, लेकिन परोक्ष रूप से बेची गई वस्तुओं एवं सेवाओं और खरीदी गई वस्तुओं एवं सेवाओं के बीच अंतर के

V

रूप में की जाती है। यद्यपि वैट की गणना और अदायगी वैट दाता (ज्यादातर कंपनियाँ हैं, लेकिन वे वास्तविक व्यक्ति भी हो सकते हैं) के रूप में पंजीकृत व्यक्तियों द्वारा बजट में की जाती है। वैट आखिर में वस्तु या सेवा का अंतिम उपभोक्ता ही चुकाता है। यही कारण है कि वैट को उपभोग कर भी कहा जाता है। वैट अपेक्षाकृत एक नया कर है, जिसे 1960 के दशक में यूरोप में लगाया गया था। इस कर को शुरू करने की संभावनाओं पर विचार करते वक्त इरादा यह था कि इसका इस्तेमाल लाभ कर की जगह किया जाए, क्योंकि आर्थिक अर्थों में यह उसी कर आधार पर लगता है, जिस पर आय और लाभ कर। हालांकि, विकल्पों पर चर्चा करते वक्त बजट के लिए हर संभव ज्यादा से ज्यादा फंड जुटाने वाले तर्क को तवज्जो मिली। वैट को समूचे यूरोपीय संघ में सुसंगत बनाया गया और यह संघ के किसी भी देश में 15 प्रतिशत से कम नहीं हो सकता है। इसकी शुरुआत से वैट की दरें लगातार बढ़ाई गई हैं।

Value at Risk *(जोखिम मूल्य)* : निवेश पोर्टफोलियो या पूरी बैलेंस शीट में संभावित वित्तीय नुकसान की एक माप। जोखिम मूल्य एक निश्चित अवधि के दौरान दिए गए भरोसे के स्तर पर सबसे ज्यादा प्रत्याशित हानि के अनुमान को बताता है।

Value for Money *(पैसे का पूरा मोल)* : सार्वजनिक/निजी साझेदारी परियोजनाओं के लिए इस्तेमाल की जाने वाली दक्षता की कसौटी। जब सुधार के लिए सार्वजनिक क्षेत्र संपत्ति का हस्तांतरण करता है, तो यह अवश्य सुनिश्चित किया जाता है कि सुधार धनराशि के भुगतान से बराबर या अधिक हो। देखिये सार्वजनिक क्षेत्र तुलनाकार (पीएससी)।

Value Investing *(उचित मूल्य पर निवेश)* : कंपनी के वित्तीय आंकड़ों के मुताबिक जो कीमत होनी चाहिए उसकी तुलना में कम कीमतों पर स्टॉक और प्रतिभूतियों में निवेश करने की रणनीति। उचित मूल्य पर खरीदारी करने वाला निवेशक उम्मीद करता है कि जब अन्य निवेशकों को कंपनी के सही मूल्य का पता चलेगा, तो स्टॉक के बाज़ार मूल्य में बढ़ोतरी होगी।

Variable Annuity *(परिवर्तनीय वार्षिक वृत्ति)* : वह वार्षिक वृत्ति करार, जिसके तहत प्रत्येक आवधिक भुगतान की राशि बीमाकर्ता कंपनी के निवेश प्रदर्शन के अनुसार घटती-बढ़ती रहती है।

Variable Costs *(परिवर्तनीय लागत)* : वे लागतें जो उत्पाद में घट-बढ़ के साथ बदलती रहती हैं।

Variable Interest Rate *(परिवर्तनीय ब्याज दर)* : किसी कर्ज़ पर ब्याज की वह दर जो बाह्य संकेतकों में परिवर्तनों के साथ बदल जाती है।

Velocity of Money *(मुद्रा का वेग)* : वह मूल्य जो यह व्यक्त करता है कि किसी दिए गए वर्ष में बाज़ार के ज़रिये मुद्रा आपूर्ति कितनी बार चलन में आती है। यह

V

बाज़ार मूल्य पर सकल घरेलू उत्पाद यानी जीडीपी में मुद्रा आपूर्ति को भाग देने से आई संख्या के बराबर होता है।

Vertical Integration *(लम्बवत एकीकरण)* : वस्तुओं के उत्पादन या जिंसों की आपूर्ति के विभिन्न चरणों का अधिग्रहण या विकास। वह तेल कंपनी इसका बढ़िया उदाहरण हो सकती है, जो कारोबार प्रक्रिया में ड्रिलिंग व निकासी से लेकर परिवहन व खुदरा बिक्री, और इनके बीच में आने वाले सभी पहलुओं पर नियंत्रण के लिए प्रयासरत है। देखिये एकीकरण।

Vesting *(वेस्टिंग, अधिकृत करना)* : वह प्रावधान जो किसी लाभ योजना के किसी भागीदार को कुछ आवश्यकताओं को पूरा करने के बाद अपने संचित लाभों को बनाए रखने का अधिकार देता है।

Veto *(वीटो)* : किसी निर्णय को अमान्य घोषित करने की क्षमता या अधिकार।

Vicious Circle *(दुष्चक्र)* : घटनाओं की वह श्रृंखला, जिसमें प्रत्येक क्रिया आगे आने वाली स्थिति को और बिगाड़ देती है, अक्सर एक गोलाकार रूप में। दुष्चक्र में किसी समस्या के लिए अपनाया गया समाधान समस्या को और बढ़ा देता है। इसके बाद समाधान को और बड़े स्तर पर और कड़ाई से लागू किया जाता है, जिससे समस्या और बढ़ जाती है और यही क्रम चलता रहता है। उदाहरण के तौर पर, ऊँचे कर करवंचना को प्रोत्साहित करते हैं, करवंचना का नतीजा बजट राजस्व में कमी के रूप में नज़र आता है। इसके कारण फिर कर बढ़ाए जाते हैं, जिससे करवंचना और बढ़ जाती है। इस तरह एक दुष्चक्र तैयार हो जाता है।

Void Contract *(अमान्य अनुबंध)* : वह करार जो कानूनी प्रावधानों, सार्वजनिक व्यवस्था और नैतिकता के खिलाफ होता है और इसलिए अमान्य होता है, भले ही अदालत ने इसे औपचारिक रूप से अमान्य न करार दिया हो।

Voting Right *(मतदान अधिकार)* : किसी आम शेयरधारक को कंपनी मामलों पर मतदान के लिए मिला अधिकार। यह अधिकार मुख्तारी के ज़रिये किसी दूसरे व्यक्ति को हस्तांतरित किया जा सकता है।

Voting with Feet *(बहिर्गमन)* : जब आबादी का एक हिस्सा भारी कर बोझ, भ्रष्टाचार, सतत बेरोज़गारी जैसी अस्वीकार्य आर्थिक या राजनीतिक स्थितियों के कारण अपने देश को छोड़ कर दूसरे देश में बस जाता है। इसे टाईबाउट परिकल्पना के रूप में भी जाना जाता है।

Voucher *(वाउचर, प्रमाणपत्र)* : किसी विशिष्ट वस्तु को हासिल करने का अधिकार देने वाला प्रमाणपत्र। इन्हें अक्सर सरकारी कंपनियों के बड़े पैमाने पर निजीकरण में

V

उपयोग किया जाता है, जहां सरकार जनता के लिए वाउचर वितरित करती है, जो उन्हें एक नव निजीकृत कंपनी में एक निश्चित हिस्सा देता है, या जब राज्य स्कूली बच्चों के माता-पिता को वाउचर प्रदान करता है, जिन्हें वे अपने बच्चों के लिए शिक्षा 'खरीदने' में इस्तेमाल कर सकते हैं।

W

Wage *(मज़दूरी, मेहनताना)* : किसी रोज़गार अनुबंध के अंतर्गत किए गए काम के एवज में किया जाने वाला मौद्रिक भुगतान ही मज़दूरी है। मज़दूरी को वेतन या प्रति घंटा भुगतान के रूप में अदा किया जा सकता है। देखिये वेतन, मज़दूरी दर।

Wage Rate *(मज़दूरी दर)* : काम के एवज में प्रति घंटा अर्जन या कमाई।

Wall Street *(वाल स्ट्रीट)* : न्यूयॉर्क के मैनहट्टन का वित्तीय ज़िला। यहां राष्ट्रीय व अंतरराष्ट्रीय वित्तीय बाज़ार के प्रमुख खिलाड़ी मौजूद हैं। यह शब्द संयुक्त रूप से इन खिलाड़ियों के लिए प्रयुक्त होता है। इसमें न्यूयॉर्क स्टॉक एक्सचेंज (एनवाईएसई), नेशनल एसोसिएशन ऑफ सेक्युरिटीज़ डीलर्स ऑटोमेटेड कोटेसंस (नैस्डैक), द न्यूयॉर्क बोर्ड ऑफ ट्रेड (एनवाईबीओटी) और कई बड़े बैंक और ब्रोकरेज हैं। 'वाल स्ट्रीट' शब्द बड़े वित्त और बड़े निगमों के लिए भी प्रयोग किया जाता है (मेन स्ट्रीट देखें)।

Walras' Law *(वालरा का नियम)* : मैरी एस्प्रिट लियोन वालरा द्वारा विकसित वह सिद्धांत जो कहता है कि द बाजार वाली किसी अर्थव्यवस्था में जहां आपूर्ति द-1 बाज़ार की मांग के बराबर होती है, वहाँ वस्तुओं के लिए समग्र मांग उनकी आपूर्ति के बराबर होगी। यह नियम सामान्य संतुलन सिद्धांत का नतीजा है। देखिये साम्य सिद्धांत, सामान्य संतुलन विश्लेषण।

Warrant *(वारंट, अधिपत्र)* : वह विकल्प जो वारंट धारक को सामान्य शेयर या बॉन्ड को वारंट में दी गई अवधि के दौरान एक तय कीमत पर खरीदने का अधिकार देता है।

Watch Dog *(नियामक)* : उस कमज़ोर और सीमित सरकार का समानार्थी, जहां

W

राज्य के पास केवल व्यक्तियों और उनकी संपत्ति को सुरक्षित रखने का दायित्व होता है। यह सर्वाधिकारी (बिग ब्रदर) सरकार का ठीक उलटा है। देखिये बिग ब्रदर।

WCO (World Customs Organization) *(डब्ल्यूसीओ [विश्व सीमा शुल्क संगठन])* : डब्ल्यूसीओ एक स्वतंत्र, अंतरसरकारी निकाय है, जो वैधानिक व्यापार को मदद करने और गैरकानूनी गतिविधियों को रोकने के लिए ईमानदार, पारदर्शी और भरोसेमंद सीमा शुल्क यानी कस्टम वाले माहौल को बढ़ावा देता है। यह सीमा शुल्क से जुड़े मुद्दों पर बातचीत का एक मंच है, जो इस क्षेत्र में सर्वोत्तम रीतियों और कानूनों का सुझाव देता है। डब्ल्यूसीओ की स्थापना सन 1952 में गैट के उसी आदेश के आधार पर कस्टम्स कोऑपरेशन काउंसिल के रूप में हुई थी, जिस पर ओईसीडी बना था। इसका नाम सन 1994 में बदलकर डब्ल्यूसीओ कर दिया गया। यह 177 सदस्य देशों से मिलकर बना है, जिसमें हर देश को महासभा में एक वोट देने का अधिकार है। इसकी कमान नीति आयोग के हाथ में है, जिसे वित्तीय सलाह वित्तीय समिति द्वारा दी जाती है। डब्ल्यूसीओ की रणनीतिक योजना की हर साल पूर्ण परिषद द्वारा समीक्षा की जाती है। इसका सचिवालय ब्रुसेल्स में है। अंग्रेज़ी और फ्रेंच इसकी आधिकारिक भाषाएं हैं। हालांकि, इसकी कुछ तकनीकी बैठकें स्पेनिश में भी होती हैं।

Wealth Tax *(संपत्ति कर, धन कर)* : वह कर जो व्यक्ति या संस्था की संपत्ति पर लगता है। इसमें अचल संपत्ति और/या शेयर व बॉन्ड समेत अमूर्त संपत्ति शामिल हो सकती है।

Welfare *(कल्याण)* : (1) भौतिक एवं आध्यात्मिक वस्तुओं का प्रावधान (2) किसी व्यक्ति या व्यक्तियों के एक निश्चित समूह द्वारा अनुभव किए जाने वाले सुख की दशा।

Welfare State *(लोक कल्याणकारी राज्य)* : ऐसा राज्य जो पेंशन, अनुलाभ, इत्यादि जैसे सामाजिक भुगतान और चिकित्सा, शिक्षा, इत्यादि जैसी कई सेवाएं प्रदान करता है। अत्यधिक विकसित सामाजिक सुरक्षा प्रणाली वाले स्कैंडिनेवियाई देशों को अक्सर कल्याणकारी राज्यों के उदाहरण के तौर पर पेश किया जाता है। उच्च स्तरीय पुनर्वितरण और सभी सामाजिक कार्यों एवं कार्यक्रमों का वित्तीयन करने के लिए ज़रूरी ऊंचे कर किसी लोक कल्याणकारी राज्य के आवश्यक लक्षण हैं।

White Knight *(दोस्ताना निवेशक)* : वह कंपनी या व्यक्ति जो दोस्ताना बोली लगाता है। वह जिस पर अधिग्रहीत की जा रही कंपनी का प्रबंधन आपत्ति नहीं करता। देखिये ब्लैक नाइट।

Whole Life Insurance *(संपूर्ण जीवन बीमा)* : वह बीमा जो किसी लाभार्थी या नामित को बीमित व्यक्ति की मृत्यु के बाद देय होता है, चाहे जब भी यह घटित हो।

इसके प्रीमियम की अदायगी कुछ निश्चित वर्षों तक या फिर जीवन भर की जा सकती है।

W

Wholesale *(थोक)* : कंपनियों के बीच वस्तुओं का व्यापार। आमतौर पर थोक व्यापार में वस्तुएं बड़ी मात्रा में बेची जाती हैं, हालांकि, ऐसा जरूरी नहीं है।

Wholesale Price *(थोक कीमत)* : वह कीमत जिस पर वस्तुएं कानूनी संस्थाओं जैसे कि अन्य कंपनियों को बेची जाती हैं, न कि अंतिम उपभोक्ता को। उदाहरण के लिए कोई दवा उत्पादक उन्हें थोक कीमतों पर खुदरा व्यापारियों यानी रिटेलर्स को बेचता है, जो बाद में इन दवाओं को फार्मेसी में खुदरा कीमतों पर ग्राहकों को बेचते हैं। कंपनियों द्वारा जारी चालानों या बिलों में थोक कीमतों का ज़िक्र होता है।

Willingness to Pay (WTP) *(भुगतान करने की इच्छा [डब्ल्यूटीपी])* : वह अधिकतम धनराशि, जिसे कोई व्यक्ति निश्चित वस्तुओं और सेवाओं के बदले भुगतान करने के लिए तैयार रहता है।

Windfall Profits *(अप्रत्याशित लाभ)* : अप्रत्याशित लाभ जो बाज़ार में महत्त्वपूर्ण बदलाव के परिणामस्वरूप पैदा होता है। यह शब्द बगैर प्रयास के तगड़े मुनाफा पाने से संबंधित है। सन 1970 में इस तरह का उदाहरण उस वक्त देखा गया, जब अमेरिका ने तेल की अस्थायी कमी से काफी मुनाफा कमाया था।

Win-win Situation *(लाभ ही लाभ की स्थिति)* : कोई समझौता, लेनदेन, प्रक्रिया या परिघटना, जिनकी मौजूदगी या निष्पादन सभी भागीदारों या संबंधित पक्षों के लिए लाभकर है। उदाहरण के लिए, वह संघर्ष समाधान जो दोनों पक्षों के लिए फायदेमंद है।

Work Contract, Employment Contract *(काम का करार, रोज़गार अनुबंध)* : नियोक्ता और कर्मचारी के बीच वह समझौता, जिसमें कर्मचारी तय काम के लिए तैयार होते हैं और नियोक्ता इसके बदले तय राशि का भुगतान करने को राज़ी होते हैं। करार मौखिक या लिखित कोई भी हो सकता है।

Workers Compensation *(श्रमिक मुआवज़ा)* : घायल कर्मचारियों या उद्योग में मारे गए कर्मी के आश्रितों को चिकित्सा देखभाल की लागत का भुगतान करने वाली एक प्रणाली। इसमें भुगतान का पूर्ण दायित्व नियोक्ता पर रहता है। इसके तहत उसे कानून द्वारा निर्धारित लाभों का भुगतान करते रहना पड़ता है।

Working Capital *(कार्यशील पूंजी)* : किसी एकल उत्पाद चक्र के लिए आवश्यक वित्तीय संसाधन, जिन्हें इसी चक्र के दौरान कच्चा माल खरीदने, मज़दूरी का भुगतान करने और उत्पादन चलाने के लिए अन्य फंड की ज़रूरतें पूरा करने जैसे कार्यों के लिए पूरी तरह से उपभोग कर लिया जाता है।

W

Work in Progress *(चालू कार्य, कार्य प्रगति पर है)* : लेखा यानी बहीखातों में शामिल सभी अधूरी वस्तुओं का मूल्य।

World Bank *(विश्व बैंक)* : विश्व बैंक ऋण देने वाली एक अंतरराष्ट्रीय संस्था है। यह विकासशील देशों के लिए वित्तीय और तकनीकी मदद का स्रोत है। विश्व बैंक का व्यापक मकसद दुनिया भर में गरीबी को कम करना है। विश्व बैंक समूह में पांच घटक शामिल हैं। इनमें पहला है- पुनर्निर्माण एवं विकास के लिए अंतरराष्ट्रीय बैंक (आईबीआरडी)। दूसरे नंबर पर अंतरराष्ट्रीय विकास संघ (आईडीए) है। ये दोनों क्रमशः मध्य आय और अति निर्धन राष्ट्रों की ज़रूरतों को पूरा करते हैं। इनके अलावा अंतरराष्ट्रीय वित्त निगम (आईएफसी), बहुपक्षीय निवेश गारंटी एजेंसी (मीगा) और निवेश विवादों के निपटारे का अंतरराष्ट्रीय केंद्र (आईसीएसआईडी) भी हैं। विश्व बैंक राष्ट्रों को आधुनिकीकरण एवं विकास में मदद के लिए निम्न ब्याज ऋण, ब्याजमुक्त कर्ज़ और अनुदान प्रदान करता है। विश्व बैंक के वित्तीय कार्यक्रमों के साथ अक्सर सामाजिक और आर्थिक सुधार भी जुड़े होते हैं, ताकि गरीबी और कर्ज़ का दीर्घावधि समाधान सुनिश्चित किया जा सके। विश्व बैंक की स्थापना सन 1944 में हुई थी। इसके बाद से इसने विकसित होते हुए अब विकासशील विश्व में नागरिक समाज और राजनीतिक अर्थव्यवस्था के लगभग सभी पहलुओं की निगरानी करने वाले एक विशाल निकाय का रूप ले लिया है। इसका मुख्यालय वॉशिंगटन, डीसी में है। अंग्रेज़ी, स्पेनिश, फ्रेंच, रूसी और अरबी इसकी आधिकारिक भाषाएं हैं। इसके सदस्य राष्ट्रों की संख्या 187 है। बोर्ड ऑफ गवर्नर्स में इनका प्रतिनिधित्व होता है, जिसकी बैठक साल में एक बार होती है। पूरे साल भर एक 25 सदस्यीय निदेशक मंडल बैंक के दिन-प्रतिदिन के कामकाज निबटाता है। विश्व बैंक के सबसे बड़े पांच सदस्य (अमेरिका, ब्रिटेन, फ्रांस, जर्मनी और जापान) अपने एक-एक निदेशक नियुक्त करते हैं, जबकि अन्य सदस्य राष्ट्र कुल मिलाकर 20 निदेशक नामित करते हैं। विश्व बैंक अपने ऋण पोर्टफोलियो के खराब प्रबंधन और अपने कार्यक्रमों का सटीक लागत-लाभ विश्लेषण नहीं कर पाने के कारण आलोचना का शिकार बनता रहा है। आलोचकों का आरोप है कि बैंक की तमाम गतिविधियां फिज़ूलखर्ची वाली और गैर-उत्पादक रही हैं।

World Federation of Exchanges (WFE) *(विश्व एक्सचेंज परिसंघ [डब्ल्यूएफई])* : विश्व के एक्सचेंजों का परिसंघ, विनियमित प्रतिभूति व वायदा बाज़ारों, निपटान संस्थाओं व संबंधित परिशोधन गृहों (क्लीयरिंग हाउसेज) और पूंजी बाजार के लिए उनकी विविध सेवाओं की खातिर बना एक व्यापार संगठन है। यह एक निजी संगठन है, जो विश्व के अग्रणी बाज़ारों के ऑपरेटरों से मिलकर बना है। यह उनके लिए संवाद, विश्लेषण और चर्चा का एक मंच प्रदान करता है। इसका मकसद संगठित और जवाबदेह बाज़ारों के प्रतिनिधित्व व विकास के लिए सुविधा प्रदान करना है। परिसंघ कारोबारी समूहों, नियामकों और सार्वजनिक प्राधिकरणों के साथ मिलकर व्यावसायिक रणनीति, नीति

W

व प्रबंधन के बेहतर संयोजन के लिए काम करता है और बाज़ारों को बढ़ावा देता है। इस परिसंघ की स्थापना सन 1961 में हुई थी। इसका मुख्यालय फ्रांस में है। यह दुनिया भर के 57 एक्सचेंज बाज़ारों से मिलकर बना है, जिनकी विश्व के शेयर बाज़ार पूंजीकरण में 97 फीसदी हिस्सेदारी है। इसके 21 सहयोगी एक्सचेंज और 34 प्रतिनिधि बाजार भी हैं।

Write-downs *(मूल्य में कमी करना)* : संपत्ति के दर्ज मूल्य में कमी करना क्योंकि बाज़ार मूल्य की तुलना में उनका मूल्य कम आंका गया होता है।

WTO (World Trade Organization) *(डब्ल्यूटीओ [विश्व व्यापार संगठन])* : डब्ल्यूटीओ एक मात्र ऐसा अंतरराष्ट्रीय निकाय है, जो विभिन्न देशों के बीच व्यापार का नियमन करने वाले 'खेल के नियमों' की व्यवस्था करता है। इसका मुख्य कार्य अंतरराष्ट्रीय व्यापार के हर संभव निर्बाध प्रवाह को सुनिश्चित करना है। यह व्यापार समझौतों का व्यवस्थापक और व्यापार वार्ताओं के लिए एक मंच है। इसके कामों में व्यापार विवादों को सुलझाना, व्यापार नीतियों पर निगरानी रखना और विकासशील देशों को तकनीकी सहायता प्रदान करना भी शामिल है। डब्ल्यूटीओ गैट की उरुग्वे दौर की वार्ताओं के परिणामस्वरूप सन 1995 में बना था। इसका सचिवालय जेनेवा में है। अंग्रेज़ी और फ्रेंच इसकी आधिकारिक भाषाएं हैं। 153 राष्ट्र इसके सदस्य हैं और 30 अन्य राष्ट्र इसमें प्रवेश के लिए प्रयासरत हैं। इसका शीर्ष निर्णयकारी निकाय मंत्रिस्तरीय सम्मेलन (मिनिस्टीरियल कॉन्फ्रेंस) है। इसके मातहत महापरिषद यानी जनरल काउंसिल कार्यरत है। वस्तु परिषद, सेवा परिषद और बौद्धिक संपदा परिषद इसी महापरिषद के प्रति जवाबदेह हैं। इनके अलावा कई विशेषज्ञताप्राप्त समितियां और समूह भी हैं, जो तमाम क्षेत्रीय या खास मुद्दों पर काम करते हैं।

Y

Y

Yield *(प्रतिफल, यील्ड)* : पूंजी निवेश, बांड, ऋण या स्टॉक पर मिलने वाला प्रतिफल यानी लाभ।

Yield, Rate of Return *(यील्ड, प्रतिफल की दर)* : किसी निवेश पर ब्याज के रूप में निवेशक द्वारा अर्जित लाभ। निवेश के यील्ड और पूंजीगत लाभ के योग निवेश पर कुल प्रतिफल का प्रतिनिधित्व करते हैं।

Yield to Maturity (YTM) *(परिपक्वता पर प्रतिफल [वाईटीएम])* : प्रतिफल की वह दर जो कि किसी निवेशक को प्राप्त होगी, अगर परिपक्वता की तारीख तक निवेश को पोर्टफोलियो में बनाए रखा गया है। यह बांडों के मूल्यांकन की एक विधि है, जिसमें किसी बांड के जीवनकाल में प्राप्त होने वाला विमोचन यानी रिडेंप्शन मूल्य, धन का समय मूल्य और सभी भुगतानों का मौजूदा मूल्य दिए होता है।

Z

Z

Zero Sum Game *(शून्य राशि खेल)* : कोई भी स्थिति जहां सभी 'लाभों' को अन्य पक्षों की हानियों द्वारा बराबर कर दिया जाता है। इस तरह धन का कुल स्तर समान बना रहता है। यह महज एक हाथ से दूसरे हाथ में आता-जाता है।

राजपाल

अर्थशास्त्र शब्दकोश

हिन्दी-अंग्रेज़ी

अ

अ

अंकित मूल्य *(Nominal Value, Par Value, Par)* : the value indicated on a security. The nominal value is assigned to a security when it is first issued. The nominal value is used to count votes in a joint stock company. Nominal value differs from the market price of a security which could be higher or lower than the nominal value.

अंतरपणन, आर्बिट्रेज, विदेशी मुद्रा, हुंडी का क्रय-विक्रय कर कमाया गया लाभ, मुनाफा, लाभ *(Arbitrage)* : the profits earned when an item is purchased in one market for a lower price, and is sold in another market at a higher price. See Speculation

अंतरबैंक बाज़ार *(Interbank Market)* : the money market in which banks borrow from one another. Interest rates in the interbank market are referred to as the interbank rate and are frequently used as a reference for setting interest rates on loans granted by commercial banks to market participants. See London Interbank Offered Rate (LIBOR)

अंतराल *(Lag)* : the amount of time that elapses between an action and its result. When making economic decisions, one should take into account the lag between implementation and results.

अंतर्जात *(Endogenous)* : (1) internal factor; (2) a variable in a model.

अंतरराष्ट्रीय मुद्रा कोष *(IMF [International Monetary Fund])* : the IMF works to foster global monetary cooperation and financial stability, as well as to facilitate international trade, sustainable economic growth, high em-

अ

ployment, and reduced poverty. It also provides temporary financial assistance to help ease balance of payment adjustments. Its three main operations are surveillance of member states, financial assistance, and technical assistance. The IMF was conceived at Bretton Woods in 1944. It is based in Washington, DC, and its official languages are English, French, and Spanish. It is headed by the Board of Governors, which meets once a year. Daily operations are overseen by the Executive Board. The IMF is composed of 187 member states that pay quotas based on the size of their respective economies. These quotas are instrumental in determining the amount of the IMF's loanable funds, as its operations are financed primarily through interest on loaned funds. Loans are conditional upon reforms, many of which are the subject of harsh criticism. The IMF is connected to the U.N. and 12 other independent organizations through cooperative agreements.

अंतरराष्ट्रीय लेखाकार परिसंघ (आईएफएसी) *(IFAC [International Federation of Accountants])* : IFAC is the global organization for the accountancy profession. It works to ensure high quality practices by the world's accountants. High standards in auditing, education, ethics, and public sector reporting are the IFAC's main topics of interest. IFAC utilizes regional boards and annual meetings to maintain communication among members. IFAC is composed of 163 member organizations in 120 countries. Its offices are based in New York City, and its official language is English.

अंतरराष्ट्रीय लेखा मानक *(IAS [International Accounting Standards])* : the rules developed and published by the International Accounting Standards Committee for the evaluation of assets, own capital and liabilities of economic entities, recognition of income and costs and their recording in the accounts, on the basis of which financial statements are drawn up.

अंतरराष्ट्रीय सुरक्षा पहचान संख्या (आईएसआईएन) *(ISIN [International Securities Identification Number])* : a unique international securities identification number is assigned to distributors of securities after opening a securities account with a depository.

अंतिम उत्पाद *(Final Product)* : goods and services meant for full consumption, e.g., bread is considered a final product when it is purchased to be eaten. It would not be considered a final product if it was purchased by a restaurant to make fried bread.

अंतिम ऋणदाता *(Lender of Last Resort)* : the function of the central bank when it provides credit to a commercial bank in distress to which other commercial banks refuse to lend.

अ

अंतिम स्पष्ट अवसर *(Last Clear Chance)* : an exception to the doctrine of contributory negligence that makes a person who has a final opportunity to avoid an accident and fails to do so legally liable.

अग्रिम अनुबंध/अग्रिम बिक्री *(Forward Contract/Forward Sale)* : the purchase of goods or commodities at the current price, for delivery at a specified future date. Similar to futures contracts except that they are not traded on a market. Private agreements between two financial institutions or between a financial institution and one of its corporate customers. See Future Contract, Option

अग्रिम भुगतान *(Advance Payment)* : early payment of an amount, in full or in part, as stipulated by contract.

अति मुद्रास्फीति *(Hyperinflation)* : a protracted period of rising prices and rapid loss of the value of the currency unit. Hyperinflation is usually defined as 50 percent or higher monthly inflation. The cause of hyperinflation is continued largescale currency issuance or the complete loss of trust in a currency. See Credit Creation, Inflation

अदला-बदली *(Barter)* : direct exchange, exchanging one commodity or service for another.

अदृश्य हाथ *(Invisible Hand)* : the metaphor created by Adam Smith in 1776 to characterise the market price setting mechanism. The market price may harmonise the decisions of independent buyers and sellers and maximise their benefits, although no one organises this activity in a conscious, centralised, or planned way. Each individual acts for the benefit of society while seeking personal gain, as if guided by an invisible hand.

अधिकतम ऋण सीमा, क्रेडिट लाइन *(Credit Line)* : an agreement between a company and a commercial bank where the bank ensures access to a specified amount of money that the company may borrow for a limited time, at a predetermined interest rate. The credit line is usually intended to finance unexpected expenses or to balance cash flows.

अधिकारप्राप्त व्यक्ति *(Endorsee)* : the person or company who receives a bill or check with all the rights granted under the endorsement.

अधिकृत पूंजी *(Authorised Capital)* : the maximum amount of share capital that a public limited company or a private limited company can issue according to its articles of association.

अ

अधिग्रहण *(Acquisition)* : a method of merging companies where one or more companies are merged into another company which then acquires all the rights and duties of the acquired company. See Merger

अधिग्रहण बोली *(Takeover Bid)* : an offer to buy shares in a company from the current holders for the purpose of controlling the block of shares. Takeover bids are aimed at acquiring a controlling interest in the company. See Hostile Takeover

अधिशेष *(Surplus)* : (1) a situation where the number of products offered in the market exceeds demand (given a certain price); (2) a situation where income (inflows) exceed expenditures.

अधिशेष मुनाफा *(Excess Profit)* : a profit which is higher than would be needed to ensure continuity of a company's operation and is in excess of the average rate of profit or rate of return. It also emerges in the face of monopolistic pricing. In the conditions of a free market, excess profit is a temporary and short-term phenomenon as it encourages competition which removes the possibility of excess profit.

अध्यारोपित मूल्य, थोपी गई कीमत *(Imputation of Value)* : the idea that the value of capital goods is determined by the value of the consumer goods they are used to produce. Carl Menger was the first to prove that the value of the means of production arises from the value of consumer goods produced by using these resources. Thus, a Ferrari is expensive not because expensive resources are used to make it, but rather because consumers attach a higher value to Ferraris than most other cars; therefore, more costly resources can be used to make them.

अनिवार्य रूप से सही *(Apodictic)* : necessarily true; apodictic statements are used in economic theory when analysing various logical constructions whose conclusions necessarily follow from the assumptions, i.e. they are apodictic.

अनिश्चितता *(Uncertainty)* : the situation encountered by the market participant who perceives that he cannot have all the information and therefore cannot precisely predict the consequences or probabilities of his actions or decisions. Uncertainty differs from risk in that the latter can be assessed.

अनुदान, सब्सिडी, रियायत *(Subsidy)* : direct state financial support or tax deductions with respect to a certain branch or company with the aim of reducing the price of a commodity to the consumer, improving operating indicators of a company or helping it to adapt to changed circumstances. Subsidies redistribute wealth, violate free competition, and reduce the incentives to operate efficiently.

अनुपालन प्रमाणपत्र, पुष्टि प्रमाणपत्र *(Conformity Certificate)* : a document issued by a licensed conformity assessment institution under certification rules, which certifies that the product, process or service meets a certain standard.

अनुपालन लागतें *(Compliance Costs)* : the costs incurred by companies or other market participants when complying with government regulations.

अनुबंध *(Contract)* : a voluntary agreement, either oral or written, between two persons or legal entities to perform a certain action, or a promise to perform an action at some future date or depending on a specified event. For a contract to be legally enforceable, some form of consideration must be received, the act or promise must be legal, the parties to the contract must be competent, and the contract must represent the meeting of the minds.

अनुमान, उम्मीदें *(Expectations)* : best guesses about the future based on market processes and various indices. Expectations may be rational when based on objective information, and are considered logical or adaptive when based on historical or past experience. See Rational Expectations Theory

अनुमानित हानि अनुपात *(Expected Loss Ratio)* : the percentage of the final rate allocated for the payment of losses.

अनुमानी मॉडल *(Heuristic Model)* : a model for simplifying underlying assumptions to explain the basic principle or phenomenon.

अनुमोदन, इकरार, स्वीकृति *(Acceptance)* : (1) accepting a bill of exchange for payment; (2) a mark or seal of a financial institution guaranteeing the redemption of a bill of exchange at the expiry of its term.

अनुमोदन करने वाला, एनडोर्सर *(Endorser)* : the person who makes an endorsement mark on a bill or a check.

अनुलाप, पुनरुक्ति *(Tautology)* : the characterization of a concept, definition, statement or its part using the same concept, definition or statement. A tautologous statement is true by virtue of and to the extent that the words making up the concept are true (as in "new innovation").

अ

अनुषंगी, सहायक कंपनी *(Subsidiary)* : a company owned by another company, referred to as the "parent company."

अपस्फीतिकारक *(Deflator)* : price level index used to measure the average production price level in a country in comparison with the level of prices in a reference year. This derivative factor is applied to compute the real Gross Domestic Product. The real GDP is equal to the ratio of the nominal GDP combined with the deflator.

अपूर्ण प्रतियोगिता *(Imperfect Competition)* : a situation in the market when one seller (or buyer) is capable of influencing the market price. See Competition, Monopoly, Perfect Competition

अप्रतिरोध्य बल *(Force Majeure* [Fr.—irresistible force]). Conditions which are independent of the powers of parties to a contract, such as a natural disaster, riots, or various acts of God. This term can be found in nearly every contract. Usually, in the presence of a Force Majeure situation the parties are excused from performance of their obligations. In insurance contracts Force Majeure may be considered an insured event.

अप्रत्यक्ष कर *(Indirect Taxes)* : income taxes that are paid by the tax-payer when spending his income, i.e., when buying goods and services, rather than when receiving it. They are otherwise called consumption taxes. Examples of indirect taxes are the value added tax, sales tax, and excise taxes

अप्रत्याशित लाभ *(Windfall Profits)* : an unexpected profit that resulted from significant changes in the market irrespective of the will of the profiteer. This term refers to gaining a large profit without effort. An example of this occurred in the 1970s when the U.S. earned large amounts of profits from a temporary scarcity of oil.

अप्रभावी कर *(Ineffective Tax)* : a tax generating revenue which is lower, is equal to, or is only slightly higher than the administration costs.

अफ्रीकी विकास बैंक समूह *(African Development Bank Group)* : a multinational bank group supported by 53 member countries from Africa and 24 affiliate countries in North and South America, Europe, and Asia. It is composed of three entities: the African Development Bank, the African Development Fund, and the Nigeria Trust Fund. The African Development Bank is a regional multilateral development bank that promotes the economic development and social progress of its regional member countries. The African Development Fund's main goal is poverty reduction; it provides development finance on concessionary terms to low-income member countries that are unable to borrow on the Bank's regular terms. The Nigeria Trust Fund was established to assist with the development efforts of poorer ADB member states. The AFDB was founded in 1964, and is headquartered in Abidjan, Cote d'Ivoire.

अफ्रीकी संघ (एयू) *(African Union [AU])* : Africa's principal organization to promote accelerated socio-economic integration of the continent, which is expected to lead to greater solidarity among people and nations. It focuses on promoting peace, stability, and security throughout Africa, as well as partnerships between governments and all levels of civil society. Human rights, democracy, and sustainable development are overarching goals of the AU. Eventual plans are for a common currency and market, much like the EU, as well as a single integrated defence force and formal state institutions. The African Union was founded in 2002 from its predecessors: the Organization of African Unity and the African Economic Community. Its headquarters are located in Addis Ababa, Ethiopia. There are 53 member states from the continent—every nation except Morocco. Its general assembly is comprised of heads of state from each member state, and is led by a Commission of the secretariat and executive body. Harmonization of policies and the pursuit of goals seen as being common to all African people are valued by advocates of the African Union above national sovereignty and self-determination. Unfortunately, many of the activities of the AU have suffered because of widespread corruption.

अभिदान (सब्सक्रिप्शन) अधिकार *(Subscription Rights)* : a document certifying the right granted to the company's shareholders to acquire shares of a new issue of stock in proportion to the number of shares held by them prior to any other investors. The shareholders may use these rights over a defined period of time.

अमानतदार *(Depository)* : a bank or a specialized company engaged in the safekeeping of securities or other deposited valuables and their accounting. See Central Depository

अमानती रसीद *(Depository Receipt)* : a security confirming the holder's right to receive income from the issuer of the security.

अमान्य अनुबंध *(Void Contract)* : a contract that contradicts the im-

अ

perative provisions of the law, public order, and morals and is therefore void irrespective of a court decision to formally recognise it as void.

अमूर्त परिसंपत्तियां *(Intangible Assets)* : assets with monetary value which, however, cannot be touched, e.g., goodwill, trademarks, and patents.

अमेरिकी एजेंसी प्रणाली *(American Agency System)* : the term applied to the system of insurance marketing in which the agent is an independent business operator rather than an employee of the company.

अरब लीग *(Arab League)* : an organization of Arab states. The League's Charter states that the League shall coordinate economic affairs, commercial relations, communications, cultural affairs, social affairs, and health affairs. Members are forbidden from resorting to force against one another. Its main goals are to serve the common good of, and ensure better conditions for all Arab countries. Additionally, it aspires to guarantee the future of all Arab countries and fulfil the hopes and expectations of all Arab countries. The Arab league was founded in 1945, and its headquarters are located in Cairo, Egypt. It is composed of 22 member states, with Eritrea under observer status. It has primarily political aims, with membership contingent upon culture rather than geographical location. It has not achieved any degree of regional integration, and its organization does not directly affect the lives of citizens in its member states. All Arab League members are also members of the Organization of the Islamic Conference.

अराजकता, अव्यवस्था, अशासन या कुप्रबंध *(Anarchy)* : the absence of government; an order where public life is conducted, all issues are resolved, and all needs are satisfied without the state, its institutions or its laws. There are few examples of anarchy in the history of mankind, with perhaps the period of interregnum in Somalia as the best example, which has continued since 1991. Periods of anarchy are often marked by the use of force and general social unrest.

अर्थ दंड *(Fine, Penalty)* : a demand for money resulting from an offence or a breach of contract. Often, these are damages set by courts. See Damages

अर्थमिति *(Econometrics)* : study of economic phenomena and their interrelations using mathematical and statistical methods.

अर्थशास्त्र का शास्त्रीय संप्रदाय *(Classical School of Economics)* : economic theories developed through the work of Adam Smith (1723–1790) and David Ricardo (1772–1823). The classical school holds that free markets reach equilibrium prices and quantities on their own, and function best without interference; and that free trade among nations increases real incomes and general welfare.

अर्थशास्त्र की नवशास्त्रीय विचारधारा (Neoclassical School of Economics) : the totality of economic ideas formed on the basis of the works by Alfred Marshal in the middle of the 19th century. It revised the views of the representatives of the Classical School of Economics towards economic processes. It essentially adjusted the understanding of value in classical economic theory and replaced the cost and labour value theory with the subjective theory of value and marginal analysis (for this reason the spread of the neoclassical economics was called the "marginal revolution"). The neoclassical theory united capital and land into one factor of production and opted for the analysis of two factors of production instead of three. The classical theory was supplemented with the mathematical modelling of the general equilibrium. See Cambridge School

अर्धमुद्रा *(Quasimoney)* : the sum of time and savings deposits and foreign currency deposits held in commercial banks. They are called quasi-money because they are not fully liquid, since the withdrawal of a time deposit before maturity results in the loss of all or part of the interest. See M3, Money Supply

अर्हताप्राप्त पूंजी, योग्य मताधिकार *(Qualified Capital, Qualified Voting)* : the proportion of the authorised capital of a company and/or voting rights held directly or indirectly by one person, or such relations between the person and the company, whereby the person holds 10 percent or more of the authorised capital and/or voting rights, has the power to elect (appoint), recall (dismiss) more than 1/3 of the members of management bodies, and, in accordance with the company's articles of association or transactions entered into, may exert decisive influence on the operation of the company and decisions made by management bodies.

अलग करना *(De-coupling)* : to separate or detach. To decouple the financial markets of the "Euro zone" and the USA would mean to separate or isolate them from one another. At another level it refers to a process that is normally synchronous no longer being so, e.g., stocks and bonds no longer rising and falling together, as is usually the case.

अल्पाधिकार *(Oligopoly)* : a situation in the market where the major

अ

part of the supply of certain goods or services belongs to a small number of producers.

अल्पावधि *(Short Run)* : (1) a period during which the price and amount of factors of production does not change; (2) a period under one year.

अल्फा *(Alpha)* : return of an investment fund compared to the average return in the market. If alpha is more than a zero, then the yield on the shares of the investment fund in question is higher than the average yield of securities in the market. When the calculation of alpha is adjusted by the correlated volatility of the investment or fund relative to the entire market (beta), if a fund has a positive alpha it means that it has performed "better than expected; if alpha is negative its performance has been "worst than expected". See Beta

अवमूल्यन *(Devaluation)* : official reduction of the exchange rate against another foreign currency, usually used as the base currency, or gold, undertaken by the central bank.

अवशिष्ट दावेदार *(Residual Claimant)* : an individual who has the right to any income remaining after all other payments have been made. As an example, owners or shareholders of a firm are residual claimants to any income remaining after paying for all the costs associated with the firm's activities.

अवशिष्ट मूल्य *(Salvage Value)* : the final value of an asset after total depreciation costs have been recorded.

अवसर लागत *(Opportunity Costs)* : the totality of goods and services that it would be possible to acquire if the funds were not spent on selected goods and services or for other purposes. It is the value of foregone goods or lost opportunities, e.g., a person may decide not to acquire furniture in favour of a tourist trip, or skip a university education in favour of the earnings attained by employment over the same period of time. Opportunity costs exist because human acts in the market are fundamentally a matter of choosing between alternatives. Opportunity costs may be obvious, such as those expressed in monetary terms, or in certain cases only implied, as with those expressed as time or effort spent.

अवितरित आय *(Retained Earnings, Undistributed Profit)* : the part of the profit remaining after paying the profit tax that has not been paid as dividends. Reinvestment of retained profit increases the value of the company's shares. In accounting, retained profit is that part of the profit about whose allocation no decision has yet been made by the shareholders.

अवितरित हानियां *(Undistributed Losses)* : losses incurred and accounted by a company which have not yet been covered.

असीमित देयता, असीमित दायित्व *(Unlimited Liability)* : legal situation in which the owners of a company are held completely liable for all claims, and personal property may be claimed by creditors when that of the company has been exhausted. Sole proprietorships and some partnerships are legal entities with unlimited liability. See Limited Liability

आ

आ

आंतरिक ऋणदाता *(Internal Creditors)* : domestic banks, individuals, or other financial institutions able to grant loans and other binding debt documents.

आंशिक संतुलन मॉडल *(Partial Equilibrium Model)* : the calculation of the equilibrium price of a good is simplified by restricting the analysis to just one good, and assuming "ceteris paribus" (holds the price of all other goods constant). Spillover-effects into other markets are not taken into account.

आईएआईएस (बीमा पर्यवेक्षकों का अंतरराष्ट्रीय संघ) *(IAIS [International Association of Insurance Supervisors])* : the IAIS was created as a forum to improve supervision of the insurance industry on domestic and international levels to maintain stable insurance markets, and in turn stable financial markets. The IAIS issues global standards and principles, as well as papers with policy recommendations. It provides training and support in insurance market supervision, as well as serving as a forum for the exchange of ideas at conferences and seminars. The IAIS was founded in 1994 and represents insurance regulators and supervisors in more than 180 jurisdictions in 130 countries. It is headed by an Executive Council, which is supported by three main committees: the Technical Committee, the Implementation Committee, and the Budget Committee. It is located at the Bank for International Settlements in Basel, Switzerland.

आईएएसबी (अंतरराष्ट्रीय लेखा मानक बोर्ड) *(IASB [International Accounting Standards Board])* : responsible for promulgating an international standard of reporting financial data.

आईओएससीओ (प्रतिभूति आयोग का अंतरराष्ट्रीय संगठन) *(IOSCO [International Organization of Securities Commissions])* : the IOSCO's mission is to promote and maintain strong, just, effective markets through high regulatory standards, sharing of best practices, surveillance, and enforcement against violations. Cooperation and transfer of expertise, especially between developed and developing nations, are at the heart of its mission. There are four Regional Standing Committees: Africa/ Middle East, Asia-Pacific, European, and Inter-American. There are two specialized working committees: a Technical Committee and an Emerging Markets Committee. There is also an Executive Committee and a Presidents' Committee, which possesses all the powers necessary to achieve the IOSCO's purposes. The IOSCO was founded in 1983 from an Inter-American alliance, and quickly progressed into an international standard-setting agency. The IOSCO Secretariat is based in Madrid, and its official languages are English and Spanish. Recent key achievements are the adoption of a comprehensive set of Objectives and Principles of Securities Regulation, the 2002 endorsement of a multilateral memo of understanding to facilitate enforcement and exchange of information between the international securities regulatory community, and the 2003 adoption of a comprehensive methodology to assess implementation levels of IOSCO principles and action plans.

आउटसोर्सिंग *(Outsourcing)* : where a company attempts to reduce costs or receive better quality service by transferring certain functions to an outside provider. An example of this would be hiring a security firm to provide protection at a research centre, instead of utilizing the security personnel from the company's own internal resources.

आकर्षक हानिकारक वस्तु *(Attractive Nuisance)* : a dangerous place, condition or object that is particularly attractive to children: in these cases, the courts have frequently held that where 'attractiveness' exists, the owner is under a duty to take steps to prevent injury to those who may be attracted and the owner may be held liable for failure to do so.

आक्रामक कीमत निर्धारण (Predatory Pricing) : the economic theory that firms will engage in price wars and sell at prices below market costs in an effort to drive competitors out of the market. Once the market is captured, the firm will then raise prices to earn monopoly rents. Empirically, successful predatory pricing is rare or non-existent. A firm must be willing to incur losses by selling below cost in the hope of an eventual monopoly. However, there is no guarantee that the firm can then raise prices without at-

आ

tracting new entry, making it unlikely that the predatory firm can recoup its losses.

आत्मनिर्भर अर्थतंत्र *(Autarky)* : a closed market excluded from international trade, or economic separation of a country from the global exchange system and the international division of labour. This is the opposite of an open market, and is especially unfavourable to consumers as they are either stripped of the opportunities to acquire desirable goods and services, or have to pay a much higher price than in an open market.

आदर्शलोक, यूटोपिया *(Utopia)* : a term used to convey an ideal state of social, moral, political and economic perfection.

आदर्श स्थिति *(Ideal Type)* : a purely theoretical construct used to analyze economic concepts. A good example would be 'the rational consumer', who only exists in theories — there is no such person. This practice was introduced by the German sociologist, Max Weber.

आदेशानुसार जारी मुद्रा *(Fiat Money)* [*Lat.* fiat – let it be done] : national paper money issued by decree which is not covered by gold reserves, cannot be converted into gold and is only used as a medium of exchange. Most modern currencies are fiat money. See Fiduciary Media

आधार अंक *(Basis Point)* : one-hundredth of a percent, usually used to calculate and define minor changes in interest rates, i.e., if the interest rate increased by 50 basis points, the difference between the new and the previous rate would be 0.5 percentage points.

आधार दर *(Base Rate)* : the reference rate used by commercial banks to set interest rates on loans, usually set by the national central banks and managed by open market operations.

आधार मुद्रा *(Base Currency)* : a foreign currency against which the exchange rate of the national currency is linked in some way.

आधिकारिक रूप से अघोषित अर्थव्यवस्था *(Officially Undeclared Economy)* : part of a country's economy which is not included in the official statistics; i.e. the shadow economy. The officially undeclared economy includes legal undeclared activities and illegal activities.

आनुभाविक साक्ष्य *(Empirical Evidence)* : proof based on experience and observation.

आ

आपूर्ति *(Supply)* : the volume of goods and services offered for sale at a certain price.

आपूर्ति कर्व *(Supply Curve)* : a graphical representation of the law of supply. The supply curve rises from left to right and shows that with rising prices, supply will also increase since it pays for less efficient producers to produce goods. The demand and supply curves are often represented together and intersect at the so-called point of equilibrium price. See Equilibrium Price

आपूर्ति का नियम *(Law of Supply)* : states that as the price of a good or service is increased the quantity supplied will increase, and as the price is decreased the quantity supplied will decrease.

आपूर्ति की लोच *(Elasticity of Supply)* : a measure of the changes in the supply of a good to the changes in its price. This response is measured as the ratio of the change of supply (as a percentage) to the change in price (as a percentage).

आपूर्ति झटका *(Supply Shock)* : a sudden event that causes a significant change in the volume and prices of the factors of production, i.e., changes in the production function of the economy.

आपूर्ति-पक्षीय अर्थशास्त्र *(Supply-sided Economics)* : refers to a body of thought originally developed by Nobel Laureate Robert Mundell and Arthur Laffer, Norman Ture, and others, which stressed the impact of tax rates on the incentives for people to produce and use resources efficiently. Mundell and Laffer had concluded that the high marginal tax rates imposed by many governments had undermined the incentives to work, save, and invest and were in part responsible for the sluggish economic performance of the US and much of Europe in the 1970s. The supply-side prescriptions of sharp reductions in marginal tax rates, coupled with a restrictive money policy, were adopted by the Reagan administration. The result was a sharp reduction in inflation and a great increase in the rate of economic growth and employment.

आम कानून *(Common Law)* : distinguished from law created by the enactment of statutes; common law comprises the body of principles and rules of action relating to the government and security of persons and property, which derive their authority solely from usages and customs of immemorial antiquity, or from the judgements and decrees of the courts.

आ

आम शेयर, साधारण शेयर *(Common Stocks, Ordinary Shares)* : capital stocks granting the investor a voting right and the possibility to receive dividends. It is the most popular kind of stock and is usually secondary to preferred stocks in any claims on dividends and assets. See Preferred Stock

आय *(Income)* : the return in money or in kind from a company or person's business, labour efforts, capital investment, services rendered, goods or property sold, or from the return on financial investments.

आयकर *(Income Tax)* : a tax that is based on the net income earned by a person or business.

आय का पुनर्वितरण *(Income Redistribution)* : the function of distributing wealth among the members of the society performed by the state when taxes collected from taxpayers are allocated to other members of society. Income redistribution aims at distributing income as evenly as possible among the members of society and ensuring a certain living standard to all.

आयत चित्र, बार चार्ट *(Histogram, Bar Chart)* : a chart with a series of rectangles, showing a graphical representation of the distribution of statistical data or their density.

आय प्रभाव *(Income Effect)* : the change in demand for a commodity caused by the change of real income of consumers, which in turn was brought about by the changed price of a commodity i.e., demand for cheaper fuels rises because of the income effect as people can buy more fuel, or because of the effect of substitution, as this comparatively cheaper product can be substituted for other products. See Substitution Effect

आय स्टॉक, कमाऊ शेयर *(Income Stock)* : a stock that has a history of earning high dividends over an extended period of time.

आयात *(Import)* : the purchase and/or transportation of goods, services, labour, or capital from a foreign country.

आयात कोटा *(Import Quota)* : a limit set by the government which limits the amounts of certain goods allowed into the country from abroad. This serves to disrupt free trade, and is often wielded to protect local producers from foreign competition.

आयात शुल्क *(Import Duty/Duty Tax)* : a tax levied by the government on imported goods, which serves to raise the price of these goods, and thereby makes them less attractive to consumers in comparison to domestic products.

आरक्षित कर *(Earmarked Tax)* : taxes that are collected and used for a particular purpose.

आरक्षित मुद्रा *(Reserve Currency)* : the currency whose reserves are used by the central bank to guarantee the stability of the national currency. In order for the central bank to be able to exchange the national currency into the reserve currency on demand, it has to hold 100 percent reserves of the reserve currency, part of which has to be in liquid form.

आर्थिक और मौद्रिक संघ (ईएमयू) *(Economic and Monetary Union [EMU])* : the process of economic integration that led to a single monetary policy which in turn resulted in the introduction of the common currency, and the coordination of fiscal policies between the member countries of the EMU.

आर्थिक गणना *(Economic Calculation)* : procedures for assessing the results of intended or performed action by comparing incurred (expected) expenditure with received (expected) income. The economic calculation answers the question of the producer: "Is it worth it and to what extent". The economic calculation is only possible when market prices are available, thus it does not exist in socialism, where market prices do not exist. The economic calculation can be made only in particular conditions and when a particular market player operates. The economic calculation has an exceptionally specific value and cannot be used for historical research, generalisations or other academic purposes. The economic calculation does not include statistical or macro-economic calculations, such as the current account deficit or the gross domestic product.

आर्थिक नीति *(Economic Policy)* : system of regulating economic processes by the state. A state's economic policy relies on certain assumptions on how best to manage a nation's scarce resources. It can be general, such as capitalism, or more specific, such as the Federal Reserve issuing open market operations based upon monetarist theory.

आर्थिक मानव, इकोनॉमिक मैन *(Economic Man)* : from the Latin homo economicus, the rational and self-interested being whose primary concern is utility maximization. This theoretical individual seeks to attain specific goals at the least possible cost, and bases decisions on the utility

आ

provided by consumption. This idea was developed by classical economists in the 19th century, but has been modified somewhat to take into account that man can also be compelled by motives besides strict material gain, e.g., morality, charity, affection. See Altruism, Charity, Support

आर्थिक मूल्य संवर्धन *(Economic Value Added)* : a measure of a company's efficiency and return on investment, which can be calculated by deducting the costs of own and borrowed capital, i.e., the rate of return offsetting the risk of investment in an activity, from the operating result of a company (after taxes), or in other ways. The economic value added is expressed as an absolute sum – in currency units, e.g., millions of euros.

आर्थिक विकास *(Economic Growth)* : growth of production volume, mostly measured as an increase of the gross domestic product. Economic growth means the increase of real income for firms and individuals.

आर्थिक संसाधन *(Economic Resources)* : limited resources used for producing goods and providing services.

आर्थिक समस्या *(Economic Problem)* : the fundamental question of how the unlimited needs of the people can be best met with limited resources available. It is an axiomatic dilemma, faced by all economists irrespective of the school they represent.

आर्थिक सिद्धांत *(Economic Theory)* : study of the regularities in the behaviour of individuals in the market in an attempt to discover optimal ways of using limited resources to maximize consumer satisfaction.

आर्म्स लेंथ सिद्धांत *(Arm's Length Principle)* : the condition or requirement that all parties to a transaction be fully independent and on an equal footing.

आल्टर ईगो (लैटिन) *(Alter Ego [Lat.])* : a second self; purely theoretical.

आवासीय बुलबुले *(Housing Bubble)* : a housing bubble is typically caused by a combination of low interest rates and a loosening of credit underwriting standards that brings many new borrowers into the market, thereby fuelling demand and increasing prices. The bubble bursts when the whole process is reversed. A rise in interest rates and a tightening of credit standards will lessen demand and, furthermore, increase the number of borrowers who default. This contributes further to a downward spiral in housing prices . Those who are most affected are home owners on a small income and with no substantial supplementary assets with which to repay their mortgages and who are confronted with the declining value of their property. Their mortgages may often exceed by far the value of the homes they are meant to finance. The large number of defaults in a declining market triggered the financial meltdown of 2008-2009.

आ

आसियान (दक्षिणपूर्वी एशियाई राष्ट्र संगठन) *(ASEAN [Association of Southeast Asian Nations])* : ASEAN strives to accelerate the economic growth, social progress, and cultural development in the region in order to strengthen the foundations for a prosperous and peaceful community of Southeast Asian nations. It also promotes regional stability and peace through justice, the rule of law, and the spirit of the U.N. Charter. ASEAN's goal is cooperative peace and shared prosperity. ASEAN was established in 1967 and currently has 10 member states. The Secretariat is located in Jakarta, Indonesia.

इ ई

इंटरपोल (अंतरराष्ट्रीय आपराधिक पुलिस संगठन) *(Interpol [International Criminal Police Organization])* : it is the world's largest police organization, with 184 member countries. It facilitates cross-border police cooperation, and assists all groups whose mission is to combat international crime. Actions are taken within the limits of the law in various countries. Interpol was created in 1923. It is led by a General Assembly, composed of delegates from each member country. The General Assembly undertakes all major policy, finance, and activity decisions. The Executive Committee is elected by the General Assembly, and assumes leadership roles accordingly. The Secretariat is located in Lyon, France, and administers the daily operations of Interpol. Its official languages are Arabic, English, French, and Spanish.

इंडक्शन, अनुगम, निष्कर्ष निकलना *(Induction)* : a method of reasoning based on empirical observations. It allows for conclusions about the whole to be drawn based on evidence given by samples. Simply put, it allows one to reason from the parts to establish the whole. See Abduction, Deduction

इकाई उत्पादन विधि *(Units-of-Production Method)* : a method of calculating depreciation based on the intensity of use of the asset, i.e., in terms of produced output or the number of provided services over a unit of time. When calculating depreciation under this method, the intended life of an asset has no impact.

इक्विटी पर रिटर्न, पूंजी पर लाभ *(Return on Equity [ROE])* : an indicator of the efficiency of a company calculated as the ratio of net profit to equity (capital). A company with a higher return on equity ratio uses shareholders' equity more efficiently.

इ ई

इनडिफरेंस कर्व *(Indifference Curve)* : a chart that reflects a consumer's preferences, where a curve represents the consumer's choice of the combinations of two commodities which yield the consumer the same level of utility. The horizontal and vertical axes represent the quantities of the two goods that a consumer might consume together while the curve illustrates the different sets of possibilities that a consumer may consume. For example, the consumer may view the following combinations of commodities in the same way: 1 apple and 4 pears, 2 apples and 2 pears, 4 apples and 1 pear. This means that the consumer will always want more pears if the number of available apples declines. For this reason the indifference curve always slopes downwards from left to right and is convex. Several indifference curves can be produced for the same commodities reflecting a different level of utility; e.g., in addition to the one mentioned above, the following indifference curve can be plotted: 2 apples and 8 pears, 3 apples and 4 pears, 5 apples and 3 pears. The indifference curves for the same goods for one person never intersect as this would signify non-typical preferences of the consumer, i.e., wishing for fewer apples if fewer pears are available.

इनवॉयस *(Invoice)* : an itemized bill that lists the goods shipped and services rendered and all of the costs associated with the sale of all goods.

इलेक्ट्रॉनिक *(Electronic Money)* : information about account balances held on electronic cards, or in other electronic devices such as computers and cell phones, which may in turn be transferred to other accounts by use of the electronic device.

इश्यू *(Issue)* : putting currency or securities on the market. Currency issue is conducted by the central bank by lending additional resources to commercial banks (credit issue) or issuing additional bank notes and coins. Securities issues can be undertaken by companies or government institutions.

इश्यू बैंक *(Issue Bank)* : central bank performing the function of currency issue.

इष्टतम उपयोग *(Optimization)* : optimization is an important concept in economic analyses that draw on mathematical modelling. Optimization involves searching for the best solution among alternatives, or find-

इ ई

ing the extreme value of a variable or a function, e.g., profit maximization, or cost minimization.

इस्तेमाल का अधिकार, भोगाधिकार *(Usufruct)* : the right to use and benefit from another's property, generally subject to pre-specified conditions.

इस्लामिक विकास बैंक (आईडीबी) *(Islamic Development Bank [IDB])* : the Islamic Development Bank is a multilateral development financing institution established to foster social and economic development of its member countries in accordance with Shari'a (Muslim law.) Its main functions are to participate in loans and grants for productive projects, as well as to provide financial assistance in other forms for economic and social development. It also operates several special funds, such as one for Muslim communities in non-member countries. The IDB was formed in 1975, and its headquarters are in Jeddah, Saudi Arabia. The official language is Arabic, but business is also conducted in English and French. It is composed of 56 member states, and membership is contingent upon membership in the Organization of the Islamic Conference. It is led by a Board of Governors, with daily operations managed by the Board of Executive Directors.

ईबीआईटीडीए (ब्याज, कर, मूल्यहास और परिशोधन से पूर्व आय) *(EBITDA [Earnings Before Interest, Taxes, Depreciation and Amortisation])* : an indicator used for assessing a company, the measure is equal to the company's profit before taxes, interest payment, depreciation and amortisation.

उ

उचित मूल्य पर निवेश *(Value Investing)* : investment strategy based on making investments in stocks or securities at prices lower than the company's financial data indicates is fair. Value investors expect the market price of the stock to rise as other investors discover the company's true worth.

उच्चतर श्रेणी की वस्तुएं *(Goods of Higher Order)* : resources used to further the production process.

उत्तरदाता, जवाब देने वाला, प्रतिवादी, उत्तरदायी *(Respondent)* : an entity providing data to institutions or persons conducting statistical surveys.

उत्पादक अतिरेक, उत्पादक का आधिक्य *(Producer Surplus)* : (1) profit surplus earned by a more effective producer in comparison with the profit of the least effective producer; (2) the excess of the revenue received by a producer over the minimum amount acceptable for production.

उत्पादक कीमत सूचकांक (पीपीआई) *(Producer Price Index [PPI])* : an index that reflects the changes in the prices of goods sold by producers over a certain period. See Consumer Price Index, Index, Price Index

उत्पादकता *(Productivity)* : the ratio of output to the costs of the factors of production. Productivity is frequently measured as the volume of output per one hour of labour per person.

उत्पाद कर *(Excise Tax)* : a consumption tax levied on goods as a

उ

percentage of the price of goods or as an absolute amount which is added to the final price of goods. At first, this tax was levied on luxury goods; however, recently it was added to goods with inelastic demand, such as fuel and tobacco. Excise is a favourite tax with governments as it yields high revenues with relatively little effort. However, excise taxes place a tax burden on consumers and can lead to substitution of lower quality products, e.g., by buying cheaper and lower quality cigarettes and drinks. Excise taxes violate the principle of neutral taxation as they place a comparatively higher direct or indirect (administrative) tax burden on some selected goods compared to others. High excises are a contributor to the creation of black markets, which makes it more difficult to collect not only excise taxes but also other taxes.

उत्पादक संघ समझौता *(Cartel Agreement)* : formal or informal agreement between companies about the prices of a good or service, production volume, or target market. Cartel agreements attempt to reduce competition and raise the profit of companies party to such agreements.

उत्पादन *(Production)* : use of production resources (labour, capital, natural resources, etc.) for producing goods and services.

उत्पादन की घुमावदार विधि *(Roundabout Methods of Production)* : production methods whereby instead of producing consumer goods, means of production are produced first, allowing for a significant increase in the efficiency of further production of consumer goods, e.g., a seamstress could make clothes using a needle and a thread, but if she uses a sewing machine, i.e., applies a roundabout method of production, she can significantly increase the productivity of her labour. The author of the term is Eugen von Böhm-Bawerk; the term is often used by the representatives of the Austrian School.

उत्पादन के कारक *(Factors of Production)* : (limited) resources used in the process of production. Factors of production can be put into three main groups: natural, labour and capital.

उत्पादन के गैर-विशिष्ट कारक *(Non-specific Factors of Production)* : factors of production with wide applicability (use). Labour is the least specific factor of production necessary for any process of production. See Specific Factors of Production

उत्पादन के विशिष्ट कारक *(Specific Factors of Production)* : factors of production with very narrow applicability (use), e.g., a plough is only appropriate for ploughing the soil. See Non-specific Factors of Production

उत्पादन के संसाधन *(Means of Production)* : assets used in the production process for a long period, such as buildings, equipment, and computer hardware. Some theoreticians also include land, while others believe that means of production are only goods created by human effort that are meant for producing other goods.

उत्पादन के मामूली स्तर पर रखना *(One-off Production)* : customized production of very low quantities of goods, usually luxury items. See Batch Production, Mass Production

उदारवाद *(Liberalism)* : a political and economic doctrine proposing freedom of thought for individuals, limitations on the power of government, the rule of law, the free exchange of ideas, transparent government, and a free market economy.

उदारीकरण *(Liberalization)* : the removal of state prohibitions and general deregulation for the purpose of increasing private sector growth.

उद्यमी *(Entrepreneur)* : a person who undertakes the risks of starting a new company and utilizing capital, expertise, and labour in the hope of earning profits. The Austrian School did not pretend that the role of the economist was to predict the outcome of economic processes. Too much of that process was uncertain and could not be predicted by one so "out of the loop". The only person with the proper knowledge to predict outcomes and minimize risk was the entrepreneur, perhaps the most important role in any economy.

उधार देना *(Lending)* : (1) transferring an amount of money to the borrower under a loan or credit agreement; (2) purchase of a claim arising from an irrevocable obligation to pay, a prepayment (including factoring and forfeiting) or discounting by assuming lending risk or without assuming it, irrespective of whose accounts include these claims and who collects cash under them.

उधार लिखना, उधार *(Debit)* : the left side of the accounts recorded. An increase on the debit side means an increase in assets, equity, or expense accounts. A decrease on the debit side means an increase in liabilities or revenue accounts. See Credit

उ

उप-उत्पाद *(By-Product)* : a good resulting from the process of producing another good. For example, whey is a by-product of cheese production.

उपभोक्ता *(Consumer)* : one who purchases goods and services for final consumption, e.g., not for resale.

उपभोक्ता अतिरेक, उपभोक्ता की बचत *(Consumer Surplus)* : the difference between what a consumer would be willing to pay for a product or service, and the actual price paid. For example, if a music aficionado was willing to pay $200 for a concert ticket, but instead paid $100, the difference of $100 is considered consumer surplus.

उपभोक्ता अधिकार संरक्षण/उपभोक्तावाद *(Consumer Rights Protection/ Consumerism)* : an organized public movement, consisting of institutions, associations, and individual citizens — all seeking to increase the rights and powers of buyers. Protection of consumers, e.g., safety and quality standards, often places financial burdens on producers and sellers, which must then be passed along to consumers in the form of higher prices.

उपभोक्ता कर्ज़ *(Consumer Credit)* : the ability of individuals to incur debt to meet consumption needs and wants. This type of credit usually requires no collateral, but charges substantially higher interest rates than a secured loan. Examples of consumer credit include bank loans and credit cards, and loans made directly from sellers for purchase of goods or services.

उपभोक्ता टोकरी, कंज्यूमर बास्केट *(Consumer Basket)* : a list of consumer goods and services compiled to calculate the consumer price index.

उपभोक्ता मूल्य सूचकांक *(Consumer Price Index)* : an indicator developed to show average price levels for a basket of goods over a period of time. It does not include goods or services used in production; it contains final goods only. This index is used to measure inflation, which in turn provides information that allows comparisons between current and historical prices, and is extremely useful in analyzing trends and for price forecasting. It is also known as the cost of living index. See Index

उपभोक्ता वस्तु *(Consumer Goods)* : goods intended for consumption by the mass market. They are divided into two categories: durable goods, e.g., washing machines, automobiles, etc., and non-durable goods, e.g., food, toiletries, etc.

उ

उपभोक्तावाद *(Consumerism)* : a theory which holds that increased consumption is economically beneficial and can produce happiness, and is often interpreted as being in favour of consumer rights.

उपभोक्ता विश्वास *(Consumer Confidence)* : an indicator showing consumer attitudes and buying predictions for a future period. This information can have a large effect on stock exchanges, as these attitudes and buying patterns are closely intertwined with expectations for future economic growth, and hence, future profits.

उपभोक्ता संप्रभुता *(Consumer Sovereignty)* : a term which refers to the control of purchasers over producers in the market. Consumers choose the products and how much they will purchase at a given price, which informs the producers how scarce resources should be distributed, and what prices can be charged.

उपभोग *(Consumption)* : the use of resources to satisfy the needs of an individual or entity, usually through purchase of final goods or services.

उपभोग कर *(Consumption Tax)* : a government tax levied on purchases of final goods and services, e.g., value-added-tax and excise tax. These are considered regressive taxes, as they have a disproportionately small effect on those with high incomes and a large effect on those with lower incomes.

उपयोगिता *(Utility)* : the benefit or satisfaction experienced by the individual while using a commodity or a service. Economic utility differs from technical utility where the benefit provided by a thing can be measured and defined by its physical properties. Economic utility is always subjective, as it cannot have an objective denominator. See Marginal Utility

उपयोगितावाद *(Utilitarianism)* : a philosophic belief that all goods and services can be measured quantitatively by their utility. Utility expresses the ability of a good or service to inspire happiness or satisfaction. A good or service is considered to have high utility if it brings a high level of happiness or satisfaction to a large number of people. The father of utilitarianism was the English philosopher Jeremy Bentham (1748–1832).

उपहार कर *(Gift Tax)* : property tax levied on the transfer of valuables (cash, real estate, etc., when their value exceeds a certain tax-exempt amount) by way of a gift agreement.

ऊ

ऊपरी लागत *(Negative Externality, External Costs)* : loss or damage from a certain action or process to participants which are not included in the market cost of that action or process. Attempts are often made to internalise negative externalities, i.e., using state regulations to force those responsible for causing this effect to cover the damages or losses. This is the source of pollution taxes, environmental requirements, etc. However, internalisation does not necessarily mean that the person who has suffered some damage will be compensated for the damage, as the payment is made to the state budget and is not linked to the persons who have suffered. Such internalisation of the externality may prevent both parties from reaching an agreement on offsetting the externality, e.g., a noisy factory could replace or seal the windows of neighbouring residential houses. See Externality

ऋ

ऋण अनुपात *(Debt Ratio)* : an indicator used to measure a company's performance and financing structure. A debt-asset ratio is calculated by dividing the total amount of liabilities by the total amount of assets. A debt-equity ratio is calculated by dividing the total amount of liabilities by the total amount of equity. These ratios show the structure of a firm's financing and solvency by showing the percentage of assets or equity in relation to its debt.

ऋण का पुनर्गठन, कर्ज़ का पुनर्निर्धारण *(Loan Restructuring, Rescheduling of Debt)* : changing the terms of received loans, including the reduction of interest, extension of maturity, rescheduling of the repayment and reduction of the principal (often in restructuring public debt).

ऋण की समस्या/ऋण संकट *(Credit Crisis/ Credit Crunch)* : the term credit crisis or credit crunch refers to a situation in which loans are less readily or easily available or have become very expensive. This slows down economic activity.

ऋण चुकाने की क्षमता *(Solvency)* : ability of a company or insurer to meet its obligations (liabilities) under all contracts at any time.

ऋण विस्तार *(Credit Expansion)* : the granting of credit by a bank in excess of its cash (gold) reserves, i.e., creation of circulation credit. The term is mostly used in reference to central bank lending to commercial banks, although credit expansion emerged in the market during the period of free banking when commercial banks accepted gold deposits and is-

ऋ

sued notes, and then started re-lending gold reserves. Credit expansion became a very important instrument of state economic regulation, influencing interest rates and capable of causing business cycles. Commercial banks also participate in the process of credit creation as a result of the fractional reserve banking. See Circulation Credit, Credit Creation

ऋण शोधन क्षमता मार्जिन *(Solvency Margin)* : surplus of assets over liabilities.

ऋणशोधन क्षमता संबंधी आवश्यकताएं *(Solvency Requirements)* : the whole set of statutory requirements or rules as regards the required solvency margin (RS) and eligible capital elements to cover the margin, and includes the performance of the solvency test to prove compliance with these requirements.

ऋण संस्था *(Credit Institution)* : an institution engaged in the business of accepting deposits and other repayable funds from the public, for the purpose of re-lending and collecting interest on the loans. See Credit Union

ऋण स्थगन *(Moratorium)* : refers to a suspension of business activities in order to avoid further economic damage to the enterprise in question. A moratorium may be imposed by an enterprise, by an agency with an appropriate mandate working on behalf of the state or, in certain cases, by decree. Under bankruptcy law a moratorium is a legally-binding suspension of the right to collect debt.

ए

एंजेल का नियम *(Engel's Law)* : statistical changes in family expenditure on food, housing and other needs with rising family income defined by the German statistician Ernst Engel in the 19th century. By analysing statistical data, Engel established that with rising household income, relative expenditures on food decrease, i.e., the income elasticity of demand for food products is low.

एंटीडंपिंग या प्रतिपाटन शुल्क *(Antidumping Duty)* : a duty used to retaliate against unusually low-priced imported goods, typically to protect the interests of domestic producers. A complaint is made, and evidence is collected to prove that the seller is offering the goods below cost in an attempt to oust other (often local) producers and take their market share. The application of this duty aims to increase the price of imported goods to an equivalent or higher level than locally produced goods. This duty is often used as a protectionist measure by domestic companies.

एक कीमत का नियम *(Law of One Price)* : the tendency for prices of homogenous goods and services to cluster in an open market. This occurs when consumers are unable to distinguish between goods, and therefore will not pay a higher price when the same (or similar) good is available for a lower price.

एक प्रकार का ऋण जिसे कर्ज़ लेने वाले की लेनदारियों के आधार पर दिया जाता है *(Factoring)* : a form of trade credit where a credit institution (the factor) grants a loan to a seller of goods and takes over the seller's claim

ए

against the debt of the goods' buyer. Factoring is the acquisition of trade debt.

एकमुश्त कर *(Lump-sum Tax)* : a tax paid once per tax period, rather than monthly or otherwise.

एकल प्रीमियम जीवन बीमा *(Single Premium Whole Life)* : a whole life policy in which the initial premium, together with interest earnings, is sufficient to pay the cost of the policy over its lifetime.

एकलवाद *(Singularism)* : (1) the view stating that one interpreted object may only have one appropriate interpretation; (2) the analysis of the totality by dividing it into elements, stages or details; e.g., in economics methodological singularism emerges when analysing particular individual actions and not their totality, such as when examining the price of a particular amount of a particular commodity (e.g., one baguette) rather than the price of bread in general.

एकाधिकार *(Monopoly)* : a market form where an enterprise has a dominant position either on the supply or demand side.

एकाधिकार विरोधी नीति *(Anti-monopoly Policy)* : measures taken by a government to reduce the domination of one entity in the market and to prevent cartel agreements. For example, a country may prohibit mergers which result in the domination of one supplier of certain goods or services. If a monopoly exists, the state makes efforts to regulate the prices of its goods or services, or in extreme cases requires the firm to divest particular activities. Although antimonopoly policies are purportedly adopted to protect consumers, such laws are often used by incumbent firms to limit competition, or by their competitors seeking to gain market share through government action rather than competition in the marketplace. An alternative to antimonopoly policy could be freedom of entry; the absence of restrictions on supplying goods and services.

एकीकरण *(Integration)* : merging two or more different elements, levels, or systems into a single working whole. See Vertical Integration

एकीकृत समुदाय, यूरोपीय संघ एकीकृत, एक्कुइस कम्युनितेयर *(Acquis Communautaire [Fr.])* : a law of the European Community and the practice of its application. It includes Community law, i.e. the Treaty on the establishment of the Community, and secondary legislation (legal acts of Community institutions: regulations, directives and various decisions) as well as rules, resolutions, positions, opinions, judicial practice, general legal principles, ways of developing Community law, the totality of objectives and practices irrespective of whether they are laid down in written legal acts or not. Usually, the French term is not translated into other languages. For the sake of brevity, the term acquis alone can be used.

एक्स एंट (लैटिन) *(Ex ante [Lat.])* : preceding an action.

एक्सचेंज *(Exchange)* : a framework for buying and selling currency, securities, or commodities. The most common examples of these are the New York Stock Exchange (NYSE), Tokyo Stock Exchange (TSE), etc. It may be a physical location for dealers to trade, e.g. the NYSE, or it may be an automated system of exchange, e.g., the National Association of Securities Dealers Automated Quotation System, or NASDAQ.

एक्स पोस्ट (लैटिन) *(Ex post [Lat.])* : following an action.

एक्सरसाइज़ *(Exercise)* : the action by the owner of an option following which the other party to the transaction has to fulfil the conditions of the contract.

एजियो *(Agio)* : (1) commissions paid on currency exchange; (2) the difference between the value of a currency and its denomination, e.g., the difference between the denomination of a gold coin and the value of gold used for producing it; (3) the business of currency exchange.

एनडार्समेंट, अनुमोदन *(Endorsement)* : a mark on various forms of securities (checks, bills, etc.) which transfers all rights and claims to the security to another person.

एपेक *(APEC [Asia-Pacific Economic Cooperation])* : APEC member states are committed to open trade, investment, and economic reform. It is unique in that it is a cooperative, multilateral forum committed to reducing trade barriers and increasing investment without its members entering into legally binding agreements. Member economies take individual and collective action to open markets and encourage economic growth. By progressively reducing tariffs and other barriers to trade, APEC member economies have become more efficient and have maintained consistently high economic growth, even despite the Asian Financial Crisis of 1997. APEC's efforts centre on trade and investment liberalization, business facilitation, and economic and technical cooperation. APEC was founded in 1989, and its Secretariat is located in Singapore. It is com-

ए

posed of 21 member economies, each of whom contributes varying amounts to fund projects and the Secretariat. Projects generally affect the interests of several member economies, increase economic efficiency, build capacity, and encourage the participation of the private sector.

ए पोस्टीरियरी, अनुभवजन्य, अनुभवसापेक्ष *(A posteriori [Lat.])* : inductive; based on evidence. An a posteriori statement is presented as a conclusion based on experience. Such statements are frequently mentioned in works by representatives of historical economics. A posteriori statements are often used to substantiate assumptions a priori.

एफआईएफओ (फर्स्ट इन फर्स्ट आउट) *(FIFO [First In, First Out])* : a method used in the accounting of stocks. Under this method, commodities and materials are attributed to costs in the order of their acquisition.

एब इनवाइटो *(Ab invito [Lat.])* : by compulsion, compulsorily.

एबिटा (ब्याज और कर पूर्व आय) *(EBITA [Earnings Before Interest and Taxes])* : an indicator used for assessing a company, the measure is equal to the company's profit before paying interest and taxes.

एम 1 *(M1)* : a measure of the money supply or reserve that consists of public currency, traveller's checks, demand deposits and other checkable deposits as well as Negotiable Order of Withdrawal (NOW) and Automatic Transfer Service (ATS) account balances. Share draft account balances within credit unions are also part of the checkable accounts that create this measure of money stock.

एम 2 *(M2)* : a measure of the money supply or reserve that includes everything in M1, savings deposits, i.e., money market deposit accounts, and time deposits that amount to less than $100,000. This measure of money stock also includes certain overnight repurchase agreements, certain overnight eurodollars, and the balances from money market mutual funds that are not restricted to institutional investors.

एम 3 *(M3)* : a measure of the money supply including M2, time deposits in the amount of $100,000 or more (at all depository institutions), certain term eurodollars, term purchase agreements of $100,000 or more, and the balances from money market mutual funds that are restricted to institutional investors.

एम्स्टर्डम संधि *(Treaty of Amsterdam)* : agreement on amending the

Treaty of European Union establishing the European Community and other related acts. It was signed in Amsterdam on 2 October 1997 and entered into effect on 1 May 1999.

ए

एशियाई विकास बैंक (एडीबी) *(ADB [Asian Development Bank])* : The Asian Development Bank is a multilateral development financial institution. It is owned by 64 member states: 46 from the region and 18 from the rest of the world. ADB's goal is to improve the welfare of people in the Asia-Pacific region by reducing poverty and bettering quality of life. ADB extends loans and equity investment to developing member countries, provides technical assistance and expertise, promotes and facilitates investment, and assists in coordinating development policies and plans in its member states. Projects emphasize one or more of the following priorities: economic growth, human development, gender issues, good governance, environmental protection, private sector development, and regional cooperation. The ADB was founded in 1965, and its headquarters are located in Manila, the Philippines. It also has 26 additional offices around the globe. Member states are shareholders, with the United States and Japan as coequally the largest shareholders. Each member state sends one representative to the Board of Governors, which convenes once per year. The Board of Governors elects a 12-member Board of Directors. Day-to-day business is conducted by the Executive Board.

एसिड-टेस्ट अनुपात *(Acid-Test Ratio)* : a company liquidity assessment indicator calculated as the ratio of cash, receivables, and liquid securities to current liabilities. It is desirable that this ratio should not be lower than 1:1, given that this means that the company is able to meet all its current liabilities without resorting to the sale of long-term assets and reserves. This indicator is used to quickly assess a company's financial situation and determine its financial possibilities.

एबडक्शन *(Abduction)* : a method of logical reasoning. Hypothesis is created on the basis of available knowledge, facts or theories. It is neither deductive nor inductive reasoning. It was first defined ca. 1865 by Charles Sanders Pierce (1839–1914).

ऐतिहासिकतावाद *(Historicism)* : primarily German school of thought which explains economic phenomena on the basis of experience only, and rejects logical a priori explanations of the economy. History, rather than theory, was key to understanding economics.

ओ

ओ

ओआईसी (इस्लामी सम्मेलन संगठन) *(OIC [Organization of the Islamic Conference])* : the OIC is an inter-governmental organization that works to protect the interests and progress of its citizens and Muslims around the world. Its goals are to strengthen Islamic solidarity and cooperation in political, economic, social, and scientific endeavours, to coordinate actions to safeguard holy places and the struggle for Palestinians to recover their rights and occupied territories, and to eliminate racial discrimination and colonialism. Its main principles are based on the concepts of self-determination and sovereignty of member states, as well as full equality of all members and the peaceful resolution of disputes. The OIC was established in 1969, and its Secretariat is located in Jeddah, Saudi Arabia. It is composed of 57 member states. Its official languages are Arabic, English, and French. It is led by the Conference of Kings and Heads of State, which convene every three years to decide OIC policy. The Conference of Foreign Ministers convenes once a year to discuss progress in implementing OIC policy decisions, while the General Secretariat works to implement the decisions of the other two bodies.

ओईसीडी (आर्थिक सहयोग एवं विकास संगठन) *(OECD [Organization for Economic Co-operation and Development])* : the OECD is a conglomeration of 30 member states committed to democratic principles and the market economy, with links to 70 additional states. Members work together to explore the challenges of globalization through the sharing of best practices and policy coordination, addressing economic and social issues. It is funded through member states' contributions, which are determined by the size of their respective national economies. The OECD does not disburse funds, but rather is intended to be a forum for sharing and discussing ideas. Specific departments include development, economics, education, employment/labour/social affairs, entrepreneurship/SMEs, environment, energy, financial affairs, food/agriculture/fisheries, science/technology/industry, trade, and tax policy. It was initially founded in 1947 as the OEEC (Organization for European Economic Co-operation) as an economic counterpart to NATO, and changed its name in 1961. The OECD Secretariat is based in Paris, and its official languages are English and French. Member states include Australia, Austria, Belgium, Canada, the Czech Republic, Denmark, Finland, France, Germany, Greece, Hungary, Iceland, Ireland, Italy, Japan, Korea, Luxembourg, Mexico, the Netherlands, New Zealand, Norway, Poland, Portugal, the Slovak Republic, Spain, Sweden, Switzerland, Turkey, the United Kingdom, and the United States. In recent years the OECD has been criticized by some governments and public policy organizations for straying from its original mission to promote economic growth. Specifically, critics charge that its Fiscal Affairs Committee has been unduly influenced by high tax states that are trying to impose their concept of tax harmonization and "harmful tax competition" on low tax jurisdictions.

ओएएस (अमेरिकी राष्ट्रों का संगठन) *(OAS [Organization of American States])* : the OAS is the western hemisphere's premier forum for regional dialogue and cooperation. It works to promote democracy, good governance, human rights, peace, and trade, and to address the problems caused by poverty, drugs, and corruption. The OAS General Assembly meets once a year, while its Permanent Council, composed of appointed officials from each state, addresses the day-to-day affairs of the organization. Within the OAS, there are two specialized bodies for promoting economic development and combating poverty: the Inter-American Council for Integral Development (CIDI) and the Inter-American Agency for Cooperation and Development (IACD). The OAS was founded in 1948, and its headquarters are located in Washington, DC. Its four official languages are English, Spanish, French, and Portuguese. It is composed of 35 member states from North, Central, and South America, as well as the Caribbean.

ओजीबीएस (ऑफशोर ग्रुप ऑफ बैंकिंग सुपरवाइजर्स) *(OGBS [Offshore Group of Banking Supervisors])* : it serves as a forum for members to discuss topics of mutual interest, and where members can interact with international organizations to maintain acceptable standards in the fight against

ओ

money laundering and terrorist financing. It encourages members to adopt uniform high regulatory standards and best practices, and achieves this through both a peer group approach and mutual independent evaluations. The OGBS was formed in 1980 at the urging of the Basel Committee on Banking Supervision, who felt that the rapid growth in offshore banking necessitated a body to maintain sufficient standards of supervision. It has 19 member states and three observer states.

ओपेक (पेट्रोलियम निर्यातक देशों का संगठन) *(OPEC [Organization of Petroleum Exporting Countries])* : OPEC is a cartel whose principle aim is to coordinate and unify petroleum policy and prices between member states in order to safeguard individual and collective interests. It works to eliminate price fluctuations and to ensure a steady supply of oil to consumer nations, while providing a steady income to producing nations and a "fair rate" of return to petroleum investors. It has been successful in maintaining high oil prices for extended periods of time; unfortunately, at the expense of world productivity. International oil markets are denominated in U.S. dollars, so changes in the value of the dollar against other currencies affect OPEC's decisions on how much oil to produce. OPEC was formed in 1960 to protest against pressures by oil companies to reduce oil prices. Originally an informal arrangement, it confined its activities to increasing market share, but began seriously exerting its influence in the 1970s. Its members are Algeria, Indonesia, Iran, Iraq, Kuwait, Libya, Nigeria, Qatar, Saudi Arabia, Venezuela, and the United Arab Emirates. OPEC member states hold about 2/3 of the world's oil reserves. Its headquarters are located in Vienna, Austria.

ओवरटाइम, अधिक समय तक कार्य करना *(Overtime)* : any time worked beyond what are considered normal working hours. The number of working hours considered 'normal' varies by country. Generally, employers are obliged to provide higher wages for overtime hours.

ओवरड्रॉफ्ट *(Overdraft)* : the act of withdrawing more funds than are present in the balance of a bank account or spending funds beyond those allowed by the limit of credit extended to an individual or customer.

औ

औद्योगिक क्रांति *(Industrial Revolution)* : the economic period from the late 18th century to the early 19th century, characterized by sweeping social, economic, and technological changes resulting from the emergence of mass production and the movement of populations to urban centres. The Industrial Revolution originally started in the United Kingdom, and spread throughout the developed world.

औद्योगीकरण *(Industrialization)* : the introduction of mass production in all fields, including agriculture.

औरोफोबिया, स्वर्णभय *(Aurophobia)* : fear of the gold standard, based on the idea that gold holdings may be insufficient, that the monetary system may not be flexible enough, and that the government should not be stripped of the ability to control the money supply at its own discretion. See Gold Standard

औसत *(Average)* : a method of discerning a single descriptive value for a discrete set of values. The most meaningful number might include the mean, the median, or the mode. The most common number, the mean, is calculated by adding all the values in a set of data, and dividing the sum by the total number of observations. See Median

औसत कर दर *(Average Tax Rate)* : See Effective Tax Rate

औसत सालाना मुद्रास्फीति *(Average Annual Inflation)* : the relative change in current average price levels compared to average price levels for the past 12 months.

औ

ऑस्ट्रियाई विचारधारा, ऑस्ट्रियाई अर्थशास्त्र *(Austrian School, Austrian Economics)* : a tradition of economic thought formed at the end of the 19th century, from which the theory of subjective value was developed and applied to explain economic processes. The Austrian theory of economics is based on methodological individualism, marginal analysis, subjectivism, and deductive reasoning. The theoreticians of the Austrian School were the main critics of Marxism and Keynesianism, and decried basing economics on mathematical principles. The school originated in the work of Carl Menger (1840–1921), and the first generation of his successors were represented by Friedrich von Wieser and Eugene von Böhm-Bawerk, the second by Ludwig von Mises and Joseph Schumpeter, followed by Friedrich von Hayek, Murray Rothbard, and Israel Kirzner. See Individualism

क

कटौती *(Deductible)* : a provision whereby an insured may be required to pay part of a loss, the insurance, usually for reasons of the health or occupation of the applicant.

कमतर वस्तु *(Inferior Good)* : a good for which the demand declines when income increases, for example; potatoes and slums. See Giffen Good, Income Elasticity of Demand

कमी, अभाव *(Scarcity)* : a relationship between supply and demand, or desirability and availability. Something is scarce when it is not possible to obtain as much of it as is desired without having to sacrifice something else of value.

कर छूट *(Tax Exemptions)* : income deducted from the total income when calculating the tax base and therefore not subject to taxation.

कर प्रतिस्पर्धा *(Tax Competition)* : when politicians are reluctant to raise taxes because either one or both of the factors of production – capital and labour – has the ability to migrate to a lower-tax jurisdiction. This process is similar to the competition among, say, gas stations. Gas station owners presumably would like to charge higher prices and spend less time and energy catering to customers, but their behaviour is constrained because customers have the ability to choose where to buy gas. Because of globalization, tax competition has become increasingly important. Many nations lowered personal income tax rates in response to the Thatcher and Reagan tax cuts, for instance, and the global shift to lower corporate tax

क

rates can be at least partially attributed to Ireland's dramatic tax cuts. Another good example is the flat tax revolution in Eastern Europe. Nations such as Estonia, Russia, Slovakia, and Romania are competing to have the most attractive tax regime by adopting flat tax systems.

कर भार *(Tax Incidence, Incidence of Taxation)* : the tax burden that a producer or consumer actually pays.

कर योग्य आय *(Taxable Income)* : income used as the basis for calculating income tax, known as the income tax base. For example, the taxable income of the population is calculated as the difference between total income and tax-exempt income (including exemptions, and allowable deductions (tax-exempt minimum income earnings, other deductions, etc.).

कर सामंजस्य *(Tax Harmonization)* : when taxpayers face similar or identical tax rates no matter where they work, save, shop, or invest. Harmonized tax rates eliminate fiscal competition, much as a price-fixing agreement among gas stations destroys competition for gasoline. Tax harmonization can be achieved in two different ways: (1) Explicit tax harmonization occurs when nations agree to set minimum tax rates or decide to tax at the same rate. The European Union, for instance, requires that member nations impose a value-added tax (VAT) of at least 15 per cent. The EU has also harmonized tax rates for fuel, alcohol, and tobacco, and there are ongoing efforts to harmonize the taxation of personal and corporate income tax rates. Under this direct form of tax harmonization, taxpayers are unable to benefit from better tax policy in other nations, and governments are insulated from market discipline. (2) Implicit harmonization occurs when governments tax the income their citizens earn in other jurisdictions. This policy of "worldwide taxation" requires governments to collect financial information on nonresident investors and to share that information with tax collectors from foreign governments. This "information exchange" system tends to be a one-way street since jobs and capital generally flow from high-tax nations to low-tax nations. Under this indirect form of tax harmonization, just as under the direct form outlined above, taxpayers are unable to benefit from better tax policy in other nations, and governments are insulated from market discipline.

कराधान के सिद्धांत, कराधान के सूत्र *(Principles of Taxation, Canons of Taxation)* : characteristics that serve as the grounds for (and identify the peculiarities of) taxation, such as neutrality, justice, equality, clarity, publicity and efficiency of administration. Neutrality of taxes means that

क

taxes are aimed at collecting revenues for the state budget, and should not be subject to exemptions or relief, and that the principles of taxation should not distort the competitive environment. Tax justice is understood as proportionate taxation of income (so-called horizontal justice) or as implementation of the ability to pay principle (so-called vertical justice). Tax equality refers to equal treatment of all taxpayers and areas of economic activity. Clarity means tax consistency and minimal room for interpretation. The principle of publicity requires the legislation defining taxes to be subject to a public debate and to be adopted with sufficient time for the taxpayers to prepare for the changes. The principle of efficiency of administration requires tax collection to be as cheap as possible for the taxpayer, and the substance vs. form principle grants the right to the tax administrator to use evaluative rather than formal criteria in laying down the tax base.

करीबी मुद्रा *(Near Money)* : a form of security with cash-like properties that either functions as a medium of exchange or can easily be converted to cash.

करेंसी बोर्ड *(Currency Board)* : a fixed exchange rate system where the national currency is pegged to a strong foreign currency, e.g., the dollar or the euro, and is exchanged into the reserve currency on demand. To ensure this, the national currency is completely covered by a combination of foreign reserves and precious metal reserves held at the central bank. Historically, under this system the central bank did not act as a lender of last resort, nor did it attempt to control interest rates. However, modern currency boards are permitted to perform both functions, provided that it does not interfere with the requirement that the currency be completely covered by reserves.

कर्ज़ *(Loan)* : funds or an item granted by a creditor (person, company, or institution) to a borrower who undertakes the obligation to repay the borrowed money or items and to pay the interest under the terms and conditions set out in the contract. See Credit

कर्ज़, साख *(Credit)* : (1) a sum of money lent by an institution to a borrower for future repayment, with interest as stipulated in the contract; (2) positive financial transactions recorded for book-keeping purposes on the right side of the T-account. See Equal Total Payment Method, Loan

कर्ज़दाता, लेनदार *(Creditor)* : a legal or natural entity that has provided a loan or goods and services for future repayment and has not yet been paid, but has the right of claim on the obligation. See Debtor

कर्ज़दार, ऋणी *(Debtor)* : a person or entity that owes (another person

क

or entity) money. See Creditor

कर्मचारी *(Employee)* : an individual who performs the agreed work or functions under an employment contract and receives a wage.

कल्याण *(Welfare)* : (1) provision of material and spiritual goods; (2) the state of wellbeing experienced by an individual or by a certain group of individuals.

कवरेज *(Coverage)* : the ratio of foreign currency and gold reserves of the central bank to the supply of money in circulation.

कवित एम्प्टर *(Caveat emptor [Lat.]* : Let the Buyer Beware) : a legal concept predating consumer protection movements whereby sellers were under little or no obligation to provide quality goods. Buyers were expected to be shrewd in making purchase decisions.

कानून का शासन *(Rule of Law)* : where all individuals and entities are equally subject to the supremacy of the written law. This term emerged from the Anglo-Saxon 'common law' tradition, which required even the sovereign to be subject to the law.

कानूनी संस्था *(Legal Entity)* : a company, institution, or organization with its own name that can assume rights and obligations in its name. Legal entities may be public (such as national and local government companies and institutions, public institutions, religious communities) and private, with limited or unlimited liability.

काम का करार, रोज़गार अनुबंध *(Work Contract, Employment Contract)* : an agreement between an employer and an employee whereby the employee agrees to perform certain work and the employer agrees to pay a certain amount for it. A contract may be written or oral.

कारण-कार्य-न्यायवाद, प्रागनुभव, निगमनात्मक *(A priori [Lat.])* : deductive; a preliminary statement that does not depend on experience.

कारोबार, टर्नओवर, कुल आय *(Turnover)* : total cash inflows of a company for goods and services sold over a certain period, e.g., a quarter or a year. It is calculated by multiplying the number of goods sold by the sale price.

कारोबार कर, टर्नओवर टैक्स, कुल आय कर *(Turnover Tax)* : tax levied on the total income of the company, or the price of sold goods, usually expressed as a percentage. A typical example of turnover tax is the sales tax in the USA. The greatest flaw of the turnover tax is multiple taxation of the same item.

क

कारोबार के तरीके *(Forms of Business)* : each country has different legal forms of conducting business, the most common being a sole proprietorship (a single owner), a partnership (two or more owners), or a corporation (limited liability and many options for ownership).

कारोबार के नियम (ट्रेडिंग नियम) *(Trading Rules)* : the internal document of the stock exchange regulating the conditions required to include securities in trading lists and to remove them; also specifying the procedures of trade in securities on the exchange, the requirements of its members, their rights and duties, the arrangements for establishing security prices and other operating rules of the exchange.

कारोबारी लागत या लेन-देन की लागत *(Transaction Costs)* : the costs of conducting an economic exchange. This includes direct costs, such as commissions and other fees, as well as the opportunity costs of the transaction, such as waiting in line or travelling to engage in an economic exchange. Transaction costs should be included when making an economic decision.

कारोबारी सत्र *(Trading Session)* : the times set by the stock exchange when members of the exchange may make bids for buying and selling, and when the timeframe where prices of securities are established and transactions are concluded.

कार्यक्रम बजट, प्रोग्राम बजटिंग *(Programme Budgeting)* : financing of state and municipal functions on the basis of presented programmes. Programmes specify goals, measures, particular tasks, and financing required to implement them. Programme budgeting differs from institutional financing, a method by which appropriation managers receive the funds on the basis of cost estimates for maintaining the institution.

कार्यशील पूंजी *(Working Capital)* : financial resources needed for a single production cycle and consumed entirely during that cycle, e.g., for the acquisition of raw materials, paying wages and other funds necessary for a production run.

काला गुरुवार *(Black Thursday)* : refers to Thursday 24 October 1929, the start of the Great Depression in the United States, when stock prices

क

plummeted on the New York Stock Exchange. Because of this event, the Securities Act of 1933 and the Securities Act of 1934 were enacted as market regulations, and the Securities and Exchange Commission was chartered in order to prevent future catastrophic events.

काला बाज़ार *(Black Market)* : a type of illegal market, created to bypass tax laws or other regulations in the exchange for goods and services. See Officially Undeclared Economy, Shadow Economy

काला बाज़ार *(Shadow Economy)* : undeclared or only partially declared economic commercial activity. See Black Market

काली सूची *(Blacklist)* : a list generated by individuals or entities; it includes people or organizations that are thought to be suspicious or in opposition to the ideals of those drawing up the list.

काल्पनिक निर्माण *(Imaginary Construction)* : a method of deductive analysis used in praxeology, where a conceptual sequence of actions is constructed based on human behaviour. Human behaviour is treated as a choice based on preferences to achieve certain goals. In this framework, reality is disassociated for the purpose of economic analysis, and imaginary models with special properties are used instead.

किराया *(Rent)* : (1) periodical payments to the owner for the use of his land or other property; (2) a sum of money or provision of some other kind that the rent payer undertakes to pay periodically to the owner of the item being rented without repayment or in exchange of the transfer of ownership of capital. (3) the difference between the return made by a factor of production and the cost necessary to keep the current status of the factor, otherwise called economic rent. Classical economists also used the term "rent" for land and other natural resources. See Land Rent

किराया चाहना *(Rent Seeking)* : pursuing profit through the use of the political system rather than through competition in the marketplace. Rent-seeking firms hope to impose tariffs, regulations, or government mandates that serve as barriers to entry or raise the costs of their rivals in an effort to limit competition and maintain monopolistic profits. The costs of rent seeking include direct legal and lobbying costs as well as the indirect opportunity costs of resources that are not used for productive activities.

किसान *(Farmer)* : one who tills soil in order to produce crops.

क

कीन्स, जॉन मेनार्ड *(1883-1946) (Keynes, John Maynard)* : English economist who worked at Cambridge University, author of the macroeconomic theory, whose ideas form the basis of Keynesian economics. His major work was The General Theory of Employment, Interest and Money (1936). In it, he dealt with reasons for mass unemployment and provided recipes for abolishing unemployment and raising economic welfare. According to Keynes, the government can raise aggregate demand by intervening and spending and thus support economic growth, since depressed demand is a cause for economic decline. In the middle and at the end of the 20th century, countries based their policies on Keynes' theory using budget spending and conducting an active monetary policy. Among Keynes' followers and developers of his ideas were Richard Hicks, Alvin Hansen and Paul Samuelson. The practical use of Keynes' theory and the measures he proposed often did not achieve the desired and expected results. Under certain conditions, government intervention in the market may support economic growth, but market interventions often have negative consequences such as inflation, inefficient distribution of resources, and disincentives for market participants to engage in productive work, saving, and investment.

कीन्सवादी अर्थशास्त्र *(Keynesian Economics)* : an economic theory asserting that government intervention and management of the economy is necessary to sustain full employment. Specifically, Keynesians stress demand management, whereby the government would engage in deficit spending during periods of economic slowdown to increase employment, and run surpluses during periods of economic boom.

कीमत *(Price)* : The value required to obtain a good or service, as determined by supply and demand. The market price is a key piece of information for consumers and producers, as it determines how much will be consumed, and therefore how much will be produced. In some cases, prices are regulated by the state, and therefore do not transmit meaningful feedback for producers to use in adjusting products or production levels.
See Market Price, Price Control

कीमत अनुगामी (Price Taker) : a market participant who cannot affect price by his own actions.

कीमत-कमाई अनुपात (पी/ई अनुपात) *(Price-earnings Ratio [P/E Ratio])* : the current market price of a single share of stock, divided by the earnings per share of that company. It is calculated by dividing the company's annual after-tax earnings by the number of shares issued and outstanding. The P/

क

E ratio indicates the perceived value of a company's stock relative to the actual value of the company.

कीमत की ऊपरी सीमा *(Price Ceiling)* : an amount set by an agent outside the market that limits the price of a good or service. The term "ceiling" is used because prices may not rise above the set amount. See Price Control

कीमत तय कर्ता *(Price Searcher)* : a seller with price-setting power inversely related to the elasticity of the demand they face. They must choose the price they find most advantageous, as higher prices will mean fewer sales. Sometimes erroneously referred to as monopolists.

कीमत दोहन *(Price Skimming)* : a product or service pricing strategy by charging the highest price for the goods that the consumers are prepared to pay. As the demand of consumers in one segment is satisfied, the price is lowered to target another segment. The strategy is used to reduce consumers' surplus and increase producers' surplus. See Consumer Surplus

कीमत नियंत्रण *(Price Control)* : maximums or minimums placed on the pricing of a good or service by an agent outside the market. Common examples of price controls include minimum wage requirements and rent control laws. Pricing a good lower than the market equilibrium price usually results in shortages, as demand for the product or service outstrips the willingness of producers to supply it. Pricing a good above the market equilibrium price often results in oversupply, as producers are willing to supply greater quantities of the good than consumers will purchase at the inflated price. Advocates of price controls frequently fail to understand that prices are information and are needed to allocate scarce resources, motivate future production, and thus, by controlling prices, this necessary information is destroyed.

कीमत निर्धारण/कीमत निर्माण *(Pricing/Price Formation)* : the act of assigning a price to a good or service, given general market prices and expected reactions of competitors, and operating costs which must be covered.

कीमत बुलबुला (Price Bubble) : See Bubble

कीमत युद्ध *(Price War)* : exaggerated competition that arises between suppliers, where each supplier lowers its price in an attempt to under-bid its competitor. A price war may involve several rounds of under-bidding which reduce prices to drastically low levels. The "war" ends when one or more suppliers are pushed out of the market due to losses, and the more efficient remaining supplier can raise prices in the absence of competition. There is little data to suggest that such price wars lead to higher consumer prices in a competitive market. See Predatory Pricing, Price Competition

क

कीमत विभेद *(Price Discrimination)* : the act of charging different buyers different prices for the same item, often to take advantage of the price sensitivity of specific segments of consumers, e.g., seniors, youth markets, those with time constraints, etc.

कीमत स्थिरता *(Price Stability)* : a relative stability in price levels over a certain period. It is usually held that prices are stable if price inflation does not exceed 2 per cent per year (according to the European Central Bank practice). See Central Bank

कुलीनतंत्र *(Oligarchy)* : a form of state government where power is held by a small group of influential (wealthy) persons.

कुशलता, कार्यक्षमता *(Efficiency)* : the measure of effectiveness in using one's resources to achieve a desired result at the lowest possible cost; or to get the best possible result using available resources.

कुशल बाज़ार सिद्धांत *(Efficient Market Theory)* : a theory stating that competition in the market is so strong and information is so easily accessible and spreads so quickly that overvalued or undervalued assets are driven back to market prices. Therefore, investors and analysts can arrive at a long-term outlook of the average developments in the market. Following this theory, modern analysts have developed the "passive investment" strategy which offers the investor the opportunity to purchase stocks at random, with the belief that the efficient functioning of the market will yield the same earnings as the deliberate choice of securities based on financial analysis.

कूपन/कूपन दर *(Coupon/Coupon Rate)* : interest on a bond, usually expressed as a percentage. Coupons are paid periodically, often every six months. The name derives from paper bonds from which coupons were cut when paying interest. The name has survived even though modern bonds are most often issued in book-entry form.

कूपन बॉन्ड *(Coupon Bond)* : a bond with interest indicated on the

क

coupons. The coupons of material bonds are cut off at maturity and presented for payment of interest. See Coupon/Coupon Rate

केंद्रीकरण *(Centralization)* : concentration of certain functions (acquisition, sales, operations, decision making, etc.) or funds (capital) in one location or company.

केंद्रीय डिपॉजिटरी *(Central Depository)* : a company responsible for accounting for securities and their turnover, and which offers related services to investors and financial brokerage companies.

केंद्रीय नियोजन *(Central Planning)* : the planning of economic and commercial activities by state entities in an effort to set production levels to meet sales targets and quotas. Central planning bypasses market mechanisms, notably the price system, that allow buyers to communicate to sellers how much should be produced, and as a result is often extremely wasteful.

केंद्रीय बाज़ार कारोबार *(Central Market Transactions)* : securities purchases and sale transactions executed during a stock exchange trading session, pursuant to the trading rules of the stock exchange.

केंद्रीय बैंक *(Central Bank)* : a national bank with the power to conduct monetary policy, issue currency, supervise credit institutions, and set interest rates. The primary objective of central banks in most nations is to maintain price stability. To achieve this end, central banks intervene in the market by setting the reserve requirement ratio and discount rate, and perform the function of the lender of last resort. Through these functions, the central bank influences interest rates in the market, thus indirectly influencing production, employment and prices. Most central banks were established as the response of the state (often a monarchy) to instabilities in the money market, or as a tool for generating additional revenues when taxes or loans were insufficient to finance national projects (frequently wars). The first central bank was established in England in 1694. Recently, national authorities have been granting central banks greater independence to prevent the use of currency issues to financing budget deficits. The central bank of the United States is called the Federal Reserve System, in Germany it is called the Deutsche Bundesbank, and the central bank of the European Union is the European Central Bank.

केंद्रीय साख संघ *(Central Credit Union)* : a credit institution whose business is to accept deposits and other repayable funds from licensed credit unions, and use them for granting loans and providing other financial services as permitted by the law. See Credit Union

केन्द्रीय बैंक का हस्तक्षेप *(Central Bank Intervention)* : central bank intervention refers to the steps taken to limit inflation, to promote growth or to influence exchange rates, for example.

कैंब्रिज विचारधारा *(Cambridge School)* : the works of Alfred Marshall (1842–1924), a Cambridge University economist, which reformed the classical economic doctrine and became the basis for the Neoclassical School of Economics. See Neoclassical School of Economics

कैंब्रिज समीकरण *(Cambridge Equation)* : the quantity equation as reformulated by Cambridge University economists, stressing the ratio of money supply and final income, $V = Y/M$, where V is velocity of money, Y is final consumption expenditure, and M is money supply. It differs from the quantity (Fisher's equation) in that the Cambridge equation does not include transactions which are not related to final expenditure. See Quantity Theory of Money

कैटालैक्टिक्स *(Catallactics)* : the study of market origins, regularities and operation; first used by Richard Whatley (1787–1863) in 1831 in his book Introductory Lectures on Political Economy. It was offered as an alternative to the term "economy" by Friedrich Hayek, and was extensively used by Ludwig von Mises. The term is also used as a synonym for the market, especially to put the focus on "market" relations, in contrast to a particular market segment, e.g., real estate market. In Greek the term means "turn your enemy into a friend."

कैदी की दुविधा *(Prisoner's Dilemma)* : originally illustrated by game theory, this is a situation that arises when individuals who could mutually benefit by cooperating with each other instead act in their own interest, resulting in decreased benefit. The classic example used to illustrate a prisoner's dilemma is the case of two prisoners who must choose between confessing to a crime committed together and remaining silent. If a prisoner confesses and his partner does not, the confessing prisoner will receive a reduced prison sentence for his honesty. The prisoner that remains silent will receive a harsher sentence for his dishonesty. If both prisoners remain silent, the charges must be dropped and they both walk away with no prison sentence. Unable to communicate, both prisoners will choose to confess for fear of receiving the harsher sentence if their partner confesses. Therefore, both prisoners receive a short prison sentence for confessing,

क

versus no prison sentence if they had both remained silent. The dilemma was thoroughly analysed by John Nash. See Nash Equilibrium

कोएस प्रमेय *(Coase Theorem)* : the belief espoused by Ronald Coase, Nobel Prize winner (1991), that in the absence of transaction costs, agents will arrive at an efficient outcome regardless of property rights. This theorem is generally used when considering externalities to a market. An example would be the proposal made by Coase in 1959 to deregulate radio frequencies. According to Coase, there is nothing wrong if two radio stations initially broadcast using the same frequency and interfere with each other. Soon one radio station that manages to get the greatest benefit from its broadcast will be interested in paying the other radio station to stop the interference. In other words, it does not matter which radio station is initially the owner of the frequency and who is the owner of the property in general, as in the long run the owner will be the one that uses the property more efficiently.

कोटा *(Quota)* : a form of restricting production and trade whereby only a fixed number of produced commodities are allowed to be produced or imported over a certain period. A quota may be absolute, resulting in a ban on importing goods once it is exceeded, or conditional, as when customs are levied, or, in the case of exceeding production quotas, production subsidies are withdrawn. Trade quotas represent direct restrictions of free trade that reduce the choice of goods available to consumers or significantly inflate their price. Production quotas are often used in those areas where production is subsidised by the state. In the latter case (trade), quotas are aimed at limiting surplus output encouraged by support and the volume of potential support. See License Quota, Tariff Quota

कोषागार *(Treasury)* : a term for the aggregate of all government accounts or the agency in charge of fiscal policy.

कॉपीराइट *(Copyright)* : the guarantee given to authors of literary, musical, or artistic works that said works will not be used without consent. Copyrights are protected through contracts, law, and a unilateral ban on the use of the work without permission. The usual length of a copyright is the life of the author plus 50 years. See Intellectual Property

कॉरपोरेट आयकर, लाभ कर *(Corporate Income Tax, Profit Tax)* : the tax levied on the profits earned by companies over the taxation period. The procedures for calculating profit tax and the rate of the tax are set in legislation and accompanying regulations. The period of profit tax is usually one year. Corporate profit taxes add an additional layer of tax for those stockholders who are also taxed on their income from the corporation.

कॉरपोरेट गवर्नेंस, कॉरपोरेट प्रशासन *(Corporate Governance)* : in a corporation, the shareholders typically elect a board of directors, who then appoint the managers responsible for running the day-to-day operations of the firm. This system includes a division of responsibilities to ensure proper accounting, risk controls, performance incentives, and protection of shareholder interests. See Corporation, Shareholder

कॉल ऑप्शन *(Call Option)* : the right (an option but not an obligation) acquired for a certain fee (premium) to buy a certain number of securities or commodities at a certain price in the future.

क्योटो संधि *(Kyoto Protocol)* : a United Nations intergovernmental agreement reached at the 1997 Kyoto conference that requires the agreeing parties to reduce emissions of six greenhouse gases by 5% over five years through production changes or emissions trading. Opponents of the Kyoto Protocol deny that the harm of the greenhouse effect has been scientifically demonstrated, do not agree to its assumptions that anthropogenic emissions are the primary source of any increased temperatures and do not agree that the proposed measures could have any impact on global climate. They assert that the proposed measures are ineffective and would impose more costs than benefits.

क्रमवाचक उपयोगिता *(Ordinal Utility)* : a measure of product utility expressed as the relative ability to provide satisfaction. Ordinal utility does not express the magnitude of satisfaction achieved; it merely indicates whether a particular good or set of goods is more or less satisfactory than another. See Cardinal Utility

क्रयशक्ति, खरीद क्षमता *(Purchasing Power)* : an expression of the amount of goods and services that can be acquired for a certain sum. The higher the purchasing power of a unit of currency, the more goods can be acquired for it. Purchasing power is used to compare different currency units or the power of the same currency unit at different periods. See Purchasing Power Parity

क्रय शक्ति मानक (पीपीएस) *(Purchasing Power Standard [PPS])* : an artificial currency unit removing existing price differences in countries; used for comparing economic indicators among EU members. Economic

क

indicators expressed in purchasing power standard are calculated by dividing the assessed indicator in the national currency by the corresponding purchasing power parity. A single purchasing power standard in all countries is related to the same basket of goods and services; however, taking into account the price level, each country needs a different sum of the national currency to purchase this basket of goods and services.

क्रयशक्ति समता *(Purchasing Power Parity)* : a method for measuring the bilateral exchange rate of different currencies and comparing the levels of life in different countries by eliminating price differences. Purchasing power parities show how many units of the currency of a particular country would be necessary to purchase the same basket of goods and services in another country, or a unit of a common derivative currency of a group of countries. The purchasing power parity is calculated as the average of ratios between the comparative prices for goods and services in certain countries expressed in the national currency. First, the purchasing power parity, i.e., price ratio, is calculated for each good or service and then the average of these ratios is derived using a special methodology, e.g., the Big Mac (name of a popular hamburger) index is calculated using purchasing power parity. It involves the comparison of prices for a hamburger in different countries. An assumption is made that the prices of homogeneous goods have to be the same in different countries. In Lithuania a hamburger costs 2 euros, and in the USA 3 dollars; hence, the exchange rate between the euro and the dollar under the Big Mac purchasing power parity index would be 2 euros for 3 dollars, or 1.5 dollars for 1 euro. If this rate differs markedly from the market exchange rate, it is said that the currency is undervalued or overvalued and it is believed that price or exchange rate adjustments should take place. However, the juxtaposition of this derived exchange rate with the market rate must take into account all the reservations and limitations of purchasing power parity; it does not incorporate the peculiarities and differences of demand and supply in different countries, nor does it include transport costs which also have an impact on prices, and is not suitable for real estate. The purchasing power parity may be absolute or relative. Absolute purchasing power parity shows the levelling of prices in the countries under comparison, while relative parity reflects the impact of price changes on the exchange rate, and the fact that the change of the exchange rate is equal to the differences in inflation rates between countries. For example, if inflation in Europe is 2 per cent while it is 4 per cent in the USA, it means that the U.S. dollar will depreciate against the euro by 2 per cent over the year.

क्रय शक्ति समता सिद्धांत *(Purchasing Power Parity Theory)* : the theory analysing the relationship of exchange rates and prices of goods. It asserts that the exchange rates in countries reach equilibrium when the purchasing power of the currencies at these exchange rates is the same. The theory is based on the "single price" principle under which the prices of homogeneous goods tend to level out in different countries. If any divergences from the equilibrium occur, exchange rate adjustments will take place to restore equilibrium. See Purchasing Power Parity

क्रेडिट रेटिंग, साख रेटिंग *(Credit Rating)* : an assessment of the ability to meet debt obligations. Credit ratings may be assigned to a company or a country. Rating requires diverse information about the assets, liabilities, degree of risk, etc., of the rated entity. The best known credit rating agencies are Moody's, Standard and Poor's and Fitch Ratings.

क्रेता अल्पाधिकार *(Oligopsony)* : a situation in the market where the major part of the demand for certain goods or services comes from a small number of buyers.

क्रॉलिंग पेग, स्लाइडिंग पेग *(Crawling Peg, Sliding Peg)* : the exchange rate regime of a national currency when the fixed exchange rate is changed periodically or on account of changes in certain indicators under a predetermined rule, formula, or absolute value. Such an exchange rate regime was used in Poland from 15 October 1991 to 12 April 2000.

क्रॉलिंग बैंड *(Crawling Band)* : the exchange rate system of a national currency, very similar to a crawling peg, but allowing for a wider than ±1 per cent exchange rate fluctuation band which is periodically reviewed under a predetermined rule, formula or absolute value. Such an exchange rate regime is used in Israel.

क्रॉस प्राइस एलास्टिसिटी ऑफ डिमांड, मांग की प्रति लोच *(Cross Price Elasticity of Demand)* : a measure of the change in the quantity demanded of one commodity in response to the change in the price of another commodity. This indicator is calculated as the ratio of the change in demand (in percentage) of one commodity to the change of price (in percentage) of another commodity. Cross price elasticity of demand helps to establish whether the examined goods are substitutes or complements, e.g., if an increased price for Coca-Cola is followed by an increased demand for mineral water, it means that these goods are substitutes.

क्लस्टर, झुंड *(Cluster)* : when non-profit organizations, e.g., universi-

क

ties, public institutions and trade associations, are located in close proximity to for-profit firms. This grouping of knowledge-based entities often results in cooperative research and the development of new information technologies.

क्वांगो (अर्ध-स्वायत्त, गैर-सरकारी संगठन) *(Quango [Quasi-autonomous, Non-governmental Organization])* : established by state or municipal institutions. It is financed from government (municipal) budgets and funds and is accountable and subordinate to state institutions. Quangos are essentially attributable to the public sector and it is only due to their form or organization (mostly as public institutions) that they are considered non-governmental organizations.

क्षतिपूर्ति *(Indemnity)* : an agreement whereby the insured will be restored to the previous financial position in the case of damages or a loss.

क्षतिपूर्ति, वापसी *(Restitution)* : returning a property to its former owner if the current owner acquired the property illegally, due to an error or a property transfer transaction eventually recognised as void. Restitution can be made in kind or, where this is not possible, in a money equivalent.

क्षतिपूर्ति, हर्जाना *(Damages)* : monetary compensation awarded by courts as a result of a breach of contract or other civil or criminal infractions. May be punitive (intended to teach a lesson to future rule-breakers), compensatory (intended to restore the injured party to its original state), or nominal (intended to establish responsibility, but typically a very small amount of money).

क्षेत्र या सेक्टर *(Sector)* : a categorization or segment of economic activity.

क्षेत्रीय नीति *(Regional Policy)* : the framework of state measures to reduce disparities in economic development among regions. For example, regional policy could be used to reduce unemployment, increase per capita income, improve the infrastructure, etc. Usually, regional policy involves granting financial incentives (such as tax relief) and subsidies to the region, or active infrastructure improvement projects undertaken by the state.

क्षैतिज समेकन, पार्श्व समेकन *(Horizontal Integration, Lateral Integration)* : (1) where a company produces primarily substitute goods and services, or focuses production on the same stage for a variety of products; (2)

merger of companies producing the same goods or services. See Vertical Integration

ख

खंड *(Block)* : See Block of Shares

खराब होना *(Spoilage)* : when goods or services do not meet quality requirements, and cannot be used for the intended purpose.

खाताबही *(Ledger)* : the book of accounts reflecting all transactions of a company.

खुली क्षति *(Open Peril)* : a term used to describe a broad form of property insurance in which coverage applies to loss arising from any fortuitous cause other than those perils or causes specifically excluded. This is in contrast to other policies which name the peril or perils insured against.

खेप, कन्साइनमेंट *(Consignment)* : a sale contract whereby a party agrees to sell a good for its owner in exchange for a fee.

खेल सिद्धांत *(Game Theory)* : a branch of applied mathematics that attempts to predict the strategies and eventual outcomes of individual players when they lack information about the other players. Game theory as applied to economics is used to predict the behaviour of market participants.

ग

गणितीय अर्थशास्त्र *(Mathematical Economics)* : a sub-field within economics where mathematical techniques and concepts are applied to economics. As mainstream economics has come to make extensive use of mathematical modelling, there is currently less distinction between mathematical economics and non-mathematical economics.

गणनावाचक उपयोगिता *(Cardinal Utility)* : measure of product utility expressed as the quantitative ability to provide satisfaction. Under cardinal utility, one would be able to measure exactly how much more or less a good provided satisfaction relative to another. See Ordinal Utility

गरीबी का जाल, निर्धनता जाल *(Poverty Trap)* : (1) a situation where a person lives on low social benefits but does not seek employment because the potential wages would be even lower (especially after deducting taxes and contributions) than benefits provided by the state; (2) a situation where increasing wages results in a worse financial situation for an individual because of the loss or reduction of previously received benefits.

गरीबी का स्तर, निर्धनता स्तर *(Poverty Level)* : the proportion of the population living below the poverty line.

गरीबी रेखा *(Poverty Line)* : a certain amount of earnings set by the state so that the persons whose earnings are below the poverty line are considered to be living in poverty, i.e., unable to satisfy the needs of a "dignified existence."

ग

गहन पूंजी *(Capital Deepening)* : an increase in capital relative to the number of workers employed by a firm, usually for the purpose of producing the same amount of goods with fewer labour inputs. See Capital Widening

गारंटी, जमानत *(Guarantee)* : in the general sense, it is the assurance of fulfilment of an obligation. A bank guarantee is a document confirming that if a debtor fails to fulfil his obligations in time, the bank will do it. See Indemnity

गिनी गुणांक *(Gini Coefficient)* : a statistical indicator of the distribution of income among the population used to characterise income differences. The value of the Gini coefficient may vary from 0 (perfect equality when all households receive the same income) to 1 (perfect inequality when one household earns the total income in a country). On the Lorenz curve the Gini coefficient represents the ratio between the area below the Lorenz curve and the area below the 45° line as a percentage. The Gini coefficient can also be used to measure market concentration. See Lorenz Curve

गिफेन वस्तु *(Giffen Good)* : goods named after Robert Giffen (1837–1910), where demand is opposite to that for normal goods. For normal goods, as prices increase individuals purchase less. For Giffen goods, as prices increase individuals purchase more. In other words, the demand curve for a Giffen good slopes upward. For a Giffen good, the income effect is larger than the substitution effect. The Giffen good meets the following conditions: it is "inferior," substitute goods are not available, and as income decreases/prices decrease, demand for the good rises. This is a theoretical concept as it is extremely difficult to come up with goods in real life that would not be affected by the laws of supply and demand. Alfred Marshall gave a traditional example of the food products consumed by impoverished people that make up the basis of their diet. Let us say, if a person mostly relies on potatoes as their staple product and has little money left for other food products, a rise in the prices for potatoes would force such a person to give up other goods and thus buy even more potatoes, i.e., the income effect would overpower the effect of substitution. Such a person would not be able to give up potatoes as there is no other cheap product which could be used as a substitute for potatoes, the main product of the diet. See Income Effect, Inferior Good, Substitution Effect

गिरवी, गिरवी से सुरक्षित प्रतिभूतियां, गिरवी संग्रह *(Mortgage, Mortgage-*

Backed Securities, Mortgage Pool) : as security (or collateral) for a long-term loan. In a mortgage agreement the borrower is obliged to make a predetermined series of payments to repay the loan plus interest. A mortgage, or more precisely a mortgage loan, is a long-term loan used to finance the purchase of real estate. During the period in which the mortgage is in force the borrower has the right to use the property – but not the title to it. The title reverts to the borrower after the loan has been repaid. In the case of default the lender takes possession. Mortgage-backed securities are essentially a specific kind of asset-backed security based specifically on a collection of mortgages. People who invest in a mortgage-backed security are essentially lending money to a buyer of real estate. The payments on the underlying mortgages are used to make payments to the investors, the security holders. Such a security allows a small bank to provide mortgages to its customers without having to address the risk involved in each particular case. The bank acts more as an intermediary between the borrower and the investment markets. A mortgage pool is a collection of similar mortgages – i.e., with similar maturity and interest rates – serving as collateral for a mortgage-backed security.

गिरवी, बंधक *(Mortgage)* : pledging of real estate as collateral to secure a loan.

गिरवी, बंधक *(Mortgage)* : (1) a deposit or conditional transfer to secure the performance of some act: the person who makes the transfer is called the "mortgagor," the other party, the "mortgagee"; sometimes an intermediary called a "trustee" is appointed. (2) a loan issued to a borrower and secured with the borrower's real estate property.

गिरवी बॉन्ड *(Mortgage Bond)* : a debt instrument secured by real estate.

गुणात्मक विश्लेषण *(Qualitative Analysis)* : analysis of economic issues on the basis of perceived non-quantitative merits, i.e., justice, equity, etc.

गुदड़ी बाज़ार *(Lemon Market)* : an ineffective market resulting from asymmetric information and characterized by the inability to distinguish between goods of high and low quality. The result is that buyers are only willing to pay an average price for a good; they don't want to pay full price because there is a chance that they will receive a substandard good in return. Therefore, sellers of quality goods, if willing to sell at all, are forced to take a lower price. Sellers of inferior goods have an incentive to flood the market because they are able to charge higher prices. Some use

ग

this theoretical market to argue for regulation, while others counter that any market will correct itself eventually by rewarding honest vendors as they emerge.

गैर बुनियादी कारक *(Non-fundamental Factor)* : a random factor that has little effect on the phenomenon under analysis.

गैर-लाभकारी संगठन *(Non-profit organization)* : an organizational structure where assets may earn a return, but any returns must be used to further the stated goals of the organization rather than returned to individuals in the form of profits.

गैर-सूचीबद्ध शेयर *(Non-governmental Organization [NGO])* : an organization which does not seek to earn a profit or participate directly in the state government but has a mission to serve society. Non-governmental organizations can be established as public institutions, public organizations or associated legal forms. They are otherwise called the third sector.

ग्राहक *(Non-listed Securities)* : securities that are not included in stock exchange lists.

ग्राहक *(Client)* : the consumer or beneficiary of goods or services produced by a company.

ग्रीनफील्ड निवेश *(Greenfield Investment)* : creation, construction and implementation of a new economic/commercial unit in a territory where no economic activity was previously conducted, and no infrastructure was developed.

ग्रे नाइट *(Grey Knight)* : a company or a person presenting a competitive bid to the White Knight, in order to acquire another company. See Black Knight, White Knight

ग्रेशम का नियम *(Gresham's Law)* : a statement that "bad" currency will drive "good" currency out of circulation and out of the country. The "good" currency, i.e., a currency that does not lose its purchasing power, is saved, while the currency which is losing its value is spent and thus starts prevailing in circulation. International trade partners ask for a strong currency for their goods so that less and less of it remains in the country. The law was formulated in 1558 by Sir Thomas Gresham, advisor to Queen Elizabeth I, when he uttered the phrase: "Bad money drives out good." This law only operates where buyers or debtors are given a choice of money in which to pay, in the absence of such a choice, good money will drive out bad.

ग्लास-स्टिगल अधिनियम *(Glass-Steagall Act)* : Passed in 1933, it was a piece of legislation designed to restore stability to the financial system and to solve problems encountered during the Great Depression. It segregated the activities of commercial and investment banks. Commercial banks were no longer allowed to underwrite bonds and corporate securities. As, more recently, banks found ways of circumventing its provisions, the Act became increasingly irrelevant. It was repealed by the US Congress in 1999.

घ

घरेलू ऋण *(Domestic Debt)* : (1) the total sum of money owed to domestic creditors; (2) the amount of debt owed by the national government, but not yet settled. See Foreign Debt, Public Debt

घाटा, कमी *(Deficit, Shortage)* : a situation where liabilities exceed assets, expenditure exceeds income, imports exceed exports, or demand exceeds supply. In the presence of a goods deficit, demand exceeds supply and consumers are unable to purchase desired goods. The goods deficit in a regulated market economy mostly emerges because of price controls when the highest prices that are set are lower than they would otherwise be under free market conditions. Deficit is the main and unavoidable characteristic of a planned economy because market prices are not available and the mechanism of exchange does not operate, which makes it impossible to predict the needs of consumers. See Surplus

घाटा खर्च *(Deficit Spending)* : a situation where the government is spending more than it collects in revenues.

घूस, रिश्वत *(Bribe)* : an unofficial and often illegal payment made by one party to another in exchange for an act or service which benefits the party giving the bribe.

घोषणा *(Declaration)* : a form of presenting financial or other information about an individual or a company, e.g., declaration of income, taxes, property or interests.

च

चक्रीय उतार-चढ़ाव *(Cyclical Fluctuations)* : periodic movement in economic activity, e.g., a decline or an upswing.

चक्रीय ऋण *(Revolving Credit, Open-end Credit)* : an agreement with a bank where the bank guarantees access to a certain amount for a fixed period. A revolving credit line does not have a fixed maturity date, e.g., credit cards and the credit limit set for them are types of revolving credit.

चक्रीय समायोजन *(Cyclical Adjustment)* : modelling of certain indicators, such as the GDP, public spending, budget deficit, on the assumption that economic growth will be "normal" or "average," e.g., a cyclically balanced budget deficit should be reduced during a period of fast economic growth. In contrast, during an economic decline the cyclically balanced budget deficit should be increased to support consumption and economic growth. See Balanced Budget

चतुर्थक *(Quartile)* : represents one of four categories of a distribution that has been divided into quarters. For example, the lowest quartile of an income distribution contains those whose income lies in the bottom 25% of the population's income.

चार कंपनियों का केन्द्रीकरण अनुपात, फोर फर्म कॉन्सेंट्रेशन रेशियो *(Four Firm Concentration Ratio)* : a measure of market concentration that compares the volume of output of the four largest producers to the total volume of output.

च

चार्टर *(Charter)* : the leasing of aircraft or ships.

चार्टिस्ट (शेयर बाज़ार विश्लेषक) *(Chartist)* : a person who believes in the existence of a certain periodicity of market indicators, or a system, and that historical data may help predict the future. A chartist is also a stock market price analyst who predicts future prices on the basis of past statistical data.

चालू कार्य, कार्य प्रगति पर हैं *(Work in Progress)* : the value of all unfinished goods included in the accounts.

चालू खाता *(Current Account)* : the part of the balance of payments system for recording the imports and exports of goods and services, current transfers, compensation, and investment income. See Balance of Payments

चालू पट्टा, ऑपरेटिंग लीज *(Operating Lease)* : a lease usually involving equipment, which is written for a shorter duration than the useful life of the equipment. The client is allowed to use the equipment for the time specified in the lease, and the lease-holder is typically responsible for service and maintenance. At the termination of the lease, the equipment is returned to the lease-holder, or purchased by the client if there was a provision made to that end in the terms of the lease.

चिंताओं के आधार पर विचार *(Going Concern Basis)* : a method of considering the financial situation; assuming that the company will continue to operate and that future business will be written.

चेक *(Cheque)* : a debt security issued by the owner of a demand account at a bank, authorising the bank to pay the bearer of the cheque the amount specified in it.

छ

छतरी देयता बीमा *(Umbrella Liability Insurance)* : a form of excess liability insurance available to corporations and individuals protecting them against claims in excess of the limits of their primary policies or for claims not covered by their insurance programme. This later coverage requires the insured to be a self-insurer for a substantial amount.

छद्म बैंकिंग व्यवस्था *(Shadow Banking System)* : refers to a banking system that relies on complex financial arrangements that bypass regulations designed to ensure that banking is safe. It is outside the highly regulated traditional or conventional system. The shadow banking system has increased its business enormously because, at least until recently, it seemed to offer better deals than conventional banks. Following the financial meltdown of 2008-2009, this aspect of banking has come under close scrutiny.

छानबीन *(Due Diligence)* : a detailed legal and financial examination of a company, usually performed by investors (or their authorised representatives) before purchasing its stock or carrying out mergers. Such an examination aims to ascertain the correctness of disclosed data and establish more precisely the value of the company's stock.

छूट *(Discount)* : (1) purchase of securities below their par value. Whether a bond is sold at a discount (or premium), and the size of the discount (or premium) is determined by the relationship of its coupon rate to the market rate for the bond. (2) sale of goods/services below the listed

छ

price. The discount may depend on the form of payment, quantity of goods, age of the good, etc.

छूट दर *(Discount Rate)* : the interest rate at which the central bank lends money to commercial banks.

ज

जनगणना *(Census)* : a complete count of the population and its demographics, including things like income, race, size of household, etc.

जनसांख्यिकी *(Demography)* : collection, compilation and analysis of data about the number of the population, population density, place of residence, age, sex, race, profession, etc.

ज़बरदस्ती *(Coercion)* : inducing people to cooperate by threatening to reduce their options

जबरन बचत *(Forced Saving)* : the phenomenon of increasing savings; caused by a credit issue that is not backed with reserves. Some argue that the phenomenon of faster capital accumulation is an unavoidable consequence of inflation. They explain that the business community, which is the first to receive inflationary income, has the opportunity to save more money. However, the followers of the Austrian School have shown that forced saving does not necessarily have to accompany inflation. According to them, the presumption that 'prices of goods rise sooner than wages' is not necessarily accurate; in addition, people's inclination to save is not a fixed value and depends on various factors; finally, inflation creates illusory profits and businessmen who have been tricked by them may spend more money on personal consumption rather than saving.

ज़ब्ती *(Forfeiting)* : acquisition of a bill of exchange, bank note, or exporter's claim; i.e., an importer's debt to the exporter, at a discount by paying cash.

ज

ज़ब्ती, पुरोबन्ध *(Foreclosure)* : a process by which a mortgage-lender seizes the property of the borrower because payments have not been made as stipulated in the mortgage contract. It is a synonym for repossession. Foreclosed or repossessed property is often sold at an auction so that the lender can recover some or all of the debt.

जमा *(Deposit)* : (1) to place for safekeeping; (2) amounts held in a commercial or retail financial institution in return for interest on the money. At the time of initial deposit, an agreement is usually signed that lists the interest rate, maturity, and the general terms of holding the funds. These may be either demand deposits or time deposits. Banks use these deposits to make loans, and earn their profits on the interest rates provided by the loans. See Demand Deposit, Time Deposit

ज़मानत रखना, बंधक रखना *(Collateralize)* : To collateralize means to pledge an asset as security for a loan.

ज़मानती ऋण दायित्व (सीडीओ) *(Collateralized Debt Obligation [CDO])* : a collateralized debt obligation (CDO) is a security backed by a pool of different kinds of assets and representing different types of debt and credit risk often referred to as tranches. See Structured Finance.

ज़मानती बॉन्ड *(Surety Bond)* : an agreement providing for monetary compensation should there be a failure to perform certain specified acts within a stated period; the surety company, for example, becomes responsible for fulfilment of a contract if the contractor defaults.

जमा प्रमाणपत्र *(Certificate of Deposit [CD])* : a security issued by a bank for a specified amount of time, and for a specific rate of interest. An example would be a six-month CD bearing 7% interest.

जमा बीमा *(Deposit Insurance)* : where a major insurance firm or the government guarantees a portion of the value of deposits held in commercial or retail banks. Insurance premiums are paid by the banks, and the costs are passed on to borrowers in the form of higher interest rates.

जानबूझकर दिवालिया बनाना *(Fraudulent Bankruptcy)* : the bankruptcy of a company that is sought consciously and purposefully. A fraudulent bankruptcy is mostly undertaken to avoid repaying debt. In most countries fraudulent bankruptcy is subject to criminal liability.

जिंस मुद्रा *(Commodity Money)* : a form of money consisting of a

ज

good, and most often a precious metal, usable as means of exchange. The original money used in the market was commodity money. For example, salt in South Africa, sugar in the Caribbean islands or beaver skins in Canada. Later, gold and silver became widespread in the world as commodity money. The later-introduced paper money was initially covered by commodity money such as gold and silver. See Fiat Money

जिंस साख, कमोडिटी क्रेडिट *(Commodity Credit)* : (1) in economic theory, bank loans issued under a 100 per cent reserve backing, i.e., ones that do not create fiduciary media; (2) the amount owed by a customer according to invoices that said customer undertook to pay under the deferred payment terms, which were set in purchase and sale contracts. See Circulation Credit

ज़िम्मेदारी उधारी *(Responsible Lending)* : the term refers to policies of financial institutions designed to ensure that clients are treated fairly and enjoy real benefits from the loans they receive. They include steps to ensure that clients are adequately scrutinised, properly informed and discouraged from indebting themselves beyond their means.

जी-8 *(G-8)* : the Group of Eight. Composed of the United States, Canada, France, Germany, Italy, Japan, the United Kingdom, and Russia, the G-8 bills itself as "a club of leading industrialized countries, regularly meeting to discuss economic and political issues." Issues the G-8 discuss are usually controversial, and are often subject to protests by anti-globalization forces. The presidency of the G-8 rotates annually among member states. The country holding the presidency hosts a series of meetings leading up to a mid-year summit between the heads of member states. Originally founded as the G-6 in 1975, it became the G-7 in 1976 with the addition of Canada and the G-8 in 1998 with the addition of Russia.

जीवनपर्यंत विकलांगता लाभ *(Lifetime Disability Benefit)* : a benefit for loss of income payable as long as the insured is totally disabled, even for life.

जीवन बीमा *(Life Assurance)* : the insurance of property interests related to life and/or capital accumulation of a natural person where due to insured events, such as the death of the insured, maturity of the insurance term established in the insurance contract or other insured event insurance payments are paid. Life assurance also includes birth and marriage insurance, pension accumulation and endowment assurance.

ज

जीवॉन्स, सिलियम स्टैनले (1835-1882) *(Jevons, William Stanley)* : English philosopher and economist, originator of the subjective value theory. In his work *The Theory of Political Economy* (1871), he refuted the then prevailing doctrine stating that the value of goods depends on labour used to produce it by maintaining that value depends on subjective judgement. See Subjective Value Theory

जुर्माना, पेनाल्टी, अर्थदंड *(Penalty)* : an amount of money set in a contract, by a court, or laid down in the law to be paid by a borrower to a creditor for failure to honour an obligation or honouring it improperly, i.e., not in full or with a delay. A penalty can be paid as a fine or arrears. See Penalty

जोखिम *(Risk)* : the probability of an unfavourable outcome. Investors face credit, market, country or liquidity risks. Risk can be managed, e.g., by choosing liquid securities for investment, and by hedging. See Country Risk, Credit Risk, Liquidity Risk, Market Risk

जोखिम केंद्रीकरण *(Risk Concentration)* : refers to an exposure with the potential to produce losses large enough to threaten an insurer's health or ability to maintain core operations.

जोखिम प्रेमी *(Risk Lover)* : an investor who chooses an investment with higher risk from two investments with the same return. See Risk Averse

जोखिम बचाव *(Risk Averse)* : an investor who chooses an investment with lower risk from two investments with the same return. See Risk Lover

जोखिम मूल्य *(Value at Risk)* : a measure of the potential financial loss in the investment portfolio or on the whole balance sheet. Value at risk provides an estimate of the worst expected loss over a certain period of time at a given confidence level.

जोसेफ एलोइस शुम्पीटर (1883-1950) *(Schumpeter, Joseph Alois)* : an economist of the Austrian School, professor at Harvard University, who is known as the author of the concept of "creative destruction." In his view, a businessman who continuously introduces innovations builds the welfare of the country. Schumpeter predicted that the success of the market economy will create large bureaucratic corporations which will later be taken over by the state, leading to the establishment of socialism. His major works were *Capitalism, Socialism and Democracy* (1942), *History of Economic Analysis* (1954), etc.

ज्ञान आधारित अर्थव्यवस्था *(Knowledge Economy)* : economic activity where value is added primarily through knowledge, technological innovations, and scientific research.

ज

ज्ञान की समस्या *(Knowledge Problem)* : See Dispersed Knowledge

ट

टर्नकी *(Turnkey)* : a form of contract where one party (the contractor) undertakes to perform certain works demanded by others (most often the construction of facilities) at his own risk, and to hand over the result to the customer, who then accepts the work and pays for it. Turnkey is used in various fields, especially in the construction industry.

टर्म इंश्योरेंस *(Term Insurance)* : insurance payable to a beneficiary upon the death of the insured, provided death occurs within a specified period, such as 5 to 10 years, or before a specified age.

टाइगर इकोनॉमी *(Tiger Economy)* : a synonym for a fast growing economy. The name has been used for the Asian countries such as Singapore, South Korea and Indonesia which have experienced excessively fast growth.

टाइटल इंश्योरेंस *(Title Insurance)* : insurance that indemnifies the owner of real estate in the event that his clear ownership of property is upset by the discovery of faults in his title; largely written by companies specializing in this class alone.

टीआइ *(Ti)* : the year for which depreciation is calculated.

टेक होम पे *(Take Home Pay)* : wage after the deduction and payment of taxes, usually personal income tax and state social security tax contributions.

टैरिफ कोटा, शुल्क कोटा *(Tariff Quota)* : a defined quantity of some commodity that can be imported into a country over a set period of time with lower than usual or zero duty. As the quota is exceeded, the imported goods become subject to a higher duty. Tariff quotas are used on imports of certain goods to the European Union customs countries. Tariff quotas are divided into licence quotas and first-come-first-served quotas. Licence quotas are set in advance by allocating quotas on the basis of import licences. The first-come-first-served quota can be used by any EU importer that imports goods over the quota validity period without prior permission if the quota has not yet been exhausted and the desired quantity of goods does not exceed the current quota. See First Come First Served, License Quota, Quota

टोकन मनी *(Token Money)* : (1) banknotes and coins whose nominal (indicated) value is higher than the value of the material (paper or metal) from which they are produced. All modern banknotes and coins are token money; (2) coins of low denomination. Token money is meant for facilitating small-scale transactions and is usually not accepted for large settlements.

ट्रस्ट, न्यास *(Trust)* : the right to manage, use and dispose of assets in accordance with the terms and conditions set by the owner. Trust is often used by the state to vest the management of public assets in different institutions.

ट्रस्ट फंड *(Trust Fund)* : a legal entity holding certain assets of a person, company or a group of companies (donors) handed over for the benefit of defined persons (beneficiaries). A trust fund is managed by a trustee, a company or a natural person.

ट्रिपल ए (एएए) *(Triple A [AAA])* : a credit rating of the highest safety and reliability. See Credit Rating

ट्रेज़री बॉन्ड/नोट *(Treasury Bond/Note)* : a fixed-interest, long-term debt security issued by a government. Treasury bonds usually have a maturity of over one year, and are coupon bonds. These types of securities are used to finance governmental budget deficits. See Coupon/Coupon Rate, Government Securities

ट्रेज़री बिल *(Treasury Bill)* : a short-term debt security issued by a government to offset short-term cashflow problems and short-term budget deficits. T-bills are usually issued at a discount equal to the interest rate, and are redeemed at the nominal price. See Government Securities

ट्रेजरी स्टॉक *(Treasury Stock)* : stock of a company reacquired by the

ट

company that issued them. Such stock may be considered the company's equity for an unlimited time, may be sold or withdrawn from circulation when reducing the authorised capital. The treasury stock carries no dividends and does not grant voting rights as long as it is held by the company.

ट्रेडमार्क *(Trademark)* : the unique name and identity of a product or service which helps to distinguish it from other products and services. A trademark may have different forms; for example, it can be written in characteristic type or colours, or as a logo. Trademarks are registered according to established procedures and are protected by the state.

ट्रेडर, डीलर, ब्रोकर *(Trader, Dealer, Broker)* : a stock exchange trader who buys and sells securities on his own account or on behalf of a client.

ट्रैवलर्स चेक *(Traveller's Cheque)* : a pre-paid document that can be exchanged into cash or goods in a foreign country.

ड

डंपिंग, पाटना, विदेशी बाज़ार में कम मूल्य पर विक्रय *(Dumping)* : sale of goods and services in the market at a price which is lower than the cost. It also refers to the practice to sell domestic products at a lower price abroad than in the country of origin.

डब्ल्यूटीओ (विश्व व्यापार संगठन) *(WTO [World Trade Organization])* : the WTO is the only international body that addresses the "rules of the game" governing trade between nations. Its main function is to ensure the smooth flow of international trade, as freely as possible. It administers trade agreements, is a forum for trade negotiations, handles trade disputes, monitors trade policies, and provides technical assistance for developing countries. The WTO was created in 1995 from the Uruguay Round negotiations of the GATT. The Secretariat is located in Geneva, Switzerland, and its official languages are English and French. It is composed of 153 member states, with 30 additional nations negotiating entry. The top decision making body is the Ministerial Conference, with the General Council reporting to it. Below this, the Goods Council, Services Council, and Intellectual Property Council report to the General Council. In addition, there are a number of specialized committees and groups that work on various regional or specific issues.

डब्ल्यूसीओ (विश्व सीमा शुल्क संगठन) *(WCO [World Customs Organization])* : the WCO is an independent, intergovernmental body that promotes an honest, transparent, and predictable customs environment in order to assist legitimate trade and to prevent illegal activity. It is a forum

ड

for dialogue on customs issues, recommending best practices in the field and the legislature. The WCO was founded in 1952 as the Customs Co-operation Council, from the same GATT mandate that founded the OECD. The name was changed to WCO in 1994. It is composed of 177 member states, each of which possesses one vote in the general assembly. It is headed by the Policy Commission, with financial advice administered by the Finance Committee. The WCO Strategic Plan is reviewed each year by the full Council. The Secretariat is based in Brussels, and its official languages are English and French, although some technical meetings are held in Spanish.

डाउ-जोंस-सूचकांक *(Dow Jones Index)* : stock indices compiled by the company Dow Jones and Co., engaged in the publication of financial and business information, of which the best known are Dow Jones Industrial Average and Dow Jones STOXX. Among other things, the company publishes The Wall Street Journal, a leading business daily.

डाउनटाइम, ठहराव *(Downtime)* : the period of time when production ceases because of disruptions to supply or other reasons.

डाक स्टांप सिद्धांत *(Post Stamp Principle)* : the principle of using a universal price for services with different costs, i.e., delivering a letter to a distant country costs more than to a near country, but delivery of letters is charged a uniform price. The post stamp principle is also used in the energy sector, so that gas costs the same to the whole population, although supply costs differ greatly with respect to different locations. The post stamp principle is used when there are a large number of users of a service and calculating the price of the service for each individual would be complicated.

डायरेक्ट डेबिट, बिलों का प्रत्यक्ष भुगतान *(Direct Debit)* : a way of paying bills where the user agrees with his or her bank that the bank will automatically pay the bills by transferring the necessary sum from the consumer's bank account to the account of the service supplier, e.g., telecommunications or other services.

डिबेंचर, ऋण-पत्र *(Debenture)* : an unsecured bond issued by a company where the holder is secured by the general solvency and creditworthiness (i.e. the ability to meet its obligations) of the company, but there is no claim on specific assets, as one would find in a mortgage. See Mortgage

डिस्काउंट विंडो, बट्टा खिड़की *(Discount Window)* : the facilities to which financial institutions go to borrow money from the Federal Reserve. These loans are priced at the discount rate.

डीआर-साफटा (डॉमिनिक गणराज्य-मध्य अमेरिका मुक्त व्यापार समझौता) *(DR-CAFTA [Dominican Republic-Central American Free Trade Agreement])* : DR-CAFTA is a free trade agreement that is legally a treaty under international law, but not legally a treaty under U.S. law. The goal of the agreement is the creation of a free trade zone such as that created under NAFTA. It is seen as a stepping stone towards the Free Trade Area of the Americas (FTAA) that would link South America to North and Central America in one large free trade zone. CAFTA refers to the Central American Free Trade Agreement as it stood before January 2004 between the United States, Costa Rica, El Salvador, Guatemala, Honduras, and Nicaragua. The Dominican Republic joined negotiations in 2004, at which point the name was changed to DR-CAFTA. Between 2006 and 2009 the agreement has been introduced. Tariffs on 80% of U.S. exports to participating countries ended immediately, with the rest ending over the next 10 years.

डूब निधि *(Sinking Fund)* : a company fund that is created for paying off corporate or public debt including interest on debt securities or periodical redemption of securities.

डूब लागत *(Sunk Costs)* : costs that cannot be recovered and therefore should not be considered when making an economic decision.

डेडवेट नुकसान *(Deadweight Loss)* : the reduction in economic welfare that occurs when price deviates from marginal cost. It is the loss of consumer and/or producer surplus due to government involvement in the economy, usually through the mechanism of a price ceiling or floor. The deviation can be due to market imperfections or government interventions, such as tariffs or subsidies that distort prices.

डेबिट कार्ड *(Debit Card)* : a payment card issued by a bank, whose account has to hold a balance to enable the use of the card to pay for goods and services or withdraw cash from an automatic teller machine.

डेरिवेटिव्स *(Derivatives)* : a type of security whose value depends on the values of a base security, e.g., a bond or share, other currency, or commodity. It is a generic term for forwards, swaps, and options.

डेविड रिकार्डो (1772-1823) *(Ricardo, David)* : English economist who developed the theory of comparative advantage and rent. His major work was Principles of Political Economy and Taxation (1817). See Comparative Advantage, Rent

ड

डेविड ह्यूम (1711-1776) *(Hume, David)* : Scottish philosopher who wrote on the subjects of money and interest and provided an explanation of the full balance of payments over the long term under the gold standard. When exports exceed imports, more gold is brought into the country, which raises prices in that country, reduces its exports and pushes imports up until a balance of trade is achieved. The process is reversed in the presence of a trade deficit. Hume had a great influence on the work of Adam Smith.

डेसिल, दशमक (Decile) : a decile represents one of ten categories of a distribution that has been divided into tenths. For example, those whose income lies in the bottom 10% of the population's income are in the lowest decile of an income distribution.

डॉग्स (सुस्त कारोबार) *(Dogs)* : a slowly developing business with a small market share, sufficient earnings to survive but insufficient to expand.

डॉलराइजेशन या डॉलरीकरण *(Dollarization)* : the use of the U.S. dollar by a country after abandoning a national currency. Dollarization is usually undertaken by a unilateral decision of the government. Dollarization is frequently opted for by small countries for which it would be irrational to implement an independent monetary policy, or emerging market economies that do not have the experience of managing monetary matters. Dollarization is proposed to countries that have experienced a currency crisis. Dollarization would also be a rational solution for corrupt countries, but the politicians in such countries usually do not limit their powers to reap the benefits of an independent monetary policy. A country would also be able to adopt another strong foreign currency, such as the euro. Thus, Ecuador has chosen dollarization, while Montenegro opted for euroization after regaining its monetary independence.

डॉलरीकृत अर्थव्यवस्था *(Dollarized Economy)* : the economy of a country where the majority of settlements (usually among the population) are conducted and savings are held in a foreign currency (U.S. dollars). A dollarized economy reflects the lack of confidence among market participants in the national currency. It is a result of a spontaneous uncontrolled choice by the people, in contrast to official dollarization.

ढुलाई भाड़ा, फ्रेट *(Freight)* : (1) compensation paid to the owner of a means of transport for carrying cargo or passengers; (2) a cargo transported by ship.

त

तय ब्याज दर *(Fixed Interest Rate)* : rate of interest that is constant over the life of a loan, not varying with market conditions and allowing predictable rates of payment.

तय विनिमय दर प्रणाली *(Fixed Exchange Rate System)* : a currency system in which the exchange rate of the national currency is tightly pegged to the value of gold, a foreign currency or a basket of currencies, with an allowed fluctuation band of the national currency against the base currency of usually not more than ± 1 per cent. A Currency Board arrangement is a variety of the fixed exchange rate system in which all currency in circulation is fully backed by foreign exchange and gold reserves. Fixed exchange rate systems which do not feature full backing by foreign exchange reserves are often prone to currency devaluations. See Base Currency, Currency Board, Devaluation, Gold Standard

तरजीही शेयर *(Preferred Stock)* : a form of stock where the holder has the right to receive a fixed part of company income (dividend) before any dividend payments are made to common stockholders. In case of bankruptcy or liquidation of the firm, preferred shareholders' rights precede those of common shareholders. Preferred stock usually carries no voting rights.

तरलता *(Liquidity)* : (1) the ability to change an asset into cash quickly, (2) how quickly a firm is able to meet its short term obligations.

तरलता चाप *(Liquidity Squeeze)* : a liquidity squeeze occurs when

त

concerns arise regarding the short-term availability of cash. In the case of banks these concerns may make them more reluctant to lend money to other banks. In an effort to hold onto their cash reserves banks will often impose higher lending requirements and, as a result, the cost of borrowing will increase.

तरलता जोखिम *(Liquidity Risk)* : the risk arising from being unable to sell an asset at fair market value.

तरल परिसंपत्तियां *(Liquid Assets)* : assets which may be converted to cash immediately with little or no loss in value, e.g., cash, certificates of deposit, demand deposits, T-bills, etc.

तर्कसंगत *(Rational)* : (1) based on logic. The economic presumption of a rational individual says that the individual makes decisions according to logic; (2) optimal behaviour best suited to reaching set goals.

तस्करी (Smuggling) : importing banned goods into a country or illegally importing goods without paying the necessary taxes. Smuggling is the response to direct or indirect restrictions on the free movement of goods, e.g., high taxes or strict quality requirements.

तार्किक प्रत्याशा सिद्धांत *(Rational Expectations Theory)* : economic theory based on the assumption that market participants can predict future events with sufficient precision by analysing all possible information. According to the theory, this is possible because individuals base their future predictions on reason and all available information. This is what makes this theory different from other theories analysing forecasting, which maintain that the future is only an extrapolation of the past (as in the adaptive expectations theory), or that it cannot be predicted at all. The tenets of this theory deny the methods of regulating demand proposed by John Maynard Keynes because they would be inefficient by virtue of people being able to predict them and act to offset them, thus undermining all efforts to change human behaviour. The fundamentals of the theory were formulated in 1961 by John Muth (1930-2005). Robert Lucas was awarded the 1995 Nobel Prize for developing the theory.

ताला बंदी *(Lock-out)* : when an employer attempts to elicit concessions from employees either by preventing them from working or closing portions of the business temporarily.

तीसरी दुनिया *(Third World)* : economically underdeveloped countries that do not belong either among the developed capitalist countries (USA, EU, Canada, Japan, etc.), nor socialist countries (the former Soviet block, Cuba). These include some countries in Africa, Asia, South and Central America.

तीसरी पार्टी *(Third Party)* : persons who do not participate in market exchange or other processes but are influenced by them. The term of third party is often used to refer to stakeholders who are not actors.

तुलनात्मक लाभ *(Comparative Advantage)* : the ability of a country, organization, or individual to produce a good or provide a service at a lower marginal cost in terms of productive activities foregone than that of any competitor.

तुलनात्मक लाभ का नियम, संघ का नियम *(Law of Comparative Advantage, Law of Association)* : a law defined by David Ricardo in Principles of Political Economy and Taxation in 1817, proving the obvious advantages of the division of labour even in those cases when an individual or a group, e.g., a country, is superior to and more productive in all respects (i.e., absolutely) than another individual or group. Ricardo analyzed the consequences of free trade between two countries, one of which has a natural advantage in relation to the other, using an assumption that labour and capital cannot move freely between them. Ricardo proved that division of labour and free trade is beneficial to both countries if the country with higher labour efficiency specializes in the production of goods in which it has comparatively higher labour efficiency.

तेजड़िया *(Bull)* : a securities dealer who expects the market price of securities to rise, or the condition of the general market when securities indices are increasing in value.

तेज़ी *(Boom)* : a period of rising GDP and low unemployment. A boom may be part of the business cycle and usually ends in recession as economic growth during the business cycle is frequently caused by credit issues performed by the central bank rather than by the natural development of the market.

थ

थ

थर्ड (तीसरी) पार्टी बीमा *(Third Party Insurance)* : liability insurance, so called because it undertakes to pay to a third party sums which the insured becomes legally obligated to pay.

थर्ड सेक्टर *(Third Sector)* : organizations, such as charities, that are not entirely public or private.

थोक *(Wholesale)* : trade in goods between companies. Usually, goods in wholesale trade are sold in large quantities, although not necessarily.

थोक कीमत *(Wholesale Price)* : the price at which goods are sold to legal entities, i.e., other companies and not the final consumer. For example, a producer of medicines sells them at wholesale prices to retailers, who then sell them to the customers at the pharmacy at retail prices. The wholesale price is indicated on the invoices issued by companies.

द

दंडात्मक क्षतिपूर्ति *(Punitive Damages)* : damages awarded separately and in addition to compensatory damages, usually on account of malicious or wanton misconduct, to serve as a punishment for the wrongdoer and possibly as a deterrent to others.

दर विनियमन *(Rate Regulation)* : the traditional form of regulating public utilities. In exchange for a government-mandated monopoly, the public utility agrees to regulations on price and or output. Traditionally it has been argued that this allows the benefits of a natural monopoly while protecting consumers from the excesses of an unregulated monopolist. Studies in deregulation, however, have demonstrated that more often than not rate regulation tended to benefit the producer through higher than market prices at the expense of consumers. Such outcomes sparked the deregulation movement that began in the USA in the 1970s which has since eliminated much of the regulation of airlines, trucking, natural gas industries, as well as certain aspects of the telecommunications sector.

दलाल *(Broker)* : an intermediary who executes securities, commodities, or services by buying and selling for a commission. A securities broker trades on the stock exchange on the account and under the instruction of the client. See Insurance Broker

दलाली, कमीशन *(Commission)* : fees collected by a broker or agent for his services in facilitating the buying or selling of securities or other assets.

द

दस्तावेज़ों का संग्रहण (डॉक्यूमेंट्री कलेक्शन) *(Documentary Collection)* : a way of settlement between a buyer and seller of goods with the buyer's and seller's banks acting as intermediaries. After shipping the goods, the seller hands over the documents related to the shipment to the bank for collection, and the latter sends these documents to the buyer's bank. The buyer's bank hands over the documents to the buyer only upon payment of the indicated amount to the bank, which then transfers the money to the seller's bank, and the latter transfers the money to the seller. Documentary collection can be used in import and export operations.

दान, चैरिटी (Charity) : voluntary gifts of money, property, or services to satisfy the needs of societies or segments of societies. These gifts are usually made in response to natural disasters, ecological catastrophes, military strife, inequalities, epidemics, etc.

दान में प्राप्त संपत्ति, एंनडोमेंट *(Endowment)* : a sum of money or other assets, e.g., securities or real estate, donated to an organization to be invested or preserved otherwise by using only the tangible assets or investment earnings, e.g., interest, dividends or other return, for its own needs or a specified activity.

दायरा *(Range)* : one of a number of calculations used to indicate variation within a dataset. It is computed by subtracting the smallest value from the greatest value.

दावा *(Claim)* : an obligation to honour an obligation or cover a loss.

दिग्गज या अग्रणी कम्पनी *(Conglomerate)* : a very large company, usually with direct control of many smaller firms, producing different products for various markets, or providing a wide range of services.

दिवाला *(Insolvency)* : inability to settle with one's creditors in time or fully. If a company is insolvent, its liabilities exceed its assets.

दिवाला फंड *(Insolvency Fund)* : state plans created by law to guarantee payment of liabilities of insolvent insurers.

दिवालियापन *(Bankruptcy)* : a legal term for the state of a person or company when its liabilities and/or debts are in excess of ability to repay. Bankruptcy proceedings are initiated upon the failure of a person or company to settle for delivered goods and services. When persons or companies reach a state of insolvency intentionally, it is considered fraudulent bankruptcy and may be subject to criminal liability.

दीर्घकाल, लंबी अवधि *(Long Run)* : time periods where the inputs in the production process are considered variable. Capital is fixed in the short-run.

दीर्घकालीन परिसंपत्तियां *(Long-Term Assets)* : these are assets not consumed in production cycles, and are depreciated over several years. They are not easily converted into cash, and typically include things like land, buildings, equipment, and motor vehicles.

दीर्घावधि रणनीति *(Long Position)* : when one holds securities with the expectation that the price of the security will increase over time.

दीवानी दायित्व बीमा *(Civil Liability Insurance)* : the insurance of property to cover damages to a third party or its property. The size of the insurance benefit paid by the insurer depends on the amount of coverage as set forth in the insurance contract. Civil liability insurance may include motor third party liability insurance, medical malpractice insurance, notary liability insurance, company liability insurance, etc.

दीवानी देनदारी *(Civil Liability)* : material liability of one person towards another for damage to the affected person or property.

दुलाई कंपनी, दुलाई अग्रेषक *(Freight Forwarder)* : (1) a firm engaged in organising the shipment of cargo, such as dispatch, reception, convoy of goods, and managing the documentation of the cargo as a proxy for the customer; (2) a person engaged in preparing and packing goods for shipment and/or arranging the documentation relating to the shipment.

दुष्चक्र *(Vicious Circle)* : a chain of events in which each action further worsens a situation, often in a circular pattern. In a vicious circle, the proposed solution to a problem indirectly exaggerates the problem. As the problem worsens, the solution is applied more heavily, further exaggerating the original problem; e.g., high taxes encourage tax avoidance, and tax avoidance results in lower budget revenue inflows; when budget inflows are insufficient, taxes are raised, which stimulates tax avoidance, etc.

द

देनदारी, उधार, देनदारी *(Debt)* : debt is money owed. A synonym for debt is liability.

देयता, दायित्व *(Liability)* : (1) an obligation arising from a firm's actions that must be settled by using its assets. Liabilities are recorded in the balance sheet, usually as notes payable and accounts payable; (2) balance sheet items listing claims against a company's assets, i.e., bonds, loans payable, etc.

देश का जोखिम *(Country Risk)* : the risk associated with unpredictable political or economic conditions in a country. Usually measured by the difference between the interest rate of a country's sovereign bonds and the interest rate considered free of risk or lower relative risk.

दो पक्षों के बीच प्रत्यक्ष अनुबंध, ओटीसी *(Over-the-counter Contract, [OTC])* : a contract concluded between two parties directly outside the stock exchange.

दोयम ऋण या गिरवी *(Subprime loan or mortgage)* : a loan or mortgage offered at a higher interest rate to customers who are considered not to be as credit-worthy as borrowers who qualify for so-called prime interest rates. Such subprime borrowers were usually denied loans by traditional lenders because of their low credit ratings and an increased likelihood that they might default on the loan given.

दोस्ताना निवेशक *(White Knight)* : a company or person who makes a friendly bid; one to which the management of the company being acquired does not object. See Black Knight

दोहरा कराधान *(Double Taxation)* : repeated taxation of the same object, such as income, added value, property or profit; e.g., corporations are taxed once as a corporation, and then the dividends are taxed as personal income of the shareholders. Double taxation is common in international activities when the same amount is taxed in the country of activity and in the jurisdiction of the parent company or residence of the owner. International tax treaties are established to avoid double taxation.

दोहरी खाताबही, डबल बुककीपिंग *(Double Bookkeeping)* : falsification of a company's official accounts with the intention to deceive. Double bookkeeping is often used by companies which receive income that is not accounted, or which wish to avoid taxes, pay unofficial wages, etc.

दोहरी गिरावट संतुलन विधि *(Double Declining Balance Method)* : a method of calculating the depreciation of assets in which the depreciation for the first year is calculated on the basis of the acquisition cost and the depreciation in subsequent years on the basis of the balance value. The rate of depreciation remains constant each year but the balance value keeps declining, so the amount of depreciation also declines each year. The amount of depreciation for each year is calculated by multiplying the balance value by the rate of depreciation, and the depreciation for the last year is calculated by subtracting the liquidation value from the balance value for the last year.

दोहरी प्रविष्टि *(Double Entry)* : a way of recording economic transactions and economic events when the value of each economic transaction or each economic event gives rise to two entries, a debit and a corresponding credit entry; i.e., the same economic transaction is reflected in two or more accounts at the same amount. For example, the purchase of stocks results in an increase in the stocks account and a decrease in the cash and/or bank account.

दोहरी प्रविष्टि बहीखाता, डबल एंट्री बुककीपिंग *(Double Entry Bookkeeping)* : book keeping based on the principle of double entry, using the system of credits and debits. It should not be confused with double bookkeeping. See Double Bookkeeping

द्वितीय उत्तम का सिद्धांत *(Theory of Second Best)* : a theory which holds that in the absence of optimal market conditions, societal and market failures emerge. It is in this case that market regulation measures should be introduced, as they raise the general welfare of the country. By asserting that the ideal or optimal conditions in reality do not exist or are very rare, the Theory of Second Best justifies market regulation, taxes and other public intervention. The theory was formulated in 1956 by Richard Lipsey and Kelvin Lancaster. See Market Failure

द्वितीयक गतिविधि, गौण गतिविधि *(Secondary Activity)* : irregular activity of a company accounting for only a small proportion of its income, e.g., investing the funds not used in production in securities.

द्वितीयक बाज़ार या सेकेंडरी मार्केट *(Secondary Market)* : the trading of securities held by owners (not issuers) to other persons, including securities sold on the stock exchange. See Primary Market

द्विधातुवाद *(Bimetallism)* : a currency system where coins of two different metals are in circulation. Historically, these metals have been gold and silver.

द्वैतवाद *(Dualism)* : a method of explaining social phenomena asserting that there are two independent elements – matter and consciousness, and distinguishing social sciences (that deal with the behaviour of individuals) from natural sciences.

न

नकदी *(Cash)* : coins and banknotes.

नकदी की मांग *(Demand for Money)* : the stock of money that market participants want to hold. Demand for money increases as market participants seek to exchange their goods (assets) into money. Demand declines when the market participants want to get rid of their money and exchange it for goods and services. Changes in the demand for money are determined by the populations' need to enter into transactions, hold reserves, and declining purchasing power parity (when everybody wants to get rid of money that is losing its value).

नकदी धारिता, नकद शेष *(Cash Holdings, Cash Balance)* : an amount of money that an individual desires to have as cash at any time. Cash holdings are used to pay for the purchase of goods or services, to have as reserves or are held on speculative motives (expecting their value to increase). The need to have certain cash holdings creates demand for money.

नकदी प्रवाह *(Cash Flows)* : the movement of cash within a company's operating period. Net cash flow is the difference between cash inflows and cash outflows. Due to the application of accounting methods (accruals principle, stock accounting, depreciation rates), cash flows differ from the income earned by a company. Cash flows are a reflection of a company's liquidity.

नकदी प्रवाह विवरण *(Cash Flow Statement)* : the section of the finan-

न

cial accounts of a company reflecting the cash flows over a year's time. It shows cash inflows and outflows for operations and investments, i.e., in plant, property, and equipment, and financing (stock and bond purchases/ issues).

नकदी प्रेरित मुद्रास्फीति *(Cash Induced Inflation)* : the decline of the purchasing power of a currency unit due to additional currency issue.

नकदी समर्पण मूल्य *(Cash Surrender Value)* : the amount available in case of voluntary termination of a policy before it becomes payable by death or maturity.

नकदी सिद्धांत *(Cash Principle)* : a financial accounting principle whereby income and expenditures are recognized when cash is received or spent (when payment for delivered goods or provided services is received). See Accruals Accounting

नकारात्मक आयकर *(Negative Income Tax)* : social payments from the state budget paid to persons when their income is below a certain established amount. This integration of social and tax systems was proposed by Milton Friedman in 1962.

नमूना, बानगी *(Sample)* : a portion of general population used to gather data for statistical research.

नवउदारवाद *(Neoliberalism)* : a political orientation formed at the end of the 20th century advocating the free market and minimal functions for the state. Neoliberalism served as the basis for the economic policies of Margaret Thatcher and Ronald Reagan. See Reaganomics

नव-उदारवाद *(Neo-liberalism)* : (a) a pejorative used by anti-liberals in their attempts to discredit various schools of liberalism (e.g., the Austrian School, the Chicago School , Libertarianism), international institutions such as the International Monetary Fund and the World Trade Organization, and the policies of certain political parties and/or political leaders. People as far apart as Ronald Reagan (former President of the USA) and Gerhard Schröder (former social democratic Chancellor of Germany) have been labelled as neo-liberals. b) A term used to describe the thought of members of the "Freiburg School " (so-called "ordo-liberals") and other German economists and politicians who promoted the idea of a social market economy. The term was meant to distinguish between modern liberal thought and nineteenth-century "paleo-" or "old liberalism" that, their minds, ignored the tendencies of nineteenth-century " capitalism" towards cartelization, monopolization and impoverishment of the masses. Alfred Müller-Armack, who coined the term social-market economy, claimed that it combines the principle of freedom in the marketplace with that of social balance. Whereas the ordo-liberals were convinced that a policy fostering competition would have a beneficial impact on social conditions, Müller-Armack and some other contemporaries believed that separate efforts must be devoted to social policy in order to achieve equity and social progress. The state needed to correct and supplement market outcomes (e.g., through compulsory old-age insurance and a free system of education). Today the neo-liberal idea of a social market economy is espoused in many parts of Northern Europe and within the European Union there is a tacit commitment to the idea of a social market economy.

नव संस्थागत अर्थशास्त्र *(New Institutional Economics)* : a school of economics developed by scholars such as Oliver Williamson, Ronald Coase, and Douglas North that emphasizes the importance of the "rules of the game," or the importance of institutions for economic activity. The role of transaction costs and the development of efficient institutions is at the core of this approach to economics. Like traditional institutional economists, new institutional economists rely on comparative institutional analysis when evaluating economic outcomes. How different institutional arrangements address transaction costs is critical to the outcome. New institutionalists tend to emphasize the importance of property rights, the rule of law, and social norms when evaluating markets.

नाटो (उत्तर अटलांटिक संधि संगठन) *(NATO [North Atlantic Treaty Organization])* : NATO's official mission is to preserve the freedom and security of its members through political and military means. It safeguards principles of democracy, rule of law, individual liberty, and the peaceful resolution of disputes in the transatlantic region, and is proof of the historical friendship between states in the region. It is the forum where security issues can be discussed, and is committed to the concept that an attack on one state is an attack on all. Current missions include the fight against terrorism, regional stabilization, and crisis management. NATO is the military counterpart to the OECD. NATO was created in 1949 as a branch to uphold the principles of the North Atlantic Treaty. Its offices are based in Brussels, Belgium, and its official languages are English and French. It is composed of 28 member states. With the increasing security role that the European Union has been assuming, NATO's continuing role in the transatlantic union is questionable.

न

नाफ्टा (उत्तरी अमेरिकी मुक्त व्यापार समझौता) *(NAFTA [North American Free Trade Agreement])* : NAFTA is a free trade agreement between Canada, the United States, and Mexico, and took effect on January 1, 1994. NAFTA is a treaty under international law, classified in the United States as a congressional-executive agreement. Tariffs were removed from a number of categories, intellectual property rights were protected, and restrictions on investment were removed. NAFTA is an extension of a previous agreement, the Canada-U.S. Free Trade Agreement of 1989.

निंजा ऋण *(NINJA loans)* : NINJA is an abbreviation for "no income, job and assets." They are loans or mortgages given to people who don't have sufficient means with which to repay them. The only security such people have is the value of the homes. The recent subprime crisis set in when housing prices no longer went up and, instead, went into decline. Under such conditions mortgage holders often found that their debt exceeded the value of their homes.

निगम, कॉरपोरेशन *(Corporation)* : a form of business that provides limited liability to its shareholders. A corporation is a separate legal entity from its owners, whose stake is represented by 'shares', hence the name 'shareholder'. The corporation may enter into its own contracts, exist beyond the lifespan(s) of its investors, and is taxed separately from its owners.

निगमीकरण के अनुच्छेद *(Articles of Incorporation)* : a document regulating all activities of a corporation, listing its name, legal form, location of its headquarters, goals of operation, the procedures for convening shareholder meetings and appointing managers, as well as the requirements for amending documents and other important provisions.

निचले क्रम की वस्तुएं *(Lower Order Goods)* : consumer goods that are fully consumed and not used again in any production process. Also called first order goods. See Goods of Higher Order

निजीकरण *(Privatization)* : transfer of public property to a private owner (for money, vouchers or free of charge). It is debated whether or not the process by which public property is acquired by another public company should be considered privatization. The privatization process is not final until the money received for the property sold is invested in new objects. Privatization may be carried out in different ways; as a public tender, public auction, direct negotiation, etc.

न

निजी स्वामित्व, निजी संपत्ति *(Private Ownership, Private Property)* : anything owned by natural persons and the physical or legal creations of such persons, e.g., private companies, as contrasted with things owned by the state. Individual property ownership is the bedrock of a healthy economy according to the Austrian School. Without it, there is no basis for capital, no basis for trade, no basis for value... and there is no basis for a free market.

निपटान विकल्प *(Settlement Option)* : one of the ways other than immediate payment in a lump sum by which the policyholder or beneficiary may choose to have the policy proceeds paid.

नियंत्रक व्यक्ति *(Controlling Person)* : a person who has full or partial controlling authority in a company's management and decision-making processes.

नियंत्रण *(Control)* : (1) exercising authoritative power through management of a company; (2) regulation of an economic activity.

नियंत्रण, विनियमन, नियमन, विनियम, नियम *(Regulation)* : legal restrictions carrying the force of law, administered through government agencies by rulemaking power.

नियंत्रित अर्थव्यवस्था *(Command Economy)* : an economy where the production and allocation of goods and services is managed by a central authority, usually the state, and imposed on society. Such economies are usually identified by state ownership of the means of production.

नियत जोखिम (योजना) *(Assigned Risk [plan])* : an applicant for automobile or workers' compensation insurance declined by one or more companies: such a risk may be assigned to designated companies as directed by a recognized authority – the operation is called an 'assigned risk plan'.

नियमन (अर्थव्यवस्था के नियमन जैसा) *(Regulation [as in regulation of the economy])* : a system of legal and administrative constraints on the economy and entrepreneurial activity imposed by the state. The purpose is to allow, ban or place restrictions on specified products or to impose, encourage, prevent or limit certain kinds of behaviour. Regulation prevents or undermines the free play of market forces. See Deregulation.

न

नियामक *(Watchdog)* : a synonym for weak and limited government where the state is only assigned the functions of protecting individuals and their property. It is contrary to big brother government. See Big Brother

नियोक्ता *(Employer)* : a company, institution, organization or natural person which contracts a natural person under an employment contract to perform a certain task and pays an agreed compensation. By looking for employees, the employer creates demand for labour.

नियोजित अर्थव्यवस्था *(Planned Economy)* : contrary to market economy, in a planned economy goods are produced and services provided according to a plan drawn up by a central state body, and where exchange of goods is not free or voluntary. A socialist economy is the usual example of a planned economy.

निरंकुश अर्थव्यवस्था *(Authoritarian Economy)* : an economic system where economic decisions on production and consumption are made by government bodies, rather than market participants acting freely in the market.

निरपेक्ष मूल्य *(Absolute Price)* : price expressed as an absolute sum of money. For example, a kilogram of bread costs 1 euro. See Relative Price

निरपेक्ष लाभ *(Absolute Advantage)* : lower production input costs (raw materials, labour, and capital) for any item of production as compared to other producers of the same product.

निर्गम लाने वाला *(Issuer)* : a private company or public institution (ministry of finance, central bank) issuing currency or securities.

निर्धारित अंशदान योजना *(Defined Contribution Scheme)* : pension insurance where the insured person pays regular fixed contributions, and where the final amount is earned by investing the contributions over the insurance period, and the final pension benefits to be received are unknown.

निर्धारित लागत (Fixed Costs) : costs that do not depend on the volume of output, i.e., insurance costs, interest costs, rents, etc. The higher the fixed costs of a company, the higher the risks the company faces, since even a small decline of sales can make its operations unprofitable. See Variable Costs

निर्धारित लाभ योजना *(Defined Benefits Scheme)* : pension insurance when the insured person pays variable contributions and where a fixed pension benefit is received at retirement.

निर्भरता प्रभाव *(Dependence Effect)* : the supposed ability of large corporations to create artificial demand for their products (that would not exist otherwise) by using marketing and advertising measures. The term was introduced by the proponent of welfare economics, John Kenneth Galbraith.

निर्यात *(Export)* : sale of goods to foreign buyers, provision of services to foreign entities. See Import

निर्यात कोटा *(Export Quota)* : the maximum allowed volume of production to be exported (sold to foreign persons). It may be set by a unilateral decision of a country or by an international agreement. Export quotas are used either to prevent the export of local resources of which there is a shortage or to counter the danger of exhausting them. They are also often set to protect the interests of the producers of the importing country. In all cases, export quotas restrict free trade between countries, and efficient distribution of resources.

निविदा पेशकश *(Tender Offer)* : a public offer by the owners of a company to purchase the shares from other shareholders under terms that are declared valid for a certain period of time. The shareholders are offered a price for the shares which is often higher than the market price in the near past. In certain cases, by law, company owners are obliged to present a tender offer. A mandatory tender offer frequently aims at protecting the interests of small shareholders.

निवेश *(Investment)* : in general, the acquisition of anything expected to produce a financial return. In macroeconomics, the purchase of plant, property, and equipment is an investment. In financial terms, the purchase of securities with the expectation of future profits is considered an investment.

निवेश, लागत *(Input, Costs)* : the value of economic resources used in the production of goods and provision of services. Costs may be classified in various ways; as operating, sales, general and administration costs, labour costs, etc. The difference between costs and expenses is that the latter mean payment of money and are not necessarily related to the production of goods and provision of services.

न

निवेश कंपनी/निवेश कोष *(Investment Company/Investment Fund)* : a firm whose primary function is to hold securities of other companies for a profit. It typically charges a fee for its services, and invests in accordance with stated objectives; i.e., it may invest only in agricultural industries, or technology related industries, etc. These companies may be open-end (better known as mutual funds), or closed-end, such as an investment trust.

निवेश का माहौल *(Investment Climate)* : the conditions in any country where a person or company intends to make an investment. This includes the tax structure, labour force quality, currency stability, political stability, etc.

निवेश जोखिम *(Investment Risk)* : the various kinds of risk which are directly or indirectly associated with the insurers' investment management. They concern the performance, returns, liquidity, and structure of an insurer's investments. Such risks can have a substantial impact on the asset side of the balance sheet and the company's overall liquidity, and can potentially lead to the company being over indebted or insolvent. The investment risks include: market risk, credit risk, liquidity risk and operational risk.

निवेश प्रबंधन कंपनी *(Investment Management Company)* : a company whose main function is the management of pension or investment funds.

निवेश बैंक *(Investment Bank)* : an intermediary between a company wishing to issue new securities and the potential investors. The investment bank often (though not always) purchases an entire issue of shares, and later resells them to individuals or institutional investors.

निषिद्ध जोखिम *(Prohibited Risks)* : those not written by a company because of an unusual occupational exposure or uninsurable physical or moral conditions.

निष्पक्षतावाद, उद्देश्यवाद *(Objectivism)* : the philosophy developed by Ayn Rand (1905–1982) and a movement still active today, which claims the existence of objective reality, celebrates the human mind as the only tool of cognition and posits the human being's sole purpose as furthering himself and his welfare. Objectivists are also strong advocates of free markets.

नीलामी *(Auction)* : a method of selling goods, usually to the highest bidder. Auctions provide a mechanism to determine the price of a good with an unknown or varying value.

नेट बुक वैल्यू, मौजूदा मूल्य *(Net Book Value)* : the current value of an asset consisting of the difference between asset acquisition costs and depreciation.

नैतिक खतरा *(Moral Hazard)* : a careless attitude on the part of an insured that increases the chance of loss or causes losses to be greater than what would otherwise be the case.

नैश समतुल्यता *(Nash Equilibrium)* : in game theory, a situation named after John Nash (1928), when two or more players (participants) make optimal (best possible) decisions when they know the decision of the second player (participant). The often-cited example is of a territory with only two residents who have to decide on which side of the road they should drive their cars. They have the following choices: they will not collide if they both drive on the left or on the right, and they will collide if one of them drives on the left and the other on the right. In this situation, there are two positions of the Nash equilibrium: when they both drive on the left or on the right. However, the Nash equilibrium is not universal, as there may be more than one or none of them in a game; in addition, the players are often unaware of the decisions made by the other participant. See Prisoner's Dilemma

नो फॉल्ट इंश्योरेंस *(No Fault Insurance)* : a form of first party insurance written in conjunction with a no fault law. Under a no fault law, the person causing injury is granted immunity from tort action and the person injured must collect for his or her loss from his or her own insurer.

नो लॉकआउट क्लॉज, बंद नहीं करने का प्रावधान *(No Lockout Clause)* : an agreement between an employer and a union whereby the employer agrees not to close down the company during the resolution of disputes between the employees and the employer.

नौकरशाही *(Bureaucracy)* : an administrative structure characterized by formal and complex rules, a strict hierarchy of authority, and little or no accountability to the electorate. This system was idealized by Max Weber, but criticized by Ludwig von Mises, who believed that "the worst law is better than bureaucratic tyranny."

न

नौसेना संबंधी विषय के प्रबंधनकर्ताओं की मंडली, नौधिकरण *(Admiralty)* : involving maritime law: concerning the high seas or navigable waters.

न्यूनतम आरक्षित कोष *(Minimum Reserves)* : commercial bank funds held with the central bank, calculated as a set proportion of short-term liabilities. When the minimum reserves are lower than 100 per cent, such a reserve system is called fractional reserve banking. The European Central Bank requires eurozone commercial banks to hold minimum reserves of at least 2 per cent.

न्यूनतम भुगतान, डाउन पेमेंट *(Down Payment)* : the part of the price for a commodity that must be paid at the time of purchase.

प

पंचक *(Quintile)* : represents one of five categories of a distribution that has been divided into fifths. For example, the lowest quintile of an income distribution contains those whose income lies in the bottom 20% of the population's income.

पंच सुनवाई, मध्यस्थता *(Arbitration)* : the submitting of a matter in dispute to the judgement of a specified number of disinterested persons called "arbitrators," whose decision, called an 'award', is binding upon the parties.

पट्टा, लीज़ *(Lease)* : a contract under which the lessor or owner undertakes to make an item available for temporary use in exchange for payment, which the other party utilizing the item undertakes to pay.

पट्टावापसी, लीज़बैक *(Leaseback)* : a property sale agreement in which the seller of the property may lease the property from the buyer. Leaseback agreements are often concluded when single elderly people sell their property and agree to lease it back until the end of their lives.

पट्टे पर दी गई संपत्ति पर वसूला जाने वाला ब्याज, लीज़होल्ड ब्याज *(Leasehold Interest)* : an intangible use interest that exists when the provisions of a lease stipulate a rental that is greater or less than the prevailing market price of renting similar facilities.

पदानुक्रम *(Hierarchy)* : the subordination of lower level positions (titles, grades) to higher level positions, titles or grades.

प

परमभूमावधिकार *(Easement)* : the right to use real estate owned by another, or restriction of the rights of the owner of such real estate to enable proper use of the property, e.g., the owner of a road has to allow others to use it.

परमार्थवाद, दूसरे के हित के लिए जीने का सिद्धांत *(Altruism)* : an unselfish regard for the welfare of others. Altruism serves as the primary basis for non-profit, non-governmental organizations: voluntary work, charity and support.

परिकल्पना *(Hypothesis)* : an assumption or statement that has not been proven.

परिचालन अनुपात *(Operating Ratio)* : the combined ratio adjusted by the addition of allocated investment income to earned premiums. Other related definitions: combined ratio, allocated investment income.

परिचालनगत जोखिम *(Operational Risk)* : the risk arising from failure of systems, internal procedures, and controls leading to financial loss. Operational risk also includes custody risk.

परिचालन लीवरेज *(Operating Leverage)* : a measure of the operational risk of a company calculated as (1) a proportion of fixed costs compared to total costs; (2) a ratio of change of earned profit (prior to interest and tax payments in percentage) to the change of sales (in percentage). It shows how much the company's profit will change given a one percent change in the sales volume.

परिणाम, फल, नतीजा *(Deduction)* : a way of reasoning whereby a new true statement is formulated from several true statements (assumptions) following the rules of logic. Deductive reasoning has a status of proof. In the wide sense, deduction is a cognitive operation in which new knowledge is logically obtained from a system of available certified knowledge. Deduction is the main method of investigation in economics. See Induction

परिपक्वता पर प्रतिफल (वाईटीएम) *(Yield to Maturity [YTM])* : the rate of return that an investor will receive if the investment is kept in the portfolio until the maturity date. A method of valuing bonds given the redemption value, time value of money, and the present value of all payments received over the life of the bond.

परिवर्तनीय प्रतिभूति *(Convertible Security)* : a bond or share that can be exchanged by the holder into other securities issued by the same company.

परिवर्तनीय ब्रांड *(Convertible Bond)* : a bond that can be exchanged, after a set time-period, for shares of a company's stock rather than for cash.

परिवर्तनीय ब्याज दर *(Variable Interest Rate)* : a rate of interest on a loan that changes as an outside indicator changes.

परिवर्तनीय लागत *(Variable Costs)* : costs that change as output increases or decreases

परिवर्तनीय वार्षिक वृत्ति *(Variable Annuity)* : annuity contract under which the amount of each periodic payment fluctuates according to the investment performance of the insurer.

परिवर्तनीय सावधि बीमा *(Convertible Term Insurance)* : term insurance which can be exchanged, at the option of the policyholder and without evidence of insurability, for another plan of insurance.

परिवहन लागत *(Transport Costs)* : the price of carrying goods.

परिवार, हाउसहोल्ड *(Household)* : a group of persons sharing a residence, a common budget and food, but not necessarily related through kinship. A person living separately is also considered a household.

परिशोधन, ऋणमुक्ति, उधार-चुकाई *(Amortization)* : (1) in economics, it is a gradual transfer of the cost of fixed assets to the costs of production. The term "depreciation" is also used with this meaning; (2) in financial accounting, amortization is the part of expense calculated by dividing the cost of the asset, less any salvage value, by the expected useful life of the asset. In tax accounting, amortisation may be faster when a higher depreciation rate is applied with the purpose of reducing the net income to cut down on income taxes, and thereby increases the company's abilities to renew its fixed assets sooner.

परिसंपत्ति, पूंजी, मालमत्ता *(Assets)* : (1) economic good; wealth owned by a person (natural or legal entity). An asset can be tangible (buildings), intangible (goodwill), financial (securities and deposits), long-term (machinery) and short-term (stationery); (2) the part of the company balance sheet recording all valuables held by the company (the left side of the balance sheet).

प

परिसंपत्ति आरक्षित, प्रतिभूतियां *(Asset backed securities [ABS])* : essentially the same thing as mortgage-backed securities. The underlying securities are assets such as loans, leases, credit card debt, companies' receivables , car loans and royalties. At its core lies a simple investment principle: one takes a set of assets that have predictable and similar cash flows, bundles them into one managed package that collects all the individual payments and uses the money to pay investors interest at a specified rate per year on the managed package.

परिसंपत्तियों पर रिटर्न *(Return on Assets [ROA])* : the indicator of the efficiency of a company calculated as the ratio of net profit to total assets, reflecting the net profit per one currency unit of assets. The higher the return on assets, the more effective is the use of assets. It is important to know that there are wide differences in this indicator across different sectors because of the use of different technologies, which makes it unsuitable for comparing different branches of the economy.

परिसमापन, तरलीकरण *(Liquidation)* : the state of a company when unable to meet financial obligations, it is terminated, or sold. All operations cease and assets are sold to ensure full settlement of debt.

परीक्षण, लेखा परीक्षण *(Audit)* : examination of a company's financial activities or management practices. Depending on the object of examination, the audit could be divided into financial, tax and management audits. Internal and external audits are distinguished on the basis of the examiner's relation to the examined. An internal audit is performed by a specialised internal division of a company. An external audit is carried out by an independent, unrelated audit company. An international audit of a local company is done by an international company following international accounting standards.

पहले आओ पहले पाओ *(First Come, First Served)* : a quota system applied to the imports of specific goods to the EU, where the goods can be imported by all importers (free of duty) who import the goods without prior permission during a valid period if the quota has not yet been fully used and the desired amount of goods has not exceeded the remaining volume of the quota. Whether the quota has not yet been fully used and the desired amount has not yet exceeded the remaining quota amount can only be found out at the customs post. If the quota has already been used, the commodity can still be imported but customs duty will apply.

पाई चार्ट *(Pie Chart)* : a graphical display of categorical data by means of a circle divided into sectors. The relative size of a sector is represented by the size of the "slice" of pie allocated to that sector in the circle.

पारगमन *(Transit)* : bringing and transportation of goods to be sold in other foreign countries, e.g., goods carried from Germany to Russia via Lithuania would be transit goods.

पाली प्रणाली *(Shift System)* : a form of labour organization where a company works longer than the usual working day. The use of the shift system allows a company to operate without interruption for 24 hours a day.

पितृत्ववाद *(Paternalism)* : state regulation that intervenes in many spheres of life, typically with the justification of preventing others from doing harm to themselves. Examples of such care could be the requirement to fasten seat belts or compulsory third-party liability insurance, etc. Some paternalism creates moral hazard. See Moral Hazard

पिरामिड योजना, पोंजी स्कीम *(Pyramid Scheme, Ponzi Scheme)* : a financial scheme in which the investor (depositor) receives large returns on investment primarily from the contributions of new investors. A pyramid scheme may be open, where the investor gets the return only after bringing new investors; or hidden, where the investor is not aware that his return is paid from new contributions rather than investment income. In all cases the pyramid principle is vicious and doomed to failure as soon as the flow of new contributions is disrupted. Pyramid schemes are used by crooks who tempt inexperienced investors with high returns, mostly in emerging market countries. As the pyramid collapses, those who were the last to contribute suffer most. Pyramid schemes can also be devised by state authorities.

पीगूवादी कर, पीगू का कर *(Pigouvian Tax)* : a tax devised by Arthur Cecil Pigou (1877–1959) to remove the negative external impact. According to Pigou, environmental polluters must pay a tax equal to the difference between actual and social costs when producing a commodity or using a polluting technology. Pigou was a proponent of the welfare state (his major work *The Economics of Welfare*, 1919 developed the theory of welfare economy); and he believed that the market was ridden with failures and suggested curing them via taxation. See Market Failure

पुट ऑप्शन *(Put Option)* : the right (an option but not an obligation) acquired for a certain fee (premium) to sell a certain number of commodi-

प

ties at a certain price in the future.

पुनर्खरीद समझौता *(Repurchase Agreement)* : a securities or commodities transaction where the repurchase of previously sold goods at a fixed time and price is contracted.

पुनर्गठन *(Restructuring)* : reorganizing the activities of a company in order to improve its financial situation and avoid bankruptcy. Restructuring could involve modernization of production, reorganization of labour, transfer or acquisition of assets, division, or merger of the company.

पुनर्निवेश*(Plough Investment, Reinvestment)* : (1) the use of a company's earned profit or unallocated funds to expand the activities of the company; (2) the use of dividends earned by the shareholders to buy new shares.

पुनर्बीमा *(Reinsurance)* : a type of insurance where a specialised insurance company (reinsurer) undertakes the part of the risk of loss to the insurer arising from its insurance activity, in exchange for an insurance premium.

पुनर्बीमा आधारित जोखिम *(Reinsurance Basis Risk)* : the reinsurance cover might prove insufficient to adequately handle the risk in question because reinsurance needs have not been precisely identified. This might result in relevant clauses of the reinsurance contract being inappropriate.

पुनर्बीमा ऋण जोखिम *(Reinsurance Credit Risk)* : a reinsurer might prove to be unable or unwilling to pay its part of the liabilities or the claims incurred which can put the insurer's liquidity at risk and even cause its bankruptcy.

पुनर्बीमा जोखिम *(Reinsurance Risk)* : the risk of insufficient reinsurance cover or a failure of reinsurers to pay their part of the overall liabilities (or incurred claims) evaluated on a gross basis.

पुनर्मूल्यांकन*(Revaluation)* : increasing the value of one currency against another currency, usually used as the reserve currency, or gold. The process is undertaken by the central bank. See Devaluation

पुनर्वित्त, पुनर्वित्त में जोखिम *(Refinancing, Refinancing Risk)* : 1. General: A course of action with regard to loans, mortgages and other forms of borrowing that involves paying off an existing loan by taking a new loan and using either the same or other property as security. For instance, home owners may want to refinance their mortgage if interest rates have fallen or switch to a fixed-rate mortgage if interest rates are increasing. The costs of so doing may be considerable. Refinancing risk, general: the risk that a borrower will not be able to refinance an existing mortgage or loan at a future date under favourable terms. Refinancing risk, mortgage-backed securities: an increase in the level of refinancing of the underlying mortgages – usually as a result of falling interest rates – means that such securities mature faster and will have to be reinvested at lower rates. 2. Banks: Banks engage in refinancing when they obtain infusions of new money in order to provide new loans or to repay investors or customers who have savings in their institutions. Refinancing can be done, for instance, by tapping into the resources of a central bank or by borrowing from another bank (inter-bank lending). Recently, governments have had to provide large financial guarantees in order to resuscitate inter-bank lending that came to a virtual halt in the wake of the financial meltdown.

पूंजी *(Capital)* : a concept that refers to the wealth or readily available assets to an individual, company, or government; or, the physical resources required to generate income. For example, capital may refer to the money an investor has available for investment, or the equipment a company has to produce a good. It is typically used as a synonym for resources in general.
See Authorised Capital, Share Capital

पूंजी अंतर्प्रवाह *(Capital Inflow)* : a net movement of investment, capital, or assets into a country; usually accomplished when foreign entities purchase companies or securities in a domestic market. The size of the cash infusion depends on the expected return on investment, and generally occurs when a country is considered attractive to foreign investors.
See Capital Flight

पूंजी उत्पाद अनुपात *(Capital-Output Ratio)* : a ratio showing the amount of output gained per unit of capital input.

पूंजी उपभोग *(Capital Consumption)* : (1) a situation that arises when a company's income is not sufficient to cover expenditures, e.g., a loss occurs; (2) in calculating the GDP, the total amount by which assets lose value over time, e.g., depreciation.

पूंजी और वित्तीय खाता *(Capital and Financial Account)* : part of the balance of payments in which payments flowing in and out of a country, in the form of capital and financial transfers, are recorded. This includes

प

the acquisition and sale of long-term debt securities and equities, money market debt instruments, financial derivatives, and loans received and granted. See Balance of Payments

पूंजीकरण *(Capitalization)* : the value of a company's issued and outstanding shares in the market. See Market Capitalization

पूंजीगत लाभ *(Capital Gains)* : the difference between the acquisition and sale price of an asset.

पूंजीगत लाभकर *(Capital Gains Tax)* : a tax or taxes imposed on the increase in the price of an asset between acquisition and sale. Typically, a lower tax rate applied if the investment has been held for a specific amount of time, though rates vary by country.

पूंजीगत वस्तु *(Capital Goods)* : material and equipment used to produce other goods.

पूंजी नियंत्रण, विदेशी विनिमय नियंत्रण *(Capital Control, Foreign Exchange Control)* : regulations intended to stabilize a country's currency exchange rate by restricting the outflow of capital. Such measures are less commonly employed, given that they are increasingly easy to evade in the age of global electronic financial movements.

पूंजी निर्माण *(Capital Formation)* : savings and its productive investment. Using resources to increase or improve capital; essentially enhancing the means of production.

पूंजीपति *(Capitalist)* : a person who invests capital to generate profit, either directly by starting a company, or indirectly by purchasing shares in an existing company.

पूंजी पलायन *(Capital Flight)* : the mass transfer of financial funds or investment to another investment in hopes of increased stability or revenue; this often refers to transfers of funds between countries because of unsatisfactory conditions in the original country.

पूंजीवाद *(Capitalism)* : an economic system defined by private ownership of capital, where the interactions of buyers and sellers determine the quantity and price of goods.

पूंजी विस्तार *(Capital Widening)* : an increase in capital accompanied by an increase in labour, so that the capital-labour ratio remains constant as capital increases. See Capital Deepening

पूंजी-श्रम अनुपात *(Capital-Labour Ratio)* : a ratio showing the amount of capital used relative to the amount of labour used. A high ratio of capital to labour indicates capital-intensive production.

पूंजी साध्य उत्पादन *(Capital Intensive Production)* : production processes that use a large amount of capital in relation to the number of workers. As technology investments are made, machines tend to replace human labour.

पूरक वस्तुएं, पूरक उत्पाद *(Complementary Goods, Complementary Products)* : related goods or services whereby a rising price for one good reduces demand for another good, and a falling price results in the increase of demand for another good, i.e., if rising gasoline prices result in the decline of demand for cars, these goods should be considered complementary goods. See Substitutes

पूर्ण ज्ञान, पूरी जानकारी *(Perfect Knowledge, Perfect Information)* : complete information available to all market participants. Perfect knowledge is a theoretical presumption used for analysing logical constructs, e.g., in defining perfect competition.

पूर्णतावाद, होलिज्म *(Holism)* : a theory asserting that a certain homogeneous whole is not a mere sum of its parts and that new wholes emerge as the universe evolves. Holism rejects methodological individualism and points out that an element should be subjected to a homogeneous system. There are numerous manifestations of holism in the modern economy; they are observed in the superiority of the economic interests of a society or a state with respect to the interests of each market participant. In contrast to methodological individualism, holism analyses imaginary processes rather than logical or real ones.

पूर्ण प्रतियोगिता *(Perfect Competition)* : a situation when there are many buyers and sellers in the market, when market entry is free and market participants have all the information on prices and characteristics of the products. Perfect competition is a logical construct and not a real market situation. See Competition, Imperfect Competition

पूर्वमान्यता, परिकल्पना *(Presumption)* : the underlying logical, legal, and other conditions set in economic theory, especially in the areas of analysis and forecasting. The conclusions of a theory or analysis and fore-

प

casts greatly depend on the correctness of presumptions.

पूर्ववर्ती स्थिति *(Pre-existing Condition)* : a physical condition that existed prior to the effective date of a contract or policy.

पूल, साझा समूह *(Pool)* : a risk sharing mechanism in which the members of a group agree to be collectively responsible for losses.

पेंशन खाता *(Pension Account)* : a personal account of a participant in a pension fund, opened under a pension agreement to which pension fund units — a relative measure of the value of pension assets owned by the participant — are recorded in the name of the participant.

पेंशन फंड *(Pension Fund)* : an accumulation of funds in accounts opened for pension scheme participants. The employer invests these funds in an investment portfolio and makes pension payments to the participants on agreed terms. Pension funds are usually managed by licensed pension fund management companies.

पेंशन फंड के सहभागी *(Participant of a Pension Fund)* : a person with whom, or in whose favour, a pension accumulation agreement has been made; and in whose name a personal pension account has been opened.

पेंशन संचय प्रणाली *(Pension Accumulation System)* : a retirement savings plan that collects and invests money over fixed intervals (accumulation) and, at a pre-determined age, is paid out in fixed intervals to the beneficiary. See Annuity

पे ऐज़ यू गो, पे ऐज़ यू अर्न *(Pay-as-you-go, Pay-as-you-earn)* : a way of financing state social security schemes when payments for the individuals covered are financed by current contributions. The revenues of a social security system organized on this principle are not accumulated or invested, which makes the system dependent on the demographic situation and the wages of the contributors over a certain period. In a pay-as-you-go system, pensions of the eligible retired population are paid by the employed population of that period. A criticism of the pay-as-you-go system is that the contributions of a person are disassociated from the payments received; it is dependent on the demographic situation and is difficult and costly to change. The rudiments of pay-as-you-go systems can be discovered through an examination of Prussia (now Germany) at the time of Otto von Bismarck (1815–1898). Later on, this method of financing spread to other countries. Many countries still using this principle are making efforts to move to pension accumulation systems. See Pension Accumulation System, Pension Fund

प

पेटेंट, स्वत्वाधिकार *(Patent)* : a document confirming the author of an invention and the exclusive right of the holder of the patent to dispose of it. Inventions are patented if they are new, non-primitive and can be applied, i.e., in production. Patents are protected by law for a certain period (mostly up to 20 years) as it is believed that the inventor will make full use of it over this period. It is the exclusive (monopoly) right granted by the state to the first maker or inventor of a commodity or process.

पैमाने की अर्थव्यवस्था, (इकोनॉमीज़ ऑफ स्केल) *(Economies of Scale)* : the unit cost of production decreases as the volume produced increases. See Economies of Scope

पैरवी, लोबीइंग *(Lobbying)* : activities undertaken to procure special government favours, usually on the behalf of an individual, company, or association of related companies.

पैरेटो इष्टतम, पैरेटो अनुकूलतम *(Pareto Optimality)* : the theory of improving economic welfare developed by the Italian engineer Vilfredo Pareto (1848–1923): Pareto defined optimality as the point where the welfare of no person could be improved without reducing the welfare of others.

पैरेटो सिद्धांत, 80/20 नियम *(Pareto Principle, the 80/20 Rule)* : the management principle defined in the 1930s by Joseph M. Juran (1904-2008). It is also known as the "80/20 rule." According to Juran, as much as 80 per cent of the results of a process are caused by 20 per cent of the effort to produce such a result. Following this rule, it is necessary to focus on the 20 per cent of key tasks as they will determine 80 per cent of the total result. Although Pareto was not the author of this rule, the rule was named after him due to the coincidence of figures with the ones mentioned in Pareto's optimality theory.

पैसे का पूरा मोल *(Value for Money)* : an efficiency criterion used for public/private partnership projects, whereby when the public sector transfers the property for improvement, it must ensure that the improvement is equal to or exceeds the amount of money paid. See Public Sector Comparator (PSC)

पोज़ीशन, स्थिति *(Position)* : (1) holdings of assets and liabilities. A position can be long or short. Normal purchases of a security or another

प

asset, such as currency, result in a long position. Selling an asset or accepting a liability results in a short position; for example, when a bank has a long position in the U.S. dollar, it means that its assets in this currency are larger than the liabilities in it; (2) a financial accounting of holdings of assets and liabilities. For example: tax position, dividend position.

पोज़ीशनिंग, स्थापन *(Positioning)* : emphasis of the exceptional or unique qualities of a good or service, usually to differentiate it from similar offerings for marketing purposes.

पोर्टफोलियो *(Portfolio)* : a collection of securities held by a person or legal entity.

पॉलिसी *(Policy)* : the written contract of insurance that is issued to the policyholder by the insurance company.

पॉलिसीधारक *(Policyholder)* : a person intending to conclude or one who has concluded an insurance contract with an insurance company and has undertaken to pay insurance premiums, who, however, will not necessarily receive insurance payments.

प्रकृतिवाद *(Physiocracy)* : a trend of economic reasoning in the 18th century which argued that land was the only source of income and wealth, the main and most important factor for economic growth and the only asset capable of creating a "pure product." According to the Physiocrats, industry was a derivative branch of economics, which only consisted of agricultural production. They believed in the idea of the "natural order" in society, a concept which was later used by Adam Smith in the form of the "invisible hand" to explain the market mechanism. Their main representatives were François Quesnay (1694–1774) and Jacques Turgot (1727–1781).

प्रक्षेप *(Interpolation)* : a method of forecasting where the value of a variable is estimated based on known values. This process seeks to discover and explain unknown intermediate values based on statistical or logical data.

प्रगतिशील कर *(Progressive Tax)* : a tax which increases faster than the tax base, e.g., a single rate income tax with a tax-exempt size of income, or an income tax with a rate that increases with income. The higher rate is not applied to the whole tax base, but only to the part exceeding a certain ceiling, the so-called 'step'. Progressive taxes are very widely used, although recently an opposite trend has emerged in favour of reducing the progressiveness of the tax by increasing the lower and upper rate, or moving to or looking for a single rate with tax exemptions. See Flat Tax, Regressive Tax

प्रच्छन्न बेरोज़गारी, अदृश्य बेरोज़गारी या गुप्त बेरोज़गारी *(Disguised Unemployment, Hidden Unemployment, or Concealed Unemployment)* : a phenomenon where a group of officially employed individuals may soon lose their jobs. This phenomenon is characteristic of countries that have restrictions on the dismissal of employees or where redundancy payments are so high that the employers would rather keep a worker than dismiss him.

प्रतिकारी शुल्क, काउंटरवेलिंग ड्यूटी *(Countervailing Duty)* : a duty levied on imported goods to counteract subsidies granted in the country of origin. Countervailing duties carry a term. During the examination of subsidized imports, a provisional countervailing duty may be levied. See Countervailing Subsidies

प्रतिकारी सब्सिडी, काउंटरवेलिंग सब्सिडी *(Countervailing Subsidies)* : subsidies granted to producers within a country for the specific purpose of counteracting the imported foreign goods that have been subsidized by their national governments.

प्रतिकूल चयन *(Adverse Selection)* : the tendency of higher risk or less desirable insureds to seek or continue insurance to a greater extent than lower risk parties.

प्रतिगमन *(Regression)* : regression models are statistical models that evaluate the relationship between a dependent variable and one or more explanatory variables.

प्रतिगमन सिद्धांत *(Regression Theorem)* : a logical sequence explaining the value of money. The theorem says that the value of money at this moment or in the near future is determined by the purchasing power in the near past. If this logical sequence were developed in regression, a point would be reached when the value of money is determined by the value of goods which are later used as money, e.g., gold. The regression theorem was first developed by Ludwig von Mises in his work *The Theory of Money and Credit* (1912).

प्रतिगामी कर *(Regressive Tax)* : a tax which takes proportionally more from individuals the lower their income is. Many regressive taxes are

प

based on flat-rate fees and thus cost more (as a percentage of income) to the poor. See Flat Tax, Progressive Tax

प्रतिनिधि-पत्र, मुख्यतारी *(Proxy)* : a document allowing activities or actions to be performed on behalf of another. An example of this would be when a shareholder authorizes another person or company to represent him at a shareholder meeting, and cast a vote on his behalf.

प्रतिफल, यील्ड *(Yield)* : the return on a capital investment, bond, loan, or stock.

प्रतिफल के नियम, घटते प्रतिफल का नियम *(Law of Returns, Law of Diminishing Returns)* : states that there is an optimal combination of factors of production for each good. If an economic good is produced using anything other than the optimal number of each of the factors of production, other factors held constant, any deviation from the optimal relation will result in a diminishing return from the use of that factor.

प्रतिबन्ध, पाबन्दी *(Restriction)* : restricting money supply, production, or exports for a certain aim, such as raising interest rates, reducing inflation, protecting domestic markets, etc.

प्रतिभूति *(Securities)* : documents confirming ownership, debt, rights or liabilities, e.g., shares, bonds, stocks, bills, etc. See Bond, Share

प्रतिभूति आयोग *(Securities Commission)* : an institution charged with supervising and regulating new issues and subsequent sales of securities. The particulars of each commission vary by nation.

प्रतिभूतिकरण (गिरवी वित्त का) *(Securitization [of mortgage finance])* : this was at the heart of the subprime housing market implosion that triggered the financial meltdown of 2008-2009. In the process known as securitization large investment banks bought subprime and other mortgages, pooled them and packaged them as mortgage-backed securities to sell to investors. Typically they were structured so as to get the best possible bond ratings. In this they were assisted by rating agencies.

प्रतिभूति खाता *(Securities Account)* : (1) an account of securities (bonds and/or shares) placed in a central securities depository, and carrying a unique ISIN code; (2) a personal account with a financial brokerage firm to hold shares purchased through an exchange, which lists the number of shares held, their kind (common or preferred), par values, and current market value. See International Securities Identification Number (ISIN)

प

प्रतिभूतियां *(Securities)* : instruments – such as stocks, bonds, promissory notes, mortgages, bills of lading, bills of exchange – that give their owners rights to money or other property.

प्रतिभूति विवरण-पत्र, प्रोस्पेक्ट्स *(Prospectus)* : a document supplying detailed information about a new issue of securities. The prospectus presents extended financial statements of the issuer, operating projections, and other relevant information important in helping the investors make an investment decision.

प्रति व्यक्ति *(Per Capita)* : a Latin phrase meaning 'for each head'. In economics, this term is used to show the meaning of an indicator as it relates to the size of the population. This is accomplished by dividing the economic indicator by the number of inhabitants. For example, China may have a high GDP, but the GDP per capita is relatively low because of the enormous population.

प्रतिस्थापन अनुपात *(Replacement Ratio)* : the replacement ratio is the percentage of income that a retired individual needs to maintain to be able to continue the same standard of living that he or she is accustomed to. It is usually between 60% and 90% of what the individual was making while working.

प्रतिस्थापन प्रभाव *(Substitution Effect)* : the effects of the changes in relative prices on the consumption of two goods that are considered to be substitutes. The effect describes the inverse relationship between two goods where the increase in the price of one good leads to the increase of consumption of the other good, i.e., relatively cheaper juice may prompt its higher consumption and lower consumption of other soft drinks.

प्रतिस्थापन लागत *(Replacement Value, Replacement Cost)* : the amount that would be needed to develop, produce, build (install), or acquire an object with the same physical properties and use. The term is often used in insuring property where the insurance premium is calculated on the basis of replacement value.

प्रतिस्पर्धा *(Competition)* : a situation in the market where no single market participant is able to influence price due to the widespread presence of other sellers.

प्रतिस्पर्धात्मकता, प्रतिस्पर्धात्मक बाज़ार *(Contestability, Contestable Markets)* : markets where competitive outcomes can be observed empirically;

प

often a market characterized by low barriers to entry and exit. The absence of barriers generates competitive outcomes, even in monopolies or concentrated industries. Any increase in prices above marginal cost that generates excess profits will attract "hit and run entry," where new competitors enter the market and drive prices down to competitive levels.

प्रतिस्पर्धी लाभ *(Index of Competitiveness)* : a numerical representation of the ability of a person, product, company, branch or country to compete in the market, used for making cross-country comparisons.

प्रतिस्पर्धी लाभ *(Competitive Advantage)* : a term applied to a market supplier that is able to provide a good or service either in higher quality or quantity, or at a lower price than other suppliers. See Absolute Advantage, Comparative Advantage

प्रत्यक्ष कर *(Direct Taxes)* : taxes levied on income or assets held. Personal income tax, corporate profit tax and property taxes are direct taxes. See Indirect Taxes

प्रत्यक्ष विदेशी निवेश (एफडीआई) *(Foreign Direct Investment [FDI])* : long-term assets, such as land, buildings, machinery or operating companies (their shares) acquired by foreign natural and legal entities in a country or by domestic natural and legal entities abroad. If a country experiences fast-growing or continued foreign direct investment, it means that the business environment, return on investment and labour productivity in the country are higher than in other countries.

प्रत्याशित मूल्य *(Speculative Price)* : the price of a commodity or an asset paid in expectation that it will increase in the future. See Bubble

प्रदत्त पूंजी *(Paid-in Capital)* : part of the authorised capital for which payment has been received. The difference between paid-up capital and authorised capital is that various forms of partial payment for subscribed shares are used. See Authorised Capital

प्रबंधन शुल्क *(Management Fee)* : fees paid to a management company for the service of managing investment portfolios.

प्रभावशाली या प्रमुख स्थान *(Dominant Position)* : the position in a certain market of one or more economic entities when they do not face direct competition or are able to exert significant influence on that market. It is usually held that an economic entity has a dominant position in a market if its market share is at least 40%, or if it is one of the three or fewer economic entities with the largest share of a certain market and together these account for at least 70% of that market.

प

प्रभावशाली रणनीति *(Dominant Strategy)* : in game theory, the strategy that is most favourable to the player irrespective of the actions of other players, e.g., in the case of the prisoner's dilemma, each prisoner would follow a dominant strategy. See Prisoner's Dilemma

प्रभावी कर दर *(Effective Tax Rate)* : the rate of a tax calculated by comparing the paid amount of the tax and the tax base, e.g., the effective income tax rate is calculated by finding the ratio of budget revenues from the tax to total taxable income. The effective rate differs from the nominal tax rate set down in legislation and used for calculating taxes due to exemptions, relief or tax evasion.

प्रभावी विनिमय दर (ईईआर) *(Effective Exchange Rate [EER])* : exchange rate of one currency against another, which takes into account differences in the price of goods in the respective countries. It is otherwise called the "real exchange rate."

प्रमुख व्यक्ति बीमा *(Key Person Insurance)* : a life insurance programme designed to cover the key employees of a company; it may be written on a group or individual policy basis.

प्रवेश कीमत, आमंत्रण मूल्य *(Penetration Price)* : the price of a good or service set by a new market entrant who wishes to capture a certain share of the market. This price is typically lower than similar goods or services, and is often employed when consumers are especially sensitive to price changes.

प्रवेश मानदंड *(Convergence Criteria)* : specific criteria laid down in the Maastricht Treaty (1993), which must be met by an EU Member State to be able to join the Economic and Monetary Union and become a member of the Eurozone. These criteria are considered essential for establishing convergence between economies of member states.

प्रसार, चलन *(Circulation)* : movement of currency, securities, goods, or services in an economy.

प्रसार साख, सर्कुलेशन क्रेडिट *(Circulation Credit)* : when banks grant credit by issuing money not covered by their reserves. Circulation credit is different from credit granted by banks from their own resources, or from using long-term deposits entrusted to them by clients. The term is frequently

प

used by the Austrian School. See Fiduciary Media

प्रस्ताव *(Offer)* : a proposal to conclude a contract.

प्राइवेट प्लेसमेंट *(Private Placement)* : the sale of a security to a private body for investment purposes only. This is an alternative to public stock trading. See Public Offering

प्राकृतिक एकाधिकार *(Natural Monopoly)* : a situation in the market when a producer of some commodity or a service supplier is more efficient due to an economy of scale. Technical and legal opportunities may allow competition to emerge under a natural monopoly, but such competition would significantly increase production costs and the prices of supplied goods and provided services. The prices of goods produced by natural monopolies are usually regulated by the state, e.g., it is believed that centralized supply of electricity, water, heat and gas, and railways represent natural monopolies. Recent economic studies, however, suggest that most natural monopolies arise due to state-imposed barriers to entry and that it is difficult to find examples of natural monopolies in the absence of such barriers to entry. See Monopoly, Price Control

प्राकृतिक संसाधन *(Natural Resources)* : resources found in nature and not yet processed by people that can be used in the further process of creating goods, e.g., water, oil, coal, etc.

प्रागनुभववाद *(Apriorism)* : a method of analyzing social and economic phenomena which holds that certain knowledge exists regardless of experience, and that such knowledge is logically prior to experience. Apriorism is one of the methods in praxeology and economics. In economic theory, phenomena are analyzed regardless of whether they have ever occurred, are occurring, or will occur in reality, i.e. a priori. In this respect economics is closer to logic, theory of mathematics and postulates of Euclidian geometry rather than history, which deals with particular events, or geography.

प्राथमिक बाज़ार *(Primary Market)* : a trade made by the issuer or an intermediary of public trading in securities to purchase securities at the moment of issue. Issued securities are later traded on the secondary market. See Secondary Market

प्राथमिक लाभार्थी *(Primary Beneficiary)* : the individual first designated to receive the proceeds of an insurance policy.

प

प्रावधान, प्रॉविज़न *(Provisions)* : cash accrued and designated to offset or cover the losses from various risks. In tax accounting, taxable income is often allowed to be reduced by the amount of provisions. Provisions may be general or specific. See General Provisions

प्रीमियम *(Premium)* : (1) any amount gained from the sale of bonds or preferred stock in excess of the stated value; (2) the price of any re-purchase of bonds or preferred stock if it is higher than the nominal value; (3) in options, the payment made by the buyer of an option; (4) in insurance, an insurance payment; (5) in labour relations, it is an additional payment to the employee for good performance. See Insurance Premium, Option

प्रैक्सिओलोजी, मानव व्यवहार का अध्ययन *(Praxeology [Gr. praxis – action, habit, practice])* : the study and general theory of human action, i.e., measures undertaken by humans to achieve desired goals. Praxeology is an a priori study. The term was first used in 1890 by Espinas in his article and book both entitled *Les origines de la technologie*. Economists studying human behaviour in the market utilize praxeology.

प्रोत्साहन, समझाना-बुझाना *(Persuasion)* : inducing people to cooperate by promising to expand their options.

फ

फ

फंसा कर्ज़ *(Bad Debt)* : loans that will not be recovered. These are usually recognized after a certain period (usually a year) passes from the due date, when the borrower goes bankrupt or dies, or after all methods of recovering the debt have been exhausted. This term is used in tax accounting; typically taxable profits may be reduced by the amount of the bad debt.

फत्फ (वित्तीय कार्रवाई कार्य बल) *(FATF [Financial Action Task Force])* : the FATF is an inter-governmental body designed to promote policies and cooperation among member states to combat money laundering and terrorist financing. It is a policy-setting body that works to create legislative and regulatory reforms around the globe. The FATF monitors nations' policies and makes recommendations to curb illicit financial activities within their borders. The FATF was founded in 1989, and its mandate is reviewed every five years by member states. It is not an official international organization, but rather has specific goals and projects that are funded by its members. The Secretariat is located in Paris, and its official languages are English and French. It is composed of 33 member states, and has ties to seven regional organizations (Eastern and Southern Africa, Eurasia, Europe, South America, North Africa and the Middle East, Asia-Pacific and the Caribbean) that have observer status in the FATF. These regional bodies are similar in structure and form to the FATF.

फिड्यूशरी मीडिया, वितरण के साधन *(Fiduciary Media)* : money substitutes that are not covered by gold or other reserves of commodity money.

फ

It is a theoretical concept, as in reality it is often impossible to establish which part of particular money substitutes, i.e., banknotes, should be considered as money certificates and which represent fiduciary media. Only a comprehensive financial analysis would be able to say which part of issued currency is not covered. Fiduciary media differ from fiat money in that the former carry the right of claim to be exchanged into reserves (gold), while this claim cannot be met. Fiat money does not carry such a right of claim. See Fiat Money, Money Certificates, Money Substitutes

फिलिप्स वक्र *(Phillips Curve)* : graphically expressed interdependence between wages and unemployment determined through empirical observations by the British economist Alban William Phillips. This interdependence was later reformulated as a relationship between inflation and unemployment. The curve shows that the higher inflation is, the lower unemployment rates will be, and vice-versa. It was previously believed that the Phillips interdependence had been firmly proved; however, recent empirical data show that unemployment and inflation may increase simultaneously. In the 1960s, Milton Friedman and Edmund Phelps proposed an expectations-augmented Phillips curve. The curve was developed on the assumption that the population can predict the policy of the central bank rather precisely and negotiate their wages with employers while taking their predictions into account.

फिशर प्रभाव *(Fisher Effect)* : the relation between interest rate levels and inflation analyzed by Irving Fisher (1867–1947). According to the theory, with all other factors being equal, the expected rise in inflation will increase nominal interest rates by a corresponding amount. Fisher makes the assumption that the real interest rate is constant, so the nominal interest rate will change in parallel with inflation. The Fisher equation is expressed as follows: r (R+ pi), where r is the nominal interest rate, R is the real interest rate, and pi is the annual inflation rate of the period under analysis.

फेडरल रिज़र्व सिस्टम (फेड) *(Federal Reserve System [Fed])* : the Central Bank of the USA, which consists of 12 regional banks. The Federal Reserve System was established by the Owen-Glass Act, signed by President Woodrow Wilson on 23 December 1913. See Central Bank

फैली हुई जानकारी, सहज रूप से उपलब्ध जानकारी *(Dispersed Knowledge)* : all facts, data, and other information readily available to market participants at any given time.

फ्रिंज यानी अनुषंगी लाभ *(Fringe Benefits)* : an employee benefit given

फ

in addition to wages or salaries, i.e., discounts on goods and services produced by the employer, soft loans, the opportunity of using a company summer resort, pension or health insurance, company car, etc. Fringe benefits may be linked to the performance of the employee.

फ्रैंचाइज़ कर *(Franchise Tax)* : tax paid to the state for monopoly rights granted to an entity for using public property, e.g., the right to engage in railway haulage (use public rails). The franchise tax emerged as an annual tax paid for the permission to engage in an activity by founding a limited liability legal entity, i.e., a company.

फ्रैंचाइज़ *(Franchise)* : (1) provision of certain exclusive rights held by a company, such as a business concept, standard of goods, trademark, design, patent, operating system, equipment, training, to another company to be used for business purposes for a fixed reward, e.g., a share of the income. The franchiser may monitor the activities of the franchisee with respect to adequate conformity with predetermined requirements. Examples of companies operating in this way are Hilton Hotel and McDonald's; (2) Insurance franchise is the part of the losses suffered by an insured person that are covered by the person himself. This is a part of the damage that is not subject to his insurance coverage. The insured person can often choose a policy including franchise or not.

फ्रेडरिक ऑगस्टम वोन हायेक *(1899-1992) (Hayek, Friedrich Augustus von)* : one of the most important representatives of the Austrian School. Hayek was a strong advocate of free market thinking, and among the most prominent economists of the 20th century. Winner of the Nobel Prize (1974), he developed the theory of capital, money and business cycles, and made a comprehensive analysis of the significance of knowledge to society and the operation of the spontaneous order. His main works include *The Road to Serfdom* (1944), *Individualism and Economic Order* (1948), *Law Legislation, and Liberty* (1979) and *The Fatal Conceit* (1988). In 1947 F. A. Hayek founded the influential Mont Pelerin Society to keep the ideas and concepts of classical liberalism alive.

फ्रैंको *(Franco)* : free from duties, transportation charges, etc.

फ्लोटिंग विनियम दर *(Floating Exchange Rate)* : the rate of exchange between different currencies, which is determined by supply and demand for each currency at any moment in time. The rate of exchange is influenced by the monetary and fiscal policies of each nation, as well as projected growth rates, and real or imaginary exogenous events.

ब

बंद भाव *(Closing Price)* : the price of a security at the termination of a trading session. If no transactions were conducted on the exchange market, the price set at the opening of the trading session is considered a closing price. If the price for a security at the start of the trading session was not set, and no transaction was concluded for that security over the trading session in the central market, then the closing price is the price from the end of the previous trading session.

बंद संयुक्त स्टॉक कंपनी, बंद शेयर होल्डिंग कंपनी *(Closed Joint Stock Company, Closed Shareholding Company)* : a joint stock company whose shares are not quoted on the stock exchange. Closed joint stock companies are usually subject to additional criteria, such as a limited number of shareholders and reduced ability to attract capital.

बंधक *(Collateral)* : assets held as security in support of a promise of the payment of a debt or performance of a contract.

बंधक ऋण *(Mortgage Loan)* : a loan secured by a pledge of real estate.

बकाया शेष *(Arrears)* : the amount overdue after the failure to pay a liability as provided in a contract (or legislation). The penalty charge is usually based on the size of the liability or the extent of lateness expressed as a percentage.

बचत *(Saving)* : (1) putting aside earnings to be consumed in the future; (2) reduction of expenses or costs.

ब

बचत का विरोधाभास, किफायत का विरोधाभास *(Paradox of Savings, Paradox of Thrift)* : the presumption offered by John M. Keynes that the incentives directed towards increasing savings and the increased savings in their own right can cause a subsequent decrease of savings under certain conditions. According to him, when people tend to save and the economy declines, fewer funds become available for consumption. The less consumed, the less earned by producers. In the longer term this determines the decline of production and employment. The paradox of savings is used to promote consumption and condemn saving which, as is well known, serves as the basis for investment and economic development.

बचत बॉन्ड, बचत नोट *(Savings Bond, Savings Note)* : a government bond issued solely for natural persons with no secondary turnover.

बजट *(Budget)* : an estimate of revenues and expenditures for a company or a government. These are often used as measures of performance; tracking actual revenues and expenditures with the projected budget.

बजट आधिक्य *(Budget Surplus)* : a situation where revenues exceed expenditures, which allows for expansion of services, or in the case of governments, the opportunity to reduce tax rates.

बजट घाटा *(Budget Deficit)* : a situation where expenditures exceed revenues. Budget deficits must be financed by borrowing, issuing securities, or the sale of assets. In the case of governments, deficits must be offset by reducing future expenditure or by an increase in the tax burden, which reduces the capital available for economic expansion, or an increase in the money supply, which often results in inflation for the market as a whole.

बट्टा कारोबार या क्रैक-अप बूम *(Agiotage, Crack-up Boom)* : massive purchase of goods induced by the fast depreciation of a currency.

बट्टागत या रियायती मूल्य *(Discounted Value)* : current value of an asset in the future, given the opportunity cost of not investing the money in another asset. It is the amount today which, because of an expected change in value in the future, is equal to a certain amount in the future.
See Time Preference Theory

बड़े पैमान की संख्या का नियम *(Law of Large Numbers)* : a law of probability stating that if the experiment is carried out a sufficient number of times, the sample probability of a random value will approach the true probability. The law is widely used in insurance where, following long-term observations throughout the entire group, conclusions are drawn about the probability of each particular event or phenomenon, such as life expectancy of an individual, theft, etc.

बड़े पैमाने पर उत्पादन *(Mass Production)* : production of standard goods in large amounts. Mass production is usually highly automated. The development of modern mass production is often associated with Henry Ford in the early 20th century, who was the first high volume automobile producer. See Batch Production, One-off Production

बयाना *(Earnest)* : a sum of money or a good of some value given to a seller by a buyer in order to signify obligation to a contract. The earnest represents a part of the sum to be paid and is counted towards the final amount. If the giver of the earnest fails to perform under the contract, the money remains with the other party. In many cases it is agreed upon, that if the receiver fails to perform under the contract, he has to repay the double of earnest.

बहिर्गमन *(Voting with Feet)* : when members of a population emigrate due to unacceptable economic or political conditions, i.e., heavy tax burdens, corruption, persistent unemployment. Also known as the Tiebout hypothesis.

बहिष्कार *(Boycott)* : a complete or partial disruption of economic relations, a refusal to buy or supply goods between firms or markets, or a ban on international trade with a nation.

बहुत बड़ा जोखिम *(Jumbo Risk)* : a risk requiring exceptionally high benefit limits.

बाज़ार *(Market)* : the institutions of economic exchange which bring together buyers and sellers. It is the totality of all purchase and sale relations once the main information has fed into prices. A market is also a term for the same system when applied specifically to individual goods or services, e.g., milk market, metal market.

बाज़ार का बड़ा खिलाड़ी, शक्तिशाली कंपनी *(Significant Market Power)* : a level of economic power substantial enough that the party holding it has the power to affect prices in its market single-handedly. The term is widely used in the telecommunications market and other oligopolistic markets. A

ब

specific example would be the classification of "Significant Market Power" by the European Commission, which defines it as any time that a firm holds a market share greater than 25%.

बाज़ार जोखिम *(Market Risk)* : risk emerging due to price changes in the market, such as security price, interest rate, commodity rate or exchange rate changes. See Risk

बाज.ार पूंजीकरण *(Market Capitalization)* : the total value of firms' outstanding common shares, calculated as the sum of the number of shares issued by these companies multiplied by the market prices of those shares.

बाज़ार प्रवेश *(Market Entry)* : when a new market participant is created or enters a market where it had no presence previously. Market entry may be free if there are no established barriers (legal, regulatory, physical, etc.). However, entry can be restricted or difficult – especially in heavily regulated environments where there are few companies participating (oligopoly). Barriers tend to reduce competition, and may have detrimental effects on consumers in the form of limited product choices and/or higher prices.

बाज़ार भाव (Market Price) : the price at which a voluntary transaction has been concluded. A currency market price is most often referred to as an "exchange rate." A market price is always a price of the past, spot and individual. Regulated prices cannot be considered market prices. See Price

बाज़ार वर्गीकरण *(Market Segmentation)* : division of the market for a certain product by buyer groups on the basis of various criteria, such as age, sex, place of residence, education, etc.

बाज़ार विफलता *(Market Failure)* : inefficient distribution of resources determined by market laws (demand and supply). Supporters of state interventions maintain that there are situations when the effect of supply and demand results in ineffective distribution of resources. In such cases proponents of market failure assert that the state has to intervene to correct the "market failures" created by monopoly, provision of public goods, such as state security, negative externalities (when the market fails to incorporate the full costs of an activity), or difficulties created by asymmetric information and unemployment. Advocates of free market approaches say that market failures are not caused by the market itself but the lack of it and that the market and the development of market relations may offer solutions for emerging problems if the process is not disrupted by state intervention.

बाज़ार विरूपण (Market Distortion) : deviation from the conditions of a free market. It can be caused by state interventions in the market using regulations, taxes, use of budget resources, and in other ways. Market distortions reduce the opportunities for creating economic wealth. Generally, market distortions are justified on grounds of trading economic efficiency for equity.

बाज़ार व्यवहार *(Market Behaviour, Market Conduct)* : activities of an individual or a company in a particular market situation in choosing a strategy of prices, trade, investment, organization of activity, etc.

बाज़ार शक्ति *(Market Power)* : (1) the ability of the market to satisfy a wide range of consumer needs; (2) the ability of companies with a large market share to influence the price of a commodity or a service.

बार कोड *(Bar Code)* : the identification number on an item listing information about the product by a sequence of parallel bars. The bar code may be read with a special optical scanning device and fed into a computer system for inventory tracking purposes.

बास्केट *(Basket)* : a group of goods, services, or currencies. An example is a consumer basket, which consists of a list of goods and services typically purchased by the consumer. A currency basket includes certain amounts of different currencies. A student's basket consists of the list of services (in monetary expression) received by the student at school.

बाहरी कारक *(Exogenous Factor)* : (1) an uncontrolled external factor; (2) a parameter in a model.

बाहरी कारण *(Externality)* : any benefits or losses resulting from actions or processes that are not fully realized by the actor. These may be negative (car pollution), or positive (property values increasing because of a well-maintained garden nearby). See Positive Externality

बाह्य दशाओं का स्थिर होना *(Ceteris paribus [Lat.])* : 'all other things being equal'; an assumption often applied in economic analysis as a way of holding constant all external conditions, in order to determine the effect of a given event.

ब

बिक्री कर *(Sales Tax)* : tax imposed on the final purchaser of a good or service. See Turnover Tax

बिग ब्रदर *(Big Brother)* : a synonym for a totalitarian, powerful, and active government; originally used by George Orwell in his novel *1984*. See Watch Dog

बिचौलिया, एजेंट या प्रतिनिधि *(Agent)* : (1) an intermediary acting on the behalf of and in the interest of a represented person or entity. The agency may have limits stipulated by law, and an agent may never hold more power than implicitly or expressly granted by the client. An agent owes a fiduciary duty to the client, and is bound to act in the best interests of the client. (2) in property and casualty insurance, an individual authorised by an insurance company to create, modify, and terminate contracts of insurance or to arrange to do so or to advise on contracts of insurance for certain jurisdictions: in life insurance, a sales and service representative who is also called a life underwriter.

बीटा *(Beta)* : a number which indicates the volatility of a share, fund, or other security relative to fluctuations in the overall securities market. When beta is more than 1, the value of the share fluctuates to a greater extent than the market. When beta equals 1, the value of the share follows the market almost exactly. When beta is less than 1, the price of the share is less volatile than changes in the market.

बीमा *(Insurance)* : an economic device whereby the individual substitutes a small certain cost (the premium) for a large uncertain financial loss (the contingency insured against) which would exist if it were not for the insurance contract; an economic device for reducing and eliminating risk through the process of combining a sufficient number of homogeneous exposures into a group in order to make the losses predictable for the group as a whole.

बीमांकिक, ऐक्च्वेरी *(Actuary)* : a professional trained in evaluating the financial implications of contingency events. Actuaries require an understanding of the stochastic (probability of occurrences) nature of insurance and other financial services, the risks inherent in assets and the use of statistical models. In the context of insurance, these skills are, for example, often used in establishing premiums, technical provisions, and capital levels.

ब

बीमांकिक की रिपोर्ट *(Actuary's Report)* : written information provided by the actuary on the company's calculation of premiums and/or technical provisions, etc.

बीमांकिक गणना (Actuary Calculation) : an application of statistical models to forecast the probability of particular events and/or to assess future insurance payments.

बीमा एजेंट *(Insurance Agent)* : an insurance intermediary dependent on the insurance company, who offers insurance services for a commission. See Insurance Intermediary

बीमा कंपनी *(Insurance Company)* : a licensed legal entity which underwrites insurance.

बीमा जोखिम *(Insurance Risk)* : the probability of an insured event occurring.

बीमाधारक *(Insured)* : in life insurance, the person on whose life an insurance policy is issued: in property and liability insurance, the person to whom or on whose behalf benefits are payable under the policy.

बीमा प्रीमियम *(Insurance Premium)* : an amount specified in the insurance contract to be paid by the insured to the insurance company, usually on a monthly or annual basis.

बीमा ब्रोकर *(Insurance Broker)* : an individual who arranges and services insurance policies on behalf of the insurance buyer: he or she is the representative of the insured, although the broker receives compensation in the form of a commission from the company. See Insurance Intermediary

बीमा भुगतान *(Insurance Payment)* : the amount to be paid by the insurer to the insured or another person entitled to an insurance payment when an insured event occurs.

बीमा मध्यस्थ *(Insurance Intermediary)* : a natural or legal person engaged in insurance intermediation activity such as offering of insurance services, conclusion of insurance contracts with the insured, consultations with the insured, help in the administration of insurance contracts and insured events, for a fee. An insurance intermediary is an insurance agent and insurance broker.

ब

बीमा मध्यस्थता *(Insurance Intermediation)* : the business activity to promote or facilitate an insurance contract between an insurer and a purchaser; selling or attempting to sell insurance on behalf of an insurer, asking or urging potential purchasers to apply for a particular insurance product, conferring with or giving advice to a potential purchaser concerning particular insurance products by a person or entity who sells or arranges the insurance contract. Activities by an insurer are not included.

बीमा योजना या बीमा पॉलिसी *(Insurance Policy)* : a document issued by the insurer confirming the insured events, premium, and the payment terms and conditions if the insured event were to occur.

बीमारी लाभ *(Sickness Benefit)* : benefits paid to those covered by state insurance policies who are unable to work or unemployed because of sickness or injury. See State Social Insurance

बीमित घटना *(Insured Event)* : an event specified in the insurance contract on the occurrence of which the insurance company has to pay the insurance payment.

बीमित राशि *(Sum Insured)* : an amount indicated in the insurance contract or an amount calculated in a way prescribed in the insurance contract equal to the maximum insurance payment that can be paid under the insurance contract.

बीमित वस्तु (Object Insured) : property interests related to a person's life, health, property or civil liability. Life, health, property and liabilities can be the object insured. There are objects which cannot be insured, e.g., a bankruptcy.

बुक वैल्यू, बही-मूल्य *(Book Value)* : the value of an asset after depreciation costs to date have been recorded. This does not represent actual value; it is merely an accounting construct.

बुनियादी जोखिम *(Basis Risk)* : the risk that yields on instruments of varying credit quality, marketability, liquidity, and maturity do not move together, thus exposing the insurer to market value variation that is independent of liability values.

बुनियादी ढांचा, आधारभूत संरचना *(Infrastructure)* : physical structures or areas of economic activity that facilitate other production and distribution processes. Examples of communication infrastructure include roads, telephones, the internet, etc. Examples of social infrastructure include schools, hospitals, colleges, libraries, etc. Examples of financial infrastructure include banks, stock markets, etc...

बुरा ऋण *(Bad Loan)* : a loan where the beneficiary fails to repay in due time.

बुरा निवेश *(Malinvestment)* : poor investment decision making, usually resulting in a loss of the invested capital.

बुलबुला (Bubble) : an increase in prices for certain categories of goods, i.e., real estate, caused by speculative investment, and usually followed by a rapid decline in the price of those goods. These phenomena are fuelled when expectations of higher prices induce heavy investment, which in turn increases demand and pushes prices still higher. Bubbles are difficult to quantify, as they are usually made evident upon a collapse in prices.

बुलियन, मौद्रिक सोना *(Bullion, Monetary Gold)* : gold or other precious metal that has not yet been minted. Such metals are often used as central bank reserves. Gold is frequently held in the form of gold bars.

बेंचमार्किंग *(Benchmarking)* : a comparison between similar products or processes, or 'best practices' which allows management to evaluate performance and identify areas for improvement.

बेरोज़गारी *(Unemployment)* : incomplete use of labour in economic activity. The level of unemployment is assessed as the ratio of all persons looking for a job (unemployed) to the total labour force. Frictional unemployment arises due to persons changing jobs; cyclical unemployment is caused by the seasonal nature of a certain activity or the economic cycles; structural unemployment means that workers do not have the appropriate qualifications, the geographical location is inappropriate, or that generous social support diminishes work incentives. Changes in the structure of demand and production technologies reduce the demand for workers with certain qualifications. Structural unemployment caused by this is more difficult to curb than other types, as this requires training the workers, changing their specialization or improving their mobility. There also may be hidden unemployment when people still have jobs while the poor efficiency of a company makes it evident that they will soon be dismissed. Unemployment may be overestimated when people have illegal jobs while continuing to register for unemployment benefit or other social rights, privileges or guarantees.

ब

बेल-आउट, तात्कालिक सहायता *(Bailout)* : a process to secure the continued existence of an entity by providing security or transferring property, the conditions of which are specified and usually do not imply a permanent transference of ownership. A typical bail-out involves injecting liquidity into a bankrupt or nearly bankrupt enterprise (a bank, for instance) so that it can meet its short-term obligations.

बेसेल I, **बेसेल** II *(Basel I, Basel II)* : a risk management system developed by the Basel Committee on Banking Supervision. Basel I, convened in 1988, established the capital adequacy requirements for banks and the method by which capital reserves should be calculated. The capital adequacy indicator requires a certain amount of funds to be held to cover outstanding bank loans. A new risk assessment methodology (Basel II) was proposed in 1998, but disputes postponed implementation until 2006.

बैंक *(Bank)* : a bank is a financial intermediary. It borrows from customers and lends to other customers. When a person deposits money in a bank, he/she is in fact lending it to the bank. The bank, in turn, lends to another customer. The bank commits itself to repaying the customer the loan – plus interest. It does so on the basis of the income it generates through making loans to other customers.

बैंक, वाणिज्यिक *(Bank, Commercial)* : a credit institution which accepts deposits and other funds for use as loans.

बैंक ऑफ इंटरनेशनल सेटलमेंट्स (बीआईएस) *(Bank for International Settlements [BIS])* : the Bank for International Settlements is an international financial institution which fosters international monetary and financial cooperation and serves as a bank for central banks. It serves as a forum to discuss and analyze financial policy, is a centre for economic and monetary research, serves as a counterpart for central banks in their transactions, and is an agent/trustee in international financial operations. Located in its offices are the Basel Committee on Banking Supervision, the International Association of Insurance Supervisors, and the Financial Stability Forum. The BIS was founded in 1930, and its headquarters are located in Basel, Switzerland. It also has offices in Hong Kong and Mexico City. It is composed of 55 member central banks, which are entitled to vote in general meetings. Votes are determined by the number of shares of the bank held by member states. The BIS is governed by a Board of Directors. Its customers are international organizations and central banks.

बैंक को लेकर अफरातफरी *(Bank run [bank panic])* : in a bank run,

ब

lenders start to doubt a bank's ability to meet the various obligations it has amassed and, accordingly, start to withdraw assets. This tends to exacerbate the problem. A bank run may be based on no more than rumour or suspicion or on observed behaviour. If there is a run, no one wants to be last in line.

बैंक गारंटी *(Bank Guarantee)* : a commitment undertaken by a bank to pay the beneficiary of a guarantee in case the bank's client is unable to meet his or her obligations to the beneficiary. These are sometimes issued to ensure execution of an agreement, advance payment, or a credit repayment.

बैंक नोट (Bank Note) : a paper note issued by a bank as a substitute for money. In the early years of free banking, bank notes were issued by private banks. These notes represented debt securities, listing the bank's obligation to exchange the note for gold or silver when claimed. The function of issuing bank notes is now typically performed by the various national central banks. Since the demise of the gold standard in 1971, bank notes are no longer exchangeable for precious metals. See Fiat Money, Fiduciary Media, Money Substitutes

बैंकिंग विचारधारा *(Banking School)* : a school of thought that emerged in 19th century England. It argued that an accurate measure of the volume of currency in a market must include bank deposits in addition to notes and gold in circulation, and furthermore that regulation of note issues would be counterproductive. Proponents included Thomas Tooke, John Fullarton, and John Stuart Mill Jr. The tenets of this theory were in opposition to the Currency School. See Currency School

बैंच उत्पादन *(Batch Production)* : production of goods in small amounts (batches). Batch production aims to satisfy different needs of the consumers, especially when the needs of consumers change quickly. Examples include production of furniture, making clothes, etc. See Mass Production, One-off Production

बैरल *(Barrel)* : a measure of volume (equivalent to 159 litres or approximately 42 gallons) usually used in reference to oil/petroleum extraction.

बैलेंस शीट *(Balance Sheet)* : a financial statement listing assets, liabilities, and equity at the end of the operating cycle, typically a one year period. The amount of assets must always equal liabilities plus equity.

ब

बैंलेंस शीट बाह्य वित्त *(Off-balance Sheet Finance)* : the use of rented, rather than owned, property recorded in the balance sheet (such as equipment, buildings, or funds) in the activities of a company; or the use of funds not recorded in the balance sheet.

बौद्धिक संपदा *(Intellectual Property)* : the right to control one's creative work, e.g., an invention, trademark, production process, or an author's right to literary, musical, audiovisual, or photographic work. The protection of intellectual property is usually undertaken by governments and protected by law, but can also be protected under contractual stipulations. Intellectual property is a subject of debate, as it often takes no physical form, and is therefore difficult to regulate and protect.

बोटलनेक, अवरोध *(Bottleneck)* : a weak link in a production process that has the ability to slow or limit output.

बॉन्ड *(Bond)* : a security confirming the right of the holder to be repaid the nominal value of the purchase bond, receive annual interest or another equivalent from the issuer of the bond in accordance with the established terms, or other property rights. It is a security with fixed or variable interest. The main parameters of a bond are the nominal value, repurchase price (or a rule for setting it, if different from the nominal value), maturity, coupon rate and dividend payment terms. Bonds are classified into the following types: by issuer these are government bonds secured with the government guarantee (and, correspondingly, municipal bonds with a municipal guarantee); private corporate bonds represent obligations secured with a mortgage of company assets, transfer of rights to real estate, income from various programmes and projects; and private corporation bonds without special security (corporate debentures). Bonds may have a set date of maturity or not.

ब्याज *(Interest)* : a charge for the use of a loan usually in the form of a percentage of the amount of money lent. For the lender, it is the economic essence of interest in return for postponed consumption. For the loanee, it is what is paid to obtain current command over resources. See Time Preference Theory

ब्रेटन वुड्स समझौता *(Bretton Woods Agreement)* : an agreement on fixed international exchange rates for the major post World War II currencies, measured against the gold standard. This was achieved at a conference held on July 1–22, 1944, in Bretton Woods, USA. This conference also resulted in the creation of the World Bank and the International

Monetary Fund to further the ideal of stable international exchange rates. The Agreement functioned until August 15, 1971, when the gold standard was abandoned in favour of a flexible exchange rate system.

ब्लू चिप्स *(Blue Chips)* : securities issued by well-known companies, often with high capitalization. Investment in these securities is considered liquid and safe.

ब्लैक नाइट *(Black Knight)* : a company or a person intending to take over (acquire) another company in a hostile way. See Hostile Takeover, White Knight

भ

भ

भंडार, इंवेंट्री, सूची *(Inventory)* : an accumulation of unsold goods held by a company to smooth out fluctuations in demand, the value of which is reflected in the company's balance sheet.

भविष्यवाणी *(Forecasting)* : a method of projecting future values and indicators; it employs a number of methods, such as modelling, analogy, extrapolation and interpolation, explanation, interpretation, surveys of experts, etc. See Extrapolation, Interpolation, Modelling

भाव *(Quoting)* : setting the price for a good or service, or a commodity or a security on the exchange.

भिन्नात्मक आरक्षित बैंकिग *(Fractional Reserve Banking)* : a system in which commercial banks have to form fractional reserves to cover the risk of meeting their liabilities to depositors. Such reserves are then called required reserves. Required reserves are calculated as a proportion of liquid liabilities (deposits) set in regulations and are usually held at the bank. As a result of fractional reserve banking, commercial banks participate in the credit creation process. See Credit Creation

भीमकाय, एक सर्वशक्तिमान सरकार *(Leviathan)* : a synonym for a strong, nearly omnipotent government. It was coined by Thomas Hobbes in 1651, and deemed necessary to deal with the inherent societal problems of mankind.

भुगतान अक्षमता *(Default)* : the inability to pay a debt or other obligation. This term is often used to describe the situation where a country is unable to honour its international loan payments, i.e. it defaults on its loans.

भुगतान करने की इच्छा, इब्ल्यूटीपी *(Willingness to Pay [WTP])* : the largest sum that an individual is prepared to pay for certain goods and services.

भुगतान की क्षमता सिद्धांत *(Ability-to-Pay Principle)* : the idea that taxes should be increased as a person's income increases. The ability-to-pay principle is the basis for progressive taxes. See Benefit Principle

भुगतान संतुलन *(Balance of Payments)* : the accounting of international transactions which, by definition, must balance. All transactions can be assigned to one of four categroies: exchange of merchandise, exchange of services, exchange of IOUs, and unilateral transfers.

भूमि, ज़मीन *(Land)* : any naturally occurring resource, e.g., geographical locations, mineral deposits. It is considered one of the three factors of production (land, labour, and capital), and its scarcity and inherent resources determine its price.

भूवाद, भूवादी नीतियां, भूअर्थशास्त्र, भू-अर्थशास्त्र *(Geoism, Geoist Ethics, Geonomics, Geo-economics)* : a school of economics arguing that individuals own their bodies, their labour and products created by that labour. However, they do not own what they have not created, i.e., natural goods, primarily land and its rent. Geo-economists argued that land is a common good and should therefore be managed by the community (or the state), while the rent received should be divided among all members of society. Their most famous representative was Henry George (1839–1897).

भेजी हुई रकम *(Remittance(s))* : money sent from one person or merchant to another in the form of cash, a check, a bill of exchange, a bank transfer or some other means. The term is often used to describe transnational money transfers, for instance from people employed abroad back to families in their country of origin. Many countries rely heavily on remittances as a vehicle for promoting development. Remittances have increased enormously in recent years, due in part to increased mobility and globalization and, to a smaller extent, due to the greater ease and lower cost of transferring money across borders. The financial crisis and ensuing economic downturn will probably reduce remittances to developing countries considerably.

भ

भेदभाव *(Discrimination)* : different treatment of individuals or companies by setting unequal operating conditions.

भेदिया कारोबार *(Insider Trading)* : direct or indirect use of information not readily available to all, on the planned or past material events of a company related to issuers or securities which may have an impact on the price of the securities of the company.

भ्रष्टाचार *(Corruption)* : abuse of the public interest or public service for personal gain.

म

मंदड़िया *(Bear)* : a securities dealer who expects the market price of securities to decrease, or the condition of the general market when securities indices are decreasing in value.

मंदी *(Depression)* : a period characterized by a prolonged decline in economic activity: falling demand, prices and GDP, and increasing unemployment. Depression is more severe than a recession, which is defined as at least two consecutive quarters of declining economic activity. See Recession

मंदी *(Recession)* : a period of declining GDP. Negative growth of GDP for two consecutive quarters is usually considered a recession. See Depression

मज़दूर संघ, ट्रेड यूनियन *(Labour Union, Trade Union)* : a voluntary organization, uniting employees in a certain profession or company, to represent the interests of employees in all dealings with the employer. Trade unions frequently make use of the privileges granted to them by law, such as collective bargaining, the obligation of employers to coordinate various decisions with the unions, and additional labour guarantees to union members, etc. Such exceptional rights granted to trade unions often violate the interests of non-member employees, and can create obstacles for effective operation of the company.

मज़दूरी, मेहनताना *(Wage)* : monetary compensation paid for the work performed under an employment contract. Wages can be paid as a salary or as hourly pay. See Salary, Wage Rate

म

मज़दूरी का कठोर कानून *(Iron Law of Wages)* : a statement by David Ricardo (1772–1823) that the growth of the standard of living enjoyed by workers is limited, as any increase in real income determines the growth of the population. This in turn increases the demand for food products and raises their prices. Rising prices "consume" the real wage growth. The increasing population and labour supply also limit wage growth. In explaining the Iron Law of Wages, Ricardo followed the labour theory of value and did not take into account technological progress.

मज़दूरी दर *(Wage Rate)* : earnings per hour.

मज़बूती, कमज़ोरी, अवसर, जोखिम समीक्षा, एसडब्ल्यूओटी समीक्षा *(Strengths, Weaknesses, Opportunities, Threats Analysis, [SWOT Analysis])* : a method of strategic analysis of a phenomenon, process, decision, entity, situation, etc., where the object under examination is assessed for its strengths (internal), weaknesses (internal), opportunities (external), and threats (external).

मतदान अधिकार *(Voting Right)* : the right of a common shareholder to vote on company matters. This right may be transferred to another person through a proxy..

मतदान कर, प्रति व्यक्ति कर *(Poll Tax, Capitation Tax)* : a specific tax that is expressed as a fixed amount per individual irrespective of the individual's percentage of income. During the 19th century, the tax was important for country revenues. In the USA, the poll tax has been related to the voting right.

मध्य *(Median)* : the middle element in a series of values. For example, in the series of 100, 100, 200, 500 and 600 the median is 200. If the number of components in a series is even, the median is the arithmetic mean of two middle values, e.g., in the series 100, 100, 200, 500, 600 and 600 the median is 350. The median is used to characterize an approximate average, e.g., of the income of the population. The median shows the value for which there are an equal number of items with values below it and above it. See Average

मध्यमान *(Mean)* : often referred to as the "arithmetic mean," this is the concept most are referring to when using the term "average." A mean is the sum of a series divided by the number of entries in the series. See Average

म

मध्यस्थ *(Intermediary)* : a third party involved in the transaction of supplying goods or providing services acting on its own behalf or on behalf of a represented buyer or seller, on its own account or on the account of the represented party. See Agent, Broker, Intermediary of Public Trading

मध्यस्थहीनता, अमध्यस्थीकरण *(Disintermediation)* : "Cutting out the middleman," or removing intermediaries from market transactions. This has become a widespread and increasing phenomenon due to technological advances such as the Internet. Disintermediation can provide a greater degree of transparency and reduce transaction costs.

मनी मार्केट फंड इंश्योरेंस (मुद्रा बाज़ार कोष बीमा) *(Money Market Fund Insurance)* : private insurance that protects insured investors in a money market mutual fund against loss in the event that the fund fails or the issuers of investments held by the fund default.

मनी लॉन्ड्रिंग, अवैध धन को वैध बनाना *(Money Laundering)* : the legalization of money earned through illegal activities (arms trade, drugs trafficking, prostitution, bribes, etc.). Money laundering is usually done through complex cash operations aimed at hiding the real origin of money, and usually by turning cash into non-cash money. Authorities take measures to prevent money laundering, placing a requirement on commercial banks to report all suspicious, uncharacteristic, large-scale, or strange repeated operations. Prevention of money laundering results in additional costs to the market participants, and research shows that the effectiveness of these measures is arguable.

महत्त्वपूर्ण घटना *(Material Event)* : an event related to the activity of an issuer of securities that is known or should be known to it, as it may have an important effect on the market price of the issued securities.

महत्त्वपूर्ण तथ्य *(Material Fact)* : information about the subject of insurance that if known would change the underwriting basis of the insurance, and which would cause the insurer to refuse the application or charge a higher rate.

महामंदी *(Great Depression)* : global economic crisis of 1929–1933. The Great Depression is still used as an example to illustrate the consequences of government intervention in the money market.

मांग *(Demand)* : the quantity of goods and services that consumers want to purchase at given prices. Demand is aggregate, individual, or

म

market. Individual demand is the amount of goods and services that a person desires to acquire for a certain price at a certain time. Market demand is the total of individual demands. Aggregate demand is the sum spent on goods and services given a certain price level. Goods and services that are desired but cannot be obtained are not considered demand.

मांग आधारित जमा राशियां *(Demand Deposit)* : a deposit with no set maturity date which may be withdrawn in full or in part at any time, usually without penalty or loss of interest. These deposits usually carry no interest, and are often called 'checking accounts' in the United States. Since these are not considered funds lent to the bank, economic theory dictates that banks should not re-lend the money it holds in demand deposits. However, the fractional reserve banking system requires only part of these funds to be held in reserve, so banks are free to re-lend portions of these deposits. Because of this ability to re-lend, the money multiplier effect starts operating, and more money is injected into the financial system. See Deposit, Fractional Reserve Banking, Time Deposit

मांग का नियम *(Law of Demand)* : states that as a price of a good or service is increased, the quantity demanded will decline, and as the price decreases the quantity demanded will increase.

मांग की आय लोच *(Income Elasticity of Demand)* : a measure that rates the response of the quantity demanded due to a change in income. If an increase in income leads to a decrease in the quantity demanded, the good is considered an inferior good; this is associated with negative income elasticity. If an increase in income leads to an increase in consumption, the good is considered a normal or luxury good; such goods have a positive income elasticity of demand. See Elasticity of Demand

मांग की कीमत लोच *(Price Elasticity of Demand)* : a measure that calculates the rate of response of the quantity demanded because of a change in prices. Price elasticity of demand is a ratio of the change of demand (in percentage) to the change of price. It is said that demand is elastic with respect to price when the change of price results in a greater than proportionate change in demand and the ratio is higher than 1. Demand is inelastic with respect to price when the change of demand caused by the change of price is less than a proportionate change and the ratio is below 1. Demand may be absolutely inelastic when price changes do not result in any changes in demand, or absolutely elastic when goods and services are purchased for one stable price.

म

मांग की लोच *(Elasticity of Demand)* : a measure of demand changes in response to certain changes in market conditions. Assessment of elasticity of demand includes price, income and cross-price elasticity of demand. See Elasticity

मांगजनित मुद्रास्फीति *(Demand-Pull Inflation)* : an increase of the general level of prices as a result of higher demand. In this situation the increase in consumer demand results in an inflation of prices. Such inflation cannot continue without excessive money creation by the central bank. See Cost-push Inflation

मांग वक्र *(Demand Curve)* : a graphical representation of the law of demand illustrating the link between demand and price. See Law of Demand

मात्रात्मक विश्लेषण, परिमाणात्मक विश्लेषण *(Quantitative Analysis)* : using mathematics to assess economic trends. See Qualitative Analysis

मात्रा समीकरण, विनियम का समीकरण, फिशर का समीकरण *(Quantity Equation, Equation of Exchange, Fisher's Equation)* : under the quantity theory of money, the quantity equation defines how the quantity of money is related to its value. $MV=PT$, where M is the money supply, V is the velocity of money, P is the average price of a product, and T is the number of products sold. See Quantity Theory of Money

मानक विचलन *(Standard Deviation)* : the range is one of a number of calculations used to indicate variation within a dataset. It is computed by taking the square root of the average of the squares of deviations about the mean of a dataset. Represents the average deviation data presented in their distribution from the arithmetic mean of the distribution.

मानकीकरण का अंतरराष्ट्रीय संगठन (आईएसओ) *(International Organization of Standardization [ISO])* : an international standard-setting body based in Geneva, Switzerland. It was founded in 1947 to coordinate worldwide industrial and commercial standards, and is comprised of representatives from national standards bodies.

मानव पूंजी *(Human Capital)* : the knowledge and skills that people accumulate through education, training, and experience that enable them to supply valuable productive services to others.

मानव संसाधन *(Human Resources)* : (1) broadly, the population of a country; (2) more narrowly, the labour force; (3) a factor of production

म

positively affected by education and the availability of good health care. The productivity of healthy and educated workers generally outstrips that of an unskilled or physically impaired worker.

मामूली, सांकेतिक, अवास्तविक *(Nominal [as in Nominal GDP or Interest Rate])* : a measure that fails to account for factors such as inflation or seasonality. For example, nominal GDP is the value of a nation's output at current prices. This is in contrast to real GDP, which measures value according to a base year that accounts for inflation. The difference between real GDP and nominal GDP—the GDP deflator—is a measure of inflation. The GDP deflator is calculated as the ratio of nominal GDP to real GDP multiplied by 100.

मालिक-मुनीम समस्या *(Principal-Agent Problem)* : Economic phenomenon in which a task is not adequately achieved because the agent carrying it out has a different set of incentives than the party who contracted them to perform the act. For example, a company where the managers have different goals than the shareholders who have hired them to maximize profit.

मिल्टन फ्रीडमैन (1912-2006) *(Friedman, Milton)* : economist of the Chicago School, awarded the Nobel Prize in economics in 1976. His major works were written in the field of the theory of money. The main titles are: *Capitalism and Freedom* (1962), *Price Theory* (1962), *A Monetary History of the United States* (1963), *Free to Choose* (1980), *Money Mischief* (1992). Friedman initiated empirical research on the interdependence of economic freedom and economic growth, developing a measure called the freedom index. See Freedom Index

मुक्त अर्थव्यवस्था, मुक्त बाज़ार *(Open Economy, Open Market)* : a global market system where individual countries abstain from using direct or indirect import and export restrictions or utilizing capital controls, and where the free movement of labour is permitted.

मुक्त अर्थव्यवस्था, मुक्त व्यापार *(Laissez Faire)* : from French origins, meaning basically 'let the people do as they choose'. This was a slogan coined in the 18th century in response to the Mercantilist policy of restricting foreign trade, and eventually developed into a synonym for limited government involvement in markets and business affairs. See Free Market, Mercantilism, Physiocracy

म

मुक्त आर्थिक क्षेत्र *(Free Economic Zone)* : territories specifically dedicated to economic activity and governed by special legislation that gives financial incentives to do business there, e.g., no tax on profits, no duties, etc.

मुक्त प्रतिस्पर्धा *(Free Competition)* : competition among market participants with no legal barriers to entry, no exceptional powers or rights, and no special favours for some but not other competitors, e.g., tax breaks. See Fair Competition

मुक्त प्रवेश *(Free Entry)* : access into a market with no barriers, thereby encouraging competition and many participants.

मुक्त बाज़ार *(Free Market)* : a system of free, unregulated exchange. An economy in which market participants operate without significant governmental interference or restrictions, e.g., regulation and taxes. The free market in its pure form has not been realized in actuality anywhere in the world for an extended period of time and usually only exists in the absence of a national government. Economic theory indicates that free markets create the best conditions for improving the material welfare of the people as a whole, though not all segments of society will benefit as much as others.

मुक्त बाज़ार परिचालन (ओएमओ) *(Open Market Operation [OMO])* : a monetary policy instrument used by central banks to regulate the money supply in the market, and thereby the interest rate or liquidity in the banking system. The following OMOs are commonly used: repurchase agreements to increase money supply and reduce interest rates, government securities auctions to reduce the money supply, and overnight loans to deal with liquidity problems faced by an individual commercial bank.

मुक्त व्यापार *(Free Trade)* : international trade free of direct and indirect restrictions, including quotas, duties, tariffs, quality requirements, and import licenses.

मुक्तवाद *(Libertarianism)* : a political and economic philosophy similar to liberalism, with more emphasis on unregulated markets and governmental involvement. This is usually the moniker given to classical Liberals in the United States, (not to be confused with Democrats, who, though called liberals, often support the expansion of government participation in the society and economy).

मुद्रा *(Money)* : any means of exchange. Representatives of some schools of economics consider it a medium of exchange, a store of value, and a method of accumulating wealth. The Austrian School recognizes only one function for money – that of facilitating exchange, believing the exchangeability of money (the possibility of exchanging it into any other commodity) to be the primary utility of money. Money emerged in the market and was used in two ways, as a means of exchange and as goods satisfying some other need. The latter are called commodity monies, e.g., sugar, gold or silver. In time, trade money was replaced by paper money issued by banks. The first banknotes were private and were issued by private banks; later, however, the right of issuing banknotes was monopolised and nationalised.

मुद्रा, करेंसी *(Currency)* : the monetary unit of a country, e.g., the United States and the dollar, or economic union, e.g., the European Union and the euro.

मुद्रा आपूर्ति *(Money Supply)* : the stock of money in a country at a given moment. Money supply is mostly measured using the narrow (M1), intermediate (M2) and broad (M3) monetary aggregates. Money M2 is M1 (banknotes and coins plus cash at the central bank) and demand deposits. M3 includes M2 and quasi-money, i.e., time deposits in banks and deposits in foreign currency. Money supply M4 is M3 and various money market instruments, such as certificates of deposit.

मुद्रा का परिमाण सिद्धांत *(Quantity Theory of Money)* : a financial theory predicting that the value of money is dependent upon the amount of money present in a market; i.e., the more money available, the less it is worth.

मुद्रा का मूल्यहास *(Depreciation of Currency)* : any decrease in value in one country's currency measured against the value of a foreign currency. When this occurs, the newly depreciated currency can be traded for fewer units of the foreign currency.

मुद्रा का वेग *(Velocity of Money)* : a value expressing the number of times the money supply circulates through the market in a given year; it is equal to the nominal GDP divided by money supply.

मुद्रा की गैर-तटस्थता *(Non-neutrality of Money)* : the idea that changes in money supply have a varying, disproportionate, and delayed impact on prices; for example, additional issues of currency by the central bank make goods more expensive, but not necessarily all goods, nor on the same scale, and not at the same time. Thus, changes in money supply redistribute wealth in the market by making those richer who first receive additional money and those whose goods are purchased by them. Those at the end of the chain of the flow of additional money who receive a fixed income, such as pensioners and students, will suffer. See Neutrality of Money

मुद्रा गुणक *(Money Multiplier, Credit Multiplier)* : a measure of credit creation, calculated as 1/r; where r is the reserve requirement ratio. The money multiplier shows the amount of "new money" that can be created by each unit of currency put in the commercial bank system. In the presence of a high money multiplier and in case of market panic, the banking system can face liquidity or solvency difficulties. See Credit Creation

मुद्रा जोखिम *(Currency Risk)* : the risk that arises from movements in foreign currency exchange rates. This can arise if the assets and liabilities of an insurer are not in the same currency, or if contracts for administrative and other services are contracted in a currency different from the currency implied in the premium determination. Also, in some jurisdictions, the sale of contracts in other than the local currency leads to an impact on rates of persistency/discontinuance in the event that the policyholders are exposed to a mismatch.

मुद्रा तटस्थता *(Neutrality of Money)* : the idea that the money supply has no effect on the relative level of prices. It is stated that there is a set price structure, and a change in money supply brings about proportionate changes in all prices at the same time. The advocates of the neutrality of money believe that manipulation of the money supply has no effect on the structure of prices and does not redistribute wealth in society.

मुद्रा प्रमाण पत्र *(Money Certificates)* : money substitutes (mostly banknotes) fully covered by reserves (gold, silver). It is a theoretical concept that has no precise equivalent in reality, as banknotes issued by the central bank can be money certificates or fiduciary media, and only a detailed financial analysis can establish which part of banknotes in circulation could be considered money certificates. The term is frequently used in works by Austrian economists.

मुद्रा बाज़ार कोष *(Money Market Fund)* : a fund or investment company that invests (on a large scale) in low-yield and low-risk money market instruments, such as government securities, certificates of deposit and commercial notes; with the aim of earning income for its share-holders. Usually individual shareholders would not be able to purchase such secu-

म

rities directly, as they are sold in large amounts to institutional investors.

मुद्रा भ्रम *(Money Illusion)* : confusing change as expressed by nominal money with real changes; for example, increasing personal income may create an impression of improving real income, but in reality this may only be a consequence of generally rising prices.

मुद्रा मतदान *(Money Vote)* : where consumers express their preferences for specific goods and services through purchasing patterns in a market. Producers thereby know which goods and services to provide based on these patterns.

मुद्रा मूल्य वृद्धि, अधिमूल्यन *(Appreciation of Currency)* : any increase in value in a country's currency measured against the value of a foreign currency. When this occurs, the newly appreciated currency can be traded for more units of the foreign currency.

मुद्रावाद *(Monetarism)* : a set of views that focuses on the supply and demand for money as the primary means by which economic activity is regulated by the government. It focuses on money supply and on inflation as an effect of the supply of money being larger than the demand for money. Largely formulated by Milton Friedman, it argues that excessive expansion of the money supply is inherently inflationary, and that monetary authorities should focus solely on maintaining price stability.

मुद्रा विकल्प *(Money Substitutes)* : a document (banknote) confirming the right of claim to money (gold) that can be exchanged into money (gold, silver) at the nominal value, on demand. The term is frequently used by the Austrian School.

मुद्रा विचारधारा *(Currency School)* : based on the works of David Ricardo in 19th century England, this school of thought holds that all issues of money by a national central bank should be backed by reserves of precious metals. This is in direct opposition to the Banking School, and argued for restrictions against issuing banknotes. The tenets of the Currency School have been adopted and modified by the Monetary School. See Banking School

मुद्रा संबंध *(Money Relation)* : the ratio between demand for money and money supply which determines the purchasing power of money and its relation to other goods. Any change in demand for money and money supply changes the money relation, and has an impact on the purchasing power, and hence, on the prices of particular goods and services. For example; fast growth of money supply with stable demand for money will result in rising prices of goods.

मुद्रास्फीति *(Inflation)* : a decline in purchasing power and general increase in prices due to an excessive growth in the money supply. This is often described as too much money chasing too few goods; therefore, the value of the money decreases per unit and the cost of the good increases correspondingly. There are various measures of inflation such as a consumer price index, based on the average prices of a 'basket' of goods, and expressed as a percentage. See Average Annual Inflation, Consumer Price Index, Cost-push Inflation, Deflation, Demand-pull Inflation

मुद्रास्फीति कर *(Inflation Tax)* : revenues received by the government from any currency issue which is not backed by reserves (gold, silver, foreign currency, etc.).

मुद्रास्फीतिजनित मंदी *(Stagflation)* : a situation in the market where economic stagnation, high unemployment and persistent inflation occur simultaneously.

मुद्रास्फीतिवाद *(Inflationism)* : (1) the belief that inflation created by additional currency is beneficial. (2) economic policies which justify and promote credit issues.

मुक्त उपयोग, फ्री राइडिंग *(Free Riding)* : essentially, those who use disproportionately more or who pay comparatively less for the use of public goods or those economic goods where exclusion is hard to enforce. Public goods tend to generate a free riding problem because the quantity of it that any person is able to consume is not affected by the amount that that person pays for it, therefore nobody has the incentive to pay for its consumption. A prime example of this is national defence: an individual who doesn't pay taxes is equally as well protected as someone who fully meets his tax obligations. The problem of free riding is difficult to solve, though some propose broader privatization of goods and services, as ownership tends to elicit responsibility and greater care for use.

मुक्त लंच *(Free Lunch)* : free goods. In order to emphasise that all economic goods are limited and have a price it is said, "There is no such thing as free lunch," e.g., it is sometimes believed that the services received free of charge from the state do not cost anything to anyone, but in

म

reality they are paid for by taxpayers.

मुरे रोथबार्ड (1926-1995) *(Rothbard, Murray)* : Austrian economist, historian and philosopher, advocate of anarchocapitalism. He was the author of 25 books and thousands of articles on economic theory, politics and economic history. Rothbard was a professor at universities in New York, Nevada and Alabama. His major works are *Man, Economy and State* (1962), *Power and Market* (1970), *America's Great Depression* (1963), *For a New Freedom: the Libertarian Manifesto* (1963).

मूर्त लाभ *(Tangible Benefits)* : the benefits that result from a system of production that are material and are consumable, i.e., money etc.

मूल कंपनी *(Parent Company)* : a company controlling another company. See Control

मूल्य *(Value)* : the worth an individual attributes to economic goods. The subjective method of determining value argues that value is entirely dependent on the perceptions of the consumer, and has no intrinsic worth. The objective method argues that consumers value goods by their utility and the value consumed in the creation of the good. See Labour Theory of Value, Paradox of Value, Subjective Value Theory

मूल्य का विरोधाभास *(Paradox of Value)* : a situation where goods that satisfy basic needs (iron or water), cost less than less-useful items (titanium), or luxury goods (diamonds). This paradox was resolved by William Stanley Jevons, Carl Menger, and León Walras who proved that the price of a commodity is determined by its marginal utility. They followed this theory with the marginal utility theory, which argues that the marginal utility of commodities in bountiful supply is low, therefore the price is low.

मूल्य का श्रम सिद्धांत *(Labour Theory of Value)* : an economic theory stating that the value of goods and services is determined by the amount of labour used to produce them. The pioneers of the labour theory of value were Adam Smith and David Ricardo. The theory was developed most by Karl Marx who attempted to use it to substantiate the theory of the exploitation of labour.

मूल्य के अनुसार, ऐड वेलोरेम *(Ad valorem [Lat.])* : "by value, by price." The calculation and expression of certain amounts (taxes, discounts) as a proportion of the price of a commodity or service. It is mostly used with reference to taxes which could be set ad valorem, i.e. as a proportion of the price, or as an absolute amount (euro per unit of amount). See Specific Taxes

म

मूल्यनिर्धारण, मूल्यांकन *(Appraisal)* : an estimate of value, loss or damage.

मूल्य प्रतियोगिता *(Price Competition)* : a form of competition between suppliers to attract consumers by lowering the price of a good. Price competition may escalate into a price war. See Price War

मूल्य में कमी करना *(Write-downs)* : reductions of the book value of assets because they are undervalued when compared with their market value.

मूल्यवर्द्धन, मूल्यवर्द्धित *(Value Added)* : the increase in the value of goods and services from each stage of production. Value added is calculated as the difference between the income of a company from sales and the costs of purchased materials and services. In other words, added value consists of paid wages, earned profit, depreciation, and production taxes. The value added calculated on a country scale is reflected in the GDP.

मूल्यवर्द्धित कर, वैट *(Value Added Tax, [VAT])* : an indirect tax levied on the added value to a product or service. For the sake of convenience, the tax base is not calculated directly as the sum of profits and wages, but indirectly as the difference between goods and services sold, and goods and services purchased. Although VAT is calculated and paid to the budget by persons registered as VAT payers (mostly companies, but they can also be natural persons), the payer of the VAT is the final consumer of a good or service. For this reason VAT is also called a consumption tax. VAT is a relatively new tax which appeared in Europe in the 1960s. When discussing the possibility of introducing this tax, the intention was to use it instead of profit tax, because in the economic sense it taxes the same tax base as income and profit taxes. However, while discussing the alternatives, the winning argument was collecting as many funds for the budget as possible. VAT is harmonised across the EU and may not be lower than 15 per cent. Since its introduction, VAT rates have continuously been increased.

मूल्य सूचकांक *(Price Index)* : a measure of the change in prices for certain goods and services over a set time period. Methods for calculating price indices vary, but generally involve comparing the current price of a

म

good to a base price. See Consumer Price Index, Index

मूल्य स्तर *(Price Level)* : a measure based on the average of overall prices for certain goods over a specified time, relative to a base price. See Price Index

मूल्यह्रास *(Depreciation)* : the decline in the value of a long-term tangible asset over the period of its use and the transfer of that value into the value of output. In financial accounting it is a gradual writing off of the acquisition value of long-term assets into the costs of output. The depreciation of long-term tangible assets is calculated on the basis of the annual depreciation rate set by the companies themselves, taking into account the intended useful life of the asset and the minimum and maximum economic rates of depreciation set by legislation or regulation. Depreciation is most often calculated using one of four methods – the straight line method, the sum of the year's digits method, the units-of-production method and the double declining balance method. See Double Declining Balance Method, Straight Line Method, Sum of the Year's Digits Method, Units-of-production Method

मृत्यु दर सारिणी *(Mortality Table)* : a statistical table showing the probable rate of death at each age, usually expressed as so many per thousand.

मेन स्ट्रीट *(Main Street)* : as opposed to Wall Street. A synonym for small and medium scale enterprises and, sometimes , for the middle - class interests of America.

मैनेज्ड फ्लोट, नियंत्रित उतार-चढ़ाव *(Managed Float)* : a flexible exchange rate regime where a currency is allowed to fluctuate with the foreign exchange market. However, the central bank usually steps in to keep the currency within a range of values, though this range is usually not publicly disclosed. This method is also called 'dirty float'.

मोलतोल *(Negotiation)* : a discussion intended to produce an agreement towards outcomes which serve their mutual interests.

मौद्रिक नीति *(Monetary Policy)* : the government or central bank process of managing money supply to achieve specific goals—such as constraining inflation, achieving full employment or economic growth. Monetary policy can involve changing certain interest rates, either directly or indirectly through open market operations, and setting reserve requirements.

म

मौलिक कारक *(Fundamental Factor)* : an objective factor that has an effect on the phenomenon under examination. See Non-fundamental Factor

मौसमी उतार-चढ़ाव *(Seasonal Fluctuations)* : fluctuations of economic indicators due to seasonal changes, e.g., seasonal fluctuations are characteristic of agricultural production.

मौसमी कारोबार *(Seasonal Business)* : economic activity that is only possible or that experiences more activity during a certain season, e.g., in summer.

मॉडलिंग *(Modelling)* : representation of an examined object in another object (model) in order to understand better the object under examination. Modelling is used when direct investigation of an object is impossible or complicated for some reasons. The model has to be similar to the examined object in its physical or functional properties. In this respect modelling is related to the method of analogy. Economists often attempt to create mathematical models of parts or the whole economy in order to measure the effects of policy changes or exogenous events (droughts, floods, earthquakes, etc.).

म्युचुअल इंश्योरेंस कंपनी *(Mutual Insurance Company)* : a non-profit insurance carrier, without capital stock, that is owned by the policyholders: it may be incorporated or unincorporated.

म्युचुअल फंड *(Mutual Funds)* : category of investment, usually professionally managed, which attempts to mitigate risk by spreading investment over a variety of options, including (but not limited to) stocks, bonds, government securities, etc.

य

य

यातायात, परिवहन *(Transport)* : the service of carrying passengers or goods by air, road or railway.

यील्ड, प्रतिफल की दर *(Yield, Rate of Return)* : a profit earned by an investor on an investment in the form of interest. The total return on an investment is represented by the sum of the yield and capital gains of the investment.

यूएन (संयुक्त राष्ट्र) *(U.N. [United Nations])* : the United Nations is a global forum for discussion and interaction, whose membership includes almost all of the nations of the world. It is composed of six main organs: the General Assembly, the Security Council, the Economic and Social Council, the Trusteeship Council, the Secretariat, and the International Court of Justice. The General Assembly can be considered an "international parliament," where members are accorded one vote per nation. Decisions must be passed by a 2/3 vote. The Security Council is the vehicle for maintaining international peace and security, and addresses issues both politically and militarily. The Economic and Social Council fosters international cooperation on development matters and formulates policy recommendations. The Trusteeship Council supervises territories held by member states and prepares them for self-governance. The Secretariat is the administrative branch of the U.N. The ICJ is the main judicial organ of the U.N., and decides on disputes between member states. Additionally, the U.N. has a number of bureaus and departments that address specific aspects of international relations, such as refugees and children.

The U.N. was formed in 1945 with the intention of preserving peace through international cooperation and collective security. Its six official languages are English, French, Mandarin, Spanish, Arabic, and Russian. Presently, there are 192 member states who have agreed to the U.N. Charter, an international treaty that establishes basic principles of international relations. It is linked to the IMF, WHO, and 11 other organizations through cooperative agreements. The reputation of the U.N. has suffered in recent years because of its many financial scandals. In addition, critics charge that its positions on human rights have been hypocritical, and that it has at times promoted destructive tax and economic policies.

यूरोपीय आर्थिक क्षेत्र (ईईए) *(European Economic Area [EEA])* : countries of the European Union and Iceland, Norway and Liechtenstein which follow single market rules under an agreement of 1994, including the acquis communautaire, four main freedoms (free movement of goods, services, capital and persons) and competition rules. The EEA agreement also includes education, social policy, and environmental protection. It excludes the common agricultural and fisheries policies of the EU, but does contain certain provisions on the regulation of trade in agricultural and fish products. Since the EEA agreement is not a customs union, it does not include a customs policy applicable to third countries.

यूरोपीय संघ *(European Union [EU])* : an intergovernmental and supranational union of 25 member states on the continent of Europe. The EU was established in 1992 from its predecessor the European Economic Community, later the European Community. It has a common market with its own customs union and single currency (the euro), the European Central Bank, as well as common agriculture, trade, fisheries, and security policies. The EU's activities cover virtually all aspects of their member states' affairs, from health and economic policy to foreign affairs, defence, units of measurement, and signage. Member states have surrendered considerable sovereignty to the EU, more so than any other comparable regional body; power has been increasingly centralized in the EU at the expense of individual states. The most important components of the EU are the Council of the European Union, the European Commission, the European Court of Justice, and the European Parliament. The Council is the main legislative body of the EU, while the European Commission serves as the EU's executive board. The European Court of Justice is the supreme court in Europe for inter-state disputes or problems with implementation of EU directives. The European Parliament is the parliamentary body of the EU, with its members directly elected by constituents in their

य

home countries. The Parliament cannot initiate legislation, but can veto or amend existing bills. The EU's de facto capital is Brussels, Belgium, where the European Commission and the Council of the European Union are located; the European Parliament (holds meetings in Strasbourg and Brussels), the Council of Europe, and the European Court of Human Rights are based in Strasbourg, France; the European Court of Justice, the Secretariat of the European Parliament, and the European Investment Bank are based in Luxembourg City, Luxembourg; and the European Central Bank is located in Frankfurt, Germany.

यूरोबॉन्ड *(Eurobonds)* : a bond that has been issued in one country's currency but is traded outside of that country and in a different monetary system; e.g., in France, Eurobonds denominated in dollars are distributed. The currency of Eurobonds may vary depending on the investor. They may also be bearer bonds rather than registered bonds, making it difficult to establish their holder. Eurobonds are usually distributed in a number of countries at the same time by a bank syndicate. They are referred to as Eurobonds because U.S. bank subsidiaries were the first to issue dollar-denominated bonds in Europe. See Foreign Bond

योग टी *(Sum T)* : the sum of the number of years of use, e.g., the sum of the period of use of three years would be $1+2+3=6$

योग्य बहुमत *(Qualified Majority)* : a special voting procedure when very important decisions are taken with a certain majority of votes that is usually larger than the ordinary majority, i.e., half of the votes. Under the qualified majority voting in the European Council, each country has a fixed number of votes. Qualified majority voting is also used by companies in dealing with very important issues. See Veto

र

र

रचनात्मक विध्वंस *(Creative Destruction)* : the term used by Joseph Schumpeter in his work *Capitalism, Socialism and Democracy* published in 1942, to characterize the dynamics of a capitalist economy, when newly established companies and new products push the old ones out of the market. Creative destruction proves that bankruptcy is a normal phenomenon in the market, as only the ousting of inefficient producers allows for the satisfaction of consumer needs and distributes limited resources in the best manner.

राइडर *(Rider)* : a document which amends a policy; it may increase or decrease benefits, waive a condition or coverage, or in any other way amend the original contract – the terms rider and endorsement are often used interchangeably.

राजकोषीय नीति *(Fiscal Policy)* : the method by which governments raise and spend money, which includes tax, debt and expenditure policy.

राजकोषीय संघवाद *(Fiscal Federalism)* : allocation of public finance to different levels of the government, e.g., central and local government.

राज्य गारंटी *(State Guarantee)* : the commitment undertaken by a state to repay any defaults a foreign government may make on international loans.

राज्य नियंत्रण, सरकारी विनियमन *(State Regulation)* : the aggregate of all government measures to reconcile or protect the interests of different

र

groups in society. These measures include regulation of prices, market supervision, anti-trust regulation, taxation, incentive programmes, and a host of other programmes. Often, state regulation fails to achieve its objectives, or the externalities are greater than anticipated. See Price Control

राज्य सामाजिक बीमा *(State Social Insurance)* : a system of old-age, unemployment, and sickness insurance organized and administered by the state, the particulars of which vary by nation. See State Social Insurance Contribution

राज्य सामाजिक बीमा योगदान *(State Social Insurance Contribution)* : mandatory contributions paid to the state social insurance fund by employers and the individual employees. The size of the contribution and exact methods vary by country, but the basic idea remains the same. Those who pay into the system are eligible to unemployment benefit, pensions, and other benefits. This contribution often acts more as a tax than an insurance premium, as payments are not usually related to the size of the contributions. See State Social Insurance

राज्य स्वामित्व, सरकार का स्वामित्व, सरकारी *(State Ownership)* : property owned by the government, e.g., national parks, national monuments, etc.

राष्ट्र एकाधिकार, सरकार का एकाधिकार *(State Monopoly)* : a situation that arises when only state-owned enterprises are allowed to provide goods or services in a market. These monopolies are usually erected with the best interests of society in mind; however, they often result in substandard goods and high costs in the absence of competition.

राष्ट्रीय आय *(National Income)* : See Gross National Product (GNP)

राष्ट्रीयकरण *(Nationalization)* : the taking over of private property by the state, frequently without any compensation or with inadequate compensation.

राष्ट्रीयकरण *(Nationalization)* : the act of bringing an enterprise or property under public control, meaning that government, or an agency acting on its behalf , subsequently has the power to make commercial or other decisions for that enterprise or with respect to the property appropriated and unilaterally assumes legal and political responsibility for doing so.

र

राष्ट्रीय खाता *(National Accounts)* : a system of collecting, systematising, and presenting the key macroeconomic indicators that include the balance of payments, the national income, fiscal and monetary accounts. The national accounts are drawn up using the double entry principle. See Double Entry

राहन वक्र *(Rahn Curve)* : as government spending as a share of GDP increases, economic growth rates will increase up to an optimum point, beyond that point increases in government spending as a share of GDP will cause growth to diminish and eventually become negative. The curve was labelled by *Forbes* magazine based on the work of Richard W. Rahn who did both a time series and cross sectional analysis of changes in government spending shares of GDP and growth rates. Too little government spending will result in inadequate expenditures on basics such as courts, police, infrastructure, education, and health. Beyond a point, government taxing and spending invariably leads to major disincentive effects for work, saving, and investing, and wasteful spending where the costs exceed the benefits.

रिकार्डियन इक्विवेलेंस *(Ricardian Equivalence)* : the statement by David Ricardo that public deficit has no effect on aggregate demand in the market and does not stimulate it. This happens because taxpayers anticipate that the state will have to repay its debt with taxpayer's money no matter what, and thus citizens will save their money for future taxes rather than stimulating the economy in the manner hoped for (via spending).

रिक्त पद, रिक्ति *(Vacancy)* : an unoccupied position an employer is seeking to fill.

रीगनॉमिक्स *(Reaganomics)* : economic policy conducted by U.S. President Ronald Reagan (1911–2004) in the 1980s, aimed at curbing inflation and increasing economic growth and employment by decreasing tax rates, controlling government expenditure growth, and restricting the growth rate of the money supply.

रीफाइनेंसिंग, पुनर्वित्तीयन *(Refinancing)* : a process whereby a company issues new securities and uses the inflows to redeem an earlier issue. A new loan used to cover an earlier loan is also called refinancing.

रीयल एस्टेट कर, ज़मीन-जायदाद कर *(Real Estate Tax)* : a mandatory payment to the budget set by the state (local government) as a proportion of the value of real estate held, including land. Real estate tax usually requires an annual payment. Most of the difficulty arises when establishing

र

the base for this tax, i.e., the value of real estate. The various methods for establishing the value of a property, such as using the book value, establishing different values for different areas, applying individual evaluation, will all significantly raise the administration costs for this tax. Real estate taxes are usually paid to local government budgets and represent an important source of their revenues.

रीयल सेक्टर *(Real Sector)* : the sector of the economy producing goods and providing non-financial services in a country. Contrasted with the financial sector.

रुग्णता तालिका, अस्वस्थता तालिका *(Morbidity Tables)* : actuarial statistics showing the incidence and duration of disability.

रूढ़िवादी विचारधारा *(Orthodox School)* : See Classical School of Economics

रेंगती मुद्रास्फीति *(Creeping Inflation)* : a slow and gradual increase in prices, such that the inflation rate gradually rises over time.

रेटिंग एजेंसी *(Rating Agency)* : entity that specializes in assigning credit ratings to borrowers.

रेटिंग ब्यूरो *(Rating Bureau)* : an organization that determines rates that companies charge for their policies.

रेटेड पॉलिसी *(Rated Policy)* : an insurance policy issued at a higher than standard premium rate to cover the extra risk involved in certain instances where the insured does not meet the standard underwriting requirements; for example, impaired health or a particularly hazardous occupation.

रोक, प्रतिबन्ध *(Embargo)* : termination of trade relations with certain countries, ban on the import and export of goods and services. Embargos are frequently used in a situation of cold war. See Cold War

रोज़गार दर *(Employment Rate)* : the ratio of employed individuals to the total labour force. Typically the labour force includes those who are both willing and able to work.

रोम संधि *(Treaty of Rome)* : the treaty signed in Rome on 25 March 1957 establishing the European Economic Community. The Treaty laid the foundation for the principle of four freedoms in the EU – free movement of goods and services, free movement of capital and persons, the establishment of the customs union and the common customs tariff.

र

रॉयल्टी, अधिशुल्क, राजशुल्क, राजस्व *(Royalty)* : (1) payment to the author for the creation and/or performance and/or transfer of a work; (2) revenues received by an author from the distribution of a work, usually as a percentage of the price of the work, e.g., a book, (3) payment to an inventor for leasing the rights of his invention to a third party.

ल

ल

लंदन अंतर बैंक पेशकश दर (लिबोर) *(London Interbank Offered Rate [LIBOR])* : the interest rate at which banks can borrow from other banks in the London interbank loan market. It is the most commonly used reference rate in the world, and may be expressed in euros, dollars, or other terms.

लगान, ज़मीन का किराया *(Land Rent)* : (1) any income derived from letting another individual or entity make use of land, (2) the difference between income derived from the land and the expenses necessary to maintain the land.

लघु अवधि अयोग्यता *(Short Term Disability)* : a generally accepted period of time for two years or less: can vary according to company standards.

लघु एवं मध्यम कारोबार *(Small and Medium Business [SMB])* : a company with a number of employees, turnover and other indicators below a certain value. SMBs are often eligible for tax relief and other privileges.

लदान-पत्र *(Bill of Lading)* : a document confirming the shipping contract, contents of the shipment, and the delivery date.

लम्बवत् एकीकरण *(Vertical Integration)* : the acquisition or development of several stages in the production or supply of commodities. An example would be an oil company attempting to control the whole business process, from drilling and extraction to transportation and retail sales, and all aspects in between. See Integration

ल

लाइसेंस, अनुज्ञा-पत्र *(Licence)* : permission granted to engage in certain activities. Licences are usually issued when individuals or entities meet a set of stated requirements, and are often used by governments to ensure the quality of goods and services offered to the public. Licences sometimes serve as barriers to market entry, and can reduce competition. Private companies may issue them to other individuals or firms to produce certain products or make use of a protected technology, also known as granting a franchise. See Franchise

लाइसेंस कोटा *(Licence Quota)* : a quota on agricultural goods imported to the European Union which serves to limit imports. These licences represent permission to bring a commodity into the Union, and any importer attempting to import without a licence will be rejected at the border. The quotas are administered by the Directorate-General for Agriculture of the European Commission. See Quota

लागत *(Cost)* : the expenses involved in producing a commodity or providing a service.

लागत-जन्य स्फीति *(Cost-Push Inflation)* : inflation resulting from increased production costs (such as higher wages or more expensive resources), which drives prices up for consumers. Such inflation cannot be sustained without an increase in the money supply by the central bank to fuel the inflation.

लागत-लाभ विश्लेषण *(Cost-Benefit Analysis)* : analysis of the expenses and all opportunities lost in the pursuit of a course of action; it weighs the expected costs against the expected benefits to arrive at a determination of whether or not the proposed action is likely to be beneficial.

लापरवाही *(Negligence)* : failure to exercise the degree of care that would be expected from a reasonable and prudent person.

लाफर वक्र *(Laffer Curve)* : developed by Arthur Laffer, this curve illustrates the interdependence of the tax rate and tax revenues. As the tax rate rises, initially the amount of taxes paid increases until it reaches a maximum level, and then tax revenues begin to decline as the incentives to work, save, and invest are stifled under the tax burden.

लाभ, मुनाफा *(Profit)* : the difference between the income earned by

ल

a company and expenses incurred, including all opportunity costs. The profit is the residual left to the entrepreneur who undertakes to reorganize resources in the belief that doing so will create greater benefits than costs. The residual, or profit, is what is left after paying all those whose cooperation had to be secured in order to complete the entrepreneur's project.

लाभ-अलाभ स्थिति *(Break-Even Point)* : the production point at which a company ceases to incur losses, and is able to earn profits. Large amounts of fixed costs result in high break-even-points, and if these costs can be reduced for new firms, they will have a better chance of earning a profit sooner.

लाभ की संभावना को भुनाना/संपत्तियों को बेचकर कर्ज़ चुकता करना *(Leverage/Deleverage)* : the use of various financial instruments or borrowed capital in order to increase the potential return on an investment. Leverage is commonly used in real estate transactions through the use of mortgages to purchase a home or commercial property. It can also mean the amount of debt used to finance an enterprise's assets (a "highly leveraged" enterprise has significantly more debt than equity). Most companies use debt to finance operations. By doing so, a company increases its leverage because it can invest in business operations without increasing its equity. Although leverage helps the investor or a company to invest or operate and, moreover, allows for greater potential returns, it also comes with greater risk. If an investor uses leverage to make an investment and the investment moves against the investor, the loss is much greater than it might have been if the investment had not been leveraged - leverage magnifies gains and losses. A company can use leverage to try to maximise shareholder wealth but, if it fails, the effect is often disastrous. Deleveraging is the action of reducing debt by rapid selling of assets.

लाभप्रदता *(Profitability)* : a measure of the operating efficiency of a company, yield of securities or a portfolio by comparing earned profit or income (dividends, interest) with a certain selected value, such as turnover, capital, nominal value of a share, etc. Profitability can be measured by calculating net profitability, return on assets, or yield. See Yield

लाभ साझेदारी *(Profit Sharing)* : an employee motivation strategy where employees receive part of the profit earned by the company. Proposed as a possible remedy to the principle-agent problem.

लाभ सिद्धांत *(Benefit Principle)* : a principle of taxation stating that the size of a tax must correspond to the value of the service received by the taxpayer. Fees are established using this principle. Proponents of the benefit principle purport that this principle is more effective and less destructive than taxes that are determined using the ability to pay principle, because this tax is not used to redistribute the wealth of the members of a society and the taxpayer is better motivated to pay the tax even if it is a forced "purchase" of a service provided by the state.

लाभ-हानि खाता *(Profit and Loss Account)* : a financial statement showing the income earned by a company and the costs incurred to earn that income, as well as the difference — profit or loss.

लाभ ही लाभ की स्थिति *(Win-Win Situation)* : an agreement, transaction, process or phenomenon whose presence or execution is beneficial to all participating or related parties, e.g., a conflict resolution that is beneficial to both parties.

लाभांश *(Dividends)* : part of the profit of a joint stock company (possibly including retained profit from previous periods) paid to the shareholders in proportion to shares held. Dividends are not paid when the company has a shortage of funds in the account or a decision is taken to reinvest all of the profit. Holders of preferred stock normally receive a fixed amount irrespective of the company's results.

लाभान्वित होने वाला या लाभभोगी *(Named Insured, Beneficiary)* : the person in whose interest an insurance contract is underwritten, who receives the insurance compensation. In the case of life and health insurance, for example, the named insured is the person indicated in the insurance contract to whom the insurer has to pay compensation in certain events. In the case of third-party liability insurance, it is the person indicated in the insurance contract whose property interests are insured in relation to third-party liability. For state social insurance, the beneficiary is the person who is subject to compulsory state social insurance under the requirements of the law and the person who pays state social insurance contributions on a voluntary basis.

लाभार्थी *(Beneficiary)* : one for whose benefit a contract is made; the person to whom a policy of insurance is payable.

लीफो (सबसे आखिर में खरीदा, सबसे पहले बिका) *(LIFO [Last In First Out])* : an accounting term used in inventory valuation. Last In, First Out means that the cost of the last inventory item acquired is used for the cost of goods sold calculation. This method of accounting can be useful in

ल

periods of falling prices to reduce net income and thereby reduce the tax burden.

लेखांकन *(Accounting)* : a system of recording, grouping, and summarizing economic activities in monetary form. This provides information necessary for tax purposes, for comparisons with other companies, for decision-making, and information for disseminating to shareholders and other interested parties in the market.

लेखांकन मानक *(Accounting Standards)* : rules regulating the valuation of assets, capital, liabilities, and the recognition and recording of income and expenses. Accounting standards may be local, national, or international, and may govern private or governmental entities, depending on jurisdiction. See Authorised Capital, International Accounting Standards (IAS)

लेखा देय *(Accounts Payable)* : an amount that a company owes for goods and services received, including wages and capital goods, usually governed by the terms of sale. See Accounts Receivable

लेखा परीक्षक, ऑडिटर *(Auditor)* : a person charged with the examination of an organization's financial activities, tax payments, and management practices.

लेखा प्राप्य *(Accounts Receivable)* : an amount that a company is owed for services performed or goods sold. See Accounts Payable, Debtor

लेनदारों का क्रम *(Line of Creditors)* : the order of honouring liabilities established in the case of insolvency or bankruptcy of a company. The establishment of the line of creditors is usually regulated by the state. To protect "state" interests, public institutions usually take the first position in the line of creditors, thus creating difficulties for other creditors for satisfying their legal interests. See Creditor

लोक कल्याणकारी राज्य *(Welfare State)* : a characterization of a paternalist state which provides social payments (pensions, benefits, etc.) and numerous services (medical, education, etc.). Scandinavian countries with highly developed social security systems are often cited as examples of welfare states. The necessary attributes of a welfare state are a high level of redistribution and high taxes that are needed to finance all social functions and programmes.

लोक निर्माण *(Public Works)* : infrastructure improvements or other employment coordinated and funded by governments, often with the intent of providing jobs for under-employed segments of the population.

Examples would include highway construction, housing construction, national park cleaning, etc.

ल

लोकपाल *(Ombudsman)* : (1) an institution for dealing with complaints; (2) a European Union official appointed by the European Parliament whose task is to deal with complaints about the actions of EU institutions. The position of the ombudsman was established on the basis of the Treaty establishing the European Community. The Treaty lays down that the European Parliament should appoint an ombudsman who is authorised to accept the complaints of EU citizens, i.e., all natural and legal entities, about inappropriate cases of administration in EU institutions or bodies (with the exception of cases within the competence of the European Court of Justice and the court of the first instance). The ombudsman is appointed for a term of five years. The ombudsman can only be removed from office by the European Court of Justice.

लोकोपकार, परोपकार (ग्रीक में फिलांथ्रोपिया–मानवता के प्रति प्रेम) *(Philanthropy [Gr. philanthropia – love of mankind])* : care for the welfare of individuals, groups, or causes without the motivation of material reward. See Charity, Support

लोच, मूल्य सापेक्षता *(Elasticity)* : the percentage change in one phenomenon given the percentage change in another phenomenon. The term is mostly used to characterize the sensitivity of demand for goods to changes in prices and income of consumers. Demand is elastic with respect to price when demand for a product declines significantly if the price rises, i.e., if the percentage reduction in quantity demanded is greater than the percentage increase in price. Demand is inelastic with respect to price when there is limited reduction in demand for a product when the price rises, i.e., the percentage reduction in quantity demanded is less than the percentage increase in price. See Elasticity of Demand, Income Elasticity of Demand, Price Elasticity of Demand

लोजिस्टिक्स *(Logistics)* : the system of transporting, storing, and distributing goods and services, including all related planning, accounting, and information technology activities.

लॉरेंज वक्र *(Lorenz Curve)* : a graphical representation of the distribution of households by income. This curve was developed by Max Lorenz in 1905; it attempts to assess the income differences among households and to measure the inequality of income. Straighter curves imply a more equal distribution of income. The Lorenz curve is used to calculate the Gini coefficient. See Gini Coefficient

व

व

वणिकवाद, मर्कैंटीलिज्म *(Mercantilism)* : an economic theory which became widely adopted by government in the 16th and 17th centuries. Mercantilists asserted that the main condition for the prosperity of a state was the active sale of goods in exchange for gold. The accumulation of gold reserves (bullionism) was considered desirable and a sign of a successful economic state. According to the mercantilists, gold reserve-draining imports should be limited. Mercantilist views were widely spread in Spain, England, Germany and France, where the ruling monarchs attempted to force the local industry to use only national resources. The protectionist views of the mercantilists were later criticized by the representatives of the classical school of economics, notably Adam Smith and his followers. Reflections of mercantilism can still be seen today, especially when discussions on the current account balance stress the desirability of its surplus, i.e., export surplus over import.

वसूली *(Collection)* : a method of debt settlement where a bank acts as an intermediary for sellers.

वाउचर, प्रमाणपत्र *(Voucher)* : a certificate conferring the right to acquire specific goods. These are often used in the wide-scale privatization of state companies, where the government distributes vouchers to the population which allows them the opportunity to acquire a certain share of a newly privatized company, or when the state provides parents of school children with vouchers that they can use to "purchase" education for their children.

वाग्विस्तार, अनुभवों के आधार पर अनुमान लगाना *(Extrapolation)* : application of past experience to predict unknown (future) phenomena on the assumption that influential conditions will basically remain unchanged.

वाणिज्य *(Commerce)* : trade in goods and services.

वाणिज्यिक बैंक *(Commercial Bank)* : a bank primarily engaged in making short-term loans from funds deposited in current accounts.

वाणिज्यिक रहस्य *(Commercial Secret)* : technical, technological, commercial, organizational, or any other information owned by a company that is kept secret to protect the interests of the company. Loss of these secrets would have detrimental effects on the ability of the company to earn profits. Examples of this would include computer program codes, recipes for commercial foods, formulas for drinks, etc.

वापसी अवधि *(Payback Period)* : the period, expressed in years, over which an investment should provide returns, calculated as a ratio of investment to annual cash inflows. The payback period indicator takes no account of the profitability of the project or any changes in the value of the currency.

वायदा अनुबंध *(Future Contract)* : a purchase or sale transaction with a future date for the delivery of a particular number of commodities or financial instruments (including currency), and settlement at that future date. Futures are standardized transactions and are conducted on an exchange.

वारंट अधिपत्र *(Warrant)* : an option allowing the holder of the warrant the right to purchase common shares or bonds at a set price in the period allowed by the warrant.

वार्षिक पेंशन वृत्ति *(Pension Annuity)* : a periodical pension payment paid to a pension fund participant for life, with payment risk undertaken by the payer — the insurance company providing life insurance.

वार्षिक भत्ता, वार्षिक वृत्ति *(Annuity)* : a series of fixed payments to a person for a certain time period or for life. Usually it is a life insurance or pension payment. An annuity allows a person who has accumulated the funds to receive a fixed-sized or indexed income without fear of losing a source of income in old age. The sum of all payments received in the form of an annuity may be higher than the initial amount if the length

व

of a person's life significantly exceeds average life expectancy, and will be lower if the person's life is shorter.

वालरा का नियम *(Walras Law)* : a theory developed by Marie Esprit León Walras which says that in an economy with n markets where supply is equal to demand in the market n-1, the aggregate demand for goods will be equal to their supply. This law is the result of general equilibrium theory. See Equilibrium Theory, General Equilibrium Analysis

वाल स्ट्रीट *(Wall Street)* : short for the financial district of lower Manhattan, New York, in which the street is located and home to major actors in the national and international financial markets. The term refers collectively to these actors, including the New York city Stock Exchange (NYSE), the National Association of Securities Dealers Automated Quotations (NASDAQ), the New York Mercantile Exchange (NYMEX), the New York Board of Trade (NYBOT) and many major banks and brokerages. The term Wall Street can also be used to refer to the world of big finance and large corporations (see: Main Street).

वास्तविक अर्थव्यवस्था *(Real Economy)* : the real economy refers to those parts of the economy that are not part of the financial sector: agriculture, mining, manufacturing and services excluding finance.

वास्तविकता बनाम प्रारूप सिद्धांत *(Substance vs Form Principle)* : legal tax relations, the precedence granted to the content of a contract, action or activity against its formal expression. According to the legislation, the tax administrator may be allowed to recalculate the taxes if it is found that the transaction was undertaken with the goal of receiving a tax benefit, i.e., reducing payable taxes, postponing the term of payment, etc.

वास्तविक संपत्ति, अचल संपत्ति या रीयल एस्टेट *(Real Property, Immovable Property, Real Estate)* : an item which cannot be moved because of its nature, such as land and related objects which cannot be moved to another location without reducing their value or changing their purpose and shape.

विकल्प *(Substitutes)* : substitutes are two commodities that are inversely related with regard to price change. When the price of one commodity rises, the demand for the other commodity rises as well, and vice versa; i.e., if higher apple prices encourage consumption of bananas, and cheaper apples prompt lower consumption of bananas, apples and bananas should be considered substitutes. See Cross Price Elasticity of Demand

विकल्प, ऑप्शन *(Option)* : the right (an option but not an obligation) acquired for a certain fee (premium) to buy or sell a certain number of commodities or securities at a certain price over a certain period. If this right is not used over the set period, the premium is not repaid.

विकेंद्रीकरण *(Decentralization)* : (1) a process by which the decision-making rights are handed over to subordinate or independent entities; (2) the process of splitting assets into independent funds. See Centralization

विवेकाधीन मौद्रिक नीति *(Discretionary Monetary Policy)* : monetary policy conducted on the basis of rules set by the central bank. In some central banks such rules are not transparent, and special interests may be taken into account. See Managed Float

विक्रय *(Realization)* : sale.

विज्ञापन, प्रचार *(Advertising)* : publicizing certain features of a product or producer in order to encourage the consumer to purchase the product. Advertising has three main goals: informing consumers about new products and their features or terms of purchase; changing consumer perceptions of the characteristics of a certain product; and persuading consumers that it would be beneficial for them to purchase the advertised product. Advertising can be visual, textual, or auditory.

वितरण नियंत्रित करना *(Rationing)* : the process of establishing criteria of some kind to determine who will get how much of a scarce good. In market economies, this is often the willingness to pay money.

वित्त वर्ष *(Fiscal Year)* : accounting period of a company, usually coinciding with the calendar year. A company may decide on a different financial year that is better suited for the nature of its activity. In the USA, the financial year of the Federal Government begins on October 1 every year.

वित्तीय ऋणग्रस्तता का स्तर *(Degree of Financial Leverage)* : a measure of company risk calculated as a change in the yield per share (in percentage) compared to the change in profit before interest and taxes (in percentage). The higher the degree of financial leverage, the higher the risk present for the owner(s), e.g., if the degree of financial leverage of a company is equal to 2, and if the profit declines by 10 per cent, then the yield per share will decline by 20 per cent. This is because the company has to pay interest rates whose level is not dependent on the profit.

व

वित्तीय कंपनी *(Finance Company)* : a company that makes loans to individuals or to businesses. It may be a bank or any other entity that provides such a service. In return for a loan a credit company will usually require collateral provided by the borrower.

वित्तीय क्षेत्र में सुधार और सुदृढ़ीकरण (एफआईआरएसटी) *(Financial Sector Reform and Strengthening [FIRST]) Initiative)* : provides technical assistance to policy makers and regulatory bodies by providing advisors, funding peer support, and non-technical assistance. It supports the dissemination of information and best practices related to financial sector reform in low- and middle-income countries through its information exchange programme. FIRST partners with the IMF, World Bank, and other multilateral institutions as needed in order to leverage resources and enhance coordination to ensure effective, long-term solutions to problems. FIRST was established in 2002, and operates on a mandate that is reviewed every four years. Its offices are located in London and the World Bank offices in Washington, DC. It is led by a Governing Council composed of members of the IMF, World Bank, and partner bilateral donor organizations. Operationally, FIRST is run by a Management Unit which manages projects and procures consultants; and a Coordination Unit, which works with the IMF and World Bank to identify projects and facilitate information exchange.

वित्तीय नीति *(Financial Policy)* : a system of instruments for managing state budget, debt and currency.

वित्तीय पट्टा *(Financial Lease)* : a long term rent contract under which the rented property is transferred to the ownership of the lessee at the end of the term of the contract. It is a form of trade credit in which the buyer gets the good(s) and may use them even without full settlement. This form of credit has become increasingly popular and competes with bank loans, as the procedure is simpler, and collateral is not required because the item is owned by the financial leasing company until full settlement by the buyer. New objects of financial leasing, such as services, have recently emerged. See Operating Lease

वित्तीय परिसंपत्तियां *(Financial Assets)* : cash accounts at a bank or the value of securities accounts, bonds, and any other intangible asset an individual or institution may own.

वित्तीय ब्रोकरेज फर्म, वित्तीय दलाली कंपनी *(Financial Brokerage Firm)* : a firm engaged in securities trading and other investment services.

व

वित्तीय मध्यस्थ *(Financial Intermediary)* : a financial institution that borrows money and lends to other borrowers.

वित्तीय लाभ या वित्तीय उत्तोलन *(Financial Leverage)* : a measure of a company's risk, reflecting its use of borrowed funds, calculated as the ratio of liabilities to capital. Companies seek to increase financial leverage as a means to raise the profitability of capital, but they run the risk of reducing return on equity if profits fall.

वित्तीय संकट, वित्तीय मंदी *(Financial Crisis, Financial Meltdown)* : a financial crisis is a crisis affecting the world of finance and investment. Such crises are frequent. The global financial crisis of 2008-2009 is different in both scale and impact to the smaller crises of recent years (e.g., in Sweden, Argentina or Thailand), the effects of which were contained. The term "meltdown" has been borrowed from the field of physics (the disaster that occurs after the core of a nuclear reactor goes out of control) to depict a catastrophic and uncontrollable chain of events ending in the collapse or near collapse of financial markets .

वित्तीय संस्थान *(Financial Institution)* : a company or subsidiary of a foreign company engaged in the business of providing financial services in a manner in accordance with local legislation. See Financial Services

वित्तीय सेवाएं *(Financial Services)* : providing services associated with financial instruments. The following financial services are generally recognized: acceptance of deposits and other repayable funds; lending; financial leasing; money transfer; issue of payment cards and other payment instruments; provision of financial indemnities and financial guarantees; conducting transactions on own account or the account of the customer in money market instruments; foreign exchange, financial forwards and futures, exchange rate instruments and interest rate instruments, public turnover of securities, precious metals; investment services; financial intermediation; cash management; provision of information and consulting on credit and repayment; rent of safe deposit boxes; currency exchange; clearing services between credit institutions; cash collection and administration; consulting companies on capital structure, production strategies and related issues, consultations and services in relation to the restructuring and acquisition of companies; provision of services related to the issue of securities; issue and management of electronic money. The list of financial services can be extended or reduced by legislation.

व

वित्तीय स्थिरता मंच (एफएसएफ) *(Financial Stability Forum [FSF])* : the Financial Stability Forum was established to promote international financial stability through information exchange and international cooperation in financial supervision and surveillance. It also works to reduce the tendency for national or regional shocks to affect the international financial system by assessing risks and addressing them before they take effect. It brings together senior financial authorities of 25 nations, international organizations and international banking institutions, and international regulatory and supervisory bodies on a regular basis to exchange information and ideas. The FSF was created in 1999. Its offices are located in the Bank for International Settlements in Basel, Switzerland.

विदेश व्यापार *(Foreign Trade)* : the exchange of goods or services between a domestic and a foreign company. See Export, Import

विदेश व्यापार घाटा *(Foreign Trade Deficit)* : a negative balance in a country's trade income that arises when more is spent on imports than is received through exports.

विदेशी ऋणदाता *(Foreign Creditor)* : an institution outside of a company or agent's country that issues loan or credit to the company or agent.

विदेशी कर्ज़ *(Foreign Debt)* : (1) the sum of outstanding debt obligations to foreign creditors; (2) the sum of property obligations assumed by government entities entitled to assume obligations to foreign creditors under loans, financial leasing contracts or other debt documents.

विदेशी बॉन्ड *(Foreign Bond)* : a bond issued in a domestic market by a foreign entity, generally issued in local currency.

विदेशी मुद्रा *(Foreign Currency)* : any currency issued by a country outside the domestic market.

विधिमान्य मुद्रा *(Legal Tender)* : the tender (money) legally recognized. A country may have sole legal tender which is the money issued by the country's central bank; however, if no restrictions are imposed by legislation, there may be more than one legal tender.

विनाशकारी जोखिम *(Catastrophic Risk)* : the risk that a single event of major magnitude leads to a significantly higher than usual number and/or amount of claims on an insurer.

विनिमय, अदला-बदली *(Exchange, Conversion)* : to trade a good, service, or currency in return for another good, service, or currency

विनिमय दर *(Exchange Rate)* : the price of a currency in terms of another nation's currency. See Fixed Exchange Rate System, Floating Exchange Rate

विनिमय दर शासन पद्धति *(Exchange Rate Regime)* : the formal apparatus for setting the exchange rate of a national currency, which varies by nation.

विनिमय बिल *(Bill of Exchange)* : a written order where one party (the drawer) instructs another person (the drawee) to pay the amount indicated in the bill to another person listed (the payee).

विनिमय या अदला-बदली *(Swap)* : selling one security and buying a similar security at the same time, i.e., a combination of two transactions. Swaps are used to change the maturity of a security, its characteristics or reduce payable taxes. Swaps can be used to change the interest rate on a security (interest rate swap) or the currency in which the security is denominated (currency swap).

विनियमन *(Deregulation)* : the process of reducing state intervention and bureaucratic obstacles and controls, which often results in greater market efficiency. See Liberalization

विनियोजन, उपयोग *(Appropriation)* : allocation of funds to perform certain functions or achieve certain goals. The term is frequently used in reference to the allocation of funds from a budget. It is also commonly used for involuntary method of taking money away.

विनियोजन प्रबंधक *(Appropriation Manager)* : a position within an institution that receives state funds, e.g., a municipality; responsible for the prudent and efficient use of said funds.

विपणन *(Marketing)* : the organization and implementation of a sales strategy. Marketing is the strategic process by which firms or individuals attempt to encourage and entice consumers to purchase their goods or services.

विबंध *(Estoppel)* : an admission or declaration by which a person is prevented from proving the contrary.

व

विभाजन *(Spin-off)* : creation of two companies from the original entity, achieved by dividing it into a subsidiary and parent company. Shareholders of the parent company are entitled to the shares of the new company in proportion to their original holdings in the parent company.

विमुद्रीकरण *(Demonetization)* : (1) withdrawal of gold and silver coins from circulation; (2) refusal to back paper currency with gold and silver.

विरासत कर *(Inheritance Tax)* : a tax whose base is assets, including cash, received under an inheritance agreement. The tax is criticized on the grounds of double taxation (since the inherited assets have been acquired from taxed funds and all taxes have already been paid), and the fact that it is a tax on capital which in turn reduces investment and economic growth.

विलंबित आय *(Deferred Income)* : income from previously performed work or services, receivable in the future. It is also called future income.

विलय *(Merger)* : the union of two or more companies to form a larger single entity.

विविधता *(Diversification)* : a strategy of distributing resources to reduce risks. Diversification is used in business by undertaking different activities to reduce the risk of loss of earnings. In finance diversification, requirements are set for institutional investors by prescribing ceilings on investment in certain securities and property. The basis of diversification is the assumption that the values of different assets change in opposite directions, e.g., when the return on money falls, the value of real estate will rise. In this respect diversification may help to manage risks and reduce potential losses. The critics of statutory diversification maintain that the underlying assumption of the need to diversify is not always justified, that diversification has its costs which results in profit loss, that it does not help to offset losses during an economic downturn and does not allow investors to choose the best business strategy freely.

विवेकी व्यक्ति नियम *(Prudent Man Rule)* : an investment management principle requiring the manager of entrusted funds to make rational and considered decisions that weigh up the risks and do not pose a threat to the invested capital and received income. The prudent man rule aims at reducing investment risk. The rule was first formulated by Judge Samuel Putnam in 1830.

व

विशिष्ट कर *(Specific Taxes)* : taxes expressed as an absolute amount, e.g., excises on fuel are set in monetary units per ton of product.

विशेष उद्देश्य की इकाई *(Special Purpose Vehicle)* : a semi-dependent company with a limited purpose or focus created to conduct a specific or temporary activity by a sponsoring corporation but, at the same time, distanced from it both in terms of management and ownership. Such vehicles or entities are commonly used to conduct large and risky projects without endangering the parent company, for securitising loan portfolios of banks, for securitizing financial assets such as credit card receivables and real estate mortgages as well as to shield activities from the tax or legal consequences they might have elsewhere, to give just a few examples. Many are incorporated in tax havens such as the Cayman Islands.

विशेष रियायत, कंसेशन *(Concession)* : the right granted to a private entity to engage in commercial activities that would otherwise be handled by a government agency. The private agency is permitted to charge a fee for its services. Under such an agreement, the concessionaire assumes all or most of the risks related to this activity and the corresponding rights and duties. Concession can be used in a wide range of spheres, such as health care, the energy sector, transport infrastructure, education, etc. It is a kind of investment allowing for the use of private capital and state resources to finance infrastructure projects.

विशेषाधिकार *(Privilege)* : better conditions or preferential rules applied to a market participant, or a group of participants, usually on the basis of some beneficial feature provided in comparison to the remaining market participants. A privilege differs from a preferential rule in that a preferential rule applies to all without exception.

विश्व एक्सचेंज परिसंघ (डब्ल्यूएफई) *(World Federation of Exchanges [WFE])* : the World Federation of Exchanges is the trade organization for regulated securities and derivatives markets, settlement institutions and related clearinghouses, and their diverse services to capital markets. It is a private organization composed of the operators of the world's leading markets, and provides a forum for communication, analysis, and debate. Its purpose is to facilitate the representation and development of organized and responsible markets. The Federation works with businesses, regulators, and public authorities on business strategy, policy and management harmonization, and promotion of markets. The Federation was established in 1961, and its

व

headquarters are located in France. It is composed of 57 exchange markets from around the world, accounting for 97% of world stock market capitalization. There are also 21 affiliate exchanges and 34 correspondent markets.

विश्व बैंक *(World Bank)* : the World Bank is an international lending institution and source of financial and technical assistance to developing nations. The overarching mission of the World Bank is to reduce poverty around the globe. The World Bank Group is comprised of five components: the International Bank for Reconstruction and Development (IBRD) and the International Development Association (IDA), which address needs in middle income and very poor nations respectively. Additionally, there are the International Finance Corporation (IFC), the Multilateral Investment Guarantee Agency (MIGA), and the International Centre for Settlement of Investment Disputes (ICSID.) The World Bank provides low-interest loans, interest-free credit and grants to assist nations with modernization and development. World Bank's financial programmes are often attached to social and economic reforms designed to ensure long-term solutions to poverty and debt. The World Bank was founded in 1944, and has since evolved into a large body overseeing virtually all aspects of civil society and political economy in the developing world. Its offices are based in Washington, DC, and its official languages are English, Spanish, French, Russian, and Arabic. There are 187 member states, which are represented by a Board of Governors that convenes once a year. Throughout the year, a 25-member Board of Directors addresses day-to-day business; the five largest members of the World Bank (the United States, the United Kingdom, France, Germany, and Japan) each appoint one director, while the other states nominate the remaining 20 directors. The World Bank has been criticized for poor management of its loan portfolio and its failure to perform proper cost-benefit analysis on its programmes. Critics charge that many of the bank's activities have been wasteful and counterproductive.

विषम या भिन्न सूचनाएं *(Asymmetric Information)* : a situation where parties to a transaction possess different information. This is impossible to avoid in practice, and should not be avoided as different expectations often drive the transactions.

विषम वित्तीय समूह *(Heterogeneous Financial Group)* : refers to an economic group with a mixed character, consisting of different financial entities, such as banks, insurance companies, securities houses, investment firms, pension funds, etc.

व

विषम संख्या, सौ से कम संख्या में शेयर *(Odd Lot)* : a securities transaction involving a number of securities which is lower (or cannot be divided without a residue) than the round lots, which usually consists of 100 units.

विषाक्त परिसम्पत्ति *(Toxic Assets)* : assets that are unlikely to be recovered by a lender. The term describes transactions, typically loans, that have a highly negative impact on the business activities of major banks and other financial institutions because they cannot be carried out. Loans, for instance, cannot be repaid because the value of the assets against which they are secured has fallen dramatically or because they have been issued to borrowers who later default on their repayments. Although there will always be such occurrences, financial institutions face serious difficulties when having to deal with a dramatic increase in the number of such assets.

वी1 *(V1)* : the initial value.

वीटो *(Veto)* : the right or ability to declare a decision null and void.

वेतन *(Salary)* : compensation paid to an employee under an employment contract. It is also referred to as wage or pay. See Wage Rate, Wage

वेस्टिंग, अधिकृत करना *(Vesting)* : a provision that a participant in a benefit plan will, after meeting certain requirements, retain the right to the benefits he or she has accrued.

वैरागी, आत्मसंयम, तपश्चर्या, साधुत्व *(Asceticism)* : self-denial of material wealth. In economic analysis, the usual assumption is that a human being is not ascetic and that each human wishes to improve his material life. Nevertheless, there are ascetics who do not face the main problem dealt with by economics; that is, how unlimited needs can be satisfied given limited resources, as they see limiting their needs as more important. A typical example of an ascetic was the Greek philosopher Diogenes (ca. 413–323 BC) who lived in a barrel.

वैश्वीकरण, भूमंडलीकरण *(Globalization)* : the convergence and intertwining of production, trade, labour and other relations between countries, and the removal of economic barriers. It is a spontaneous market process fuelled by the advantage of the division of labour compared to a closed economy.

व्यक्तिगत आयकर *(Personal Income Tax)* : a tax on income of the population such as wages, royalties, income from the sale of property,

व

compensations, etc. Personal income tax may be a flat tax, progressive tax or regressive tax. See Flat Tax, Progressive Tax, Regressive Tax

व्यक्तिगत पसंद *(Individual Choice)* : the Austrian School was the first tradition to portray individuals and their choices as active participants in the economic process. In fact, according to the Austrians, markets are determined by these choices. After all, what value can be given to an object outside of the desire for it?

व्यक्तिगत वरीयता पैमाना *(Individual Preference Scale)* : order of priority for consumer goods (services). On the individual preference scale, goods are ordered according to their utility to the consumer. See Utility

व्यक्तिपरक मूल्य सिद्धांत *(Subjective Value Theory)* : the theory asserting that value is a subjective measure depending on individual assessment and cannot be measured in an objective way. The theory emerged in response to the objective (labour) value theory which was unable to explain unambiguously certain economic phenomena, e.g., the paradox of value. See Paradox of Value

व्यक्तिवाद *(Atomism)* : a belief that society or communities do not exist, and that humanity consists of separate unrelated individuals. It suggests that the actions of individuals are more important than the larger social institutions, and individual decision-making has primacy to any notion of societal decision-making.

व्यक्तिवाद *(Individualism)* : a theory which proposes that societies are merely the sum of individuals which comprise them, and thus may not act as a unit. Economic and societal phenomena are based on the actions of individuals who actually exist, and who assert interests and priorities based on their perceptions of society. This is a direct contradiction to Collectivism. See Collectivism

व्यवसाय *(Business)* : all activities undertaken with the goal of earning profits.

व्यवसाय चक्र, व्यापार चक्र *(Business Cycle, Trade Cycle)* : periodic fluctuations in economic activity, consisting of recessions, depressions, recoveries, and booms. During a recession, demand and production decrease and unemployment increases. A depression is merely an extended recession. Recovery occurs when demand picks up and unemployment decreases. When this period continues so that demand and unemployment match or exceed pre-recession levels, it is considered a boom. The Neoclassical Theory postulates that cycles are a result of innovations and technical shocks. Keynesians assume cycles are a result of changes in consumer confidence. Ludwig von Mises, in his book *The Theory of Money and Credit* (1912), contended that cycles are a result of credit issued by central banks, which flood the market with new money in the form of credit. The increased credit spurs banks to make bad loans, and when credit is eventually restricted to rein in growth, a period of recession inevitably follows.

व्यवसाय प्रमाणपत्र *(Business Certificate)* : a document certifying that the person engaging in commercial activity has paid the applicable taxes and is covered by health and social insurance. These are only issued to persons, and permit economic activity without establishing an actual company.

व्यवसाय से व्यवसाय (बी 2 बी) *(Business to Business [B2B])* : a commodity or service sold by a company to another company.

व्यवस्थित या संरचित वित्त *(Structured Finance)* : a financial innovation. It provides Wall Street with a way to divide mortgage-backed securities into slices of differing quality. These were called "tranches". These tranches allow the risk contained in a loan pool to be distributed to different investors . Each investor receives a portion of the securities in the pool. Top-level tranches contain the highest-quality bonds. These are typically low interest bonds. Although they may be funded from a pool containing subprime loans, the top tranches have a high investment rating because the interest is paid first from the given pool. Lower-level tranches contain the riskier and higher interest-paying bonds. Their rating is comparatively low and interest is paid after higher level tranches have been dealt with, i.e., they are last in line.

व्यवहारवाद या व्यवहारवादी अर्थशास्त्र *(Behaviourism-/Behavioural-Economics)* : an economic theory which attempts to explain human decisions on the basis of psychological motives. Representatives of behaviourism argue that a person does not necessarily make decisions guided by material or rational motives, but often simply follows certain traditions or tries to avoid risk. Proponents of the "prospect theory," which is attributed to Behavioural Economics, hold that human behaviour in most cases is determined by the desire to avoid losses, rather than the desire to receive income.

व

व्यापारिक एजेंट *(Trade Agent)* : a person continuously acting as an intermediary for the represented person for a fee, and who concludes agreements on his own or on behalf of the represented person, on his account and in his interest.

व्यापारिक चक्र के प्रतिकूल प्रवृत्ति *(Counter-Cyclical)* : the term refers to a tendency to move against the ups and downs of a business cycle. For example, a counter-cyclical increase in wages would be an increase during a period in which the economy is depressed or in recession and a counter-cyclical decrease in wages would be a decrease when the economy is thriving.

व्यावसायिक बैंक *(Commercial Bank)* : a financial institution that offers a broad range of retail banking services and products such as current and savings accounts, loans, credit cards and credit lines to individuals and businesses. Many also sell a select range of investment products and offer brokerage and financial planning services. Their activities are different from those of investment banks that focus on helping companies to place financial products on the market and to act as intermediaries between issuers and investors. They might also, for instance, underwrite securities by buying shares and then reselling them to the public. Typically they deal with big enterprises and institutional investors.

श

शत-प्रतिशत रिज़र्व समर्थन *(Hundred [100] Per Cent Reserve Backing)* : (1) a commercial banking system in which banks are required to hold 100 per cent reserves on their current accounts; (2) an exchange rate system where all money certificates issued have to be backed by 100 per cent reserves of gold (or other precious metals).

शत्रुतापूर्ण अधिग्रहण *(Hostile Takeover)* : an attempt to acquire a significant share of company stock, despite the opposition from other stakeholders in the acquired company, such as small shareholders, management, employees and supervising institutions. See Black Knight, Grey Knight, Takeover Bid, White Knight

शासनवाद, व्यवस्थावाद या प्रबंधवाद *(Archism)* : a belief that a formal government is necessary for the smooth functioning of a society; the opposite of anarchy. See Anarchy

शिकागो विचारधारा *(Chicago School)* : a school of thought initiated by a group of economists of the University of Chicago. Responsible for the development of the theory of monetarism, as well as the view that competition was typically more efficient than government intervention in the market. The origins of the Chicago School date back to 1920, and it is related to the works of Frank H. Knight, Henry Simons, and Jacob Viner. However, it was Milton Friedman and George Stigler who in the 1960s became its best known representatives by injecting a new spirit, and adjusting the theoretical direction of the Chicago School. For many years, the Chicago School was a bastion against the influence of the Keynesian revo-

श

lution and actively pointed out the limitations of Keynes' theories.

शीत युद्ध *(Cold War)* : termination of, or strictly limited, economic and political relations between countries. A cold war existed between the former Soviet Union and most of the Western nations between 1948 and 1988. See Embargo

शुद्ध घरेलू उत्पाद *(Net Domestic Product)* : the value of goods and services produced in a country (Gross Domestic Product) less the depreciation of long-term assets, i.e., capital consumption. It is believed that this indicator offers a better reflection of changes in wealth than the Gross Domestic Product.

शुद्ध जोखिम *(Pure Risk)* : a condition in which loss is the only possible outcome.

शुद्ध निर्यात *(Net Export)* : the difference between exports and imports, i.e., the amount by which exports exceed imports.

शुद्ध पूंजी, शेयर पूंजी *(Net Worth, Equity Capital)* : the total assets of a company, less its liabilities.

शुद्ध बिक्री *(Net Sales)* : the total sales made by a firm within the operating period, less any returns for unwanted or defective goods.

शुद्ध मूल्य *(Net Value)* : (1) the value of the acquisition (creation, increase of the value) of investment less depreciation and specific provisions for offsetting investment risk; (2) the value of the financial assets of a financial institution at market price or the price of acquisition less specific provisions on these assets.

शुद्ध राजस्व/आय *(Net Revenue/Income)* : total revenue minus total cost.

शुद्ध लाभ *(Net Profitability, Net Profit Margin)* : an indicator for assessing a company's efficiency calculated as the ratio of net profit to turnover. It shows the profit earned by the sales valued at 1 euro (or another currency unit).

शुरुआती पूंजी *(Starting Capital)* : funds needed to start a certain economic activity. Starting capital also includes the minimum authorised capital requirement that must be met to establish a joint stock company (or closed joint stock company) in accordance with the company charter.

शुल्क, चार्ज *(Fee, Charge)* : a compulsory contribution paid to state or local budgets and funds for the services provided by state and local government institutions, bodies, services or organizations. A fee can be state or local. See Earmarked Tax

शुल्क, सीमा शुल्क *(Tariff)* : a tax on goods that are imported from one jurisdiction to another.

शुल्क एवं व्यापार संबंधी सामान्य समझौता (गैट) *(General Agreement on Tariffs and Trade [GATT])* : a general agreement on tariffs and trade that came into effect in 1947; on its basis the World Trade Organization was later founded.

शुल्क रहित व्यापार बाधाएं *(Non-tariff Trade Barriers)* : alternative means to limit imports, typically imposed as means of reducing imports without violating trade agreements. Anti-dumping laws are one example, as are countervailing duties. In addition, quality or health standards can be used as non-tariff barriers.

शून्य राशि खेल *(Zero Sum Game)* : any situation where all 'wins' are offset by equivalent losses to other parties. The total level of wealth remains the same; it merely exchanges hands.

शेयर, संपत्ति, हिस्सेदारी *(Equity, Property)* : the value of preferred and ordinary stock in a company.

शेयर, हिस्सा, हिस्सेदारी *(Share)* : a security of ownership issued to a person (the shareholder) by a company entitling the shareholder to a proportion of the capital of the company and confirming his right to participate in its management, to receive a proportion of its profits as dividend, and ensuring his entitlement to a part of the company if it goes into liquidation. Shares may be registered shares (granting the rights to the indicated person) or bearer shares (granting the rights to the holder of the share), ordinary or preference shares (entitling the holder to a fixed rate of dividend), shares issued in physical form or as book-entry securities. Shares are represented as stock certificates. See Depository

शेयरधारक *(Shareholder)* : a natural or legal person holding shares (stock certificates) in a company and entitled to all the rights arising from such holding. See Share

शेयरधारकों की हिस्सेदारी *(Shareholders' Equity)* : value of the company's

श

assets to which the shareholders are entitled. Shareholders' equity is calculated as the difference between assets and liabilities, or as the sum of the capital accounts and retained earnings.

शेयरधारकों की बैठक *(Shareholders' Meeting)* : the meeting of the highest management body of a company in which the members perform key company management functions, including election of managers, amendment of the articles of association, approval of financial statements, and any other decisions which require consent (voting) of the shareholders. Usually, ordinary shareholder meetings are convened; extraordinary meetings are held for making decisions on urgent issues.

शेयर पूंजी *(Share Capital)* : the equity of a company formed by the issuing of shares in exchange for cash or other consideration. It is usually calculated as the sum of the par values of paid shares. See Authorised Capital

शेयर प्रीमियम *(Share Premium)* : the difference between the cash inflows received from the sale of shares by a company, and the par value of its shares. Share premium is part of the shareholders' equity on the balance sheet.

शेयर बही-मूल्य *(Share Book Value)* : a method of ascertaining a share's value, calculated by dividing the shareholder's equity by the number of shares issued and outstanding.

शेयर मूल्य सूचकांक, शेयर सूचकांक *(Share Price Index, Stock Index)* : index indicating changes in the prices of shares. It is a calculated change in the price of shares over a certain period of time. Each index is constructed on the basis of a special methodology. It is usually calculated by taking a selection of securities and matching the changes in their prices to a particular base value or a value during a certain period in the past, e.g., on the previous trading day. The most widely spread share price indices are the S&P 500, Dow Jones, NASDAQ and others.

शेयर विभाजन *(Stock Split)* : an increase in the number of outstanding shares of stock issued by a company while maintaining each shareholder's proportionate equity and reducing the par value of each share, e.g., in the stock split "2 for 1" the number of shares will double, and the shareholders who had two shares with the value of 100 each will now have four shares of 50 each. The object of a stock split is to reduce the par value of the shares whose price has risen to make them accessible to a wider circle of investors. Sometimes the stock split is undertaken on account of the psychological preferences of the shareholders who may wish to hold a larger number of shares with a lower value, rather than fewer shares of a higher value.

शेयर समूह का जोखिम (पीएआर) *(Portfolio At Risk [PAR])* : PAR is a standard international measure of portfolio quality. It is used to denote the proportion of a portfolio that is deemed to be at risk because payments are overdue. PAR 30 refers to the proportion of a portfolio whose payments are more than 30 days overdue. If the percentage of PAR 30 is 5 or more, this is taken to be a sign of trouble.

शेयरों का खंड *(Block of Shares)* : a proportion of shares in a company held by a single owner. See Controlling Block of Shares

शेयरों का नियंत्रणकारी हिस्सा *(Controlling Block of Shares)* : the number of shares required to give controlling power to a shareholder, which does not necessarily have to be over 50%.

शॉक थेरेपी *(Shock Therapy)* : sudden and fast reforms e.g. during the transitional period from socialism to the market system.

शॉर्ट टेल्ड कारोबार *(Short Tailed Business)* : insurance business whose uncertainty about the amount and timing of claims payments is typically resolved within one year.

शॉर्ट पोज़ीशन *(Short Position)* : (1) in the market of futures and options, when the person must deliver a certain quantity of a good at a particular price in the future but still doesn't own it because he/she expects to buy them at a lower price before the delivery date; (2) total stock that a person has sold after borrowing them but has not yet purchased other stocks to repay the debt at the agreed time; (3) liabilities in foreign currency exceeding by a certain proportion the assets denominated in the same currency, e.g., it is said that a commercial bank has a short dollar position if dollar deposits in the bank are higher by a certain percentage x than the dollar loans granted by that bank or other dollar-denominated assets. See Long Position

शॉर्ट सेल, सेलिंग शॉर्ट *(Short Sale, Selling Short)* : a contract of selling securities which are not owned by the person hoping that the price of the security will decline. In short sale, securities are first borrowed and are then sold; when the price falls, the securities are purchased at a lower price and are returned to the creditor with interest. If the price of the security does not fall, the speculator incurs a loss.

शॉर्ट सेलिंग *(Short-Selling)* : in real estate short selling is when somebody sells property but the revenue from the sale doesn't cover the remaining balance on the mortgage. This happens, for instance, when house prices fall way below the original buying price. A mortgage lender may let the borrower off the remaining amount because of the cost of taking the matter to court and the foreclosure process. An alternative is to reduce the amount owed to a sum that the borrower can realistically expect to repay under the new circumstances. If all parties agree on such a short sale nobody's credit rating is affected as it would be as a result of foreclosure. In the field of investment a short sale is an advanced trading strategy when somebody, usually a professional investor, borrows a security or an asset from a broker and sells it, but with the obligation to buy the item back and return it to the broker within an agreed period of time. The purpose behind a short sale is to make a profit by buying it back at smaller price. An investor will "sell short" when the price is expected to decline, selling high and buying low at a later date. If it rises, the investor loses money. The likelihood of success depends to a large extent on the quality of analysis of market. Without it the risk of losing money is very high. Short selling can also be used as a hedge strategy (see hedging). To sell short is to " short" a stock. The opposite is selling long. Short-selling was prohibited temporarily during the financial meltdown in a number of countries including the USA and Germany because it was felt by the administrations of those countries that short-selling was exacerbating the crisis.

श्रम उत्पादकता *(Labour Productivity)* : amount of product produced by an employee over a unit of time.

श्रम का विभाजन या बंटवारा *(Division of Labour)* : individuals with different abilities specialize in the work they do best and later exchange the products of their work. A society following the principle of the division of labour is economically more efficient than an autistic society.

श्रम पलायन, मज़दूरों का पलायन *(Labour Migration)* : changing of the place of residence or work by the employed or job-seeking population.

श्रम शक्ति, सक्रिय जनसंख्या *(Labour Force, Active Population)* : (1) total employed or potentially employed (job-seeking) population regardless of their age; (2) in the economic sense, labour supply.

श

श्रम शक्ति सहभागिता दर *(Labour Force Participation Rate)* : the ratio between the total labour force and the population of working age individuals (the latter being set by the government).

श्रम संसाधन *(Labour Resources)* : mental and physical abilities of an individual. See Human Resources

श्रम साध्य उत्पादन *(Labour Intensive Production)* : production technology requiring high labour costs. See Capital Intensive Production

श्रमिक मुआवज़ा *(Workers Compensation)* : a system of providing for the cost of medical care and weekly payments to injured employees or to dependants of those killed in industry, in which absolute liability is imposed on the employer, requiring him or her to pay benefits prescribed by law.

स

स

संकुचन *(Contraction)* : slowing down production, trade, or the money supply.

संकुचन, अपस्फीति *(Deflation)* : increasing value of a currency unit and a decline of the general level of prices.

संकेंद्रण, सिमट जाना *(Concentration)* : when economic activity is controlled by one or more related companies, so that a set of goods or services are "concentrated" in the hands of a few.

संकेंद्रण अनुपात *(Concentration Ratio)* : a measure of the market share held by major players in that sector relative to the share of the market held by others. See Four Firm Concentration Ratio

संकेंद्रण जोखिम *(Concentration Risk)* : the risk of increased exposure to losses due to concentration of investments in a geographical area, economic sector or individual investments. Concentration risk may exist at either the legal entity level or the group level (after the holdings of all legal entities have been consolidated) or both.

संक्रामक असर, कन्टैजन *(Contagion)* : as part of a group or conglomerate, and aside from intra-group exposures of a financial nature, there may be a risk that the support of the insurer by internal or external parties may suffer if there is a concern about another part of the group of which it is a part.

स

संग्रहण लेखांकन *(Accruals Accounting)* : an accounting method that records income and expenses when they occur, not when the money is actually exchanged. See Cash Principle

संचय, बचत *(Savings)* : the amount of resources that are saved or left over from the production system when the benefit incurred from the production exceeds the costs.

संचयी तरजीही स्टॉक *(Cumulative Preferred Stock)* : a form of stock where the unpaid dividend is accumulated and must be paid to the preferred shareholders before any dividends are paid to common shareholders.

संतुलित बजट *(Balanced Budget)* : a situation where the revenues of the state budget and funds are equal to expenditures. When the budget is balanced, the state has sufficient internal resources (funds collected through taxes) to finance its functions, and does not need to borrow. A balanced budget serves as a guarantee that the state will not have to raise taxes in the near future to cover its debt.

संतुलित बाज़ार *(Balanced Market)* : a situation where the number of goods for sale (including securities) at a certain price is equal to the number of goods purchased.

संपत्ति अधिकार *(Property Rights)* : a system of rights defining ownership that is fundamental to a market society. They are rights to control the way in which particular resources will be used and to assign the resulting costs and benefits. Clearly defined property rights are required to allocate resources efficiently. At a minimum, property rights should define the owner's control of the property, allow the owner to freely transfer or sell the property, exclude others from the property, and enjoy the benefits generated by the property. "Property rights are relations among individuals that arise from the existence of scarce goods and pertain to their use." (Svetozar Pejovich, Economic Analysis of Institutions and Systems, Kluwer Academic Publishers, Dordrecht, 1995, p. 65)

संपत्ति कर *(Property Tax)* : taxes levied on property calculated in proportion to the value of the property. Land taxes, real estate taxes, inheritance taxes and gift taxes are property taxes.

स

संपत्ति कर, धन कर *(Wealth Tax)* : a tax on an individual or institution's wealth which may include real property and/or intangible property including stock and bonds.

संपत्ति बीमा *(Property Insurance)* : insurance of the property interests of a person under which the size of the insurance payment depends on the losses inflicted upon or suffered by that person, and other expenses incurred by the person, but not exceeding the insurance amount.

संपूर्ण जीवन बीमा *(Whole Life Insurance)* : insurance payable to a beneficiary at the death of the insured wherever that occurs; premiums may be payable for a specified number of years or for life.

संबद्ध कंपनी *(Affiliated Company)* : a company in which another company holds an interest (frequently defined in law).

संबद्ध कंपनी *(Associated Company)* : a company that is significantly influenced by another company, without being a subsidiary of the latter; often found in a joint partnership or in joint subordination.

संबद्ध व्यक्ति *(Affiliated Persons)* : real or legal entities that hold shares of a company, participate in management bodies, or are members of the families of the shareholders or management bodies. Affiliated persons are usually defined by law, and their mutual transactions are monitored closely to prevent abuse, especially in seeking to reduce taxes payable.

संभावना की अर्थव्यवस्था, इकोनॉमीज़ ऑफ स्कोप *(Economies of Scope)* : efficiencies generated by increasing the number of products produced by a firm. Unlike economies of scale, which are efficiencies due to expanded output, economies of scope refer to a situation where average costs decline as more goods and services are added by the firm.

संभावित, कंटिन्जेंट *(Contingent)* : conditional; depending upon another happening. A contingent beneficiary is one next in line after the first named.

संयुक्त स्टॉक कंपनी *(Joint Stock Company)* : a company whose capital is split into shares and bears some resemblance to a corporation and has other aspects similar to a partnership. Nowadays joint stock companies are normally understood to be corporations, that is, to be a separate legal entity whose shareholders have limited liability. Some jurisdictions still give the possibility of registering joint stock companies with unlimited liability. This form of company is often considered undesirable, as it cannot hold title to real estate and has unlimited liability for the shareholders. Therefore companies with limited liability are seen more often. A company whose shares are not traded on the stock exchange is called a closed joint stock company.

संरक्षक *(Custodian)* : a bank or other financial institution responsible for holding and managing securities for individuals, corporate customers, and mutual funds.

संरक्षणवाद *(Protectionism)* : measures undertaken by the state to protect the domestic market, local producers, different branches of the economy, or individual companies from competition. The most frequent consequence of protectionism is higher prices. The tools often used in protectionism include taxes and duties; their application creates protection for specific entities and discriminates against unprotected market participants. While protectionist policies are used in many countries, economically they are often counterproductive because they normally result in a net loss of income for the country imposing them, even if they are used in retaliation to protectionist policies in another country, e.g., in agricultural tariffs or quotas.

संरचना में दोष *(Fallacy of Composition)* : a mistake of logical reasoning when the properties (characteristics, norms of behaviour) of a certain aspect of a group are attributed to the total group, resulting in erroneous generalisations and conclusions. A fallacy of composition also occurs when due account is not taken of secondary circumstances or factors determining certain behaviour, e.g., if it is known that decisions will be taken by individuals making up a society, it would be fallacious to assert that these decisions are taken by the society.

संशोधनवाद *(Revisionism)* : invitation to revise and reassess prevailing theories, doctrines, or historical events. Revisionism is also a trend in Marxist theory, calling for a different evaluation of the propositions of Karl Marx's theory.

संसाधन, स्रोत *(Resources)* : goods that can be consumed or used in the production of other goods. Most resources are economic resources, and are therefore physically limited by quantity, quality, and access.

संस्थागत अर्थशास्त्र/संस्थागतवाद *(Institutional Economics/Institutionalism)* : a branch of historicism which originated in the United States, which attempts to prove the significance of state regulation in regulating and altering

स

human behaviour and habits to improve society. This school of thought was developed by Thorstein Veblen, John Commons, and Wesley Mitchell.

संस्थागत निवेशक *(Institutional Investor)* : a company whose main purpose is to invest its own and other persons' funds in securities. Examples of these types of companies would be pension funds, insurance companies, and investment firms.

संस्थागत बजट *(Institutional Budget)* : a method of budgeting governmental funds based on expected expenses, rather than set goals or implemented programmes.

सकल *(Gross)* : the overall amount (before taxes or special deductions).

सकल आपूर्ति *(Aggregate Supply)* : the total volume of goods and services produced in a country at a given price, and over a specified time (a year). This is another term for the GDP of a country.

सकल आय/सकल मार्जिन *(Gross Income/Gross Margin)* : a firm's total earnings before deductions for taxes, depreciation and administrative expenses are made.

सकल घरेलू उत्पाद (जीडीपी) *(Gross Domestic Product [GDP])* : a financial expression of the value of final goods and services produced within a country's borders in a year's time. GDP may be calculated by any one of three methods: income, expenditure, and production approaches. The income method measures the sum of all employee compensation (wages/salaries), operating surpluses (profits), mixed incomes (rents/interest), and fixed capital consumption (amortization). The expenditure method is calculated by adding consumer spending, government spending, investment in plant/property/equipment, and exports less imports. The production method is calculated by summing all value added in the different branches of the economy. GDP calculated at current prices is referred to as the nominal GDP. GDP calculated at historic prices is called real GDP. GDP per capita may be calculated by dividing GDP by the population. In some developing economies, adjustments may need to be made to capture economic activity that takes place on the black market or 'shadow economy'.

सकल मांग *(Aggregate Demand)* : an indicator used in macro-economic analysis, calculated by adding total consumer spending, total government spending, capital investment, and net exports (exports less imports) for a given year. This is another term for the Gross Domestic Product (GDP), or output, of a country.

सकल राष्ट्रीय उत्पाद (जीएनपी) *(Gross National Product [GNP])* : another method of measuring national income which includes the value of all goods and services produced by nationals of a country within a year. It differs slightly from GDP valuations in that it includes earnings from national economic activities abroad. See Gross Domestic Product (GDP)

सकल लाभ *(Gross Profit)* : the difference between net sales and the cost of goods sold. Gross profit margins typically include depreciation expenses, but do not include tax effects.

सकल लाभ अंतर *(Gross Profit Margin)* : an indicator of gross profits, computed by dividing the gross profit by net sales before taxes and financial charges. See Gross Profit, Net Sales

सकल स्थिर पूंजी निर्माण *(Gross Fixed Capital Formation)* : the amount of capital expenditures for plant, property, or equipment (excluding depreciation), for a single company or for the economy as a whole. When taken as a whole, it comprises the investment portion of the GDP by expenditure method of valuing a national economy. See Gross Domestic Product (GDP)

सकारात्मक बाह्यता *(Positive Externality)* : benefits from an action that the decision maker does not take into account.

सजातीय उत्पाद *(Homogeneous Products)* : equivalent, comparable goods and services. For example, any unit of volume of oil (coffee, metals, grain) will be nearly similar in its qualitative properties to any other unit of volume of oil (coffee, metals, grain).

सटोरिया, सट्टेबाज़ *(Speculator)* : a person purchasing goods hoping to resell them at a higher price. Alternatively, a person selling goods hoping to acquire them again later at a lower price.

सट्टा, सट्टेबाज़ी, कयास *(Speculation)* : investments focused on generating high returns and based on well-informed guesses on the prospects of a given activity, commodity or enterprise. Speculation is a driving force of innovation. Often used in a pejorative sense. In this connection the term means the practice of engaging in activities designed to produce

स

quick profits — such as exploiting fluctuations in prices — as distinct from investing in a "productive enterprise" in order to "share in its earnings".

सट्टा, सट्टेबाज़ी, कयास, अटकलबाज़ी *(Speculation)* : making a decision in the absence of complete information about the future consequences of all available opportunities. Speculation involves assuming the risk associated with this imperfect knowledge. Profit or loss can be the result for the speculator, but others benefit from the improved information created. Speculators purchase risk, in the hope of profit, from others less willing to take risk. Speculation is different from arbitrage since the difference of prices in the case of arbitrage can be observed (because it is based on geographical factors). See Arbitrage

सतत विकास *(Sustainable Development)* : an uninterrupted long-term process of economic growth that does not jeopardize the opportunities of future generations to satisfy their needs.

सत्यापन (कन्फॉर्मिटी) की घोषणा *(Declaration of Conformity)* : a document issued by the producer of commodities, certifying that all procedures assessing conformity were completed before marketing the product and that the product is safe for use. The producer's conformity declaration is not sufficient for some potentially hazardous industrial products, which then requires a conformity certificate issued by a licensed conformity assessment institution.

सबसे तरजीही राष्ट्र *(Most Favoured Nation)* : a principle of membership of the World Trade Organization (WTO) requiring that the goods shipped to the market of a WTO member country should be given the same treatment as locally produced goods and services.

सबसे तरजीही राष्ट्र का दर्जा *(Most Favoured Nation Status)* : the principle requiring each member of the World Trade Organization (WTO) to treat the goods and services of other members with equal favour, i.e., if one WTO member is granted more favourable conditions, the same conditions have to be granted to all other members.

सबॉर्डिनेट कर्ज़ *(Subordinated Loan)* : a loan meeting the following conditions: (a) it is granted for a period of at least one year; (b) the lender undertakes not to demand repayment of the principal by the borrower before maturity; (c) repayment of the loan is not secured with any collateral; (d) the loan agreement includes provisions to the effect that in the case of the liquidation or bankruptcy of the borrower, the lender's claim arising from the loan agreement will be satisfied only after the claims of the other creditors of the borrower have been satisfied. It is a loan where the claims of lenders in the line of creditors are satisfied after satisfying the claims of ordinary lenders but prior to the claims of the shareholders.

सब्सक्राइब्ड (अभिदत्त) पूंजी *(Subscribed Capital)* : share capital with respect to which the issuer has been promised to be paid by the person(s) acquiring the shares.

सब्सक्रिप्शन एजेंट *(Subscription Agent)* : an issuer or a public trading intermediary acting on behalf of an issuer under an agreement on the distribution of issued securities with the issuer and the realization of subscription rights.

सम ऑफ द इयर्स डिजिट्स विधि *(Sum of the Year's Digits Method)* : a method of calculating the depreciation of long-term assets where the constantly decreasing sum of the depreciation of assets is included in the production costs or operating costs during each year of the use of assets. The sum of the year's digit method is used for such assets which are characterized by faster depreciation at the beginning of their use.

समतावाद *(Egalitarianism)* : a doctrine stating that all individuals are equal. Some theories of political economy further state that the differences in their income and wealth are not determined by their different abilities, but rather by their exploitation of one another. According to these egalitarians, the state should intervene to correct the vices of the market and ensure complete equality. This version of the doctrine was used as one of the bases of communism.

समन्वय ब्यूरो *(Adjustment Bureau)* : an organization that contracts with insurers to provide loss settlement services on behalf of those insurers.

समय वरीयता सिद्धांत *(Time Preference Theory)* : a theory which attempts to explain the economic origin of interest. According to this theory, individuals will always prefer current consumption over future consumption, even when interest is earned in the case of future consumption. This phenomenon is often attributed to limited life spans, individual insecurities, declining marginal utility, etc. The theory was proposed by William Stanley Jevons, and later developed by Eugen von Böhm-Bawerk.

स

समय सारिणी *(Time Series)* : a chronological sequence of figures (indicator values).

समय सारिणी आंकड़ा *(Time Series Data)* : values of the same variable over several time periods, e.g., years, quarters, days. This data is useful in establishing trends and analyzing the impact of policies and events.

समाजवाद *(Socialism)* : an economic system where the means of production are owned by the state.

समान मूल भुगतान विधि *(Equal Total Payment Method)* : a method of repaying a loan, where the borrower periodically, e.g., each month, makes equal payments to the lender consisting of both the principal and interest.

समान मूल भुगतान विधि *(Equal Principal Payments Method)* : a method of loan repayment where the borrower makes decreasing payments as principal and interest costs are reduced over time. All principal payments are equal, but the decrease is a reflection of lower interest costs as the principal is reduced.

समापन, खात्मा *(Lapse)* : termination of a policy due to failure by the insured to pay the premium as required.

समायोज्य जीवन बीमा *(Adjustable Life Insurance)* : a type of insurance that allows the policyholder to change the plan of insurance, raise or lower the face amount of the policy, increase or decrease the premium, and lengthen or shorten the protection period.

समावेशन *(Internalization)* : offsetting the negative consequences of an outcome by fining or otherwise holding responsible the party who caused the problem; ensuring an individual bears the full cost of his actions. An example of this would be forcing a polluter to cover the costs of environmental clean-up.

समाशोधन, क्लीयरिंग *(Clearing)* : refers to either the act of reaching equilibrium in a market, or when a financial transaction involving non-cash settlements is completely based on the approval of mutual payment claims and liabilities.

समाशोधन बैंक, क्लीयरिंग बैंक *(Clearing Bank)* : a bank whose primary function is to handle cash settlements between parties for stock or commodity exchange transactions.

समिति, संघ, गठबंधन *(Association)* : a form of organization for non-profit entities. These are limited liability, public legal entities with unique names, whose purpose is to coordinate the activities of the members of the association, represent the interests of its members and defend them, or serve some other public interest. An association is usually recognized by the words "association," "confederation," "union," "society," or "club" in its name.

समुच्चयन, एकत्रीकरण, संग्रह *(Aggregation)* : combination or generalization of economic data. In economics, aggregation is used to define and compare general trends in economic development. Aggregation may cause problems if used without taking into account its limitations. The major limitation of each aggregated indicator is that it is a derivative value that ignores all individual differences on which particular business decisions are based. The indicators of aggregated demand, aggregated supply and inflation are frequently used in economics. See Aggregate Demand, Aggregate Supply

समूह बीमा *(Group Insurance)* : any insurance plan under which the insured has the right to continue in force by the timely payment of premiums to a specified age (usually age 50), during which period the insurer has no right to make unilaterally any change in any provision of the policy while the policy is in force, but may make changes in premium rates by policyholder class.

समूहवाद *(Collectivism)* : an ideology that stresses the importance of the group over the interests of any individual. It follows that collective interests may exist apart from personal interests, and are often common in Asian cultures. See Individualism

समेकित पर्यवेक्षण *(Consolidated Supervision)* : financial supervision of a parent company and its subsidiaries by an outside party.

समेकित रिपोर्टिंग *(Consolidated Reporting)* : compiling the financial reports of parent and subsidiary companies into a single report for external users and tax purposes. Consolidated financial reporting consists of the consolidated balance sheet, consolidated income statement, consolidated statement of changes in shareholders' equity, and related notes. Some countries may require a statement of cash flows in addition.

स

सम्पर्की, संवाददाता *(Correspondent)* : a financial brokerage company, bank, or another financial institution providing intermediation services for other banks or financial institutions that have no access to the market.

सरकार की विफलता *(Government failure)* : opposite of market failure; an assessment that examines instances where the government cannot efficiently allocate resources. Public choice theory and more recently new institutional economics have focused on this issue. See New Institutional Economics, Public Choice Theory

सरकारी नाजिर, आसेधक *(Bailiff, Distrainor)* : an authorised official who records the stipulations, items, or property to cover a debt, and who also safeguards and administers this property, provides legal consultations, sells pledged assets in auctions, and mediates the discharge of obligations.

सरकारी प्रतिभूतियां *(Government Securities)* : debt obligations incurred by local or national governments to finance budget deficits. See Treasury Bill

सरकारी बॉन्ड *(Government Bond)* : a long-term security issued by a government. See Government Securities

सर्वसम्मति, निर्विरोध *(Unanimity)* : a form of voting that requires complete agreement from all members.

सर्वांगी समीक्षा *(Systemic Analysis)* : the totality of methods used for analyzing, constructing, and modelling extremely complex objects.

सहक्रिया *(Synergy)* : a situation when the total effect of the joint activity of individual units is greater than the sum of the independent activity of these units.

सहज या स्वाभाविक अर्थव्यवस्था *(Spontaneous Order)* : the operation of an unregulated market whereby demand and supply are coordinated by prices. The spontaneous order is the outcome of the independent behaviour of market participants and therefore does not exist for its own sake in disassociation from market participants. Spontaneous order is the opposite of a planned economy where decisions are made by a central authority instead of market participants.

सह-बीमा *(Co-insurance)* : in property and casualty insurance, a clause

स

or provision in an insurance policy requiring a specified amount of insurance based on the value of the property insured; normally, there is a premium reduction for purchasing insurance to some percentage of the value of the property — if the insured fails to comply with the clause, he or she will suffer a penalty in the event of partial loss.

सहसंबंध *(Correlation)* : a verifiable relationship between two phenomena or sets of data.

सहायक गतिविधि *(Ancillary Activity)* : an economic activity of a company performed with the intent to facilitate its principal or secondary activities. Typically, ancillary activities produce services that are generally meant to be inputs for productive activity; the output from such activity is usually appraised at a much smaller value and quantity than other activities of the enterprise, i.e., maintenance and repair of buildings.

सहायता *(Support)* : voluntary, free provision of cash, assets or services to support beneficiaries. Support may be granted by natural or legal entities and to companies without the rights of a legal entity, foreign countries, natural and legal entities of foreign countries, and international organizations. Support beneficiaries cannot be any companies or persons; they can only be non-profit, non-governmental organizations seeking goals that are beneficial to society. Activities beneficial to society include international cooperation, protection of human rights, integration of minorities, fostering of cultural, religious and ethical values, improvement of education, studies and vocational training, informal and civic development, sport, social security and labour, health care, national security and defence, law and order, crime prevention, adaptation of living environment and housing development, protection of copyrights, environmental protection and other activities recognized as beneficial to society and deemed unselfish.

सांख्यिकी *(Statistics)* : a system of collecting and compiling data on the economic and demographic changes in the society and the environment, and publishing that information.

सांख्यिकी सर्वेक्षण *(Statistical Survey)* : the collection, storing,processing and analysis of statistical data that was collected through a survey.

साख, प्रतिष्ठा *(Goodwill)* : the intangible value of a firm that may exceed the net value of its stock. By investing in the goodwill of a company, the seller intends to get an economic benefit in the future. Goodwill is negative when the price paid by the buyer is lower than the value of the

स

net assets of the acquired company.

साख जोखिम, कर्ज़ जोखिम *(Credit Risk)* : the risk that a borrowing party will not repay its debt in full or within the specified terms of the loan. See Credit Rating

साख निर्माण *(Credit Creation)* : the increase in the money supply in the fractional reserve banking system by commercial banks. The process develops in the following way: after a current deposit is accepted (let us say, 100 euros), part of it is reserved (10 per cent), and the rest of the money is used for lending. When a loan is granted, a new deposit equal to 90 euros appears in the banking system. 10 per cent of this deposit is reserved and the remaining 81 euros are lent again. The lower the reserve requirement is, the more money that can be "created" by the commercial bank system. The volume of credit creation can be measured by the money multiplier. See Fractional Reserve Banking

साख-पत्र, लेटर ऑफ क्रेडिट *(Letter of Credit)* : a form of guarantee used in international settlements where the buyer's bank guarantees (by a document) to the seller that the buyer will pay for the shipped goods in time. The bank usually requires the buyer to hold a certain amount in the account necessary for settlement. Letters of credit are used when parties do not know each other or doubt the solvency of the client. At the request of a buyer of goods or services (applicant), the bank issues a document whereby it undertakes to pay for the shipped goods, completed works or granted services to the seller (beneficiary of the letter of credit) when the latter presents the documents prescribed in the terms and conditions of the letter of credit to the bank. Letters of credit may be import and export, revocable and irrevocable letters of credit. A revocable letter of credit may be amended or cancelled by the issuing bank without prior notice to the beneficiary. An irrevocable letter of credit may not be amended or cancelled without the agreement of the issuing bank, authorizing bank (if available) and the beneficiary. A letter of credit is otherwise called a documentary letter of credit.

साख मुद्रा *(Credit Money)* : money not backed by gold or silver, but only by a promise to pay. The term is used mostly by theorists of the Austrian School. See Commodity Money, Fiat Money, Fiduciary Media, Money Substitutes

साख संघ *(Credit Union)* : a credit institution based on cooperative principles and engaged in the pooling of funds deposited by its members for the purpose of granting mutual loans. The members of a credit union are united by a common feature, such as the place of work, profession, place of residence, etc.

स

साझा कृषि नीति (सीएपी) *(Common Agricultural Policy [CAP])* : within the European Union, government policy that subsidizes agricultural industries within the member nations. The aims of this policy are to: increase agricultural output, ensure sufficient livelihoods for farmers, achieve market stability, guarantee an adequate food supply, and keep consumer prices at a set level. The CAP is financed from the common EU budget, and accounts for roughly half of the entire expenditures. There are many detractors of this policy, as it tends to distort the global agricultural market, by disadvantaging more efficient agricultural producers outside the EU.

साझेदारी *(Partnership)* : two or more persons or entities joined by an agreement to cooperate for mutual benefit. In business, each entity will often put up capital and assume a portion of the responsibility for profits and losses of the company. In a limited partnership, an entity may put up capital in exchange for future profits and is only responsible for the loss of its own initial investment.

सापेक्ष मूल्य *(Relative Price)* : an expression of price that is described in terms of a ratio between the price of an individual good in the market and the weighted average of all the other goods available in the market.

साफ सुथरी प्रतिस्पर्धा *(Fair Competition)* : competition among market participants based on full disclosure of information, recognition of the advantages of competition without entering into cartel agreements, level playing field and other norms of competition ethics.

सामंजस्यीकरण, तालमेल बैठाना *(Harmonization)* : unification of legal codes, business methods, and living conditions carried out under an agreement between countries. See Tax Harmonization

सामाजिक न्याय *(Social Justice)* : notions of justice regarding the government's distribution of wealth in society. Critics consider the term an oxymoron.

सामाजिक बहिष्करण *(Social Exclusion)* : excluding certain members of society because their way of life is not in line with certain attitudes, or

स

because they are devoid of a minimum standard of living or education, e.g., the homeless, drug addicts, poor people, etc.

सामाजिक लागत *(Social Costs) :* the external and internal (private) costs of a phenomenon or process.

सामाजिक साझीदार *(Social Partners) :* designation of interests that are not legally bound to each other but that do share common social interests and/or responsibilities, e.g., the social partners of a company could be the town community, trade unions, public organizations, academic institutions, etc.

समान दर का कर *(Flat Tax) :* a tax with a single rate, regardless of the size of the tax base. See Progressive Tax, Regressive Tax

सामान्य जीवन बीमा *(Ordinary Life Insurance) :* a form of whole life insurance usually issued in amounts of $1,000 or more with premiums payable on an annual, biannual, quarterly, or monthly basis to the death of the insured or to the end of the mortality table employed, whichever occurs first and at which time (benefits) proceeds are due; the term is also used to mean straight life insurance.

सामान्य प्रावधान *(General Provisions) :* typically only found in financial institutions, these are funds specifically set aside to reduce or cover potential losses arising from market fluctuations, political risks, etc.

सामान्य वस्तु *(Normal Good) :* a good with a positive income elasticity. As income increases, more is consumed.

सामान्य वाहक, कॉमन कैरियर *(Common Carrier) :* a firm that offers to transport merchandise for hire and must accept shipments from anyone who wishes to use its services. Different laws and rules govern common carriers than do private or contract carriers that only transport the goods of those with whom they have made agreements.

सामान्य वितरण *(Normal Distribution) :* a distribution of probabilities that most often appears in real phenomena, represented graphically as a bell that is symmetric over a certain parameter.

सामान्य शुल्क *(General Duty) :* a duty levied with the intent of regulating foreign trade and adding revenues to the state budget.

स

सामान्य संतुलन मॉडल *(General Equilibrium Model)* : due to complimentarity, substitutability, and spillover effects, the prices and quantities of all goods are interdependent. General equilibrium models are complex and computationally intensive models that model markets simultaneously to capture how a change in one market (or an external shock) affects the equilibrium price and quantity in that market, and all other markets.

सामान्य संतुलन विश्लेषण *(General Equilibrium Analysis)* : an analysis of the interrelationship between all sectors of the economy, with the assumption that processes in one sector will affect other sectors. This analysis attempts to establish the origins of the links between sectors, and their relative strengths. See Equilibrium Theory

सामूहिक कार्रवाई, सामूहिक कार्रवाई का तर्क *(Collective Action, the Logic of Collective Action)* : a theory concerned with the provision of public goods when private exchange fails to provide them adequately. It requires the collaboration of two or more individuals or groups to circumvent a market failure by providing a public good.

सामूहिक श्रम समझौता *(Collective Labour Agreement)* : a written agreement between an employer and the company's employees on hours, wages, benefits, and working conditions. Collective labour agreements facilitate the labour process, but can reduce the flexibility of the labour market, which tends to increase unemployment.

सामूहिक संपत्ति या संसाधन की त्रासदी *(Tragedy of the Commons)* : the exploitation of common or other resources due to the lack of clear ownership, in a manner contrary to the public good. Examples include overfishing, deforestation of public lands, excessive air pollution, etc. This example arose from the English tradition of grazing livestock on common land. Individual farmers had an incentive to increase their own herds to reap all possible benefits from the free feed. The ensuing overgrazing of the commons resulted in all farmers being worse off. A modern example would include the dilemma of ocean fishing, since no clear property rights exist for either the ocean or the fish.

साम्य मूल्य *(Equilibrium Price)* : the price at which supply of a commodity is equal to demand; the market clearing price. Given the usual shape of the supply and demand curves, it is the only price. See Demand Curve, Supply Curve

स

साम्य सिद्धांत *(Equilibrium Theory)* : the theory created by Marie Esprit Leon Walras (1834–1910), asserting that in the presence of the equilibrium in the market n-1, it will also be present in the market n. Walras was one of the first to use mathematical equations to describe economics and created the mathematical model of general equilibrium. See General Equilibrium Analysis, Walras Law

सार्वजनिक उपभोग *(Public Consumption)* : expenditures to satisfy the operating requirements of the state, e.g., salaries, purchases, national defence, etc. See Public Investment

सार्वजनिक ऋण, लोकऋण *(Public Debt)* : the aggregate of liabilities incurred by the government, both to domestic and foreign creditors.

सार्वजनिक कारोबार का मध्यस्थ *(Intermediary of Public Trading)* : financial brokerage firms and commercial banks who hold the right to provide investment services.

सार्वजनिक क्षेत्र *(Public Sector)* : the domain of state-controlled entities. See Public Consumption

सार्वजनिक क्षेत्र तुलनाकार (पीएससी) *(Public Sector Comparator [PSC])* : a model for assessing the public value achieved by public partnership projects. It seeks to determine whether the total benefits outweigh the total costs, and can suggest alternative projects.

सार्वजनिक खरीद, सरकारी खरीद *(Public Procurement)* : the purchase of goods or services by governments or government-controlled entities. This process is highly regulated to prevent waste and the misuse of taxpayer's money.

सार्वजनिक-निजी साझेदारी, सरकारी-निजी साझेदारी (पीपीपी) *(Public and Private Partnerships [PPP])* : the provision of public services or other governmental functions by a private entity in conjunction with the government. Examples of this include health care, education, infrastructure construction, etc. This is often employed when the service or function will eventually be returned to the private sector, and can serve to soften the transition from public to private. See Concession

सार्वजनिक निर्गम *(Public Offering)* : (1) the offer of newly issued securities for sale to the public, usually by an investment bank on the behalf of a corporation; (2) a secondary public distribution of previously issued securities. See Private Placement

स

सार्वजनिक निवेश *(Public Investment)* : the acquisition or creation of long-term assets by the government, e.g., a city subway system.

सार्वजनिक पसंद सिद्धांत *(Public Choice Theory)* : a school of thought which argues that many collective decisions (including those made by government officials and bureaucrats) are based on narrow personal interests. It was developed in the 1960s, and is best represented in the works of James M. Buchanan, who earned a Nobel Prize in 1986 for work in the field, and Gordon Tullock. This theory is also referred to as the economic theory of politics.

सार्वजनिक वस्तु *(Common Good)* : freely accessible goods shared by all, i.e. fish in the ocean, the Internet.

सार्वजनिक वस्तुएं *(Public Goods)* : goods characterized by non-rivalrous consumption and non-excludability. That is, goods that may be enjoyed in great quantities without diminishing the consumption of the same good by others and goods where it is difficult to exclude others from individual consumption. Examples of this include fresh air, knowledge, national defence, etc.

सार्वजनिक स्वामित्व, सरकारी स्वामित्व *(Public Ownership)* : ownership of companies or land by governments. See State Ownership

सार्वभौमिकता, सार्वभौमवाद *(Universalism)* : a philosophic doctrine advocated by Othmar Spann. Universalism holds that a universal, objective social order exists outside of the individual. More than a collection of individuals, the universal order is a system of rules and interests that unifies society. See Individualism

सार्वभौमिक सेवाएं *(Universal Services)* : services that companies are required to provide to a specified population. Universal services are typically free of charge and cover industries such as telecommunications, water supply, or postal services. An example of a universal service is the free access to emergency numbers for all telephone subscribers.

सावधि जमा *(Time Deposit)* : a deposit which the depositor agrees to keep with the bank for an agreed period of time (usually at least one month). If the depositor violates the agreement, he or she loses interest.

स

सावधि बीमा, एनडोमेंट बीमा *(Endowment Insurance)* : a type of insurance where the insured person pays fixed premiums for a set term and is entitled to payment at the end of the term.

सिंडिकेट *(Syndicate)* : a group of investment banks, insurers or other companies created to implement a large-scale project (granting a loan, guarantee, etc.). For example, a bank syndicate may underwrite and distribute a new issue of securities or a block of shares issued previously.

सिंडिकेटेड लोन *(Syndicated Loan)* : a very large loan granted to the borrower by several lenders (or a syndicate). The loan is usually first granted by one lender and is later divided among other banks. See Syndicate

सिक्का ढलाई मुनाफा *(Seigniorage)* : the revenues of the bank of issue from issuing currency. It is the revenue generated from the minting of coins. It is the difference between the face value of the bank note or coin and the cost of producing it.

सिन टैक्स, सम्प्टूयुअरी कर *(Sin Tax, Sumptuary Tax)* : tax paid to the state for engaging in certain activities condemned by a society, such as the organization of gambling.

सीमांत *(Marginal)* : additional, something received or incurred by using an additional unit of a resource. It is a term frequently used in economic literature to characterize production costs, income, profit, consumption, price, etc. For example, marginal profit is a change in profit given an increase in the volume of sales by one unit. Marginal price is a change in price for a commodity when the number of commodities increases by one item.

सीमांत उपयोगिता *(Marginal Utility)* : satisfaction (fulfilling needs or some other satisfaction) gained from the consumption of an additional unit of a good. See Utility

सीमित दायित्व *(Limited Liability)* : liability which is limited to the size of the paid contribution by each individual shareholder. For example, a joint stock company is a limited liability legal entity, since the shareholders are financially responsible for the liabilities of the company for the sums they paid for shares and recovery is not directed to other assets held by the shareholders. See Unlimited Liability

स

सीमित भुगतान जीवन बीमा *(Limited Payment Life Insurance)* : a form of whole life insurance on which premiums are payable for a specified number of years less than the period of protection, or until death, if death occurs before the end of the specified period.

सीमित संसाधन *(Scarce Resources)* : finite resources used in the production of goods and provision of services. All scarce resources are economic resources. All economic resources (labour, capital) are scarce. Economics deals with the problem of how scarce resources could be put to the best use to satisfy unlimited needs of consumers.

सुखवाद *(Hedonism)* : a theory of philosophical ethics in which pleasure is considered the goal and the greatest value in life, while the choices made by people are viewed with respect to the pleasant sensations one or another action provides to man. Hedonism originated in Ancient Greece. The best-known representative of hedonism was Epicurus (341–270 BC). He advocated reasonable enjoyment of life called Epicurean gardens.

सुनहरा नियम *(Golden Rule)* : in public finance the idea that government should borrow only to finance investment, not to finance current expenditures. Opponents of public debt assert that government budget and funds should be unconditionally balanced, as debt used for any purposes will have to be repaid in the future, which will eventually increase the tax burden. See Balanced Budget

सुनहरा बचाव, गोल्डेन पैराशूट *(Golden Parachute)* : complex severance terms put in the employment contract of a chief company executive, and usually includes generous severance pay to be paid in the event of a takeover. A golden parachute is used as protection against a hostile takeover. See Hostile Takeover

सुनहरी विदाई *(Golden Handshake)* : a large severance payment written into the contract of a chief company executive.

सुनहरी हिस्सेदारी, गोल्डेन शेयर *(Golden Share)* : a share granting the right of veto in company management. A golden share is usually kept by the government upon the privatization of public companies. It may be used when the state is willing to sell a property but wishes to remain active in the management of the company. See Veto

स

सुरक्षित कोष *(Hedge Fund)* : a form of mutual fund, most often structured as an investment partnership, made up of a limited number of investors (which are usually institutions or high net-worth individuals), which uses advanced investment strategies such as leverage, short and derivative positions with the goal of generating high returns by both identifying market inefficiencies and to some extent hedging underlying risks.

सुरक्षित निवेश *(Hedge)* : to invest in a manner that reduces the risk related to the underlying assets or liabilities. A hedging strategy will take into account the risks, return required and the projected cashflow of the assets or liabilities, including the existence of policyholder options which may be exercised. Risks to be considered will include market and credit risk.

सुरक्षित निवेश की प्रक्रिया *(Hedging)* : a way of managing financial risks when a derivative security (an option or a forward transaction) is purchased or sold in order to reduce or eliminate all or part of the risk arising from another security or transaction. One or several derivatives are chosen because it is expected that their performance will offset the change in value of the other security, e.g., an increase in the value of one will be met with a decrease in the value of the other and vice versa. For instance, a farmer may sell his expected crop of corn on a futures market before it is harvested to "hedge" against the possibility of a price fall.

सुलभ मुद्रा या कम ब्याज दर पर उपलब्ध कर्ज़ *(Easy Money)* : a situation where borrowing is relatively cheap because of credit issues on the market as a whole. This may be prompted by the government reserve system when it attempts to lower interest rates by flooding the market with money. However, excess money will eventually result in higher rates of inflation which can only be cured by restricting the money supply.

सूचकांक *(Index)* : (1) a statistical indicator used to measure changes in value or price, relative to historical prices. Thus, it allows comparisons to be made across several time periods, as it adjusts current prices for inflation. (2) an aggregate of security prices in a market which reflects trends and allows benchmarking.

सूचीकरण *(Indexing)* : measures taken to reduce the effects of inflation, where prices may be adjusted by law or mutual agreement to reflect the changed values. This is usually accomplished by multiplying incomes or prices by a coefficient equal to the increase in inflation.

सूचीबद्ध कंपनी *(Listed Company)* : a joint-stock firm whose shares are traded on a stock exchange, and is listed in an official trading list published by the exchange.

सेंट *(Cent)* : (1) one-hundredth part of a currency unit, e.g., dollar, euro; (2) a coin with the value of one-hundredth part of a currency unit.

'से' के बाज़ार के सिद्धांत *(Say's Law of Markets)* : the concept developed by Jean Baptiste Say (1767–1832) that states that demand in the marketplace derives from the production of goods, hence total demand is necessarily equal to total supply; i.e., given market prices, there is no general surplus of goods. In other words, there cannot be overproduction of goods in general because those who produce the goods, by their act of producing, produce the means to buy other goods. Say's Law is often interpreted erroneously as holding that supply creates its own demand. But the Law does not imply that all production will ultimately be demanded in the market. It may be the case that there can be a temporary excess of supply in particular markets while there is an excess of demand in other markets. But these phenomena would eventually get corrected through changes in relative prices. Thus, disequilibrium in the economy can exist because the quantities and qualities produced may differ from the consumer's preferred mix but not because output is excessive in the aggregate. Also, if prices and wages are not flexible, coordination within the marketplace becomes more difficult, leading to imbalances. In this sense, Say was not attempting to create a doctrine which said that business downturns were impossible, but rather tried to explain why recessions were not caused by a general overproduction of goods.

सेल्सपर्सन *(Salesperson)* : a representative of a company whose primary purpose is to sell goods to specific regions, market sectors, or customers; sometimes by presenting samples or catalogues.

सेवा *(Service)* : economic good that satisfies the needs of a consumer and has no material form and cannot be saved, hence it is mostly consumed at the time when it is received, i.e., consulting, medical treatment, car washes, etc.

स्टांप शुल्क, स्टांप कर *(Stamp Duty/Stamp Tax)* : a tax on documents or goods, evidenced by a stamp or seal that shows the duty has been paid. These are often required before a document can have legal force. This form

स

of taxation has been around since the 18th century, and is the predecessor of modern excise taxes. See Earmarked Tax

स्टार, सितारा *(Stars)* : businesses characterized by fast growth and products with broad market appeal. See Dogs

स्टैंडर्ड एंड पुअर्स (एस एंड पी) *(Standard & Poor's [S&P])* : one of the three major credit rating agencies in the world publishing security price indices (S&P indices).

स्टॉक बीमा कंपनी *(Stock Insurance Company)* : an insurnace company owned by stockholders, usually for the purpose of making a profit.

स्ट्रेट लाइन विधि *(Straight Line Method)* : the simplest method of the depreciation of long-term assets under which the asset acquisition value is evenly distributed over the life of the asset. The sum of depreciation over the reporting period is calculated by dividing the difference between the acquisition value and the liquidation value by the period of use (in years).

स्तंभ, आधार, पिलर *(Pillar)* : different methods of providing pensions. There are three pension pillars: the first pillar is mandatory state social insurance. The second pillar is often mandatory and comprises of allowing a person with state social insurance to transfer part of the social insurance payment to a selected private pension fund. The third pillar is additional voluntary accumulation of funds for old age with life insurance companies.

स्थगित लागत *(Deferred Costs)* : costs incurred over future accounting periods. They are otherwise called future costs. Costs may be incurred in the future, while the money may have already been paid (as advances).

स्थायी जीवन बीमा *(Permanent Life Insurance)* : the policy is for the life of the insured and the payout is assured at the end of the policy (assuming the policy is kept current) and the policy accrues cash value. A form of life insurance such as whole life or endowment.

स्थायी प्रतिष्ठान, स्थायी स्थापना *(Permanent Establishment)* : the permanent location of economic commercial activity from which a foreign company operates in a country. Permanent establishment could be the location of the management, a branch, office, factory, workshop, resource extraction site, construction site or other sites of activity. The term of permanent establishment is used in tax legislation, and is meant to help tax the income earned in a country.

स

स्थिरता, ठहराव *(Stagnation)* : a situation in the market when there is no economic growth for a certain period, or where whatever growth does occur is insignificant.

स्वतंत्र ठेकेदार *(Independent Contractor)* : one who performs work for another in his or her own manner and method, and who is not subject to the control or direction of the party for whom the work is performed: he or she is not an employee of the party for whom the work is performed.

स्वतंत्रता सूचकांक *(Freedom Index)* : one developed by the Heritage Foundation in the United States, and the other by the Fraser Institute in Canada, these indices attempt to measure the level of economic freedom in a country based on quantitative and qualitative factors, e.g., monetary policy, tax burden, price controls, protection of private property, etc. The results of these indices indicate interdependence between economic freedom and economic welfare; the more economic freedom a country enjoys, typically the faster its economy will grow and the more its people will prosper.

स्वबीमा *(Self Insurance)* : a risk retention programme that incorporates elements of the insurance mechanism.

स्वर्णमान *(Gold Standard)* : a system of currency backed with gold, and where the central bank is obliged to exchange paper currency into gold at a set rate. The gold standard was abandoned in 1971.

स्वर्णवाद *(Bullionism)* : a belief that the economic welfare of a country is determined by the amount of gold (or other precious metals) it holds. Proponents of this theory believe in limiting foreign trade to preserve the level of gold reserves. Representatives of the Currency School are also sometimes called 'bullionists' because they maintain that issued banknotes should be backed by gold or silver. See Currency School, Mercantilism

स्वलीन अर्थव्यवस्था *(Autistic Economy)* : an economic system where each individual acts independently, with no cooperation with other individuals. No division of labour is recognized. Its analogy is a barter economy.

स्वामित्व, संपत्ति *(Ownership, Property)* : holding of tangible and/or

स

intangible assets by a particular person with a legal right to hold the asset into perpetuity. See Intellectual Property

स्वामित्वहरण *(Expropriation)* : depriving an owner of property under the claim of public use without reward.

ह

ह

हरित ऊर्जा, ग्रीन एनर्जी *(Green Energy)* : energy produced from renewable and ecologically-friendly resources, e.g., water, grains, wind, etc. Green energy produces less pollution, but is generally more expensive in comparison to conventional methods of power generation.

हर्फिंडाल सूचकांक *(Herfindahl Index)* : a measure of market concentration defined as the sum of the squares of the market share of each firm in the market. Also known as the Hefirndahl-Hirschman Index (HHI).

हस्तक्षेप *(Intervention)* : any interference by the state in market processes.

हस्तक्षेपवाद *(Interventionism)* : a doctrine advocating market regulation by the state.

हस्तांतरण मूल्य निर्धारण *(Transfer Pricing)* : a method of tax planning used by international companies. It allows related companies located in different countries to enter into mutual transactions so that they earn small profits in high-tax countries and earn the major part of their profits in low-tax countries. See Arm's Length Principle

हानि *(Loss)* : the difference between the costs and income of a company.

हानिकारक प्रतिस्पर्धा *(Harmful Competition)* : a form of international competition where companies make full use of nations with favourable tax policies to reduce costs and gain a competitive advantage. Some governments and international organizations, including the OECD, propose

ह

that taxes be coordinated among nations to prevent this sort of competition. However, most economists believe such tax competition is desirable, given that it encourages governments to be more efficient and spend taxpayer's monies more wisely, and also increases global capital formation and a better global allocation of resources.

हामीदारी, अंडरराइटिंग *(Underwriting)* : the process by which an insurance company determines whether or not and on what basis it will accept an application for insurance

हित समूह *(Interest Groups)* : groups of people sharing interests and/or needs, and usually involved in a similar economic activity. These groups may be large, e.g., consumer advocate groups, or relatively small, e.g., an association of related companies.

हैक्शर-ओहलिन मॉडल *(Heckscher-Ohlin-Model)* : a theory that explains international trade through comparative advantages among countries producing different products. According to the theory, the comparative advantage emerges because of different resources that countries have at their disposal. The theory was proposed by Eli Heckscher (1879–1952) and was later developed by the Swedish economist Bertil Ohlin (1899–1979).

होल्डिंग, होल्डिंग कंपनी, नियंत्रक कंपनी *(Holding, Holding Company)* : a company that owns enough stock in another company to influence or control decision-making in that company.

हॉट मनी *(Hot Money)* : funds invested in short-term securities because of favourable interest rates, which under certain circumstances (e.g., a change of interest rates) will be moved to another country.

ह्रासकारी प्रभाव, क्राउडिंग आउट इफेक्ट *(Crowding-Out Effect)* : a theoretical condition that occurs when governments borrow, and thereby limit the amount of loan-able funds on the market for any other purposes. This occurs because of the higher interest rates that follow from the shortage of money, which makes it more expensive for private firms to borrow capital for expansion projects. A similar effect occurs when public spending prevents private firms from functioning; an example of which would be how public spending on public health services can crowd out private firms providing the same service.

FRIEDRICH-NAUMANN-STIFTUNG FÜR DIE FREIHEIT

The Friedrich-Naumann-Stiftung für die Freiheit is the foundation for liberal politics. It was founded in 1958 by, amongst others, Theodor Heuss, the first German Federal President after World War II. The Foundation currently works in some sixty different countries around the world – to promote ideas on liberty and strategies for freedom. Our instruments include civic education, political consultancy and political dialogue.

The Friedrich-Naumann-Stiftung für die Freiheit lends its expertise for endeavours to consolidate and strengthen freedom, democracy, market economy and the rule of law. As the only liberal organization of its kind worldwide, the Foundation facilitates to lay the groundwork for a future in freedom that bears responsibility for the coming generations.

South Asia has a strong tradition of tolerance and love for freedom, a growing middle class which increasingly asserts itself, and evolving liberalizing economies. In this milieu, the Foundation works with numerous partner organizations to strengthen the structures of democracy, the rule of law, and the economic preconditions for social development and a life in dignity.

Visit FNF at www.southasia.fnst.org

CENTRE FOR CIVIL SOCIETY

Centre for Civil Society is an independent, non-profit, research and educational organization devoted to improving the quality of life for all citizens of India by reviving and reinvigorating civil society. India achieved her political independence in 1947 from the British state, but we still do not have complete social, cultural, and economic independence from the Indian state. We aim to limit the domain of the state and make more space for civil society.

We are an ideas organization, a think tank that develops ideas to better the world. We champion limited government, rule of law, free trade, and individual rights. We want to usher in an intellectual revolution that encourages people to look beyond the obvious, think beyond good intentions, and act beyond activism.

We believe in the individuality and dignity of all persons, and their right to life, liberty, and the pursuit of happiness. We trust their judgment when they cast their votes in the ballot box and when they spend their money in the marketplace. We are driven by the dream of a free society, where political, social, and economic freedom reigns. We are soldiers for a Second Freedom movement.

CCS's activities include research, outreach, and advocacy in the areas of law, liberty, and livelihood; Communities, markets & the environment; good governance; education for all.

Visit CCS at www.ccs.in

The Austrian Economics Center (AEC)

The Austrian Economics Center (AEC) is a politically independent research institute committed to disseminating the ideas of the Austrian School of Economics. The AEC considers public policies, identifies economic alternatives, and attempts to realize them based on rigorous analysis and academic research.

The AEC's basic goal is the promotion of a free, responsible and prosperous society. To achieve this goal, it considers economic and socio-political questions, prepares studies, and recommends solutions. In carrying out its work, the AEC addresses a broad audience - from entrepreneurs and business leaders to economic thinkers and policy-makers, both domestically and abroad. And by improving public understanding of key economic questions and organizing educational programs, the AEC aims to promote the idea of a free market economy and the ideal of a free society.

Address : Austrian Economics Centre, Jasomirgottstra Be 11/3,
A-1010 Wien, Austria
Tele.: +431505134931
www.austriancenter.com

The Centre for Civil Society (CCS)

The Centre for Civil Society advances social change through public policy. Our work in education, livelihood, and policy training promotes choice and accountability across the private and public sectors. To translate policy into practice, we engage with policy and opinion leaders through research, pilot projects and advocacy.

Our vision is that each individual lead a life of choice in personal, economic and political spheres and every institution is accountable.

Address : Centre for Civil Society, A-69, Hauz Khas, New Delhi-110016
(India) Contact: 91 11 26521882
www.ccs.in

FRIEDRICH-NAUMANN-STIFTUNG FÜR DIE FREIHEIT

The Friedrich-Naumann-Stiftung für die Freiheit is the foundation for liberal politics. It was founded in 1958 by, amongst others, Theodor Heuss, the first German Federal President after World War II. The Foundation currently works in some sixty different countries around the world - to promote ideas on liberty and strategies for freedom. Our instruments include civic education, political consultancy and political dialogue.

The Friedrich-Naumann-Stiftung für die Freiheit lends its expertise for endeavours to consolidate and strengthen freedom, democracy, market economy and the rule of law. As the only liberal organisation of its kind worldwide, the Foundation facilitates to lay the groundwork for a future in freedom that bears responsibility for the coming generations.

South Asia has a strong tradition of tolerance and love for freedom, a growing middle class which increasingly asserts itself, and evolving liberalising economies. In this milieu, the Foundation works with numerous partner organisations to strengthen the structures of democracy, the rule of law, and the economic preconditions for social development and a life in dignity.

Visit FNF at www.southasia.fnst.org

❑❑❑